中文社会科学引文索引（CSSCI）来源集刊

河北师范大学文学院　　主办
崔志远（常务）　吴继章　主编

2023
春之卷
总第34卷

中国语言文学研究

商务印书馆
The Commercial Press

图书在版编目(CIP)数据

中国语言文学研究. 2023年. 春之卷: 总第34卷/崔志远, 吴继章主编. —北京: 商务印书馆, 2023
ISBN 978-7-100-22541-0

Ⅰ.①中…　Ⅱ.①崔…②吴…　Ⅲ.①汉语—语言学—文集 ②中国文学—文学研究—文集
Ⅳ.①H1-53 ②I206-53

中国国家版本馆CIP数据核字(2023)第095125号

权利保留,侵权必究。

中国语言文学研究

2023年春之卷·总第34卷
崔志远(常务)　吴继章　主编

商务印书馆出版
(北京王府井大街36号　邮政编码100710)
商务印书馆发行
北京中科印刷有限公司印刷
ISBN 978-7-100-22541-0

2023年5月第1版　　开本787×1092　1/16
2023年5月北京第1次印刷　印张17
定价:128.00元

《中国语言文学研究》编辑委员会

顾　　　问：苏宝荣　王长华
名誉主任：郑振峰
主　　　任：武建宇
委　　　员：（以姓氏笔画为序）
　　　　　　孙秀昌　李建周　吴继章　武建宇
　　　　　　庞红蕊　胡景敏　姜文振　郭宝亮
　　　　　　崔志远　阎福玲　曾智安　霍现俊
主　　　编：崔志远（常务）　吴继章
副 主 编：孙秀昌　李建周
编辑部主任：孟新东
编　　　辑：孟新东　刘　亮

目 录

· **方言微观问题研究** ·

畿辅故地乡村通名"头"的语法化 ………………………………………… 李云龙 / 1
山西晋城盆地方言阴声韵读鼻尾韵的现象 ………………………………… 原慧艳 / 13
论"劈腿"的词义发展及其词汇化 …………………………………… 付开平 匡鹏飞 / 23
山西晋方言"走"概念域常用词的共时与历时研究 ………………… 郭艳花 白 云 / 34

· **明清小说与戏曲研究** ·

论《金瓶梅》的告密书写 …………………………………………… 史小军 欧阳婷 / 44
理解杜丽娘：为了反抗还是为了实现 ……………………………………… 徐大军 / 56
在中国"底色"与他者视野之间
　　——戴尔·里斯·黑尔斯的《〈拍案惊奇〉考评》研究 …………………… 董首一 / 68
论《金瓶梅》中的佛教活动与明代佛教世俗信仰 ………………………… 张国培 / 79
从小说到说唱：新见民国《金瓶梅》鼓词探赜 …………………………… 孙 越 / 86

· **京津冀文学研究** ·

梁斌与新世纪剧社抗战文艺活动梳考 ……………………………………… 刘卫东 / 95
"演大戏"运动：晋察冀戏剧的错位"提高" …………………… 郑恩兵 梁晓晓 / 104
再造典型、法制变革与革命改造的绞缠
　　——评剧《杨三姐告状》诠论 ……………………………………… 高 强 / 113
地理带上的微型"史记"
　　——论《北纬四十度》的非虚构写作 ……………………… 吴金梅 谢丽萍 / 125
《中国现代文学史》编撰史事述略 ………………………………………… 杨 伟 / 133
选本编撰与丛书出版：新时代河北现当代小说经典化的本土策略 ………… 李沛霖 / 141

· **文艺学前沿："事件"与当代审美文化研究** ·

"事件"思想的解构性与保守性 …………………………………………… 刘 阳 / 151
论音乐的"事件性" ………………………………………………………… 王雪松 / 163

本雅明艺术事件论的可复制姿态 ………………………………… 李　云 / 173
论数字游戏的事件性 ……………………………………………… 张　璐 / 182

· 西方古典学研究 ·

柏拉图的《斐德若》与俄耳甫斯主义 …………………………… 吴雅凌 / 192
希罗多德的荷马阐释 ……………………………………………… 张培均 / 202
重返柏拉图式哲学比喻的准备 …………………………………… 娄　林 / 214

· 地方文献研究 ·

纪钜维年谱 ………………………………………………………… 刘青松 / 223
胡缵宗《唐雅》的编选旨归 ……………………………………… 王雪枝 / 235

· 学术名家研究 ·

向熹先生和汉语史研究 …………………………………………… 俞理明 / 243

· 书序与书评 ·

再读西北地区两部重要方言学著作 ……………………………… 张振兴 / 252
一种特殊结构的汉语复合词研究
　　——李丽云《现代汉语动补式复合词研究》序 …………… 苏宝荣 / 258
理解何为情感，明确人文何为
　　——评谭光辉教授《情感的符号现象学》 ………… 王　辉　马　雅 / 260
统合儒道，约之以"三"
　　——论王蒙《中华文化：特色与生命力》的文化构想 …… 邓芳宁 / 264

CHINESE LANGUAGE AND LITERATURE STUDIES

Spring 2023
Major Articles

The Grammaticalization of "Tou" (头) in the Village Names of Old Haunts of Jifu
.... *Li Yunlong* / 1
The Phenomenon of "Yinsheng" (阴声) Rhyme Pronounced as Yangsheng
 (阳声) Rhyme in Jincheng Dialect .... *Yuan Huiyan* / 13
On the Development of the Word Meaning and Lexicalization of
 "Pi Tui" (劈腿) .... *Fu Kaiping   Kuang Pengfei* / 23
Synchronic and Diachronic Study of Common Words in the Conceptual Domain of
 "Walking" in Jin Dialect .... *Guo Yanhua   Bai Yun* / 34

On the Whistleblowing Writing of The *Golden Lotus* .... *Shi Xiaojun   Ouyang Pin* / 44
Is Du Liniang in ZhiQing Action on Resistance or Realization .... *Xu Dajun* / 56
Between the Chinese Background and the Vision of Others: On Dell R.Hales'
 The P'ai-an Ching-Ch'i:A Literary Criticism .... *Dong Shouyi* / 68
On People's Blief in Buddhism in the Ming Dynasty Reflected in
 Golden Lotus .... *Zhang Guopei* / 79
From Novel to Talking and Singing: New Research on Drum Songs of *Golden
 Lotus* in the Early 20th Century Modern China .... *Sun Yue* / 86

Liang Bin and the Anti-Japanese Literary Activities of New Century Troupe
.... *Liu Weidong* / 95
The Movement of "Performing Great Dramas": Dislocation "Improvement"
 of Jin-Cha-Ji Dramas .... *Zheng Enbing   Liang Xiaoxiao* / 104
The Entanlement of Rebuilding Typical Examples, Legal System Reform and

Revolutionary Transformation: On the Drama *Yang Sanjie's Complaint*
.... *Gao Qiang* / 113

Micro "Historical Records" in the Geographical Belt: An Analysis of *Forty Degrees North Latitude* upon Non-fiction Writing .... *Wu Jinmei   Xie Liping* / 125

A Brief Introduction to the Compiled Events of *History of Modern Chinese Literature*
.... *Yang Wei* / 133

Anthology Compilation and Series Publication: The Local Strategy of Classicalization of Hebei Modern and Contemporary Novels in the New Era
.... *Li Peilin* / 141

The Deconstruction Characteristic and Conservatism of the Thought of "Event"
.... *Liu Yang* / 151

On Music as Event .... *Wang Xuesong* / 163

The Reproducible Gesture of Benjamin's Art Event Theory .... *Li Yun* / 173

On the Eventness of Digital Games .... *Zhang Lu* / 182

Plato's *Phaedrus* and Orphism .... *Wu Yaling* / 192

Herodotus' Interpretation of Homer .... *Zhang Peijun* / 202

Preparation for a Return to Platonic Philosophical Gleichnis .... *Lou Lin* / 214

The Chronicle of Ji Juwei .... *Liu Qingsong* / 223

The Intention of the Selection and Edit of *Tang Ya*（唐雅）by Hu Zuanzong
.... *Wang Xuezhi* / 235

Xiang Xi and Study of Archaic Chinese Language .... *Yu Liming* / 243

·方言微观问题研究·

畿辅故地乡村通名"头"的语法化[*]

李云龙[**]

摘 要：由"头"形成的村名"×头"在清畿辅故地内大量存在，其中×多为表示方位、地形、园场、建筑、机构等的体词性成分，"头"为名词后缀，"×头"用以标定空间区域范畴的地点域。"头"的语法化起点为汉代的"上头"，演变为词缀后具有语言库藏的显赫特征。标定空间区域范畴中地点域的"×头"具有原型性。"上头"提供的语境支持和以"最显眼""最重要"为特征的"头"的绝对方位属性，使其区别于"边、面、端"等近义词，单独演变为村名后缀。

关键词：头；语法化；后缀；地点域；显赫特征

本文所言畿辅故地，特指清代直隶省所辖地区，相当于今北京、天津两市和河北大部以及河南、山东的零星区县。在这一集中连片的区域内，有一类流传下来的历史村落在命名方式上比较特殊，由"头"作为尾字形成"×头"村名。"头"与"村""庄""屯""店"等常见的村落通名不同，它所命名的村落多属偏僻的特定区域，所以不大会出现在经史文献当中，一般辞书也就不会将其作为一个单独条目列入。本文即结合畿辅故地历代方志等文献，力图呈现村名"×头"的基本使用情形，并就其来源和通过语法化演变为地名通名及其类型学意义等有关问题，作一尝试性探讨。

一 村名"×头"的使用情况

（一）村名"×头"的时空分布

著录畿辅之地地名相对集中、详细、系统的文献有两部，一是贾恩绂《直隶省通志稿》[①]，有民国间抄本，另一部是李鸿章等修纂的《畿辅通志》。《畿辅通志》的编写跨同治、光绪两朝，于时较《直隶省通志稿》为早，是比较理想的考察材料。光绪朝《畿辅通志》卷四十六至卷五十五为《舆地略》的《疆域图说》，省、府、州、县分别设图，其中

---

[*] 基金项目：2022年度国家社科项目"面向国际中文教育的现代汉语虚词知识库建设与研究"（项目编号：22BYY161）的阶段性成果。
[**] 作者简介：李云龙（1975— ），中国教育出版传媒集团有限公司出版传媒部资深主管、编审，主要研究方向为汉语语法史、语音史以及语文课程与教材编写。

·1·

州、县图又详细标注了村落的大体位置和具体名称。除了上述两部集中著录地名的文献之外，还有明清以降流传下来的畿辅故地的为数众多的大量地方志乘。这些以州县为单位的地方志乘中，一般都单设"疆域"或"舆地"专卷，其下"坊里""坊乡""村堡""里社""乡村""村庄"等，多会依照牌甲、社屯、路隅等目类详细列举村庄，与《畿辅通志》《直隶省通志稿》相比，村落名称也更为系统、细致。

上述两类资料所著录的"×头"，广泛存在于畿辅所领十府、六直隶州、十七散州、一百二十三县，几乎所有行政区内都存在以"×头"命名的村落，有的地方还不止一个。譬如乾隆《迁安县志》（迁安位于长城脚下）卷之八《仓库》所附"口外村庄"，就录有"郭崖头""蒿子头""团头冈""黑石头""庙儿头""井崖头""荆崖头"；康熙《昌平州志》（昌平属于北京）卷六《赋役》所附"里社"，明代有"北口头社，在州治东北"，清代"村店"有"坡头村""西碾头""上碾头""下碾头""铺头村""台头村""北口头村""涧头村""淦头村""遘子头"②"口头村""小铺头""涧头"，光绪《昌平州志》之《昌平州舆地图》另有"丈头""神山头""西埠头""埠头""房头"；乾隆《鸡泽县志》（鸡泽在今河北南端，属邯郸市）卷之二《疆域》之"村庄"有"台头村""零头""亭自头"。

从不同时代的文献来看，可以参考的较早的明代方志里，"×头"已经存在了。譬如缪荃孙抄明《顺天府志》，怀柔县有"管头社"③，涿州有"鹿头村"；明沈榜《宛署杂记》卷五《街道》，有"河岸头""窑子头""堡头村""管头村""湖头村""瓦窑头""门头村""白虎头""馒头村""幞头村"；明张爵《京师五城坊巷胡同集》列有"上角头""下角头""西角头""绒家务角头""大都角头"。正德《大名府志》卷一《乡镇》，其中魏县有"圪塔头里""口儿头里"，清丰县有"瓦屋头集"，东明县有"海头里""海头二里""海头集"；万历《广宗县志》卷一《封域》所录村庄，有"湾头""庄头""尹头""东湾头""西弯头"；崇祯《高阳县志》卷之一《舆地志》之"乡社"，有"南圈头""北圈头""塔儿头""泛头村"；嘉靖《霸州志》卷之一《舆地志》之"里屯"，有"口头村"；万历《滦志》四卷《疆理》之"里制"，有"桥头"；嘉靖《获鹿县志》之《乡社》，有"台头乡""岗头乡""镇头社"；康熙《枣强县志》卷之一《保甲》，有"纸房头保""石佛头保"；康熙《河间县志》卷之二《沿革志》之《乡镇》，录"台头村""姑庄头""会头""黑佛头""泥马头""河头村""河头店""坟台头"。

（二）村名"×头"的语言特点

众多"×头"村名中，"×"不管是单字还是多字，基本上都属体词性成分。又可细分为以下几类：一是地形、园场、建筑、机构等体词性成分，譬如光绪《重修曲阳县志》"泉水头""石桥头"，《宛署杂记》的"窑子头"，《畿辅通志》之《威县图》有"小台头"；二是带有方位词的体词性成分，譬如光绪《重修曲阳县志》之"小东头""大东头"，《畿辅通志》之《文安县图》有"上桥头"，《大城县图》有"远南头"，《平谷县图》有"北台头""南台头"，《清苑县图》有"北沟头""北营头"，《安肃县图》有"南庄头"，《正定县图》有"东房头"；三是带有姓氏的体词性成分，譬如《直隶省通志稿》所录宝坻县"孙家口头庄""曹家口头庄""于家口头庄""李家口头庄"，民国《雄县新志》有"李庄头""高庄头"，《畿辅通志》之《霸州图》有"靳家铺头"、《文安县图》有"蔡家头""李家头""韩家头"，《博野县图》有"赵头""曹头"。

在由地形类充任"×"的"×头"村名中，这些体词性成分在语义类属上具有较为一致的偏向，多数属能标明自然地理特征的词语。譬如"西埠头""大冈头""东它（坨）头""前僧堡头""疙疸头庄""西泉头""口头村""老埠头""渠头""北沟头""河头""山嘴头""洼湾头"。有些以同一地理特征命名的"×头"在多地反复出现，如"台头"，涿州、大城、蓟州、平谷、唐县、获鹿、灵寿、平山、钜鹿、鸡泽、威县、清河、大名、清丰、永平、深州、武强、定州都有；再如"疙疸"涉魏县、南和、西宁、赵州、三河、定州、栾城、藁城、宁晋、阜平、行唐几地；"埝头"涉蓟州、昌平、顺义、平谷、三河；"渠头"涉永清、三河、霸州、南乐；"埠（阜）头"出现在宛平、定州。以园场、建筑、机构、姓氏等人文类充任"×"的村名，也在多地屡见，最典型的是"庄头"，定州、良乡、涿州、大城、安肃、定兴、唐县、博野、束鹿、晋州、广宗、曲周、蔚州、涞水、冀州、武邑、隆平、深泽、顺义等19地都有。而以作坊为名的"×头"也很多见，如定州、正定、枣强、清河、夏津、蔚州的"纸坊（房、方）头"，房山、大城、曲周、磁州、蔚州、西宁、怀安、易州、宣化、束鹿的"窑（咬、摇）头"。甚至是寺庙类字眼儿也出现在"×头"中，如定州的"大寺头"、行唐的"寺头"、广平的"南寺头"、大名的"寺头村"、元城的"寺头村"、深州的"寺头"，另有曲阳的"南管头、北管头"、静海的"管铺头"、邢台的"东管头、西管头"、武安的"管头"、武强的"管头村"、顺义的"管头"。

地名属于专名语，而"×头"村名流行范围狭窄，其形式亦较为固定。不过在村落衍生过程中，新庄有的析于老庄"劈庄"[④]，有的参照临近老庄命名，这都要求两个相应村庄在名称上体现联系和区别，使得"×头"村名看上去加入了其他成分、实现了一定程度的扩展。譬如"南台头""北台头""上窝头""下窝头""东窑子头""西窑子头""东它（坨）头""西它（坨）头""前僧堡头""后僧堡头""上埝头""下埝头""北管头""南管头""小东头""大东头"，最初的村子和村名应该是"台头""窝头""窑子头"一类，后来因为出现了新的也要以"台头""窝头""窑子头"等命名的村落，于是便附加了"南、北""上、下""东、西"等来进行区分。另外一个值得关注的"×头"的扩展是，"头"前、后可以加入常用的"村""店""庄"等村名，形成字面上的通称冗余。譬如涿州的"南屯子头""台头村"，涿州、良乡、大城、唐县、晋州、广宗、曲周、涞水的"庄头"，冀州的"野庄头"，安肃的"南庄头""佃头村"，定兴的"铺头村""沟头村"，唐县的"水头村"，博野的"庄头村"，行唐的"掌头村""冈头村"，平谷、蓟州的"埝头庄"，定州的"阜头庄"，密云的"仓头庄"，南乐的"南渠头庄"，定州的"抬头庄"。最为极端的则是雍正《井陉县志》著录的"庄子头庄"，"庄子""头""庄"三村名连用，博野的"庄头村""庄头营"与之相类。

二 作为"×头"源头的"头"的语法化

（一）"×头"的始现时代

较早提及"头"的词缀属性的是清人梁章钜，其《浪迹续谈》卷八《通用字》，"又

'头'字为用亦不一,俗以在内为'里头',在外为'外头',在前为'前头',在后为'后头',在上为'上头',在下为'下头'。或疑'外头'、'下头'二字少用,不知'娇声出外头',李白诗也,'下头应有茯苓神',曹松诗也,皆语助辞耳……如'田头''市头''步头'之称,更不胜枚举矣"。

人们大都认为后缀"头"由实词义虚化而来,但对其虚化年代的看法并不一致。向熹[1](P180)、蒋宗许[2](P28-39)认为是在汉代;杨伯峻、何乐士[3](P498)和周法高[4](P265)认为是在晋代;王力[5](P230-231)认为是在六朝;志村良治[6](P30)认为中古前期开始"头"就有词尾化倾向,他举的"前头看后头"的例子是六朝时的;太田辰夫[7](P87)说"头"作方位词的后缀是隋以前,举的例子是《乐府诗集·陌上桑》"东方千余骑,夫婿居上头",但又认为"也许是'上位'的意思"。这里"头"的实词义明显,与之类似的用例在汉代不少见,比如"(浑天仪)上头横行第一行者,黄道进退之数也"(张衡《浑天仪》),"与比丘僧相随,最在前头"(支娄迦谶译《道行般若经》)。不过实词义的"头"存在,并不意味着"头"在汉代不会变成词缀。人们已经认同,在一个共时层面内,语言中可以存在层叠而成的不同的语言层次,现在要论证的只是汉代有无作后缀的"头"这个语言层次。

(二)"×头"的语法化

沈家煊[8](P17)指出,"虚化有程度的差别,实词变为虚词是虚化,虚词变为更虚的成分也是虚化",因此可以将诸家引以为据的《乐府诗集》的"东方千余骑,夫婿居上头"作为虚化的起点。海涅(Heine)等[9](P157)认为人类认识的认知域从具体到抽象的等级为"人>物>事>空间>时间>性质",两个相似的认知域之间可以通过隐喻的方式进行投射。有学者从始源域与目标域的相似性出发,认为"人头"立体圆形、高而独的形状和位置特点,抽象、隐喻出"端点"的含义,与方位词结合表示空间、时间位置,并通过语义泛化造成适用范围的扩大,最终演变成后缀"头"。[10](P120-121)、[11](P23)"头"可隐喻特定的位置关系没有争议,它于人而言处于最高处显明易见,因此《释名·释形体》说"头,独也,于体高而独也";"头"于生命、心智而言同样至为重要,所以《左传·昭公元年》"风淫末疾"杜预注"末,四支也",孔颖达疏作"头为元首",而与之同义的"元"则训"始也""首也""君也""长也""大也""善也""本也""端也"。"头"本身所处的显明、重要位置使得它很自然地隐喻为定位的重要词语,从人体词语转而成为可以指称任何物体一端的"头"。汉代已有这样的例子:

(1)退而西南,三月生天枪,长数丈,两头兑。(《史记·天官书》)

但值得深究的是,具有位置、端点意义的词还有"足、梢"等,特别是同义的"端"字,《荀子·非相》"小辩不如见端"杨倞注"端,首也",《左传·昭公六年》"民知争端矣"孔颖达疏"端,谓本也",它和"头"所强调的重要位置义别无二致,但为何"端"不能成为词缀呢?前缀、后缀等词缀的核心特质是语法意义,而语法意义的确定离不开结构及关系,我们的观察表明,在隐喻背后,"头"演变为后缀还有语法化动因。

"头"所具有的"最显眼""最重要"独特语义蕴意,其于心理视点(psychological

point of view）上具有强烈突出的熟悉度（familiarity）和显著度（salience），当它通过隐喻由人体器官投射至指示一般位置时，最初所显现的也是"最显眼"和"最重要"这两项元语义特征。譬如在与方位词组合使用时：

（2）东方千余骑，夫婿居上头。（《乐府诗集·陌上桑》）

"上"字本指自然的高位，如《说文解字·上部》"上，高也"；但也通过隐喻获得了尊位的意义，如《史记·秦始皇本纪》"四月，上宿雍"裴骃集解引蔡邕曰"上者，尊位所在也"。指"显眼、重要位置"的"头"在例（2）中与"上"同义联合使用，即表示余冠英为"东方千余骑，夫婿居上头"注释所说的，"'上头'，行列的前端"。[12](P29) 这样的用法早在战国时就有疑似例子，如《国语·吴语》的"吴欲与晋战得为盟主"中，"行头皆官师，拥铎拱稽，建肥胡，奉文犀之渠"里，"行头"也可以理解为"每行排头的位置"。

"最显眼""最重要"这一鲜明的语义共性，让"上""前"等方位词语可以与"头"实现最佳的语义协同，因此二者之间的组合多见也就不难理解了：

（3）请比丘听说法，上头亦善，中央亦善，要亦善。（安世高译《普法义经》）
（4）不可数千弟子，不可数百千弟子共会，在中央坐说经；与比丘僧相随，最在前头。（支娄迦谶译《道行般若经》）

"上头"在东汉安世高、康孟详等的汉译佛经中出现次数远较其他"×头"为多[13](P110-112)，太田辰夫也指出"上头""特别多见。此外也有'前头'"。另一方面不含"最显眼"和"最重要"语义特征的"×"在早时便不太容易进入"×头"结构，清梁章钜曾说"'外头'、'下头'二字少用"，"下头""后头"在汉魏时出现无多，零星的用例也常常只在对举时出现，譬如：

（5）矛，冒也，刃下冒矜也。下头曰鐏，鐏入地也。（《释名·释兵》）
（6）上头为心，中央为意，后头为识。（安世高、严佛调译《阿含口解十二因缘经》）
（7）菩萨持初头意，近阿耨多罗三耶三菩，若持后头意近之。（支娄迦谶译《道行般若经》）

对作为虚化起点的"上头""前头"等的"上"等和"头"语义语法属性的重新界定，为重新审视"头"如何演变为类词缀提供了可能。"上""前"固然是方位词，里面的"头"本身也是"上端""前端""高端"方位词的比喻说法，两者并在一起形成了同义连文。上引（3）的"上头亦善，中央亦善"，（6）"上头为心，中央为意"，与"上头"并举的"中央"别有启示意义，"中央"已是同义连文，说同其对仗的"上头"也有一致的语法语义表现便更易接受了。两个相同意义的成分在语义完足上不是完全必要的，因此在后续发展过程中往往会出现偏义或意义融合以实现范畴化的新词，学界一般将后者称为"同义并列复合词"[14](P23)。"上""头"同义连文的初始用法，为"头"的实义消解并转化为显示语法意义的词缀提供了重要的语法环境。那么同义的"上"与"头"之间，哪一个会失去自己的实义呢？这当然要由二者相关实义在独用时的地位决定。"头"作为器官讲的"头部"义一直居于主导地位，《故训汇纂》所辑录的24个义项中，最常见的十几个义项均指"头部"而非"最高、最突出的位置"；而"上"的327个义项中，绝大部分都为"高位"及其引申义。两相比较，"上"显然在竞争中占有优势。钱大昕《恒言录》卷二《常用类》录"上头"条：

（8）《古乐府》："东方千余骑，夫婿居上头。"……常生按：《诗》："在前上处。"笺："在前上处者，在前列上头也。"

郑玄为"在前上处"所作笺注"在前列上头也"同样表明，"上"是与原句共同的、意义显明的字眼儿。日常使用不占优势的"头"在竞争中发生深度的去范畴化，在不影响语义表达的情况下，即可以变成一个具有词缀性质的词法性单位。由此不难发现，例（2）的"东方千余骑，夫婿居上头"，以及《太平经》卷六九"夫五行者，上头皆帝王，其次相，其次微气"等句子中，"上头"其实为一种同形异构：它们既可以说是同义连文的"同义并列复合词"，也可以分析成附加词缀"头"的派生词。"头"当作词缀的切分既涉及"重新理解"（reinterpretation），也属于"重新分析"（reanalysis）。"头"语符未变而实词义消失、词缀义产生为"重新理解"，而"上"与"头"词法关系的重组则是"重新分析"。

重新分析之后的"上头"当中的"头"成为词缀后，随着更多代替"上"的语素进入"×头"形式，"头"作为词缀的范畴化程度也越来越高。"头"自身的实词意义发生了漂白，其"物体显著一端""最显眼""最重要"的语义特征消失，最为重要的是整个"×头"形式的意义也不再好从构成成分的意义直接推知，"×头"成为一个高度语法化的词汇性结构。例如：

（9）上头所说，比丘正意已知莫离诸畏。（安世高译《七处三观经》）
（10）何等为多与，当如上头说。（安世高译《七处三观经》）
（11）是事上头本不为心计。（安世高译《骂意经》）
（12）从谛一心意，是名直定，为一心上头，为三法意行。（安世高译《大安般守意经》）

例（9）（10）里的"上头"实际是一种歧解结构："上头"当然是"经文前面的部分"，但是因为叙述或阅读经文总是一部分一部分进行的，这样的一部分一部分的空间铺排，同时体现了时间上的延展，所以"上头"也可以理解为"时间上的前面（过去）"。之所以会产生两解，与同一动作"说"所面对的客体有关。"说"的"经"本身可以以

"文"的形式存在,它就具备了空间"上头"的物理属性;同时"经"本身又是"说"的对象,随"说"的动作而体现出了时间的先后,于是又具备了时间"上头"的时间属性。更须注意的是"说"这个动词的使用,它进一步强化了"上头"的时间属性。与例(9)(10)中的"上头"搭配的动词"说",与一般方位词的典型搭配——表存现的动词如"居""在"等非常不同。这个变化至关重要,因为例(9)(10)中"说"这样的动词,并不像"居""在"本身即隐含了"位置"这样的较强语义特征,而在时体方面却具有强烈的要求,因此会很自然地将例(9)(10)中的"上头"理解为"时间上的过去",于是实现了人类基本认知域里由空间到时间的投射。"上头"从空间到时间的变化,一方面使"头"的意义消失,另一方面则是"上"义由"空间位置"转向了"时间位置",意义变得更为抽象。到例(11)(12)中,"上头"只可理解为更为空灵的"某一方面"了。"上头"成为一个成分之间结合紧密的词汇单位,整个词汇单位的意义无法由构成成分的意义直接推知,在经历高度语法化后,最终变作以其为原型的、范畴化的"×头"构词方式。

董秀芳提出的"短语等非词单位逐渐凝固或变得紧凑而形成单词的过程"为"词汇化"。[15](P36) 池昌海将董秀芳提出的"词汇化"界定为"组合词汇化",他认为由词缀派生的双音词则既不能包含在"组合词汇化"中,也不能为他本人提出的"黏合词汇化"所覆盖。[14](P20-21) 汉语派生词当然是数量不够大、特征不够典型的一类,因此既有研究没有更深入关注是可以理解的。我们上述论证则表明,类似"头"的词缀是由词级单位通过语法化而来,它尽管与董秀芳所称的超词级单位不在一个层面,但是同样经历了合适条件下的语义重构和凝结、"重新分析"的过程。从汉语语法化所发生的派生词这一层次来看,具有重要的方法论和类型学意义。

三 村名"×头"的词法语义特征

(一)"×头"的范畴化与显赫范畴扩张

"头"演变为后缀之后,即与一部分体词性成分共同形成一个新兴的关于词本身的整体派生词范畴"×头"。词缀"头"的"语义特征具有范畴义",其意义不是所从由来的词语的本义、基本义,由其构成的"一组词的词性是一致的"[16](P181),它改变了×的意义和部分词类的属性[17],"使得词能够更准确地表达概念"并形成双音化的言语风格[16](P184),它具有标示名词的功能[16](P192)。譬如:

(11)是事上头本不为心计。(安世高译《骂意经》)
(13)膝头曰膊。(《释名·释形体》)
(14)一种在胫,一种在膝头,一种在足蹲。(安世高译《地道经》)

例(11)"是事上头本不为心计"中的"上头",意义已经为虚灵的"方面";而例(13)的"膝头"还指膝盖凸起之处,但在例(14)中则是像"胫""足"一样的整个人体器官了。按照语言库藏类型学(Language Inventory Typology)的看法[18](P292),"形态，尤其是构形形态，是语法性最强的语言库藏。以形态表达的范畴，多为语言系统中较显赫的范畴（mighty category）"。"头"在演变为词缀后，其作为显赫范畴的特质开始显现，与"头"组合的"×"从原型性的方位词成分扩张（extension）到其他处所名词、时间名词、个体名词、物质名词、抽象名词，甚至是形容词和动词成分，譬如：

（15）市中有老翁卖药，悬一壶于肆头，及市罢，辄跳入壶中。（《后汉书·方术列传》）

（16）十月三日晚头，请益、留学两僧往平桥馆，为大使、判官等入京作别相谘。（《入唐求法巡礼行记》卷一）

（17）铁钉钉人百节骨头。（安世高译《罪业应报教化地狱经》）

（18）水之西岸有磐石，谓之石头，津步之处也。（《水经注》卷三十九）

（19）【精神头儿】名 表现出来的活力和劲头。（《现代汉语词典》）

（20）陈四哥今夜得了甜头，怎肯杀他？（《醒世恒言·蔡瑞虹忍辱报仇》）

（21）相王好事，不可使阿讷在坐头。（《世说新语·轻诋》）

上面数例显示，进入"×头"的×与原型性方位词的象似程度，对×进入的先后次序、难易程度、数量多少有着显著的制约。一个单位的性质与方位词越接近，它就越有资格进入"×头"并成为派生词。其各方面的优先序列大致表现为：

（22）方位词、处所名词＞时间词＞个体名词、物质名词＞抽象名词＞形容词＞动词

"方位词"本身有量级差异，"部分方位词能受'很、极、最'的修饰"[19](P233)，这与形容词的主要语法特征一致，因此形容词也进入了"×头"形式。总之"×头"这个派生词范畴以相似性为纽带（similarity-based），吸附原有非派生词的"×头"纳入"头"为词缀的"×头"范畴中，同时直接诱发新的×进入并直接产生新的以"头"为词缀的词语，进而遵照显赫范畴的马太效应（The Matthew Effect）表征，进一步壮大其作为语法性最强的语言库藏的属性。[20](P387-388)

（二）村名"×头"的语义特征

"×头"范畴化之初的×为原型性的方位词，原型性具有无条件的特质，因此后来进入该形式的方位词、处所名词及功能接近的地形、园场、建筑、机构等体词性成分表现得更为活跃。自汉魏以来，历南北朝至隋唐大量增加，涌现出"水头、池头、溪头、海头、江头、津头、街头、城头、田头、殿头、陇头、槎头、阵头、市头、库头"等"×头"。譬如：

（23）今日斗酒会，明旦沟水头。（卓文君《白头吟》）

（24）城头烽火不曾灭，疆场征战何时歇。（蔡琰《胡笳十八拍》）

（25）汝南汝阳彭氏墓路头立一石人。(《风俗通义·怪神》)
（26）旦辞黄河去，暮宿黑山头。(《乐府诗集·木兰辞》)
（27）便于田头树下，饮食劝勉之，因留其余肴而去。(《齐民要术·序》)
（28）桓石虔尝住宣武斋头。(《世说新语·文学》)
（29）陌头征人去，闺中女下机。(萧衍《襄阳白铜鞮歌》)
（30）鲁山城乏粮，军人于矶头捕细鱼供食。(《南齐书》卷四十九)
（31）同置祇□一区，在其圹头。(《汉魏南北朝墓志汇编》东魏)
（32）县西，去县八九十里山中，有陵头。(《入唐求法巡礼行记》卷三)

上述用例中后缀"头"的语法功能仍然是标注名词词性。根据"×头"的具体语义指向，可以将"头"标注名词词性的实现方式分为两类。第一类是排除"头"字作"脑袋""物体的顶部、末梢"的本义或基本义，譬如例（14）"一种在胫，一种在膝头，一种在足踵"，"膝头"不再指"膝盖凸起之处"，而是指整体器官。第二类是使派生词"×头"从同形异构的"×头"中抽离出来而专指特定意义，譬如《汉书·沟洫志》"近黎阳南故大金堤，从河西西北行，至西山南头，乃折东，与东山南属"，句中的"西山南头"中的"南"不再指方向，其后附"头"的意义已经固定为方位，而表方向的只是上文下文的"西、西北、东"这些不附"头"的单纯词语。就语义的固定性而言，实际上这两类可以归为一类，即马庆株所言"确定地只表示一种概念了"[16](P184)。前列"沟水头""路头""田头""黑山头"等所体现出的语义指向，都与"确定地只表示一种概念"吻合。

在语义特征上，"×头"为一类范畴义，即用以标定"×头"为空间区域范畴（spatial region category）。[21](P37-48) 作为方位成分的"头"具有空间化作用，当其着于×后时，便将×所指称的实物作为参照物，使之指示一个方位域（location region），从而增添、强化×的空间性。这种空间化具有两个方面的作用，一是定域化，一是有指化。[21](P43-45) "×头"确指为以×为参照点的一个方位区域不用赘言，上述用例中"彭氏""黑山""鲁山""宣武""其"等，均直接点明了话语涉及的实体，表面上看例（24）的"城头"、（29）的"陌头"似乎是无指的，实际的上下文表明"城头"为汉家城头、"陌头"为襄阳陌头，仍旧是有指的，这种有指在具体指称中几乎都可作定指理解。空间区域范畴包括方位域和地点域（place region）两类，方经民认为，"从汉语史角度看，地点域和方位域的对立是后起的"。[21](P37-48)我们认为古代汉语中地点域和方位域存在对立，很多时候需要借助语境凸显。就"×头"而言，因为其本义或基本义具有"最显眼"和"最重要"的语义特征，属于绝对方位词[22](P36)，指示的方向或位置具有绝对性，这与"地点域"含有的事物占据固定地方的特点具有相通之处，因此类似上列由地形、园场、建筑、机构等体词性成分与后缀"头"结合之后，自然衍生为地点域范畴。"×头"从方位域到地点域的变化，也可以理解为后缀"头"的进一步语法化，方位域和地点域在格位（case）上显然不同。[17]

自然村落本就是人群在空间上的聚集之地，固定位置为其自来属性，古来多有以自然地理特征为名的村落，譬如"山阴道上"之"山阴"、"垓下之围"的"垓下"，因此以

· 9 ·

"×头"这种标示处所的词语作村名也就自然而然了。与其他范畴义的"×头"相比，村名"×头"的应用相当单纯，像"石桥头""泉水头""河岸头""窑子头""堡头""管头""湖头""瓦窑头"等，在今天的使用中几乎只出现在地名里，这种固定应用无疑进一步强化了"头"的词缀属性，在现代人们的意识里，"泉水""河岸"这些无生的地形、园场、建筑、机构类等体词性成分加上"头"，就只能是地名了，"头"成了这类地名的标志。甚至本该称"×庄"的村名，竟称"庄头"，或另加了"头"形成"×庄头"的说法，譬如光绪《畿辅通志》之《良乡县图》《涿州图》《文安县图》《唐县图》《博野县图》《束鹿县图》等都标"庄头"，《冀州图》有"野庄头"、《武邑县图》有"北庄头"、《隆平县图》有"小庄头"和"大庄头"。

  定指处所的派生词"×头"在汉代即已出现，而以派生词"×头"为地名则自宋明以来多有记载。地名"×头"在几百年间的使用中，实际发生了进一步的词汇化。"头"着于×后所体现的主要是语法意义，二者之间语义也变得模糊，原有派生结构不易辨识[23](P16)，进而使"头"的词缀功能衰退，现代的"×头"一般体现的只是词库中不可分析的成员，已经很少见到新产生的"×头"地名了，"×头"实际已接近于化石词语而不再有能产性。在人们已经不能理解"×头"语源的情况下，部分"×头"被重新理解和重新分析，其中一部分"×"与"头"高度融合为一体，为了重新凸显其地名身份，便在"头"后再附"庄""村""屯"一类的地名通名，比如光绪《重修曲阳县志》之"店头村"，光绪《畿辅通志》之《涿州图》"台头村"、《密云县图》之"仓头庄"、《香河县图》之"铺头屯"。而另一部分"×头"甚至发生了基于重新理解和重新分析的"去范畴化"，即由派生词向复合词方向的演变，譬如将"台头"写成"抬头"，将"窑头"写成"咬头""摇头"，将"埝头"写成"念头"，又如道光《定州志》"抬头村"，光绪《畿辅通志》之《束鹿县图》"摇头""抬头"，《永年县图》之"念头村"，乾隆《河间县志》之"王咬头""张马咬头"。

  "头"从表示"上头"至村名"×头"中的后缀以及后续的演变，具有类型学（typology）意义。"×头"的整个演化过程，与迪尔（Diehl）关于空间关系的语法化程度等级序列基本吻合[8](P21)，即：

  （33）社会空间（我）>物质空间（这里）>时间空间>(现在)>逻辑空间（在这种情形下）

同时与吉翁（Givón）提出的语法化循环模式也颇为一致：[8](P20)

  （34）章法成分→句法成分→词法成分→形态音位成分→零形式（→章法成分）

四 余论

  与"头"一样表方位的后缀还有"边""面"等[19](P232)以及名词"端"，这些成分偶尔出现在地名中，但本义和基本义都很明显，还说不上是地名词缀，比如"靖边""定边""延边""边"字都含有"边远、边塞、边界"的意思。那么为什么它们没有像"头"那样成为表地名的派生词缀呢？前文考察"头"的演变特点，提供了如下思考视角：

第一，"头"字发生语法化的源头"上头"的语境支持，以及大量的爆发性使用。据陈秀兰对安世高所译《七处三观经》等部分译经的统计，当时的"上头"出现了19次。[24](P56)魏兆惠、郑东珍结合本土文献则发现了更多用例，而且"上头"数量远高于其他"×头"。[13](P110-112)汉译佛典当然不是"头"虚化的唯一因素，但是"上头"在译经中的相对频繁、大量的使用，无疑快速地促进了词缀"头"使用的规约化，换句话说，它以"共时强度"的突出弥补了"历时厚度"的不足，这一点与储泽祥观察的网络语言语法化特征[25](P66-85)极其相似。也正是因为历时性积累的不足，在东汉以后的比较长的一段时间内，跟派生词"×头"同形异构的"×头"作为渐变性补偿形式一直存在。而历时文献表明，"边""面""端"等缺少这样的语法环境和语用条件。

第二，"头"的原型性词义对其演变为地名后缀具有巨大支撑作用。"头"的本义或基本义中，具有"最显眼"和"最重要"的语义特征，这使其所指本身就蕴含了"定位"的要求，属于绝对方位词，而不是"相对的方向或位置"，而这正好和区域中村落的固定位置直接吻合。相比较而言，"边""面"不具备这样的原型性特点。尹海良从"方位词+头/面"所指与参照物之间的距离差异，以及心理视点表现上的侧重不同，指出"'头'可以有'端点'的语义内涵，而'面'可以有'范围'的语义内涵"，内涵差异造成了派生方位词的应用区别。[10](P120-122)

注释：

① 本文征引方志主要来自成文出版社《中国方志丛书》，上海书店、巴蜀书社、江苏古籍出版社《中国地方志集成》，以及国家图书馆数字方志。为行文简便，文后参考文献不再一一列出。
② 当作"沟子头"，见光绪《昌平州志·土地记第三》。
③ "管头"的来源，一是与铺递有关，十里、十五里或二十五里设一铺，离城镇较近的铺称"管铺"，如乾隆《海宁州志》有"下管铺"、同治《会理州志》有"摩么管铺""箐山管铺"，由"管铺"而产生了"管铺头""铺头""管头"等地名。二是与镇市、关隘要害处巡检有关，巡检所处之地亦为"管头"。
④ "劈庄"指脱离原村、另立新庄。民国《寿光县志》卷二《村庄》，"乡民旧有习惯，明明居此村庄，而又别立名称，如'新兴'、'自立'、'太平'村之类，名曰'劈庄'"。

参考文献：

[1] 向熹.简明汉语史（下）[M].北京：高等教育出版社，1993.
[2] 蒋宗许.古代汉语词尾纵横谈[J].绵阳师范高等专科学校学报，1999（6）.
[3] 杨伯峻、何乐士.古汉语语法及其发展（修订本）（上）[M].北京：语文出版社，2001.
[4] 周法高.中国古代语法：构词编[M].台北：台联国风出版社，1972.

［5］王力.汉语史稿［M］.北京：中华书局，1980.

［6］〔日〕志村良治.中国中世语法史研究［M］.江蓝生、白维国译.北京：中华书局，1995.

［7］〔日〕太田辰夫.中国语历史文法（第2版）［M］.蒋绍愚、徐昌华译.北京：北京大学出版社，2003.

［8］沈家煊."语法化"研究综观［J］.外语教学与研究，1994（4）.

［9］B. Heine, U. Claudi & F. Hünnemeyer. *Grammaticalization: A Conceptual Framework*［M］. Chicago: University of Chicago Press, 1991.

［10］尹海良.现代汉语方位类后缀"-头"和"-面"的认知考察［J］.东南大学学报（哲学社会科学版），2008（4）.

［11］祝昊冉.后缀"头"的虚化考察［J］.宁夏大学学报（人文社会科学版），2019（2）.

［12］余冠英选注.汉魏六朝诗选（第2版）［M］.北京：人民文学出版社，1978.

［13］魏兆惠、郑东珍.论古汉语词缀"头"［J］.语言研究，2007（2）.

［14］池昌海.汉语双音复合单位范畴化途径新议［J］.语言研究，2019（3）.

［15］董秀芳.词汇化：汉语双音词的衍生和发展（修订本）［M］.北京：商务印书馆，2011.

［16］马庆株.汉语语义语法范畴问题［M］.北京：北京语言文化大学出版社，1998.

［17］R. Beard. *Lexeme-Morpheme Base Morphology*［M］. Albany: State University of New York Press, 1995.

［18］刘丹青.语言库藏类型学构想［J］.当代语言学，2011（4）.

［19］邢公畹主编.现代汉语教程［M］.天津：南开大学出版社，1994.

［20］刘丹青.论语言库藏的物尽其用原则［J］.中国语文，2014（5）.

［21］方经民.论汉语空间区域范畴的性质和类型［J］.世界汉语教学，2002（3）.

［22］方经民.汉语空间方位参照的认知结构［J］.世界汉语教学，1999（4）.

［23］董秀芳.汉语词缀的性质与汉语词法特点［J］.汉语学习，2005（6）.

［24］陈秀兰.对许理和教授《最早的佛经译文中的东汉口语成分》一文的几点补充［J］.古汉语研究，1997（2）.

［25］储泽祥.网络语言里"各种"的词汇化和语法化——兼论网络语言的语法化特征［J］.语言学论丛，2014（1）.

山西晋城盆地方言阴声韵读鼻尾韵的现象*

原慧艳**

摘 要： 晋城盆地位于山西东南部，与河南省接壤。晋城盆地方言具有丰富的阴声韵读鼻尾韵现象。从音变性质看，可以分为系统性音变和例外性音变；从所涉韵摄看，除果摄外，其他六个阴声韵摄均有涉及。通过分析发现，这一特殊语音现象的形成既有音系内部格局的影响，也有语音发音机制的影响；既有声母的原因，也有韵母的原因。

关键词： 晋城盆地；晋语；阴声韵；鼻尾韵；成因分析

一 引言

在汉语方言中，阳声韵失去韵尾转为阴声韵的现象比比皆是，但是阴声韵增加鼻音韵尾或主元音鼻化读为鼻尾韵的现象确是比较少见。张燕芬根据"汉语方言地图集数据库"中930个方言点的语料进行整理分析，发现95个方言点中阴声韵读鼻音的共143字次，但张文中并未涉及晋语语料[1](P255-258)。袁丹对整个汉语方言进行了梳理，将语料数量扩大到894个语例（同一个字在不同点读鼻音则重复计数），分布于官话、晋语、湘语、吴语、客家话、粤语、闽语等方言[2](P59-65)，袁文中所涉及的晋语未包含晋城盆地语料。可见这一特殊的语音现象在汉语方言中虽然涉及字数不多，但分布区域很广。

相比较张文和袁文所列出的语例，晋语语料更为丰富，集中分布于山西晋语上党片和与之地域相连的豫北晋语，如：襄垣方言效摄逢上声读为[ɑŋ]，蟹摄一二等逢上声读为[an][3](P58-62)；石哲长子方言蟹止摄明母字读，合口读为[ən]，开口读为[in][4](P167)；豫北晋语辉县南村方言假摄二等读鼻化韵[ã iã uã]，遇摄合口一等泥母字、蟹止摄个别字也读为鼻音韵[5](P126-129)。

晋城盆地位于山西东南部，与河南省接壤，盆地方言处于晋语上党片和豫北晋语的交界地带。笔者对晋城盆地晋城、泽州、阳城、高平、沁水、陵川等6个市区县75个乡镇方言进行全面调查，发现该区域方言阴声韵读鼻尾韵的现象尤为丰富。文中所有语料均为笔者调查，本文的"鼻尾韵"包括鼻音韵和鼻化韵。

---

* 基金项目：山西省哲学社会科学规划课题（项目编号：2022YJ129）；教育部人文社会科学青年基金项目（项目编号：20YJC740029）的阶段性成果。

** 作者简介：原慧艳（1974— ），女，晋中学院副教授，博士，研究方向为汉语方言学。

二 阴声韵读鼻尾韵的读音形式及分布情况

在晋城盆地方言中，除了龙港、樊村河、中村_{以上属沁水}、崇文、古郊、马圪当、秦家庄_{以上属陵川}等 7 个点没有阴声韵读鼻尾韵的现象，其他 68 个点均或多或少有此类语音现象。根据该现象在各方言点的韵摄分布情况，可以分为系统性音变和例外性音变。文中，我们将晋城盆地方言阴声韵读鼻尾韵的所有字依据韵摄全部列出。下面我们分别论述：

（一）系统性音变

指某个阴声韵摄绝大多数字读为鼻尾韵，一些例外字不读鼻尾韵，分布于川底_{泽州}和与之交界的周村_{泽州}个别村庄。以川底_{泽州}方言为例：

1. 蟹摄开口一等帮组、合口一三四等和止摄开口帮组和合口三等读为鼻化韵［ɛ̃ɛ̃］、［uɛ̃ɛ̃］，与深臻曾梗摄开口三等知系字合流。

（1）蟹摄，读鼻尾韵的共涉及 75 个字，具体读音如下：

开口一等：［pɛ̃ɛ̃⁵³］贝 |［pʰɛ̃ɛ̃⁵³］沛

合口一等：［pɛ̃ɛ̃³³］杯 |［pɛ̃ɛ̃⁵³］辈背焙倍 |［pʰɛ̃ɛ̃³³］胚 |［pʰɛ̃ɛ̃²⁴］培陪赔裴 |［pʰɛ̃ɛ̃⁵³］配佩 |［mɛ̃ɛ̃²⁴］梅枚媒煤 |［mɛ̃ɛ̃²¹²］每 |［mɛ̃ɛ̃⁵³］妹昧‖［tuɛ̃ɛ̃³³］堆 |［tuɛ̃ɛ̃⁵³］对碓队兑 |［tʰuɛ̃ɛ̃³³］推 |［tʰuɛ̃ɛ̃²¹²］腿 |［tʰuɛ̃ɛ̃⁵³］退蜕‖［nɛ̃ɛ̃⁵³］内 |［luɛ̃ɛ̃²⁴］雷 |［luɛ̃ɛ̃²¹²］儡 |［luɛ̃ɛ̃⁵³］累‖［tʂuɛ̃ɛ̃⁵³］最罪 |［tʂʰuɛ̃ɛ̃³³］催崔 |［ʂuɛ̃ɛ̃⁵³］碎‖［kʰuɛ̃ɛ̃²⁴］盔魁傀 |［kʰuɛ̃ɛ̃⁵³］溃 |［xuɛ̃ɛ̃³³］恢灰 |［xuɛ̃ɛ̃²⁴］回茴 |［xuɛ̃ɛ̃²¹²］悔 |［xuɛ̃ɛ̃⁵³］贿晦汇桧会_{开会, 会不会}绘‖［uɛ̃ɛ̃²⁴］桅 |［uɛ̃ɛ̃²¹²］煨

合口三四等：［fɛ̃ɛ̃⁵³］废肺吠‖［tʂuɛ̃ɛ̃⁵³］缀赘 |［tʂʰuɛ̃ɛ̃⁵³］脆 |［ʂuɛ̃ɛ̃⁵³］岁税 |［zuɛ̃ɛ̃⁵³］芮锐‖［kuɛ̃ɛ̃³³］圭闺 |［kuɛ̃ɛ̃⁵³］鳜桂 |［kʰuɛ̃ɛ̃²⁴］奎 |［xuɛ̃ɛ̃⁵³］慧惠秽‖［uɛ̃ɛ̃⁵³］卫

例外字 5 个：

合口一等：［kʰuɛ⁵³］会_{会计}块 ‖［uɛ⁵³］外
合口四等：［ɕiæ²⁴］携 |［ɕi²⁴］眭

（2）止摄，读鼻尾韵的共涉及 95 个字，具体读音如下：

开口三等帮组：［pɛ̃ɛ̃³³］碑卑悲 |［pɛ̃ɛ̃⁵³］被_{被打, 被子}备 |［pʰɛ̃ɛ̃⁵³］辔 |［mɛ̃ɛ̃²⁴］眉楣霉 |［mɛ̃ɛ̃²¹²］美 |［mɛ̃ɛ̃⁵³］媚寐

合口三等：［luɛ̃ɛ̃²¹²］累_{积累}垒 |［luɛ̃ɛ̃⁵³］累_{累连累}类泪‖［tʂuɛ̃ɛ̃⁵³］追锥 |［tʂuɛ̃ɛ̃²¹²］嘴 |［tʂuɛ̃ɛ̃⁵³］坠醉 |［tʂʰuɛ̃ɛ̃³³］吹炊 |［tʂʰuɛ̃ɛ̃²⁴］垂槌锤 |［tʂʰuɛ̃ɛ̃⁵³］翠粹 |［ʂuɛ̃ɛ̃³³］虽 |［ʂuɛ̃ɛ̃²⁴］随髓绥谁 |［ʂuɛ̃ɛ̃²¹²］水 |［ʂuɛ̃ɛ̃⁵³］睡遂隧穗 |［zuɛ̃ɛ̃²¹²］蕊 |［zuɛ̃ɛ̃⁵³］瑞‖

[kuẽẽ³³] 规龟归 | [kuẽẽ²¹²] 诡轨癸 | [kuẽẽ⁵³] 跪柜贵 | [kʰuẽẽ³³] 亏 | [kʰuẽẽ²⁴] 逵葵 | [kʰuẽẽ⁵³] 窥愧 | [xuẽẽ³³] 麾挥辉徽 | [xuẽẽ²¹²] 毁 | [xuẽẽ⁵³] 讳 ‖ [uẽẽ³³] 危威微 | [uẽẽ²⁴] 为作为维惟唯违围 | [uẽẽ²¹²] 萎委伪伟苇纬尾文,末尾 | [uẽẽ⁵³] 喂为为什么位魏畏慰胃谓未味 ‖ [fẽẽ³³] 非飞妃 | [fẽẽ²⁴] 肥 | [fẽẽ²¹²] 匪翡 | [fẽẽ⁵³] 痱费

例外字33个：

开口三等帮组：[pi²¹²] 彼鄙比秕 | [pi⁵³] 俾臂婢避庇痹箄 | [pʰi³³] 披丕 | [pʰi²⁴] 皮疲琵枇 | [pʰi²¹²] 脾 | [pʰi⁵³] 譬屁 | [mi²⁴] 糜弥靡 ‖ [piaʔ⁵⁴] 鼻 | [miaʔ²²] 秘泌

合口三等：[tʂʰuE²¹²] 揣 | [ʂuE³³] 衰摔 | [ʂuE⁵³] 帅 ‖ [tɕi⁵³] 季 | [i²⁴] 遗 | [i²¹²] 尾白,尾巴

2. 流摄除帮组和非组外读为舌根鼻尾韵 [əŋ]、[iəŋ]，共涉及157个字，具体读音如下：

开口一等：[təŋ³³] 兜敨 | [təŋ²¹²] 斗一斗米 抖陡 | [təŋ⁵³] 斗斗争 豆逗 | [tʰəŋ³³] 偷 | [tʰəŋ²⁴] 头投 | [tʰəŋ⁵³] 透 ‖ [ləŋ²⁴] 楼耧 | [ləŋ²¹²] 搂篓 | [ləŋ⁵³] 漏陋 ‖ [tsəŋ²¹²] 走 | [tsəŋ⁵³] 奏 | [tsəŋ⁵³] 凑 | [səŋ⁵³] 嗽 ‖ [kəŋ³³] 勾钩沟 | [kəŋ²¹²] 狗苟 | [kəŋ⁵³] 够构购 | [kʰəŋ³³] 抠 | [kʰəŋ²¹²] 口 | [kʰəŋ⁵³] 叩扣寇 | [xəŋ²⁴] 侯喉猴瘊 | [xəŋ²¹²] 吼 | [xəŋ⁵³] 候后厚 ‖ [əŋ³³] 欧瓯殴 | [əŋ²¹²] 偶藕呕 | [əŋ⁵³] 沤怄

开口三等：[tiəŋ³³] 丢 ‖ [niəŋ²⁴] 牛文,姓牛 | [niəŋ²¹²] 纽扭 | [liəŋ²⁴] 流刘留榴硫琉 | [liəŋ²¹²] 柳 | [liəŋ⁵³] 溜馏 ‖ [tsəŋ³³] 邹周舟州洲 | [tsəŋ²¹²] 肘 | [tsəŋ⁵³] 昼纣宙皱骤咒 | [tʂʰəŋ³³] 抽搊 | [tʂʰəŋ²⁴] 稠绸筹愁仇酬 | [tʂʰəŋ²¹²] 丑瞅 | [tʂʰəŋ⁵³] 臭 | [ʂəŋ³³] 搜飕馊收 | [ʂəŋ²¹²] 手首守 | [ʂəŋ⁵³] 瘦受兽寿授售 | [zəŋ²⁴] 柔揉 ‖ [tɕiəŋ³³] 揪鸠阄纠灸究咎 | [tɕiəŋ²¹²] 酒九久韭 | [tɕiəŋ⁵³] 就救旧柩 | [tɕʰiəŋ³³] 秋丘 | [tɕʰiəŋ²⁴] 囚求球仇姓 | [tɕʰiəŋ⁵³] 舅臼 | [ɕiəŋ³³] 修羞休 | [ɕiəŋ²¹²] 朽 | [ɕiəŋ⁵³] 秀绣宿星宿锈袖嗅 ‖ [iəŋ³³] 忧优悠幽 | [iəŋ²⁴] 牛白,老黄牛 尤邮由油游犹 | [iəŋ²¹²] 有友酉 | [iəŋ⁵³] 莠诱又右佑柚鼬釉幼

（二）例外性音变

指读鼻尾韵的现象零散地分布于一些韵摄，从音系格局看，有的与某个阳声韵合流，有的自成音类。需要说明的是下文统计的字数，凡在各点重复出现的字只记一个。

1. 假摄个别字读为鼻化韵，共涉及7个字，主要分布在高平所辖一些方言点，具体读音如下：

（1）在音系内自成音类。

神农高平：妈假开二明 [mã⁵⁵]

原村 高平：姐 假开三精 [tɕiæ²¹³] | 些 假开三心 [ɕiæ³³] | 爷 假开三以 [iæ³³]

（2）与咸山摄细音合流。

原村 高平：谢 假开三匣 = 线 山开三心 [ɕĩɛ³⁵³] | 且 假开三清 = 浅 山开三精 [tɕʰĩɛ²¹³]
高平 城区：且 假开三清 = 浅 山开三精 [tsʰĩɛ²¹³]
寺庄 高平：且 假开三清 = 浅 山开三精 [tɕʰĩɛ³¹²]
野川 高平：且 假开三清 = 欠 咸开三溪 [tɕʰĩɛ⁵³]

（3）与深臻摄洪音合流。

骟 假开三书：土沃 沁水 [ʂẽĩ⁴⁵⁴]、中村 沁水 [ʂəŋ²¹]、润城 阳城 [ʂʌŋ⁵³]
在土沃、中村、润城等方言中"骟 假开三书"与"甚 深开三禅"同音。

2. 遇摄

（1）遇摄合口一等和流摄一三等明母字合流，读为舌根鼻尾韵，与各自音系通摄合流。主要分布在阳城所辖各方言点、沁水晋语区、泽州以及高平部分方言点。关于这一语音现象白静茹等[6](P10-11)、王利[4](P167)等都有描述，只不过涉及的方言点不多。

两摄明母字共有"模 模子 模 模范 摹 摹仿 暮 慕 募 墓 某 亩 牡 母 拇 戊 茂 贸 谋 矛 谬"18个字，除"戊茂贸矛谬"5个字不读鼻尾韵外，其他13个字在各方言点均有不同程度的鼻尾韵现象。因分布点较多，我们选取几个代表方言点列入下表（表内"—"表示不读鼻尾韵）：

表1 遇摄、流摄一等明母字的读音

方言代表点	模 模子	模 模范	摹	暮慕	墓募	某	亩	牡	母	拇	谋
凤城 阳城	muəŋ³³	muəŋ³³	muəŋ³³	muəŋ⁵³	muəŋ⁵³	muəŋ²¹³	muəŋ²¹³	muəŋ²¹³	muəŋ²¹³	muəŋ²¹³	muəŋ³³
润城 阳城	muəŋ²⁴	muəŋ²⁴	muəŋ²⁴	muəŋ⁵³	muəŋ⁵³	muəŋ⁵³	—	—	—	—	muəŋ²⁴
周村 泽州	moŋ³⁵	moŋ³⁵	—	moŋ⁵³	moŋ⁵³	—	—	—	—	—	moŋ³⁵
端氏 沁水	moŋ²⁴	moŋ²⁴	—	—	moŋ⁵³	—	—	—	m̩³¹	—	moŋ²⁴
柿庄 沁水	m̩²²	mə̃ŋ²²	—	mə̃ŋ⁵³	mə̃ŋ⁵³	m̩²¹³	m̩⁵³	—	m̩²¹³	—	mə̃ŋ²²
梨川 泽州	—	—	—	muŋ⁵³	muŋ⁵³	—	—	—	—	—	—
晋城 城区	—	—	—	—	moŋ⁵³	—	—	—	—	—	—
高平 城区	—	m̩³³⁵	ə̩³³⁵	m̩⁵³	m̩⁵³	m̩²¹³	m̩²¹³	m̩²¹³	m̩²¹³/mɔʔ³⁵	—	muəŋ³³⁵

由表1可见，辖字最多的是凤城方言，13个字均读为鼻尾韵，辖字最少的是晋城城区，仅有"墓募"2个字读为鼻尾韵。

对于表中读为自成音节[m̩]韵母。遇摄合口一等明母字本来的读音为[mu]，[m]为双唇浊鼻音，[u]为后高圆唇元音，二者相拼合的时候，浊鼻音[m]使[u]具有了鼻化色彩[ũ]，在语流中，[m]逐渐吞噬了[ũ]，形成了声化韵。该演变过程为：[mu]>[mũ]>[m̩]。因此，我们认为高平城区和柿庄方言这些字也曾读为鼻尾韵。

（2）遇摄合口一等泥母字"奴努怒"等3个字读为舌根鼻尾韵，与各自音系通摄合流。主要分布于除龙港、樊村河、中村以上属沁水；崇文、古郊、马圪当、秦家庄以上属陵川等方言点以外的68个方言点，根据读音形式选取4个方言点列入表内。因泥母字读音与通摄合口字合流，表2内列出通摄字作为对照：

表2 遇摄合口一等泥母字的读音

方言 代表点	遇摄			通摄	
	奴	努	怒	农	浓
晋城城区	noŋ¹¹³	noŋ¹¹³	noŋ⁵³	noŋ¹¹³	noŋ¹¹³
高平城区	nuəŋ³³⁵	nuəŋ²¹³	nuəŋ⁵³	nuəŋ³³⁵	nuəŋ³³⁵
蟒河阳城	nuŋ³³	nuŋ²¹³	nuŋ⁵³	nuŋ³³	nuŋ³³
柿庄沁水	nə̃ŋ²²	nə̃ŋ²¹³	nə̃ŋ⁵³	nə̃ŋ²²	nə̃ŋ²²

（3）遇摄合口三等泥母字"女"读为鼻尾韵，与各自音系深臻摄细音合流。分布于高平所辖及周边一些方言点，具体读音如表3：

表3 "女"字读为鼻尾韵的情况

	高平城区	寺庄高平	永禄高平	陈区高平	米山高平	原村高平	建宁高平	石末高平	柿庄沁水	西河底陵川
女	nĩ²¹³	nĩ³¹²	nĩ²¹³	nĩ²¹	nĩ²¹³	niẽĩ²¹³	nyĩ³¹²	nyə̃ĩ³¹²	niə̃n²¹³	nyĩ³¹²

（4）遇摄合口三等清母字"蛆"读为鼻尾韵，与蟹止合口一三四等合流，涉及1个字，具体读音如下：

　　川底泽州：[tʂʰuɛ̃ẽ³³]蛆遇合三清

3. 蟹止摄

蟹止摄一些字读为鼻尾韵主要分布在高平、陵川所辖部分方言点。

（1）读为鼻尾韵后与各自音系深臻摄合流，共涉及38个字，具体读音如下（因各点调值不同，下面例字略去声调）：

　　高平城区、野川、神农以上属高平：[mĩ]米谜迷蟹开四明弥眉楣止开三明[nĩ]泥蟹开四泥倪蟹四疑尼腻你止开三泥‖[mẽĩ]埋蟹开二明梅枚媒煤每妹味蟹合三明霉美媚止合三明[pẽĩ]杯蟹合一帮‖[kuẽĩ]轨止合三见[xuẽĩ]挥辉止合三晓

　　寺庄高平：[mĩ]米谜迷蟹开四明弥眉楣止开三明[nĩ]泥倪蟹开四泥尼腻你止开三‖[mẽĩ]埋蟹开二明梅枚媒煤每妹味蟹合三明霉美媚止合三明[pẽĩ]杯蟹合一帮‖[nuẽĩ]内蟹合一泥[kuẽĩ]闺蟹合三见轨止合三见[xuẽĩ]挥辉止合三晓[ʐuẽĩ]瑞止合三禅

　　原村高平：[miẽĩ]米谜迷蟹开四明‖[nẽĩ]泥倪蟹开四泥尼腻你止开三泥[mẽĩ]弥眉止开三明‖

［mẽẽ］埋蟹开二明梅枚媒煤每妹昧蟹合三明楣霉美媚止合三明 ‖ ［nuẽẽ］内蟹合一泥 | ［ʂuẽẽ］睡 | ［ʐuẽẽ］瑞止合三禅 | ［xuẽĩ］挥辉止合三晓；

建宁、陈区、北诗、石末、河西以上属高平：［mĩ］米迷迷泥蟹开四泥弥眉媚止三明 | ［nĩ］尼腻你止开三泥 ‖ ［pēī］杯蟹合一帮 | ［mẽĩ］梅枚媒煤每妹昧蟹合三明楣霉美止合三明 ‖ ［ʐuẽĩ］芮蟹合三日瑞止合三禅 | ［kuẽĩ］闺蟹合三见 | ［xuẽĩ］挥辉止合三晓

附城陵川：［miĩ］米迷迷蟹开四明 | ［niĩ］泥蟹开四 ‖ ［mẽĩ］梅枚媒煤每妹昧蟹合三明美止合三明 ‖ ［nuẽĩ］内蟹合一泥 | ［ʐuẽĩ］锐蟹合三以

礼仪陵川：［nĩ］尼腻你止开三泥 ‖ ［mẽĩ］梅枚媒煤每妹昧蟹合三明霉美止合三明 ‖ ［kuẽĩ］轨止合三见 | ［xuẽĩ］挥辉止合三晓

西河底陵川：［nĩ］泥蟹开四泥尼腻你止开三泥 ‖ ［mẽẽ］梅枚媒煤每蟹合一明楣霉美媚止合三明 ‖ ［nuẽẽ］内蟹合一泥 | 芮 ［ʐuẽẽ］蟹合三日 | ［kuẽẽ］闺蟹合三见

北义城陵川：［mẽẽ］枚媒煤妹昧蟹合一明 ‖ ［nuẽẽ］内蟹合一泥 | ［xuẽẽ］挥辉止合三晓

柿庄沁水：［niə̃n］泥蟹开四泥 | ［miə̃n］眉楣止开三明

（2）读为鼻尾韵后与咸山摄合流，具体读音如下：

原村高平：［tɕīẽ］皆阶界届蟹开二见 ‖ ［tʂʰuæ̃］揣止合三初

4. 效摄和流摄个别字读为鼻尾韵

（1）泥母字读为鼻尾韵与宕江摄合流，涉及1个字，具体读音如下：

原村高平：［niɔŋ］尿效开四

（2）明母字读为鼻尾韵后在音系内自成音类。效摄开口一二等明母字和流摄个别明母字也读为鼻尾韵，共涉及10个字，具体读音如下：

附城陵川：［mɔ̃õ］毛冒帽效开一茅猫卯貌效开二茂贸流开一矛流开三

（三）小结

从上述语言实例可以看出，晋城盆地阴声韵读为鼻尾韵具有以下几个特点：

第一，从音变性质看，有系统性音变，也有例外性音变；从所涉韵摄看，除果摄外，假摄、遇摄、蟹摄、止摄、流摄、效摄均有涉及。可见，这种语音现象"是一种自然音变，其背后有一定的语音学机制在起作用"[2](P60)。我们对上述各韵摄读鼻尾韵的字数进行统计，系统性音变共涉及327个字，其中蟹摄75个、止摄95个、流摄157个；例外性音变共涉及73个字，其中假摄7个字、遇摄12个、蟹摄22个、止摄16个、效摄7个、流摄9个，主要集中在蟹摄和止摄，占比52.1%。

第二，从声母条件看，在例外性音变的73个字中，有44个字为鼻音声母，占比

60.3%。可见，鼻音声母所拼韵母多发生鼻音化现象，但是在其他声母条件下也有鼻音化现象发生，如：寺庄方言见母字"轨闱"[kuẽĩ]、晓母字"辉挥"[xuẽĩ]、禅母字"瑞"[ʐuẽĩ]；原村方言精组字"姐"[tɕiæ̃]、"些"[ɕiæ̃]、"谢"[ɕĩæ̃]、"且"[tɕʰĩæ̃]，以母字"爷"[iæ̃]。可见鼻音声母是阴声字读为鼻音的一个充分条件，但不是必要条件。

第三，从韵母条件看，变读为鼻音后多数收鼻化韵，少数收鼻音韵。收鼻化韵的韵母结尾元音（主元音或韵尾）多数为前高元音[i]，如："女、米、美"的韵尾为[i]；收舌尖鼻音[n]的韵母主元音多数为央元音[ə]，如：柿庄方言"泥"读为[niə̃n]；收舌根鼻音[ŋ]的韵母主元音多数为央元音[ə]或后高元音[u]，如：蟒河方言"奴"读为[nuŋ]，川底方言流摄读为[əŋ]。但是并非所有鼻音化的韵母都是高元音，还有半高元音[e、o]、半低元音[ɛ、æ、ɔ]和低元音[ʌ]。可见，高元音容易产生鼻音现象，但不是必然产生鼻音现象。

第四，从声调条件看，阴声韵读鼻尾韵的现象在各类声调条件下都会发生，说明声调与该语音现象没有必然联系。

三 阴声韵读鼻尾韵的成因分析

对于阴声韵读为鼻尾韵的原因，学界已有相关探讨。支建刚将学界观点总结归纳为五类：第一，元音韵尾转辅音韵尾；第二，鼻音声母影响；第三，央高元音后易产生鼻尾韵；第四，文白系统的演变和层次；第五，其他原因。支文认为，分析阴声韵读鼻尾韵产生的原因首先要区分系统性音变和例外性音变，"对于例外性音变而言，鼻音声母不是必要条件"，"解释鼻音尾产生的原因也不能落到主要元音的高低上"[5](P130-131)。就晋城盆地方言阴声韵读鼻尾韵的现象来看，我们赞同支文的看法。但还应该注意无论系统性音变还是例外性音变形成的原因都不是唯一的。

（一）阴声韵系统性变读为鼻尾韵的成因

晋城盆地方言中，只有川底方言蟹止摄合口一三四等、止摄开口帮组字（为行文方便，下文简称为"蟹止摄合口"）和流摄成系统地读为鼻尾韵。

1. 蟹止摄合口读鼻尾韵的成因

川底方言蟹止摄合口与深臻曾梗摄开口三等知系字合流读为[ɛ̃ẽ]，深臻曾梗摄一二等字读为[ẽ]，三四等非知系字读为[iẽ]。其实，晋城盆地方言蟹止摄合口常常与深臻曾梗摄之间存在一定的纠葛。下面我们通过川底及其周边方言点的读音情况，探讨蟹止摄读鼻尾韵的形成原因。一些方言点深臻与曾梗摄分立，所以表4内不列曾梗摄：

表4 川底方言与周边方言蟹止摄、深臻摄的读音对比

类型	方言点	蟹止摄合口	深臻摄		
			知系三等	一等	非知系三等
A	川底泽州	ɛ̃ẽ	ɛ̃ẽ	ẽ	iẽ
	大东沟泽州	ɛi	ɛi	ẽ	iẽĩ

续表

类型	方言点	蟹止摄合口	深臻摄 知系三等	深臻摄 一等	深臻摄 非知系三等
B	周村泽州	εe	ẽĩ	ɛ̃ɛ̃	iẽĩ
	端氏沁水	ai	əŋ	ai	iəŋ
C	附城陵川	ei	ẽĩ	ẽĩ	ĩĩ
	原村高平	εe	ɛ̃ɛ̃	ɛ̃ɛ̃	iẽĩ
D	柿庄沁水	εe	εe	εe	iõn
	崇文陵川	ei	ei	ei	iõĩ

由表4可见，晋城盆地一些方言点存在知系三等与一二等分韵的现象，如：川底、大东沟、周村、端氏等方言，笔者曾在《山西沁水方言深臻曾梗摄舒声韵的等呼分韵》一文中探讨过沁水各方言点存在的类似问题[7](P60-65)，此处不赘。

我们只看蟹止摄合口与深臻摄洪音读音情况。从表4各方言点读音形式看，深臻摄鼻尾脱落的形式是鼻音韵尾转化为元音韵尾，同时赋予了韵母以鼻化色彩。随着语音的进一步演变，一些方言点的鼻化色彩脱落变读为纯元音韵，与蟹止摄合口合流，如大东沟、端氏、柿庄、崇文等方言，另外一些方言点尽管音值与蟹止摄合口一样，但是因为保留有鼻化色彩所以与蟹止摄合口分立，如周村、附城、原村等方言。对于川底方言而言，我们认为其应该经历了周边方言同样的演变过程，当鼻尾韵变读为纯元音时，与蟹止摄合口合流。而韵尾［i］具有［+前］［+高］特征，"高元音在听感上更容易被听成元音带鼻化"[2](P61)，这与支建刚提出的"重新分析"法[5](P136)具有异曲同工之理，因此高元音韵母听起来具有了鼻化色彩。可以用演变链条来表示川底方言深臻摄与蟹止摄合口的合流：［ən］>［ə̃ĩ］>［ẽĩ］>［ei］>［εi］（与蟹止摄合流）>［ε̃ĩ］>［ɛ̃ɛ̃］。可见，川底方言深臻摄洪音经历了"鼻音韵→鼻化韵→纯元音→鼻化韵"的"回头演变"[8](P35)，只不过在"回头演变"时携带了蟹止摄合口字。

因此，川底方言蟹止摄合口读为鼻音应该是肇端于深臻摄鼻音韵脱落后与之合流，加之前高元音韵尾［i］听感上具有鼻音化的特征而形成了鼻化韵母。

2. 流摄读鼻尾韵的成因

川底方言流摄读为［əŋ］，在音系内自成音类。中古流摄的拟音是*əu[9](P254)，韵尾［u］具有［+后］［+高］的特征。瞿建慧指出："前元音韵尾-i与前鼻音韵尾-n，后元音韵尾-u/ɯ与后鼻音韵尾-ŋ是可以转换的。"[10](P139)从音理上，王利分析认为"［u］是舌面后高元音，［ŋ］是舌根鼻音，二者发音部位相近，在发［u］的时候，只要舌面向上顶住舌根就变成［ŋ］了"[4](P168)。我们赞同二位学者的观点。对于川底方言而言，还可以增加一个音系条件。从音系格局看，流摄读为［əŋ］没有与其他韵摄合流。因为川底方言深臻曾梗摄一二等洪音读为［ɛ̃］，这个读音也是周边方言的普遍形式。可以认为，川底方言深臻曾梗摄合流后，一二等韵母主元音低化、鼻音韵尾弱化变读为［ɛ̃］，原来的［əŋ］位置形成一个空位，为流摄读为［əŋ］提供了机会。

可见，流摄读为鼻音韵［əŋ］，［u］与［ŋ］的互相转换为之提供了可能性，原有

· 20 ·

[əŋ]处的空位则确保其读鼻音的稳定性。

一个有意思的现象，川底方言虽然流摄成系统地读鼻音韵，但是流摄明母字与遇摄合流读为[u]，不读鼻尾韵，如："墓母亩"读[mu]；另外，遇摄泥母字"奴努"有[nu]/[nuŋ]两读，而这些字在该区域多数方言点读为鼻尾韵。我们认为，川底方言流摄读鼻音，音系格局的制约远远大于声母对韵母的影响。

（二）阴声韵例外性变读为鼻尾韵的成因

1. 声母的影响

从前文可见，例外性音变现象出现在鼻音声母条件下的字占比60.3%。丁邦新在分析官话方言受双唇鼻音声母影响产生了[-ŋ]韵尾时指出："这类字字数少，但变读相当一致，相信是受到声母鼻音的影响。"[11](P234)丁先生只提到双唇音声母[m]，而晋城盆地方言中还涉及舌尖鼻音声母[n]。鼻音声母与口元音相拼合时，在顺同化的作用下，促使后面的口元音韵母产生了鼻化色彩。但不同的韵尾产生的鼻音有所差异，后高元音[u]增生了舌根鼻音[ŋ]，如：蟒河方言遇摄合口一等泥母字"奴努怒"等读为[nuŋ]、明母字"墓母牡"等读为[muŋ]；前高元音增生了舌尖鼻音[n]或鼻化，如：蟹止摄开口三四等"米泥"，高平等方言读为[ĩ]，柿庄方言读为[iən]；"煤美"建宁等方言读为[mẽĩ]；遇摄合口三等"女"建宁等方言读为[nyĩ]，石末方言读为[nyõĩ]。

还有一些非鼻音声母的阴声字也读为鼻音，如：挥辉晓[xuẽĩ]、睡禅[ʂuẽĩ]、瑞禅[zuẽĩ]，这些声母均为擦音。对于"这种演变Ohala称之为'自发的鼻化'，认为这种反复发生的现象是由高气流造成，包括清擦音、塞擦音、送气清塞音"[2](P62)。可见，相较别的声母，擦音声母更容易增生鼻音。而见母字"闺[kuẽĩ]"读为鼻尾韵，这应该是受词汇条件影响而形成的。因为"闺"一般只出现在"闺女"一词中，"女"为鼻音声母，在逆同化作用下使得"闺"的韵尾具有鼻音色彩。至于塞擦音声母读为鼻尾韵，如：原村方言"姐"[tɕiæ̃]"揣"[tʂʰuæ̃]、高平方言"且"[tsʰĩɛ̃]，具体原因还有待进一步研究。

2. 韵母的影响

支建刚提出"韵尾是分析例外音变成因的切入点"[5](P134)。这里的韵尾应该指的是韵母的收尾音素。当韵母最后一个音素（可能是韵尾也可能是韵腹）是高元音的时候，最容易增生鼻尾。张燕芬认为"高元音后的鼻音韵尾不容易消变，说明二者的粘合性较强，高元音后产生鼻音韵尾的可能性也较高"[1](P257)。袁丹对894个鼻尾增生语例进行统计分析，发现高元音增生鼻尾的语例有743个，占比83.1%。[2](P62)晋城盆地方言的语例也证明了这一点。阴声字读为鼻尾韵的现象集中出现在蟹止摄和遇摄，蟹止摄开口三四等主元音为高元音[i]，合口一三四等韵尾为高元音[i]；遇摄主元音为高元音[u]和[y]。即使一些方言点蟹止摄合口读为[ɛ̃ẽ]，韵尾为半高元音[e]，这也当是发音省力原则产生的结果，只不过这些读鼻尾韵的例外字应该是在高元音[i]演变为[e]之前就已经形成了。

对于假摄开口二三等读为鼻音的现象，如：神农方言"妈[mã]"，原村方言"姐[tɕiæ̃]、些[ɕiæ̃]、揣[tʂʰuæ̃]"，高平方言"且[tsʰĩɛ̃]"等，这些例字韵母收尾元音都是低元音，在晋城盆地方言中低元音增生鼻音是一种偶发现象。这不仅与声母的擦音化有关，与低元音发音原理也有关系。"Ohala、Clumeck 的研究都表明：发低元音时，软腭趋于下降，使气流从鼻腔中逸出，产生鼻流。"[2](P61) "看来低元音更易于鼻化是具有发音生理基础的一种普遍语音现象。"[12](P37) 这些研究结果虽然是论证低元音［a］后鼻尾容易脱落现象的，但是反过来也可以说明低元音在发音时也会伴随鼻流，加之与鼻音或擦音化的声母相拼，也就具有了鼻化色彩。

四　结语

综上所述，晋城盆地方言丰富的阴声韵读为鼻尾韵现象是语音内部的一种自然音变。其形成原因是多方面的。从语音发音机制看：声母方面，最容易增生鼻韵尾的是鼻音声母，其次是擦音声母；韵母方面，高元音最容易增生鼻韵尾，低元音增生鼻韵尾则是一种偶发现象。从音系格局看，阴声韵读为鼻尾韵后，多数点与某一个阳声韵合流，个别点在音系内自成音类，自成音类的往往占据了原有音值的空格，确保了其读鼻尾韵的稳定性。

参考文献：

［1］张燕芬.现代方言中读鼻尾的古阴声韵字［J］.方言，2010（3）.

［2］袁丹.汉语方言中的鼻尾增生现象［J］.语文研究，2014（3）.

［3］金有景.襄垣方言效摄、蟹摄（一、二等韵）字的韵母读法［J］.语文研究，1985（2）.

［4］王利.晋东南晋语历史比较研究［M］.北京：中国社会科学出版社，2017.

［5］支建刚.豫北晋语语音研究［M］.上海：中西书局，2020.

［6］白静茹等.高平方言研究［M］.太原：山西人民出版社，2005.

［7］原慧艳.山西沁水方言深臻曾梗舒声的等呼分韵［J］.语文研究，2021（2）.

［8］何大安.规律与方向——变迁中的音韵结构［M］.北京：北京大学出版社，2004.

［9］王力.汉语语音史［M］.北京：中国社会科学出版社，1985.

［10］瞿建慧.湘语辰溆片语音研究［M］.北京：中国社会科学出版社，2010.

［11］丁邦新.丁邦新语言学论文集［M］.北京：商务印书馆，1998.

［12］冉启斌.汉语鼻音韵尾的实验研究［G］.南开语言学刊，2005（1）.

论"劈腿"的词义发展及其词汇化*

付开平　匡鹏飞**

摘　要："劈腿"一词作为流行语引起学界关注是在2005年以后，已有学者和辞书予以关注。经过考察，"劈腿$_1$"是由动宾短语"劈+腿"词汇化而来，清代已完成词汇化。在"劈腿$_1$"成词的基础上，"劈腿$_2$"是由"劈腿$_1$"隐喻而产生，"劈腿$_3$"是由"劈腿$_1$"经转喻而出现。

关键词：劈腿；词汇化；凸显观；隐喻；转喻

一　引言

"劈腿"作为流行语引起学界关注大致始于2005年左右。应学凤、张丽萍最先探讨了"劈腿"的意义、用法和来源，其表示脚踩两只船的新义在台湾也属新现象，"劈腿"的走红得归功于当年闹得轰轰烈烈的周侯恋。[1]唐永宝认为"劈腿"起源于台湾，后在香港和内地流行开来，尤其在一些八卦绯闻娱乐消息中屡见不鲜。[2]林伦伦简要探讨了"劈腿"的成词理据。[3]以上学者均注意到作为流行语的"劈腿"，意义相当于汉语中的"脚踏两只船"。

"劈腿"一词，包括《现代汉语词典》（第6版开始收录，第7版继续收录，解释完全相同）在内的工具书已有收录，学者也有关注，这说明"劈腿"已经完成了词汇化，进入了词库。不过，已有研究中，各家在义项的完整性及释义的准确性方面似有可补充完善之处；从历时演变来看，相关研究则较为缺乏。本文将从共时和历时角度对"劈腿"的前世今生、意义演变和词汇化进行探讨。本文的语料来源于CCL、BCC、汉籍全文检索系统第四版等语料库以及通过互联网检索所得语料。

---

* 基金项目：国家社科基金重大项目"中西交流背景下汉语词汇学的构建与理论创新研究"（项目编号：21&ZD310；主持人：周荐）阶段性成果。

** 作者简介：付开平（1977— ），男，华中师范大学语言与语言教育研究中心博士生，汉江师范学院文学院副教授，研究方向为汉语词汇语法。匡鹏飞（1975— ），男，博士，教授，博士生导师，研究方向为汉语历史词汇、语法和现代汉语语法。

二 "劈腿"的意义考察

(一)"劈腿"的义项分类

考察"劈腿"的意义,得先从动词"劈"说起。《说文》:"劈,破也。"《广韵·锡韵》:"劈,剖也;破也。""劈"的本义是用刀、斧等剖开、割开、裂开,读音为 pī。由本义引申为分开、分配、掰开、撕开等,读音为 pǐ。[4](P377)"劈腿"中的"劈"为其引申义,读 pǐ。"腿"大致中古已出现[5],是大腿和小腿的总称,近代汉语可指男性生殖器或男阴义[6](P400)[7](P105)[8](P160)[9](P9338)[10](P91-92)[11](P331)。

再看辞书对"劈腿"的解释。目前所见,有以下辞书收录了"劈腿"一词。田宗尧释为:"劈腿儿:把腿叉开,是对女性说的猥亵的话。"[12](P1316)《全球华语词典》:"劈腿:[动]指同时与两个或两个以上的人谈恋爱。使用地区:港澳、台湾、新马泰。"[13](P631)《现代汉语词典》:"[动]①体操上指两腿最大限度地叉开。②比喻同时跟两个或两个以上的人谈恋爱。"[14](P989)[15](P995)《汉语词典》①:"劈腿:1.一种武术或舞蹈动作。将两腿撑开成一字贴于地面。2.将腿张开成八字,是污辱女性的话。"[16]《重编国语辞典修订本》台湾学术网路第六版(以下简称《修订本》):"劈腿:1.一种武术或舞蹈动作。将两腿撑开成一字贴于地面。2.将双腿张开,隐指女性与人发生性行为,含贬义。3.指用情不专,背着一方同时与其他对象交往。"[17]《现代汉语分类词典》:"叉腿、劈叉、劈腿、伸腿。"[18](P168)《100年汉语新词新语大辞典》:"劈腿:指男女恋爱中感情不专一的行为。[按]'劈腿'原来是舞蹈、武术动作用词,即'叉开双腿'。后来在台湾等地被用来指代对待感情不专一,脚踏两条船的行为,该义项其后逐渐在内地流行起来。"[19](P464)

《全球华语词典》和《现代汉语词典》等将"劈腿"标注为动词,《修订本》将"劈腿"设立了三个义项,均符合语言事实。但我们认为,以上文献对"劈腿"一词的义项归纳和解释均还有不完善或值得商榷的地方。综合各家的研究成果,我们将"劈腿"归纳为三个义项,分别记作"劈腿₁""劈腿₂"和"劈腿₃"。其中,"劈腿₁"和"劈腿₂"分别对应《现代汉语词典》义项①和义项②,"劈腿₃"对应《修订本》中的第二个义项。

关于"劈腿₁",各家的解释,涵盖范围均不全面。除了一般所提到的武术、舞蹈和体操外,瑜伽等健身运动中也有。"贴于地面"也不准确,还有站立式劈腿。如:

(1)笔者在现场还看到20多个女青年在健美操老师的指导下,随着轻快柔美的音乐节拍,有节奏地跳着健美韵律操。那刚劲的**劈腿**、轻灵的腾跃无不是力的展示、美的飘动。(BCC《福建日报》)

(2)习武,是最苦的了,拉筋**劈腿**、拿顶倒立、打坐练气、举锁插砂,无一不苦。(BCC《少年铁手》)

(3)艺术形象也十分贫弱,许多舞蹈演员动作完成得漂亮,身体能力很强,但在塑造形象方面力不从心,难以传达原创的文化内涵,舞蹈几乎成了大**劈腿**等高难动作的炫耀。(BCC《人民日报》)

（4）盘点瑜伽妹纸的N种**劈腿**方式：瑜伽妹纸劈腿了？大家千万不要误会哦！，今天跟大家聊的是"瑜伽**劈腿**"——此劈腿，非彼劈腿也！（搜狐网2017-5-29）

关于"劈腿[2]"，各家均指出"比喻用情不专""同时跟两个或两个以上的人谈恋爱"等，虽侧重点不同，但概括基本准确。尽管应学凤、张丽萍[1]和唐永宝指出该义已呈泛化的趋势，可泛指"同时与两方面甚至多方面保持关系"[2]，如例（5），但此泛化义规约性（conventionality）较低，使用频率并不高，已变成"流星"义，所以辞书未收录，我们赞同上述辞书的做法。

（5）挺扁"**劈腿**族"挑战民进党主席权威（人民网2008-10-13）

关于"劈腿[3]"，田宗尧和《汉语词典》的解释前半句概括准确，但后半句中"猥亵"和"污辱女性"的表述可商，因为性行为是人和动物的一种自然本能，劈腿（叉开双腿）只是一种普通的性行为姿势而已，男女均可，不存在"对女性说的猥亵的话"和"污辱女性"之意。江蓝生先生认为词典释义的总要求、总原则是既要有概括性，又要有区别性，追求准确、周延与精细化。[20]所以上释义准确性不够，没有反映出"劈腿"的区别性特征。《修订本》义项2已删除"是污辱女性的话"，说明修订者已经意识到其不合适，但是其"隐指女性与人发生性行为"的概括仍有失偏颇。"与人发生性行为"既可指男性与人发生性行为，如例（6）；也可指女性与人发生性行为，如例（7）。所以应该删掉"女性"，概括为"隐指与人发生性行为"。"含贬义"也应该删除，原因如上。

（6）我仍，擦！广外的童鞋，你们赢了！！！！陈冠希\"**劈腿**史\"，陈冠希真的佩服你。（BCC微博）

（7）据台湾今日新闻网报道，台湾高雄一名林姓男子与小姨子暗通款曲通奸长达10年，林男还每月付给小姨子5万元（新台币，下同）生活费。没想到2年前林男发现小姨子竟又"**劈腿**"（搞外遇）其他男子，除了帮妻子控告小姨子妨害家庭，另外自己也提告小姨子诈骗千万元生活费。（中国新闻网2012-3-31）

如上所述，在已有研究和解释基础上，辞书可以考虑为"劈腿"收列以下义项：动 ①两腿最大限度地叉开，常用于体操、武术、舞蹈或健身运动中。②比喻用情不专，同时跟两个或两个以上的人谈恋爱。③将双腿张开，隐指与人发生性行为。

（二）"劈腿"意义演变的路径和机制

"隐喻和转喻是语义变化的两大基本机制。"[21](P27)"劈腿[1]"是"劈腿"一词的本义和基本义，由"劈腿[1]"产生出"劈腿[2]"的机制是动词性隐喻。"隐喻一般用于通过A事物理解或解释B事物，涉及两个概念领域的映射。喻体与本体之间的关系是差异中的相似。"[22]具体到"劈腿"而言，"体操、武术、舞蹈或健身运动中将两腿最大限度地叉开"是A，表示一种具体的动作行为，是始源域；"用情不专，同时跟两个或两个以上的人谈恋爱"是B，表示一种相对抽象的动作行为，是目标域。A是本体，B是喻体，汉民族心理中将B动作行为形象地称之为"脚踏两只船"。由于二者有动作上的很大相似点，即两腿叉开和脚踏两只船，所以由A领域到B领域，发生了跨概念的映射（map），产生了隐喻义。《现代汉语词典》对"劈腿$_2$"的释义"比喻……"也说明了它与"劈腿$_1$"之间的隐喻关系。

由"劈腿$_1$"发展出"劈腿$_3$"的机制是转喻。转喻俗称借代，本体和喻体是一种替代关系，喻体能代表本体的某方面特征，所以本体一般可以不出现。"转喻范畴的原型是空间上部分与整体之间的邻近性（contiguity）"[23]，转喻一般在一个认知域内发生映射。就"劈腿"一词而言，"某人叉开双腿"（劈腿$_1$）通过转喻机制映射到"某人叉开双腿以隐指与人发生性行为"（劈腿$_3$），属于"目标域包含源域（source-in-target metonymy）的转喻"[24](P489)。"转喻是发生在同一个概念域（同一个ICM）之中的，人们可用这个概念域中组成要素互代，或组成要素与整体之间互代。"[25]人们会基于事物或动作的某一显著特征或约定俗成的认识来指代整个事物或行为，造词的人只需抓住"双腿叉开"这一典型特征即可，而不考虑性行为发生时其他方面的特征。"双腿叉开"是"性行为"这一整体动作的一部分，完全符合"整体-部分"的认知框架。再者汉民族对性行为表述多用委婉语表示，如同房、云雨、上床等，具有含蓄性特质。用"劈腿"来代指性行为也符合汉民族的认知和文化心理。

三 "劈腿"的词汇化

（一）"劈腿$_1$"

根据语料检索，"劈"义为"剖开、割开"等时，早期的搭配成分多为无生名词，如"竹、棺木、柴、门、篾片、石崖、核桃、枣、猪腰子、巴豆、火球、石壁、寨栅、华山、锁"等；也有表示人的身体部位的名词，如"脑盖、身子、脑髓、股"。其中与"劈腿$_1$"意义最相近的是"劈"和"股"的组合，"股"本义是"大腿"，该组合形式明末已见，属于短语，如：

（8）其巫正坐江欲渡，即时**两股劈开**，浮江而毙，妖遂息。（汉籍全文检索系统《原李耳载》）

"两股劈开"恰与"劈腿$_1$"的早期用法完全一致，只是没用"腿"而用的是文言词"股"。此外，"劈"义为"冲着；正对着"时，后常接表示人或动物身体部位的名词，最常见的是"面、头（首、顶）、脸、胸、手、脑后、心、口（嘴）"等。

动词"劈腿$_1$"的最早形式是复杂式动宾短语"劈……腿"，清代前期已见。如：

（9）你只说你骂手好，我这骂手也不赉；也不哼，我就揣，定要打的你不敢出头来！打也打你无良心，**劈着腿**生出你乜杂毛根。（BCC《聊斋俚曲集》）

（10）那时天气炎热，王雷公吃了烧酒，灌得烂醉，脱得赤条条的，**仰劈着两条黑毛粗腿**，将他那话儿取出来，累垂垂如剥兔悬驴，足有一尺余长。（汉籍全文检索系统《隔帘花影》）

（11）老董同志嘴里叼着烟，跑到柳树后边，对着池塘撒尿。水声停止后他转出来，**劈开着两条腿**，系好裤扣子，搓搓手，眯缝着眼睛问："您啥时见过捶牛的？"（莫言《藏宝图：中短篇小说》）

例（9）中"劈"后有助词"着"，例（10）（11）为复杂式动宾短语"仰劈着两条黑毛粗腿"和"劈开着两条腿"。

"劈腿₁"至迟在清代已完成词汇化，从文献用例来看，较早见于乾隆年间的《野叟曝言》，后《施公案》（乾隆嘉庆年间）、《雍正剑侠图》（民国）等均有用例。如：

（12）这大汉忙使金鸡**劈腿**势，把右脚尽力一撩，那女子暮然仰卧，两腿放开，使一个玉蟹舒箝势，向大汉腰裤里生生的一夹，夹得这大汉小便直淋。（汉籍全文检索系统《野叟曝言》）

（13）天保**劈腿**站在矮墙之下，抬头见施公蹲在炕后面，圆睁着那只好眼，口内仍是打呼，还带着哼哼之声。（汉籍全文检索系统《施公案》）

（14）他翻篇儿一瞧，都是老年人的画像，什么姿式的都有，有坐、有立、有躺、有卧、有歪、有斜、有仰、有俯、有**劈腿**、有竖臂，他一点儿也看不懂。"无量佛，你练武到一定程度了，应该……"（汉籍全文检索系统《雍正剑侠图》）

（15）青岛第一女子国术练习所表演**劈腿**之姿势。（全国报刊索引数据库《北洋画报》）

例（12）和（15）动词"劈腿"作定语，例（13）"劈腿"修饰限制"站"，例（14）动词"劈腿"作"有"的宾语。例（12）—（15）"劈"和"腿"之间均无其他形式，边界已消失，表义透明度有所下降，意义凝固性较高，均应看成是已经完成了词汇化，由动宾短语逐渐溶合变成了动宾式复合词。例（12）（14）（15）中的"劈腿"均指武术动作，"劈腿₁"词汇化时可能主要是用于武术领域的专门术语，后从武术领域又扩展到也经常出现"最大限度叉开两腿"这一动作的舞蹈、体操及健身运动领域。例（13）如同短语形式的"劈……腿"一样，只指一般的把两腿分开，与武术、舞蹈等把两腿最大限度分开还不太一样。"劈腿₁"的初始形式，无论是短语还是成词后，并不完全等同于现代汉语中的"劈腿₁"，它还经历了一个从普通的把腿分开、分开程度可大可小到最大限度分开、具有标准姿势的演变过程，也是一个从泛指义的普通词语到专指义的专门术语的演变过程。其在现代汉语中的用例如：

（16）人家二龙会**劈腿**，也就是劈叉，这个二狗就不行。二龙会劈叉这事儿不仅仅二狗一个人知道，那是所有认识二龙的人都知道。（孔二狗《东北往事之黑道风云20年》）

由动宾短语"劈+腿"词汇化为动词"劈腿₁"的基本理据符合董秀芳[26](P160-165)所概括的动宾式复合词成词的特点。其词汇化的完成，主要受汉语双音化趋势、韵律制约和语言经济性原则等因素的共同作用。成词后，"劈"具有泛指性，"腿"具有非个体性和无指性，"劈腿₁"用于指称劈叉或两腿叉开这样的一类动作行为，不再具有时间性。不过，"劈腿₁"为动宾式离合动词，如可扩展成：劈了腿、劈了三次腿等，说明其词汇化程度还不算太高。

（二）"劈腿₃"

上文已指出"劈腿₃"是由"劈腿₁"经转喻产生，但"劈腿₃"的疑似原始形式在明万历年间的《金瓶梅词话》中似乎已出现，即下面例（17）：

（17）蕙莲道："我早起身，就往五娘屋里，只刚才出来。你这囚在那里来？"平安道："我听见五娘教你腌螃蟹，说你会**劈的好腿儿**；嗔道五娘使你们首看着旋簸箕的，说你会哑的好舌头。"（戴鸿森校点《金瓶梅词话》，第二十三回，人民文学出版社，1985：277）

根据原文，西门庆和下人来旺儿媳妇宋惠莲勾搭成奸后，作者借平安之口一语双关地说出了此句。"劈的好腿儿"是隐指宋惠莲和西门庆发生性行为，具体指的是二人发生性行为时的姿势。田宗尧较早将"劈腿儿"作为词语收录并进行了解释[12](P1236)，所举例证正是例（17）。前贤时彦们在解释"劈的好腿儿"时意见基本一致②，均认为和本文所说的"劈腿₃"意义相当。

例（17）崇祯本③未作改动，但张评本有改动：

（18）蕙莲道："我早起身，就往五娘屋里，只刚才出来。你这囚在那里来？"平安道："我听见五娘教你腌螃蟹，说你会**劈的好脚儿**。嗔道五娘使你们首看着卖簸箕的，说你会哑得好舌头。"（王汝梅校注《皋鹤堂批评第一奇书金瓶梅》，吉林大学出版社，1994：368）

此处"劈的好脚儿"是"劈的好腿儿"的异文，二者意义当相同，隐指与人发生性行为。"劈脚"词典未见收录，未成词，在古代文献语料库中共检得5例"劈"和"脚"相邻共现的语串，意义均和"劈腿₃"无关。例句如下：

（19）朱百文舞动大钯，**劈脚面**扫来薛举举棒隔开。（汉籍全文检索系统《禅真逸史》）

（20）走得慢的，那兵丁拿藤条**劈脚**打来。（BCC《水浒后传》）

（21）不遇咬猪狗手脚。便将寻常知解劈头罩却。**劈脚**击住。（BCC《僧宝正续传》）

（22）朱大伯**劈脚**也跟随进来，慈长老着了急连忙闭门，已被老儿踹进一只脚来了。（汉籍全文检索系统《三遂平妖传》）

（23）张显答应回去。**劈脚跟**王贵走将进来，叫道："先生请看学生穿著何如？"（汉籍全文检索系统《说岳全传》）

例（19）—（21）中"劈脚面"和"劈脚"义同，指"迎脚；当脚"。例（22）（23）中"劈脚"和"劈脚跟"义同，指"紧跟在后"[9](P2489)，《汉语大词典》已收录"劈脚跟"，所举例证即是例（23）。

在反映当代汉语的互联网中，"劈脚"仅偶有用例，意义和"劈腿₂"相同，未见和"劈腿₃"同义的例证。如：

（24）瞿颖因李亚鹏**劈脚**导致对婚姻失去信心？（杭州19楼 2019-4-1）

（25）我貌似被**劈脚**了！！！！有没有好心的JC叔叔可以帮忙啊、？？？！！（天涯社区 2012-6-2）

（26）怎么这么多人希望宋翊**劈脚**呢？我也好希望喔。（百度贴吧 2013-12-15）

"脚"上古指小腿，"先秦起就存在着泛指人体或动物下肢的倾向，中古时取代文言词'足'"[27](P57)，近代汉语中可指男阴或阴部义[11](P331)[28](P39)，或"隐涉性器或性事"[29]。按说"劈脚"也可以是性生活这一整体动作行为的一部分，而且"脚"和"腿"非常接近。"劈脚"和"劈腿"本质上是同一个动作，也符合转喻的邻近性特征，但语言有约定俗成的一面，诚如Ungerer和Schmid指出的，"注意观认为，现实中实际用语言所表达的，只反映了一个事件中引起了我们注意的那些部分。""经验观（experiential view）、凸显观（prominence view）和注意观（attentional view）是根据语言与我们周围世界的关系来处理语言的三种互锁的途径。"[30](P3)"命名的认知机制主要为转喻。一个事物有很多特征，我们在认知层面上可择其一来给它起个名称，以局部特征来指称整个事物。"[31]这就是说，人们在对事物命名时可以基于事物某一凸显特征或习惯性认识取名，以此来指代整个事物。就"劈腿"和"劈脚"而言，性行为这一整体动作过程中，两腿叉开是其中的一部分，这一动作特征比较凸显，能引起人们和自我的关注。"腿"是胫和股的总称，人和动物用来支持身体和行走的部分。"脚"指人和动物腿的下端，接触地面、支持身体和行走的部分。双腿紧挨男女生殖器，双脚距离男女生殖器较远。脚只是和小腿距离上比较接近，双脚叉开不是完成性行为的必要动作，并非完成性行为中最凸显、最能引起人们注意的动作，所以，表达"将两腿分开"意义时，"劈腿"在表义上更清晰明确一些，接受度高，使用频次高，而"劈脚"几乎被遗忘，语料检索和人们的认知在这一点上可以相互印证。

除上所举例（17）外，《醒世姻缘传》中也有义为"劈腿₃"的疑似例证：

（27）这艾回子……嚷道："没眼色的淡嘴贼私窠子！你**劈**拉着**腿**去坐崖头挣不的钱么？只在人那耳旁里放那狗臭屁不了！我使那叫鸡巴捣瞎你妈那眼好来！"（CCL）

例（27）中"劈拉"义为"腿成八字分开"[32](P1150)，"坐崖头""指野合的性行为"[32](P2067)，该例是艾回子骂自己老婆的话，在文中所示语境下，都和"劈腿$_1$"的意义"两腿最大限度地叉开"有所不同了，言外之意都和性行为有瓜葛。关于"劈拉着腿去坐崖头"，田宗尧认为"这是对女性很不礼貌的话"[12](P1237)，《汉典》则释为"张开双腿成八字，用来污辱女性的话"[33]，都含蓄地指明劈开双腿和性行为的联系，可以作为旁证。

除了上举（17）（18）（27）几例，我们以"劈"和"劈腿"为关键词，检索了BCC、CCL、汉籍全文检索系统第四版、全国报刊索引数据库、语料库在线、中国基本古籍库、台湾CBETA电子佛典、汉籍电子文献资料库、瀚堂典藏数据库系统、何洪峰先生提供的语料和朱冠明先生的朱氏语料库等，均未发现"劈……腿"或"劈腿"意义为"隐指与人发生性行为"的用例。这就是说，自《金瓶梅词话》之后的三百多年里，与"劈腿$_3$"相关的表达形式在书面文献中极为罕见。即使"劈腿$_1$"在清代词汇化后，作为词语形式的"劈腿$_3$"也没有立即产生，似乎突然消失一样。究其原因，可能与中国人谈性色变的含蓄内敛本性以及淫秽小说和一部分才子佳人小说属于禁书等因素有关。

从有限的例证来看，汉语使用者确已很早就有将"劈腿"和性行为联系在一起的意识，"劈的好腿儿"（"劈的好脚儿"）"劈拉着腿"等有可能是"劈腿$_3$"的源头形式。但谨慎地说，意义为"劈腿$_3$"的少数短语用例，并没有在"劈腿$_1$"也尚未成词之时独立地沿着词汇化路径走下去，而是仅在概念层面发生了转喻，即用"分开两腿"这一动作行为转喻"性行为"，从而使"劈的好腿""劈拉着腿"等短语被用来转指"性行为"这一意义。这和武汉方言中曾出现过的一则嘲讽妓女赚钱来得快的俗语"胯子一挓（zhā，张开），桑塔纳"，即用"挓胯子"（义即"分开两腿"）来转喻性行为同理。直到21世纪初"劈腿$_3$"的用法再次兴起，这应当是在"劈腿$_1$"已成词的基础上，借助"劈腿$_2$"的推波助澜和特定的网络语言文化背景，迅速完成了从"劈腿$_1$"到"劈腿$_3$"的转喻过程。随着互联网的发展，"劈腿$_3$"目前经常出现在网络文学、微博、娱乐新闻等中，其他文体仍较少。如：

（28）Makiyo护婚姻 竟准老公**劈腿**3次。（BCC微博）

（29）男友**劈腿**不可原谅，老公**劈腿**可以三次！超级无敌崇拜makiyo遇到这么想得开的女人就收了吧，让所有劈腿男都去死。（BCC微博）

（30）刚追完第八集，这集看得我很不爽，可以用狗男女来形容女一和男二吗？我不懂女主角为什么那么快就跟男二滚床单，女一对**劈腿**男的爱也想不通，再怎么爱，面对以前经常劈腿的前男友为什么还能拥入怀？！（BCC微博）

（31）今天是出轨**劈腿**的好日子求包养//我也会看哈哈哈，如果是美臀大赛也这样搞，必火啊！！！（BCC微博）

（32）陈冠希的"艳照门"余波不断，当年曾涉及"艳照门"的女星黄榕日前大爆陈冠希"约我到四季酒店"，掀起陈冠希背着女友杨永晴**劈腿**的疑云。（搜狐网2011-6-11）

意义为"劈腿₃"的疑似原始形式在明万历年间的《金瓶梅词话》、明末清初的《醒世姻缘传》和清康熙年间的《金瓶梅》张评本零星出现，用"劈腿"来指代性行为的意识已经出现，随后消失了三百多年（"沉睡了"），直到 2000 年以后，由于互联网科技的迅速发展，网络文学（大规模出现约在 2005 年后）、周侯恋（2006 年）、微博（以新浪微博 2009 年 8 月推出内测版为标志）等的出现和发展，"劈腿₂"和"劈腿₃"突然引发人们大量使用和关注（"被王子苏醒"），这和睡美人现象（Sleeping Beauties in Science）高度吻合。[34][35] 我们可以借用睡美人现象来描绘"劈腿₂"和"劈腿₃"的隐现经历。

四 结语

本文在已有研究和解释基础上对"劈腿"一词的意义演变轨迹和词汇化过程进行了描写和解释。"劈腿"的意义发展脉络如图 1 所示：

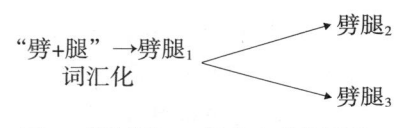

```
"劈+腿"→劈腿₁  →  劈腿₂
   词汇化       →  劈腿₃
```

图 1 "劈腿"一词意义发展脉络

动词"劈腿₁"是由动宾短语"劈 + 腿"词汇化而来，清代已完成词汇化。以此为基础，由"劈腿₁"进一步产生出"劈腿₂"的理据是隐喻，激发"劈腿₂"出现的外在诱因可能是学者们已经指出的周侯恋，以及我国互联网科技的迅速发展等。语言随着社会的发展而发展，语言的使用者在认识到"体操、武术、舞蹈或健身运动中将两腿最大限度地叉开"和现实生活中部分人"用情不专，同时跟两个或两个以上的人谈恋爱"有很大相似性时，就展开相似联想，利用语言使用者大脑中普遍存在的隐喻机制，产生出"劈腿₂"。由于周杰伦和侯佩岑的名人效应及互联网的广泛传播，"劈腿₂"迅速成为网络流行语，甚至呈现出意义泛化用例。我们在调查几百部当代小说后发现，2005 年以后出现的作品中大量出现"劈腿₂"用例。

"劈腿₃"在"劈腿₁"已成词基础上，经转喻而出现。近代汉语晚期已有零星用短语形式表示的"劈腿₃"，直到最近十几年才有动词用例。从确凿的例证来看，当时已有用"劈腿"来指性行为的含蓄说法，但因为文献用例太少，或者有用例但暂未被发现，为谨慎起见，我们认为表示该意义"劈 + 腿"并没有直接独立地先于"劈腿₁"词汇化，而只是在概念层面发生转喻。目前"劈腿₂"使用频率最高，"劈腿₂"和"劈腿₃"有时存在界线不明的情况。"劈腿₃"转喻义的规约性仍较低，所以多数词典尚未收录。

"劈腿"一词是汉语本身已有的，仅凭当代汉语共时平面无法知晓其全貌。对于很多词语的源流及词义演变问题，"必须进行历时的研究，发掘词语已经消失的义位特别是本义，找到该词各个义位的源头，补上词义变化过程中脱落的环节，重现词语义位之间的衍生关系"[36](P20)。只关注当代汉语，"劈腿"很像是源自台湾等地的流行语，但若只关注其当代层面的流行过程则无法完整准确地了解该词的词义系统及其演变关系。因此，本文采取共时和历时相结合的方法，以加深对"劈腿"一词的全面认识。

致谢：

本文曾在第十一届汉语语法化问题国际学术讨论会暨第二届汉语历史词汇语法研究国际学术研讨会（首都师范大学，2021年10月）上宣读，修改中接受了宋增文博士的建议，网络文学方面请教了徐兵先生，谨此一并致谢。

注释：

① 《汉语词典》原名《国语辞典》，关于《汉语词典》和《国语辞典》《重编国语辞典》的渊源关系，可参见《国语辞典（影印本）》（商务印书馆国际有限公司，2011）前言。我们在查考"劈腿"意义时参考了国学大师网站和MDict电子辞典，两处解释相同。国学大师收《汉语词典》，但"无版本资料"；MDict电子辞典收《国语辞典》，未查到版本信息。

② 参见：魏子云《金瓶梅词话注释》，中州古籍出版社，1987，第160页；张惠英《金瓶梅俚俗难词解》，社会科学文献出版社，1992，第120页；李申《金瓶梅方言俗语汇释》，北京师范学院出版社，1992，第727页；白维国、卜键《金瓶梅词话校注》，岳麓书社，1995，第651页；曹炜《〈金瓶梅〉文学语言研究（修订版）》，暨南大学出版社，2004，第197页；刘瑞明《性文化词语汇释》，百花洲文艺出版社，2013，第190页；王夕河《〈金瓶梅〉原版文字揭秘》，漓江出版社，2012，第125页；白维国、卜键《全本详注金瓶梅词话》，人民文学出版社，2017，第733页；徐复岭《〈金瓶梅词话〉〈醒世姻缘传〉〈聊斋俚曲集〉语言词典》，上海辞书出版社，2018，第554页。

③ 依据闫昭典、王汝梅、孙言诚、赵炳南校点《新刻绣像批评金瓶梅》，三联书店（香港）有限公司，2011，第298页。

参考文献：

［1］应学凤、张丽萍."劈腿王"与"劈腿郎"［J］.语文建设，2006（6）.

［2］唐永宝.说"劈腿"［J］.语文学刊，2006（11）.

［3］林伦伦."断背"与"劈腿"［J］.语文月刊，2012（4）.

［4］李学勤主编.字源［M］.天津：天津古籍出版社，2012.

［5］真大成.关于常用词"腿"的若干问题［J］.语言研究，2012（3）.

［6］白维国编.金瓶梅词典（第2版）［Z］.北京：线装书局，2005.

［7］张惠英.金瓶梅俚俗难词解［M］.北京：社会科学文献出版社，1992.

［8］李申.金瓶梅方言俗语汇释［M］.北京：北京师范学院出版社，1992.

［9］罗竹风主编.汉语大词典［Z］.上海：汉语大词典出版社，1986—1993.

［10］刘敬林.金瓶梅方俗难词辨释［M］.北京：线装书局，2008.

［11］刘瑞明.性文化词语汇释［M］.南昌：百花洲文艺出版社，2013.

［12］田宗尧编著.中国古典小说用语辞典［M］.台北：联经出版公司，1985.

［13］李宇明主编. 全球华语词典［Z］. 北京：商务印书馆，2010.
［14］中国社会科学院语言研究所词典编辑室编. 现代汉语词典（第6版）［Z］. 北京：商务印书馆，2012.
［15］中国社会科学院语言研究所词典编辑室编. 现代汉语词典（第7版）［Z］. 北京：商务印书馆，2016.
［16］中国大辞典编辑处编. 汉语词典［DB/OL］.［2020-12-10］. http://www.guoxuedashi.com/hydcd/651277z.html.
［17］重编国语辞典编辑委员会. 重编国语辞典修订本［DB/OL］.［2021-11-13］. http://dict.revised.moe.edu.tw/cgi-bin/cbdic/gsweb.cgi.
［18］苏新春主编. 现代汉语分类词典［Z］. 北京：商务印书馆，2013.
［19］宋子然主编. 100年汉语新词新语大辞典（1912年—2011年）下卷［Z］. 上海：上海辞书出版社，2014.
［20］刘琪、储泽祥. 语文词典虚词释义商兑［J］. 语言研究，2019（1）.
［21］E. C. Traugott & R. B. Dasher. *Regularity in Semantic Change*［M］. Cambridge: Cambridge University Press, 2001.
［22］束定芳. 隐喻和换喻的差别与联系［J］. 外国语（上海外国语大学学报），2004（3）.
［23］Y. Peirsman & D. Geeraerts. "Metonymy as a Prototypical Category"［J］. *Cognitive Linguistics*, 2006, 17（3）.
［24］F. J. Ruiz de Mendoza Ibáñez & O. I. Diez Velasco. "Patterns of Conceptual Interaction"［A］. in R. Dirven & R. Pörings（eds.）. *Metaphor and Metonymy in Comparison and Contrast*［C］. Berlin: Mouton de Gruyter, 2003.
［25］王天翼、王寅. 命名转喻观——以石钟山命名为例［J］. 外语教学，2017（4）.
［26］董秀芳. 词汇化：汉语双音词的衍生与发展（修订本）［M］. 北京：商务印书馆，2011.
［27］汪维辉. 东汉——隋常用词演变研究（修订本）［M］. 北京：商务印书馆，2017.
［28］杨琳. 汉语俗语词词源研究［M］. 北京：商务印书馆，2020.
［29］李申. "虎口"讳语说补证［J］. 中国语文，2011（1）.
［30］F. Ungerer & H. J. Schmid. *An Introduction to Cognitive Linguistics*［M］. London: Pearson Education Limited, 2006.
［31］王寅. 语言体验观及其对英语教学的指导意义［J］. 中国外语，2009（6）.
［32］白维国主编. 白话小说语言词典［Z］. 北京：商务印书馆，2011.
［33］汉典［DB/OL］.［2020-12-10］. https://www.zdic.net/hans/%E5%8A%88%E6%8B%89%E8%91%97%E8%85%BF%E5%9D%90%E5%B4%96%E9%A0%AD.
［34］A. F. J. Van Raan. "Sleeping Beauties in Science"［J］. *Scientometrics*, 2004（3）.
［35］梁立明等. 迟滞承认：科学中的睡美人现象——以一篇被迟滞承认的超弦理论论文为例［J］. 自然辩证法通讯，2009（1）.
［36］匡鹏飞. 汉语词汇的多维探索及拓展研究［M］. 北京：科学出版社，2017.

山西晋方言"走"概念域常用词的共时与历时研究[*]

郭艳花　白　云[**]

摘　要：山西晋方言"走"概念域常用词有二十余个，除"走、跑"之外的方言词，均呈现出鲜明的地域特色。根据共时表现与历时考察，可以看出山西晋方言"走"概念域常用词基本上继承了宋元以后的特征。语音特征具有很强的保守性，概念意义受到北方官话及周边强势方言的影响。这种常用词音义变化的不平衡性再一次印证山西晋方言与官话非同步发展。

关键词：山西晋方言；"走"概念域；常用词；共时表现；历时演变

表示"人（或动物）两脚交互移动"的概念框架，构成了"走"概念域。现代晋方言表示"走"概念域的常用词语在语音、概念、构词和句法功能等方面呈现出鲜明的地域特色，根据共时、历时考察，无论是语音还是用词均具有很强的保守性，然而其概念义受到北方官话及周边强势方言的影响，从而形成不同历史时期词语的"叠置"。本文将从"走"概念域常用词的共时表现、历时演变及历史层次三个层面进行分析。

一　山西晋方言"走"概念域常用词的共时表现

（一）山西晋方言"走"概念域常用词的同义聚合系统

"走"概念域可以分解为动作发出者、动作部位、动作方式、具体动作等概念要素。方言区的人们选择不同的词语来凸现、表征不同的概念要素，从而形成了一个丰富的同义聚合系统。

---

[*] 基金项目：国家社会科学基金重大招标项目"近代汉语方言文献集成"（项目编号：10&ZD122），山西省"1331工程"重点创新团队建设计划"山西方言口传文化典藏综合调查研究"，国家社科基金重大项目"河西走廊民族语言的跨学科研究"（项目编号：18ZDA299）的阶段性成果。

[**] 作者简介：郭艳花（1981— ），女，山西大学语言科学研究所2018级博士研究生，研究方向为汉语方言学、词汇语义学。白云（1973— ），女，山西大学文学院教授、博士生导师，主要从事汉语方言学、词汇语义学、汉语史等研究。

表1 山西晋方言"走"概念域常用词共时系统

方言点		常用词	"走"概念域
并州片		太原	走 ꞌtsəu 走路摇晃 跑 ꞌpʰau 跩 ꞌtsuai 相跟 ₋ɕiŋ₋kəŋ 厮跟 səʔ₋kəŋ 互相伴随走 行 ₋ɕiŋ 步行、人行道
		平遥	走 ꞌtsəu 跑 ꞌpʰɔ 偷跑 ₋tʰəuꞌpʰɔ 撵 ꞌȵiɛ̃
		太谷	走 ꞌtsəɯ 走的走吧 跑 ꞌpʰɑɯ
		文水	走 ꞌtsou 闲走 ₋ɕiaŋꞌtsou 散步 跑 ꞌpʰau 串门子 tsʰuenꞌməŋtsəʔ₋ 转倒 tsuenꞌtauꞌ
		孝义	走 ꞌtsou 跑 ꞌpʰaŋ 溜达 liouꞌtaʔ₋ 瞎串 xaʔ₋tsʰuʏ 闲串 ₋ɕiaŋtsʰuʏ
		榆社	走 ꞌtsəu 跑 ꞌpʰou
		孟县	走 ꞌtsəu 走走 ꞌtsəuꞌtsəu 散步 跑 ꞌpʰɔ
吕梁片	汾州小片	临县	走 ꞌtsəɯ 跑 ꞌpuo 追撵 ꞌtsɿʔꞌniɛ
		柳林	走 ꞌtsə 逛 kɔꞌ 跑；逃走 跑 ꞌpʰou 逃走 撵 ꞌnie 追赶
		兴县	走 ꞌtsou 跑 ꞌpʰou 断 tuɛ̃ꞌ 追赶 撵上 ꞌniɛ̃ʂʏꞌ 追上
	兴隰小片	大宁	走 ꞌtsəɯ 跑 ꞌpʰuɐ 游玩 ₋iəuꞌvɛ̃ 逛、散步
大包片		大同	走 ꞌtsəu
		天镇	走 ꞌtsəɯ 跑 ꞌpʰou
		和顺	走 ꞌtsou 跑 ꞌpʰɔu 拾拾 ʂəʔ₋ɕəʔ₋ 逛 kɔꞌ 串门 tsʰuæʔ₋məŋ 抹游 məʔ₋iəu 相跟 ₋ɕieʔ₋kəŋ 步便 puʔ₋piɛ □ ꞌtʰie
		左权	走 ꞌtsʌu 串门 tsʰuæʔ₋məŋ 游门 ₋iʌuꞌ 相跟 ₋ɕieʔ₋kəŋ 走亲戚 ꞌtsʌu ₋tsʰiŋꞌtɕʰiʔ₋ 跑 ꞌpʰou 跑腿 绕一遭 zꞌnɛʔ₋iʌu ꞌtsʌu 抹游 məʔ₋iʌu 转转 ꞌtsʌæʔ₋tsʌæʔ₋ 走走 ꞌtsʌuꞌtsʌu⁰ 溜达溜达 ꞌliʌutaꞌ⁰liʌuta⁰
五台片		浑源	走 ꞌtsəiə 跑 ꞌpʰʌu 转转 tsuæʔ₋tsuæ⁰ 溜达溜达 liouꞌtʌʔꞌꞌvꞌneiliouꞌtʌ⁰
		忻州	走 ꞌtsəu 跑 ꞌpʰɔ 步便 puʔ₋piɛ̃ 步行 撵断 ꞌnietuɔ̃ 相跟 ₋ɕieʔ₋kəŋ
		朔县	走 ꞌtsəu 跑 ꞌpʰoɔ 转弯 ꞌtʂuævæ⁰ 散步
上党片	沁州小片	沁县	走 ꞌtsəu 跑 ꞌpʰɔ 串门 tsʰuæʔ₋məŋ撵 ꞌiɴ 厮跟 ʂʅʔ₋kəŋ
	潞安小片	长治县	走 ꞌtsəu 跑 ꞌpʰɔ 撵 ꞌniɑŋ
		高平	走 ꞌtsʌu 跑 ꞌpʰoɔ 圪转 kəʔ₋tsuæꞌ 圪溜 kəʔ₋liʌu 圪逛 kəʔ₋ɕieʔ₋
邯新片		晋城	走 ꞌtsaɯ 跑 ꞌpʰo 串门儿 tsʰuæꞌməɾ 撵 ꞌnie
		阳城	走 ꞌtsəu 跑 ꞌpʰo 相跟 ₋ɕiəʔ₋kãŋ □ ꞌtʰie

从表1的调查结果来看，山西晋方言表示"走"概念域的常用词主要有：走、跑、逛、步便、撵、跫、跩、闲走、溜达、转转、转倒、瞎串、闲串、转弯、圪转、圪溜、圪逛、断、撵断、游玩、走走、拾拾、抹游、串门（子/儿）、游门、相跟、厮跟等。其层级结构由上位概念词"走""跑"与其他下位概念词构成。

从地理分布而言，上位概念词"走""跑"分布于整个晋方言区，使用地域最广；其他词语则分布于部分方言小片或个别方言点，使用地域较窄。

（二）山西晋方言"走"概念域常用词的概念结构与语音表现

1. 表示"两脚交互移动"概念的常用词

上位词"走"的概念结构主要为：［＋动作主体：人／动物］［＋部位：两脚］［＋动作：移动］［＋方式：一前一后］。"走"主要凸显"一前一后"、"移动"两个概念属性。"走"在晋方言区使用地域最广，词形虽与普通话相同，但其语音形式表现并不完全一致。

"走"，《广韵·侯部》"子苟切，上厚精。"音值为ᶜtsəu。今晋方言区的并州片、大包片、吕梁兴隰小片、五台片、上党沁州小片、汾河片等绝大部分方言点"走"的语音形式还保留了《广韵》的读音ᶜtsəu。

高平、晋城两地方言的"走"，声母为舌尖后音ᶜtʂəu。柳林方言的"走"读ᶜtsə，韵母读为单元音［ə］，浑源方言的"走"，则是将ᶜtsəu的韵尾［u］裂化为复元音［iə］，读ᶜtsəiu。

2. 表示"脚或腿快速移动"概念的常用词

"跑、迸"表示"脚或腿快速移动"概念，其概念结构可以分解为：［＋动作发出者：人／动物］［＋脚／腿］［＋动作：移动］［＋方式：一前一后］［＋速度：快速］。其主要凸显动作速度快的概念特征。

"跑"在晋方言区分布地域广泛。《广韵·肴韵》："跑，薄交切，平肴並。"声调为浊平声，今山西中原官话汾河片还保留阳平读法，而晋语各片已与普通话同，读为上声。"跑"读上声，从文献看，"跑"由阳平读为上声应是元明以后的变化。

从韵母看，主要有两种类型：一类是复元音：au、ɑu、ɐɔ、uo、uɔ、uɐ、ɔɐ、əu、ʌu、ɔɔ、ɑo、ɑu 等。与普通话相比，效摄字在晋方言各地音值差异明显，且韵腹趋向高化。另一类是单元音，具体形式为 ɔ、o 两种。显示了某些方言点复元音单音化的特点。

"迸"表示"两脚快速移动"，主要在和顺、柳林方言点使用。其语音形式为［kɔʔ］。"迸"为宕摄合口三等字，和顺、柳林方言韵母读为单元音［ɔ］，鼻韵尾脱落，合口读为开口。从语音演变史看，西夏时期西北地区宕摄字的鼻韵尾已经消失。"现代晋方言是唐五代西北方言的直系支裔"，[1]因此，可以推断，和顺、柳林方言宕摄字鼻韵母消失的现象至少是西夏时期西北方言语音特征的承继。

3. 表示"加快速度向前走"概念的常用词

表示"加快速度向前走"概念的常用词有"撵、断、追撵、撵断"等。其中"撵"的分布地域最广，在晋方言各个方言小片均有使用。其语音形式具有很大的差异性。

晋方言各方言点"撵"的声母主要有两种类型：［n］／［n̪］、［tʰ］。前两个声母只是记音方式宽严不同，没有音位差别。"撵"的声母为鼻音声母。从历史上看，唐五代时期西北方言鼻音声母明母、泥母、疑母字读［mb/b］、［nd/d］、［ŋg/g］。在语音发展过程中，鼻音声母发生了分化：第一种是继续保留［mb］、［nd］、［ŋg］声母；第二种是保留鼻音［m］、［n］、［ŋ］，塞音脱落；第三种是鼻音脱落，演变为清塞音［p］、［t］、［k］声母。第三种现象非常特殊，与乔全生发现的晋南"木"读［po］相呼应。[2]"撵"在和顺、阳城方言中声母读送气清塞音［tʰ］。

兴县方言中表示"追赶；追上"概念的常用词"断"，是个同音替代字，至于本字暂时存疑。

4. 表示"没有目的地慢慢走"概念的常用词

表示"没有目的地慢慢走"概念域的常用词主要有：逛、闲走、转倒、溜达、游玩、走走、抹游、转转、圪转、圪溜、圪䞘等词语。其概念结构可表述为［+动作发出者：人］［+部位：脚］［+动作：移动］［+方式：一前一后］［+速度：慢］［+方向：无目的］，尤为强调"速度慢"和"方向的无目的性"两个概念要素。这些词语分布地域有限，多数只见于个别方言点。

5. 表示"用脚走"概念的常用词

"步便"一词表示"用脚走"概念，其概念结构可以表述为［+动作发出者：人］［+动作：移动］［+工具：双脚］。尤其凸显行走的工具"双脚"这个概念特征。使用地域仅见于和顺、忻州等方言点。

6. 表示"来回走"概念的常用词

"䞘"表示"来回走"概念，其概念结构可描述为［+动作发出者：人］［+部位：双脚］［+方式：来来去去重复］。其中凸显了动作方式"来回"这一概念要素。主要分布在上党片。《集韵·薛韵》："䞘，……似绝切，入薛邪。""䞘"为入声字，高平方言保留了入声的语音特征。

7. 表示"走路摇晃"概念的常用词

"跩"表示"走路摇晃"概念，其概念结构可表述为［+动作发出者：人］［+部位：脚］［+动作：移动］［+方式：使身体晃动］，主要凸显动作方式"使身体晃动"的概念特征。"跩"是个新造词，《国语辞典》："音拽，上声。鸭行貌。"该辞典收集了宋元时期白话文学作品的词汇以及20世纪40年代使用于北京方言的词语。"跩"表"鸭行貌"未见于古代文献，应该是20世纪早期北京方言口语词，其字形借用了"跩"的字形。在现代山西晋方言中仅见于太原一地。

8. 表示"一起走"概念的常用词

"相跟/厮跟"概念结构可表述为［+动作发出者：人］［+数量：两人或以上］［+方式：伴随、一起］［+动作：行走］，主要强调人的数量和动作方式为"伴随、一起"等概念要素。

晋方言的"相"字，读［səʔ̩］，俗字作"厮"。这是古精组字未颚化的遗存。《老学庵笔记》卷十载："世多言白乐天用相字多从俗语作思必切，如'为问长安月，如何不相离'是也。然北人大抵以相字作入声，至今犹然，不独乐天。老杜云：'恰似春风相欺得，夜来吹折数枝花'亦从入声读，仍不失律。俗语谓南人入京师，效北语，过相蓝，辄读其榜曰'大厮国寺'，传以为笑。"乔全生认为"思必切"音，只是口语音，即"白读音"，是"相"失落鼻韵尾后舒声促化的结果。"'相'读'厮'保留着精组心母读［sʅ］的特点"[3](P127-129)太原方言"相跟"有两读 səʔ˛kən、ɕiõkən。"相"读 səʔ˛，保留了《老学庵笔记》记录的白读音，读 ɕiõ 是精组颚化以后的现代音，反映了语音发展的不同历史层次。

二　山西晋方言"走"概念域常用词的历时演变

（一）上位概念词"走"的历时演变

本指急速而行。甲骨文象人两手摆动，下面是脚的象形。《说文》"走、趋"互释，《释名·释姿容》"急趋曰走。"《玉篇·走部》"走，奔也。""走"的本义为"跑"。如：

（1）驷赤使周**走**呼曰："齐师至矣。"邱人大骇。（左丘明·左传·定公十年）
（2）齐侯驾。将**走**邮棠。（左丘明·左传·襄公十八年）
（3）公孙阏与颖考叔争车。颖考叔挟辀以**走**。（左丘明·左传·隐公十一年）

南北朝以后"走"在民间口语中产生了"行走"义。[①]宋代以来，其本义"急趋；跑"在书面语中仍占主导地位；新产生的"行走"概念主要见于口语。如：宋代《禅林僧宝传·卷十五》"一条挂杖一胡芦。闲走南山与北山。醉卧山路间，大雪起。"元杂剧《钱大尹智宠谢天香》"（二旦扮姬妾上，云）俺二人是钱大尹家侍妾。今日无甚事，去望姓谢的姐姐走一遭去。"[4](P110-124) 明代之后，"走"的"行走"义迅速而广泛使用开来，表示"跑"概念反而萎缩，用例越来越少。明沈榜《宛蜀杂记》："其夜，妇女群游，祈免灾咎，前一人持幡辟人，名曰'**走**百病'。"记载了明代宛平县正月晚上人们结伴出门游走，祈福消除百病的风俗。此例中的"走"表示"行走"概念。现代通语或方言中表示"跑"概念的"走"主要保留在成语或作为构词语素构成合成词，如：晋方言"走读"一词中"走"仍然保留"跑"的概念。

晋方言区使用地域最为广泛的"走"承继了宋代以来的概念变化。

（二）"步"的历时演变

"步"《说文·步部》"行也。"《释名·释姿容》"徐行曰步。""步"在行中表示两脚一前一后地徐徐迈动，速度最慢。《左传·哀公十一年》"不狃曰：'恶贤？'**徐步**而死。师获甲首八十。"《史记·淮阴侯列传》"骐骥之局躅，不如驽马之**安步**。""徐步"就是缓慢地踱步，"安步"就是慢慢地行走。我们选取的几种上古典籍中"步"仅见于《左传》和《史记》，且用例很少。它较少单用作谓语，而常置于"行"的前面作状语，突出靠脚走路的特征，与车行、骑马等相对。语义中心发生转移。如：

（4）伍胥遂与胜独身**步走**，几不得脱。（司马迁·史记·伍子胥列传）
（5）乃令骑皆下马**步行**，持短兵接战。（司马迁·史记·项羽本纪）

东汉以后，"步"转指"行走时两脚之间的距离"概念，其概念域发生了变化。现代晋方言中"步便"一词仍然保留了"步"表"行走"概念的用法。如："你咋去呀？我步便上[着]去。"（和顺）"他步便上[着]进咻城啦。"（忻州）但是"步便"一词应该是汉语词汇双音化成为常态以后的常用词。

（三）表示"脚或腿快速移动"概念常用词的历时演变

1. "跑"的历时演变

《广韵·肴韵》"跑，足跑地也。"其本义指动物以爪或蹄刨地，读阳平。最早见于西晋法炬译佛经《佛说群牛譬经》："时彼驴，入群牛中。前脚**跑**土，触娆彼群牛。"（《大正藏04册本缘部下》）表"快速地走；急趋"义最早见于晚唐诗人马戴《边将》一诗"玉楄酒频倾，论功笑李陵。红缰**跑**骏马，金镞挈秋鹰。"仅此一例。马戴生活年代（会昌四年进士，即公元845年）与圆仁（日本僧人）入唐求法时间（公元838—847年）基本一致，《入唐求法巡礼行记》大量使用当时口语，其口语词是目前能见到的同时代文献中最可靠、最切近语言实际的材料之一。②但通篇未见"跑"的用例。因此，直到唐代，"跑"仍指"动物刨地"义。马戴的诗句无法得到圆满解释，暂时存疑。或者"跑"表"快速地跑"只是北方某一地区的方言词，还未进入当时的通语。

据考察，直到元代有史料记载"跑"表示"快速地跑"义，读上声。如《元刊杂剧三十种·赵氏孤儿》"这一人膝**跑**在阶隅：这个小孩儿剑锋下一身卒。"又《李太白贬夜郎》"（末**跑**马了）（旦骂了，驾怒了）"不说"走马"，而说"跑马"，且出现在宾白中。可见，"跑"至少在当时的口语中已广泛使用。

明代以降，"跑"的用例剧增，并进入书面语系统。明李诩撰《戒庵老人漫笔卷五·今古方言大略》记载"趋谓之跑"，真实反映了"趋"与"跑"历史更替的语言事实。

晋方言各个方言点均说"跑"，分布广泛，承继了元代以来的音义和用法。

2. "趏"的历时演变

"趏"，见于《玉篇·辵部》"走兒。"表示快速地跑的样子，描述"跑"的一种状态。在语言使用过程中，由"跑"的状态转指"跑"的动作，概念域发生变化。虽然我们未在古代文献中找到书面用例，但在晋方言和顺、柳林等方言点仍在使用此概念义。如："还没说完话，她拾起来（抬起腿）就**趏**跑。"（和顺）"□˙cnɔ他在操场**趏**了一圈儿。"（柳林）"跑"和"趏"在和顺和柳林方言中均有使用，二者在表示"脚或腿快速移动"之义时，"趏"的使用语境更为狭窄。和顺方言中，"趏"的后面不能加宾语，柳林方言中，"趏"的后面一般加名量词，而"跑"后面，可以加其他名词。结合两地"趏"的语音特征，我们推测"趏"在西夏时期是通行于西北地区的方言口语词，可能被当时的文人官员视为"俚俗之词"而不屑使用。

（四）表示"没有目的慢慢走"概念常用词的历时探源

晋方言表示"闲走、闲游"概念的常用词主要是带有地域特色的方言词语"闲走、转倒、溜达、游玩、走走、拾拾、抹游、转转、圪转、圪溜、圪趸"等。这些双音节词语的构词方式主要有三种类型：重叠型、复合型、附加型，是汉语词汇复音化发展的结果。它们出现时代应该是比较晚近的。

"闲走"一词见于宋代文献（见《禅林僧宝传》），元代以后用例增多。如：

（6）（外旦上，云）妹子，在这里做甚么哩？（旦云）我闲走来。（外旦云）我见你这病体愁闷，拿了些酒食来，与你解闷。（元杂剧·无名氏·郑月莲秋夜云窗梦）

（7）女孩儿道："奴姓白，在湖上住。我和婆婆出来**闲走**，不见了婆婆，迷了路。"（洪楩·清平山堂话本·卷三）

现代晋方言区"闲走"一词使用地域仅见于文水方言。

"溜达"，又写作"遛达、蹓搭、蹓跶、溜跶"等字形。《现代汉语词典》解释为口语词，一般不用于书面语中。清代白话小说中有具体用例。如：

（8）济公说："一点不错，我只打算你这子午三才神火坎离照胆镜有多大的奥妙？我到里头**溜达溜达**没什么，我这才出来了。"（郭小亭·济公全传·第二百零四回）

（9）加克奈夫也看中了表妹的美貌，常常来**蹓搭**，……（曾朴·孽海花·第十六回）

"溜达"通行面比较广，晋方言中使用地域主要分布在并州片、五台片、大包片等方言小片。

"圪转、圪溜、圪踅"等词语见于高平方言。"圪"头词是晋方言的特征词。"圪"作为不表义入声音节，主要起构词作用，元代以后其构词能力大大增强，与别的构词语素构成大量的"圪"头词。因此，高平方言中的这三个词应该是元代以后使用的方言词语。

"抹游"见于山西境内太行山中部和顺、左权方言。它们与河北武安、邢台等地相邻。自古以来，由于交通、经济活动等原因这一带的人们来往频繁，联系密切，语言接触也非常频繁。历史上河北武安、邢台地区的人们向与之交界的山西和顺、左权等地移民的情况很多。"抹游"本是河北邯郸地区的方言词，[5]随着移民的进入，这个词也逐渐进入了和顺、左权的方言词汇系统。这应该是比较晚近的现象。

"拾拾"一词见于和顺方言。"拾"，颜师古《匡谬正俗》卷三对《礼记·曲礼上》"拾级聚足"进行注解："此言升阶历级，每一级则并足，然后更登也。拾者犹言一一拾取。而郑康成读拾为涉，近乎穿凿。"《集韵·叶韵》"实摄切，入叶禅。蹑足升也。"表示"脚步很轻地往上走"概念。文献中用例不多。和顺方言中"拾"为入声，运用重叠手段构成双音词"拾拾"，表示"没有目的地慢慢走"，概念域发生转移。如：一天到晚就知道**拾拾**，就不能在家做些儿营生_{干活}。从语音和构词方式来看，此词应该是宋元以后产生的方言词。

（五）表示"一起走"概念常用词的历时演变

"相跟"一词见于宋代词曲。如：《新编五代史评话》上"咱愿随李罕芝、霍存、白守信等三人，**厮赶**去投黄巢。"元代以后用例增多。再举数例：

（10）我是个孤男，你是寡女。**厮赶**着教人猜疑。（全元南戏·施惠·幽闺记·第十七出）

（11）哥哥，如今路途上甚是难行，恐怕您兄弟**厮跟**不的。（全元杂剧·无名氏·朱砂担滴水浮沤记·第一折）

（12）二人**厮赶**着行了一夜，天色微明，两个远远地望见一簇人家，看来是个村

镇。（施耐庵·水浒传·第六回）

光绪二十三年（1897年）《井陉县志》记载：厮跟，邑俗为交友曰"～朋友"。按：厮，相也。道光年间杨延亮编纂刊行的《赵城县志》卷十八《风俗附方言》记载："同行曰厮赶"。"厮赶"即相跟。

（六）表示"加快速度向前走"概念常用词"撵"的历时演变

"撵"见于元杂剧，表示"驱逐；赶走"概念，此义沿用至今。表示"加快速度向前走；追赶"概念主要见于官话方言区，[6](P5994-5995) 晋方言各地的用法与官话一致。现当代文学作品中用例较多。如：

（13）郭全海**撵**上大伙，跟萧队长猛冲上去了。（周立波·暴风骤雨）

（14）瑞全紧走几步，**撵**上了她。不能让她就这么跑掉。别看她甜嘴蜜舌的，他知道她手上沾了多少青年人的血。（老舍·四世同堂）

（15）客人走出几米远，只见老人**撵**了上来，站在雪地上哽咽着喊道："谢谢共产党派来的好干部！"（1994年人民日报第1季度）

（七）表示"来回走"概念常用词"踅"的历时探源

"踅"始见于《集韵》，本表示"盘旋；旋转"概念，在使用过程中转指"（来回地）走"概念，从而成为"走"概念域的常用词之一。在人们的认知概念中凸显"围绕一个点""物体的来回运动"这两个特征，映射到人体双脚来回移动的认知域，同样凸显了这两个特征。明代白话小说已有例证，沿用至今。如：

（16）王婆却才开门，把眼看门外时，只见这西门庆又在门前，两头来往**踅**。（施耐庵·水浒传·第二十四回）

（17）顾大嫂先拨人兵保护乐大娘子，却自拿了两把双刀，在堂前**踅**，只听风声，便乃下手。（施耐庵·水浒传·第五十回）

（18）次日清晨起来，吃点儿点心，便摇着串铃满街**踅**了一趟，虚应一应故事。（刘鹗·老残游记·第二回）

晋方言上党片、汾河片承继了明代以来"踅"表"来回走"的概念。

三　山西晋方言"走"概念域常用词的历史层次

结合山西晋方言"走"概念域常用词的共时表现与历史文献考察，可以看出山西晋方言"走"概念域常用词的历史层次：上位概念词"走"、"跑"的音义主要承继了宋元以来通语的常用词格局。下位概念词"逛"可能是西夏时期通行于西北地区的方言词；"撵"从语音上承继了宋代的特征，其概念则是受到现代官话方言的影响；表示"没有目的慢慢走"概念的双音节词语基本上是宋元以来产生的口语词，有的未见于书面文献，或者是与周边方言接触过程中借入的；"相跟（厮跟/厮赶）"见于宋代白话文献，元代以后使用频繁；"趆"在山西晋方言入声区语音上保留了宋代以前的特征，概念义则反映了明代以来的用法；"跩"是借用了20世纪早期的北京方言词。

总体而言，山西晋方言"走"概念域常用词基本上承继了宋元以后的特点，其概念义受到了北方官话及周边强势方言的影响。

不同时期形成的词语沉存于同一个方言区的不同方言片之内，形成"叠置"状态。时代愈久远，保留古词语就愈少，从地理分布上看，多是零星分布在个别方言点；时代愈晚近，保存这个时期的词语就愈多，在晋方言区分布地域也相对广泛。

四 结语

综上所述，山西晋方言"走"概念域常用词系统呈现以下几个特点：

（一）山西晋方言"走"概念域常用词主要包括四类

山西晋方言"走"概念域常用词主要包括历史传承词、变异词、创新词、方言借词四类。

其中传承词主要有"走、跑、逛、闲走、溜达、游玩、趆"等；"拾拾、步便、圪趆、圪溜、圪转、撺断、追撺、相跟（厮跟/厮赶）"等多音节词语是晋方言区人们新造的复合词；"撺"在晋方言区其概念和语音发生了转移，与通语的用法一致；"跩、抹游"为方言借词，是通行于某一地域的强势方言影响弱势方言的结果。由此可知，官话方言对晋方言的渗透和影响力是非常巨大的。

方言借词是一种单向性的语言演变，是语言接触的直接结果。这也说明，晋方言与北方官话有着最密切和最直接的联系。不同的历史时期受到北方强势方言的影响不同。唐宋时期主要是西北方言的影响，宋元以后受北京方言或通语的影响。

（二）山西晋方言常用词语音特征的保守性

方言常用词在历史发展过程中，语音的演变要滞后于概念义的变化。通过对山西晋方言"走"概念域常用词语音和概念的历史演变分析，我们发现山西晋方言常用词与通语相比，在语音演变方面相对保守，譬如保留入声韵、宕摄字鼻韵尾消失、部分精组字未颚化、鼻音声母泥母与端母相谐等语音为宋以前西北方音特征。从这点上看，山西晋方言并没有像北方官话那样进一步向前发展。但是在概念演变方面则又强烈地受到宋元以来北方官话或通语的影响，随着官话或通语的变化而变化。这种常用词音义变化的不平衡性反映了晋方言与官话非同步发展的事实。而制约汉语方言音义发展不平衡性的因素，我们认为主要有三个：一是语言使用者——"里中"之人在历史上变动；二是语言使用者的认知机制；三是汉字的特性以及汉字对汉语的影响。

（三）山西晋方言常用词具有鲜明的地域特色

山西晋方言"走"概念域的常用词一方面传承了宋代以来通语的常用词格局，另一方面也呈现出鲜明的地域特色。[7]主要表现在：（1）造词法的地域性。山西晋方言区的人们在创造新词时更偏爱重叠和附加方式。其附加前缀或后缀具有明显的地域性，如："圪、忽、不、骨"等不表义入声音节在晋方言入声区构词能力都非常强，具有很强的普遍性。重叠造词也是晋方言的一大特色。据我们统计，仅形容词重叠式的表现形式就有三十种之多。[8]（2）方言内部差异较大。不同的方言点表示同一概念的常用词除了历史传承词之外，其他词语的使用差异较大。譬如，表示"闲走；没有目的慢走"概念的词语，各个方言点的词语差异就非常大。（详见表2）

表2 山西晋方言各方言点表"闲走"概念的词语

概念＼方言点	文水	孝义	大宁	盂县	和顺	左权	浑源	朔县	高平
闲走；没有目的慢走	闲走/转倒	溜达/瞎串/闲串	游玩	走走	拾拾门/抹游	转转/走走/溜达/游门	转转/溜达	转弯	圪转/圪溜/圪蜒

注释：

① 潘允中先生认为"走路"的"走"出现在南北朝以后的民间文学和变文中，并举最早的例证南朝《读曲歌》"常常走巷路"，《齐谐记》"见有一蚁著一短芦走"。参见《汉语词汇史概要》，上海古籍出版社，1989，第78页。鲁迅先生《古小说钩沉下·齐谐记》记载："吴当阳县董昭之，尝乘船过钱塘江，中央，见有一蚁著一短芦走；一头回复向一头，甚惶遽，昭之曰：'此畏死也。'"根据上下文语境，"走"在此处应该仍代表示"跑"，而非"行走"义。

② 参见董志翘《〈入唐求法巡礼行记〉的词汇特点及其在中古汉语词汇史研究上的价值》，《中国语文》1999年第2期。

参考文献：

[1] 乔全生.现代晋方言与唐五代西北方言的亲缘关系[J].中国语文，2004（3）.

[2] 乔全生.山西南部方言称"树"为[po]考[J].中国语文，2002（1）.

[3] 乔全生.晋方言语音史研究[M].北京：中华书局，2008.

[4] 白云.汉语常用动词历时与共时比较研究[M].北京：中国社会科学出版社，2012.

[5] 袁上霄.邯郸县方言词汇研究[D].曲阜师范大学硕士学位论文，2012.

[6] 李荣.现代汉语方言大词典[M].江苏：江苏教育出版社，2002.

[7] 汪维辉.论词的时代性和地域性[J].语言研究，2006（2）.

[8] 白云.山西方言形容词重叠形式的地理类型与主观性[J].山西大学学报，2017（4）.

·明清小说与戏曲研究·

论《金瓶梅》的告密书写

史小军　欧阳娉[*]

摘　要：《金瓶梅》全书出现49处关于告密活动的描写，兼具文学与文化双重意蕴。具体而微的告密书写全方位、多角度地刻画了不同阶层的牟利与生存模式，进一步还原了当时政治倾轧与利益斗争下上行下效的告密风气与持续恶化的社会生态，以尖锐犀利的笔触真实书写了晚明世风、物欲与人情，以反讽与暴露叙事深刻彰显了《金瓶梅》的劝善主旨。告密活动与书中人物的身份地位及生活环境密切相关，聚焦人性欲望与权力诉求，制造出诸多矛盾冲突，直接推动了惠莲之死、金莲被逐、经济被杀等关键情节的发生，在叙述方式、叙述语言和审美意蕴方面也具有开拓意义。

关键词：《金瓶梅》；告密；文学效能；文学意义

　　告密，通常是指告密者将涉密信息传递给告密对象，其传播方式和传播内容具备一定的隐秘性，常带有告状与挑唆之嫌。在传统与现代社会中，告密行为往往为人所不齿，而在世情小说《金瓶梅》中，告密活动却时有发生，随处可见。据本文统计，《金瓶梅》中告密描写共49处，出现次数之频繁，人物矛盾之尖锐，情节推进之曲折令人咋舌。[①]究其原因，告密活动是人性善恶与利益取舍交集之后的行径选择，它既与西门府内的生存法则与权力崇拜相关，也是受到晚明社会风气的影响。而与《金瓶梅》偷情与窥听故事的叙述策略一脉相承的是，告密书写也体现了作者的精妙构思与严谨布局，有助于小说文本的自身建构。本文认为，要想揭开《金瓶梅》成见之面纱，就需以告密为俯观人物心理与社会风气的文学窗口，深入剖析告密活动的文本样态、文学效能，从叙述方式、叙述语言、审美意蕴等方面揭橥《金瓶梅》的告密书写在明清小说发展史中的价值。

一　告密书写的文本概况

（一）告密书写的文本样态

据笔者统计，《金瓶梅》全书100回，其中有27回49次出现了告密行为，文本样态

---

[*] 作者简介：史小军（1966—　），男，暨南大学文学院教授，博士生导师，主要研究方向为元明清文学。欧阳娉（1995—　），女，暨南大学文学院博士研究生，主要研究方向为元明清文学。

上呈现三大特点：一、描写次数多，《金瓶梅》在回目安排和情节建构上，关于告密行为的书写约占全书内容的三分之一，是《金瓶梅》叙事文本中的重要一环。二、出现频率高，告密活动几乎贯穿全书始终。浦安迪将《金瓶梅》的百回设置视为十个十回的集合，且"在一个十回的单元里，我们经常能发现某种小型的内在起伏的存在"[1](P68)，而书中每十回内必定出现告密书写，以告密行径编织情节、串联故事。三、分布密度大，《金瓶梅》关于告密书写的章节相对集中，在全书分布中出现了三个高峰，第一个高峰在第八回到十二回，第二个高峰在第二十五回到第二十八回，第三个高峰在第七十九回到第八十五回。显然，这几回告密活动为小说的直线文本制造了几次小型冲突，告密成为文本的叙事中心，真实而尖锐地暴露了世情怪象下的人欲贪猥。

而在回目命名上，《金瓶梅》有五回回目中直接包含"告密"的语义和说法，有的表明告密内容和告密后果，如第二十五回"雪娥透露蝶蜂情 来旺醉谤西门庆"，有的表明告密缘由和告密者情绪心理，如第三十四回"书童儿因宠揽事 平安儿含恨戳舌"、第六十八回"郑月儿卖俏透密意"、第八十三回"秋菊含恨泄幽情"，有的直陈告密双方与告密动作，如第七十五回"玉箫愬言潘金莲"。由回目文字可以看出，这五回内容紧密围绕告密活动展开，另有七回回目涉及告密活动，告密已成为小说叙事重心之一。而《金瓶梅》作为章回小说，它在回目设置上必然深思熟虑，尤其是"当回目体制成熟之后，作者在创作章回小说时，所有情节的发展在他们的思维中必须被纳入一定的回目系列之下"[2](P8)，故而，由回目可见，《金瓶梅》中盈篇满籍的告密书写并非任性为之，而是对《金瓶梅》欲望世界的真实侧写，构思精巧，布局合理。

（二）告密活动的参与者

告密活动通常包含三方对象，分别是告密者、告密对象和涉密者，分析文本中关于告密活动的具体书写，厘清三者之间关系，可从中窥探《金瓶梅》的权欲争斗。据笔者统计，《金瓶梅》全部角色中与告密活动关系最为紧密的是西门庆、吴月娘和潘金莲三人，作为西门府内的权力顶端，西门庆虽从未向人告密，却成为告密对象12次，涉密者11次；潘金莲作为告密者7次，次次都是主动告密，她的告密对象多为西门庆和吴月娘二人，同时，她也成为告密对象12次，涉密者14次，深度参与到告密活动中；吴月娘作为告密者仅有一次，但是成为告密对象却有17次之多。这三人在告密活动中所扮演的角色之所以存在差异，在于他们的权力身份与个体性情的不同。

而书中其他告密者多属底层阶级。在西门庆家庭内部，有孟玉楼、李娇儿、孙雪娥等妾室，玳安、秋菊、来兴、画童、平安、来安、书童、玉箫等丫鬟奴仆，在西门庆家庭外部，还有郓哥、李外传、应伯爵、郑爱月、蒋竹山等人，这为我们探知《金瓶梅》社会生活全景提供多样视角，并以此洞悉底层人物的生存法则。

根据以上分类，通过告密者的身份与告密活动的特性，我们可以看出告密对象的选定主要考虑三方面：其一，告密对象一般是涉密者，或与涉密内容相关。第八回，王婆在得知武松将返的消息时，第一时间就告知西门庆和潘金莲，就是因为二人因偷情在伦理道德上背叛武大，又因杀夫在律法上结仇武松，是武松返家后首先处置的对象。第二十五回中，来兴选择向潘金莲告密来旺，是因为来旺醉语威胁潘金莲"由他，只休要撞到我手里。我教他白刀子进去，红刀子出来。好不好，把潘家那淫妇也杀了，我也只是个死"[3](P355)，更掌握潘金莲杀夫的把柄，并以此自我吹嘘："想着他在家摆死了他头汉子武大，他小叔武松回来告状。多亏了谁，替他上东京打点。"[3](P355)因惧因恨，来旺自然成为潘金莲必须铲除的隐患。

其二，告密对象对告密者有一定的信任度。告密成功的关键不在于事实真假，而在于被告知的人是否相信。第三十五回，书童作为西门庆的贴身秘书，与其关系亲密，因此，西门庆对他信任度极高，这就保证了书童告密的成功性。第九十二回中，在西门大姐与冯金宝同时向陈经济告密对方时，告密内容的真实性在告密对象的偏颇之下显得苍白无力。

其三，告密者、涉密者和告密对象的关系并不平等。告密对象通常都拥有一定的权力，能够采取一定的行动，间接帮助告密者达到目的，因此在西门府内，西门庆和吴月娘是最佳告密对象。此外，郓哥两次告密所选择的对象，先是苦主武大郎本人，他在礼法上是潘金莲的丈夫、男权秩序下的"上级"，后是苦主之弟武松，且身份是巡捕都头，政治地位高于商贾之流。然而，随着社会经济的飞速膨胀，世风日下，秩序混乱，商人地位崛起、横行无忌，官商勾结更是大行其道，屡见不鲜，西门庆虽为商贾，但他的实际权力更大、个人性情更恶、本事能力更狠，故而郓哥的两次告密行动都惨淡收场。

（三）告密活动的场所与时间

告密活动具有隐秘性，所告之事是"密"，涉及当事人的切身利益，所告的过程也应当是"密"，既要防止告密为当事人所知，也要确保告密对象接收到自己传递的信息。那么，小说中告密活动所选择的场所是否全部都具有隐蔽性呢？其实不然，告密活动发生的场合既有室外公开场所，如："那条街""（潘金莲）妇人门首""街坊前""酒楼楼上""花园内""（西门庆府）门首""上房门首"；也有室内隐秘性较强的地方：一是告密者或告密对象的房间："（潘金莲）妇人家""金莲房中"（出现3次）"进入他（潘金莲）房来""走来潘金莲房里""只见金莲在房中"；"月娘处""走来（吴月娘）房里""月娘房里""上房"（书中主要指吴月娘的房间，出现3次）；"李瓶儿家""（李瓶儿）屋里""（李瓶儿）房中"；"走入（陈经济家中）房来"。二是前厅、书房、卷棚等室内场合，如"卷棚内""前厅""半路""（西门庆府）书房内""书房里""花园书房内""后边厨房里""（周府）书房内"。三是虽然没有明确地点，但可以看出是在室内或其他较为隐蔽处，如"约的西门庆进入房中""来家""走到后边"（出现7次）"背地告诉""侧净处""两个在床上"等。

值得注意的是，告密场所的选择之所以出现如此大的差异，究其原因，在于告密活动的突发与预谋之分。据本文统计，全书49次告密活动中，告密者在得知信息当时就告密有34次，通常是告密者了解事件后立即实施告密行为，如郓哥被王婆打后一径奔来寻武大，王婆得到武松来信后匆匆告知西门庆二人，郓哥正籴米回来碰到武松找他，李外传刚得知信息就立马回报，这类突发性告密是受到一定的事件触发，具有一定的偶然性，因此选择的告密场所较为随性。

而书中有计划的告密有15次，这类告密活动在具体书写时呈现出三大特性：一是意图告密和完成告密有一定的时间差，潘金莲白日知道铁棍儿捡了她的鞋子后和一丈青骂语后，等到西门庆夜里回府后才发恨告状，平安也是白日遭到书童忽视后，至晚才在路上向潘金莲告密。二是计划告密的时机。告密者在得知密事后，通常会压制心中不满，冷静考虑告密时机，如潘金莲得知来旺醉语，夜里才扮作可怜，"云鬟不整，睡揾香腮，哭的眼坏坏的"[3](P358)，勾起西门庆的怜爱关心后才告发来旺。书童得知平安背后嚼舌后也搁置不提，到后来与西门庆调情欢愉，趁着对方对自己爱怜最深、心头最软之际才趁机告密。三是计划告状的隐秘性。计划性告密基本都是在室内告密，并且避开涉密当事人，如李娇儿、孙雪娥是将西门庆约入房中，潘金莲恼恨西门庆与李瓶儿过夜，也是打听当事人西门庆、李瓶儿不在现场才去月娘处诬告李瓶儿，这与突发性告密中场地选择的随机性恰恰相反。综合三大特性，可以看出计划告密者会通过时间差设计告密的时机、场合与语言，搜罗辅助证据，寻求对方破绽，确保告密的成功性。

据上，笔者发现，告密活动之所以有当时告密和计划告密之分，是因为二者得知信息的渠道不同：当时告密一般是本人通过偷窥、窃听等方式直接得知信息，计划告密常是通过他人告密而间接得到信息，有一定时间差控制情绪，并进行告密活动的酝酿和设计。此外，这种区别也与告密者的身份性格有关。通常，越是身处底层、经历丰富且对告密成功越为渴望的告密者，对自己的告密活动计划得就越为周全详尽，以此视之，我们可以从人物身份理解他们的告密行径，也能以告密书写反观他们的性格特质。

告密活动从生活实际而言其实属于一种非常态行为，但在《金瓶梅》中却成为一种常态化叙事。小说作者以告密建构情节，塑造人物，增强文本的可读性和戏剧性。一言以蔽之，正是告密的常态化让全书笼罩在斗争与危机的阴影下，更为真实残酷地展现晚明"天崩地解"的人情、家风与世道。

二　告密书写的文学效能

在《金瓶梅》中，告密活动无处不在，上至朝堂官场，下涉奴仆娼妓，构建出一个私密且躁动的叙事空间，"冲破了传统道德伦理对作家典型观念的束缚……用赤裸的笔撕去人生世界一切虚伪的遮丑布"[4](P102-103)，真实暴露了社会斗争之尖锐，家庭伦理之荒诞，人性贪猥之无厌，折射出当时极为恶劣的权力崇拜与糜烂下沉的社会生态，揭开重权崇望价值体系下的生存法则。

（一）以告密见官场乱象

"至谓此书之作，专以写市井间淫夫荡妇，则与本文殊不符，缘西门庆故称世家，为搢绅，不惟交通权贵，即士类亦与周旋，著此一家，即骂尽诸色，盖非独描摹下流言行，加以笔伐而已"[5](P3)，因此，如果说潘金莲、李瓶儿等人撕扯出内院情欲纠葛，那么西门庆则成为书中观察朝堂斗争的最好窗口。西门庆结交官员，来往宦吏，于官场斗争中趋炎附势、游刃有余，在《金瓶梅》中，两次政治告密都与西门庆息息相关，他在官商身份转换中不断适应宦海"规则"，更直接暴露出畸形腐朽的封建官场文化。

书中第一次政治告密发生在清河县内。西门庆由王婆告密得知武松归家，武松由郓哥告密得知武大死因，进而做出了不同的反应：西门庆行贿官府，设计钻营，武松相信官府，告状声冤，结果也黑白颠倒，行贿的逃出生天，申冤的有苦难言，无形中揭露了当时吏治的真实状况，也为西门庆的兴旺发达预设了合理的社会背景。而这场大戏由市井告密开场，却以政治告密来收尾。这次的告密者是府衙皂隶李外传，此人专揽诉讼，因公假私，所以他在武松鸣冤失败后及时告知西门庆，既是一种卖好式人情往来，也想借此讨点油水，却不幸成为西门庆的替死鬼，因为告密而断送性命。第二次政治告密隐藏在朝堂官场，书中第七十回，西门庆前往东京升职朝圣之际，翟谦向他透露夏提刑已提前知道此事。秘事外泄令西门庆心生疑窦，作者却未进一步揭开泄密真相，而是精心伏线，针脚细密，直至第七十六回才将其接续点破，行文迂回曲折，并不平铺直叙，确有草蛇灰线、伏脉千里之妙。作者要揭发泄密人，反而先叙无关者，要暴露真相，反而先提淫乱，要说严肃，先说龌龊，要说大事，先说小人之事，被卷入官场斗争的是西门庆，但揭开此事的却是潘金莲。西门庆想知道究竟为何泄密，却毫无头绪，他审讯画童也只是为弄清月娘口中的"家丑"意欲何指，却意外得知升职泄密的真相——秘书温秀才内窥私隐、外通政敌，这才发现"秀才"名号下的真实面目。小说对温秀才的告密书写犹如剥笋，层层盘剥，使得故事既曲折生动又酣畅淋漓，借告密开交了温秀才，在行文上既照应了前文，又预兆西门府的衰败，恰如张竹坡所言："接写温秀才之去，已是落花流水一段残春音信，作伤心之话也。"[6](P1253)"下文出脱温秀才去，方是'热结'一回已完。温气全无，冷事才动头"[6](P1264-1265)，以此可见作者行文布局之精妙，寓意之深存，真正体现了《金瓶梅》一书"手写此处，却心觑彼处；因心觑彼处，乃手写此处"[6](P310)的奥妙。

  两次政治告密，涉及人物上至朝堂高官、后宫妃嫔，下至一县皂隶、秀才白衣，告密书写不仅起到搭建情节、网络人物之用，更折射出告密风气背后的小说背景与社会生态。《金瓶梅》具体写作年份学界仍在商榷，但可以确定是写于明代。尽管明初君主在集权统治与国家治理上雄才大略、规划精细，但不可否认的是，明代的政治是呈衰退势的，而与之相匹配的是政治斗争与权力倾轧日益尖锐。有明一代，统治者先后设锦衣卫、东厂、西厂等机构以窥探缉访朝臣，政治上的示范性带动告密之风盛行朝野，文臣集团与宦官集团并峙的官场朝政波谲云诡，仕宦者通过告密得知信息、置换利益的情况也极为常见。明代的焦芳就是非常典型的告密者，他既能通过告密邀功获利，改变不利局势："韩文将率九卿劾刘瑾，疏当首吏部，以告芳。芳阴泄其谋于瑾。瑾遂逐文及健、迁辈，而芳以本官兼文渊阁大学士，入阁辅政，累加少师、华盖殿大学士。"[7](P7835)更能够借别人的偷窥告密以达"传话"表态之目的："正德初，户部尚书韩文言会计不足。廷议谓理财无奇术，唯劝上节俭。芳知左右有窃听者，大言曰：'庶民家尚须用度，况县官耶？谚云"无钱拣故纸"。今天下逋租匿税何限，不是检索，而但云损上何也？'武宗闻之大喜。会文升去，遂擢为吏部尚书。"[7](P7835)焦芳并非个例，他身上浓缩了整个明代官场乱象，虎掷龙拿，蝇营狗苟，上行下效，社会风气的败坏由政治风气的败坏始，明代社会生态在权力崇拜心理的不断驱使下加速恶化，郑振铎就指出，《金瓶梅》正"赤裸裸的毫无忌惮的表现着中国社会的病态，表现着'世纪末'的最荒唐的一个堕落的社会的景象"[5](P34)，它将告密成风的社会现实投射到文本描写中，以戏谑荒诞的文字展现严肃深刻的写实艺术。

（二）以告密见人情欲望

《金瓶梅》虽上涉朝堂，下察市井，但主要视角仍集中在西门府内，尤其关注西门庆的妻妾之争。尽管作者在小说结尾以"楼月善良终有寿，瓶梅淫佚早归泉"[3](P1690)对四人盖棺定论，但"《金瓶梅》这部小说之所以伟大，就在于作者对人性幽暗面的洞察之深，这不能不使人深感震撼"[8](P124)。它对人性的触笔并未停留以人物为主体的单面塑造上，而是通过告密等一系列事件管窥人物心理，以告密见潘金莲之狠恶，瓶儿之隐忍，月娘之周全，玉楼之狡黠，强化性格特质，揭敝欲望人情。

作为告密者，潘金莲极具天赋，游刃有余。第五十一回，她因妒恨向月娘诬告李瓶儿背后说她坏话，恶意挑唆两人关系，这也说明了告密旨在引起被告知者的厌恶情绪，甚至激起对方的报复心理，而潘金莲深谙此道，她的挑唆攻击在书中无处不在，并常常成功。与潘金莲形成鲜明对比的则是李瓶儿，如果说潘金莲是告、是争、是开锋的刃，那么李瓶儿就是不告、不争、有涵养的珠。小说中对李瓶儿的不愿告密有多次描写，第四十一回李瓶儿未把潘金莲辱骂吵闹官哥一事告知西门庆，第五十一回，李瓶儿面对潘金莲的诬告也不愿去吴月娘处解释，第五十九回在官哥被潘金莲设计吓死之际，她仍旧不肯向西门庆言语，第六十回，杀子凶手潘金莲不但没遭到惩处，更对她隔院针对，李瓶儿的悲痛愈深，也愈加沉默。这一连串的忍让不仅加剧潘金莲的嚣张，更铸成官哥与自身之殇。其实，李瓶儿并非全不挂心，她只是不愿对西门庆、吴月娘等对潘金莲有掌控权的人告状，而是向没有利益冲突的吴银儿、王姑子等人诉苦。这与其说是告密，寻求有权者的庇护，不如说是倾诉，向无关者诉说内心的苦楚。

李瓶儿与潘金莲不同之原因，一是自身性格不同，连底下的奴仆都知"总不如六娘，万人无怨。又常在爹跟前替俺们说方便儿。随问天来大事，受不的人央。俺们央他央儿对爹说，无有个不依。只是五娘快戳无路儿，行动就说'你看我对你爹说'，把这'打'只题在口里"[3](P1024)，李瓶儿从来与人为善，潘金莲只在涉及自身利益时才愿意出头。二是两人的身份与境遇不同，潘金莲追求的是情欲与地位，她擅长做破坏者，以破坏他人的圆满幸福寻求自我的平衡，而李瓶儿诞下官哥，又受到西门庆爱重，她的身心已经得到极大满足，对情欲的需求也大为降低，所以她希望做维护者，确保当前的和谐稳定不被打破，因而甘吞痛楚，并希望借金银物件来弥补他人的不满。但这种后宅决斗，遇上潘金莲这种好战分子，对方所求之"欲"并非己方所施之"欲"，本就如困兽之争，注定悲情。特别是在官哥出生之后，西门庆对李瓶儿的态度已从过去的身体情感升华为精神情感，这对西门庆而言是很难能可贵的，也对潘金莲造成了极大的刺激。因此，潘李之争对李瓶儿来说，这只是后宅寻常斗气，但对潘金莲而言，已经是生死之仇。告密书写作为二人斗争的重要观察窗口，李瓶儿母子之死迹象早已从中浮现。

而吴月娘和孟玉楼向来被视为全书中为数不多的正面形象，但这一妻一妾是否真的温良恭让，本分贤淑？通过告密书写，我们可以看出并非如此。吴月娘作为西门府的卫道者，她17次充当告密对象。面对妾侍互告，她常会扶持一方以平衡内宅势力，也会放任妾侍不合，彰显自己守中持重的主位形象；面对奴仆告密，她更不在乎秘密事件中的是非善恶，只保证府内秩序稳定以维护自己的正室地位，主张"大不正，则小不敬。母狗不掉尾，公狗不上身"[3](P1299)，将责任归咎于女性，她对告密的反应本能地充当了"反应文化规范或回应社会文化的场域"[9](P131)，这是三从四德观念下女性对男权的服从，是一种扭曲变形的"女性自觉"。孟玉楼一直以"老好人"的面孔行事，但通过统计告密活动，可以发现她常在得知信息后"好心"告知潘金莲，再由潘金莲出面打破西门府的表面宁静，借此谋取利益。自始至终，孟玉楼都隐藏在潘金莲的背后，搬弄是非，搅动风云，利用潘金莲的冲动好斗为她冲锋陷阵，足见她的聪慧狡黠。

（三）以告密见市井百态

《金瓶梅》一书"极力摹绘市井小人"[10](P37)，这些家室之仆、街巷之徒长期处于权力底层，同级竞争者众多，告密是他们谋求生存之机与跻身之利的重要武器，又因身份所限，他们在告密时更注重方式与语言，务求一击中的。因此，《金瓶梅》对奴仆攻讦、告密争锋的细致刻画，正是对小人物生存现状的真切反映，他们的告密相对政治告密、情欲告密而言，更值得抉奥阐幽，析毫剖厘。

根据告密动机，笔者将小人物的告密分为三类。一是以告密谋取利益，如第六十八回郑爱月把李桂姐与王三官继续勾搭之事告知西门庆。郑爱月出身风月，擅于与人交际，谙熟恩客心理，故而她的告密迂回有法，以退为进：先问西门庆与李桂姐见过与否，以探知二者近期关系，再提李瓶儿吊唁礼数，以勾起西门庆不满情绪，欲说不说，既引起西门好奇，又矫饰无辜面貌，这一副只为恩客着想的可怜作态增加了西门庆对告密内容的信任度。郑爱月的谨慎正是由她的身份所致：首先，她是"外人"，与潘金莲、书童等"内人"身份不同，比之涉密者李桂姐这干女儿、老姘头也相对疏远，西门庆对她的信任程度并不高；二来，她是"下人"，西门庆是官，她是妓，平日只作玩闹，真正告密这是第一次，故而她更放低姿态，以满足西门庆的表现欲与掌控欲；三则，她是"聪明人"，她告密并非兴起而至、无故作怪，而是渴望借此作投名状，引起西门庆对李桂姐的反感，进而从中分出一点利益，故而她在告密之余也给西门庆提供新鲜门路——经文嫂处勾搭上王三官的母亲林太太，这直接推动了接下来十回的发展，甚至间接导致了西门庆之死。

二是以告密发泄不满。《金瓶梅》开篇出现两场告密，告密者郓哥，告密对象为武大郎、武松兄弟，告密内容则是西门庆、潘金莲偷情一事。所谓密事，必然隐秘不宣，但二人偷情几乎众所周知，却因惧因畏、懒理闲事，竟让这件公开之事瞒住了苦主本人。而郓哥的告密也并非打抱不平，他的利益给予者是西门庆，他在利益和情感上自然偏向西门官人，但是在向王婆讨问西门庆去向无果后，郓哥愤怒不平，这才决定告发此事。显然，郓哥对武大并不抱有同情关切，他的告密实属面对利益不均的不忿行为。第三十四回，平安因书童的忽视而没能满足口腹之欲，更妒忌书童狐假虎威，因此在接轿时有意向潘金莲告发书童，并添油加醋、臆测诋毁，从而引发了潘金莲的嫉恨不满，以达到自己的泄愤目的。

三是以告密抗争压迫。秋菊位处西门府权力食物链最底端，她的告密并非求利讨好，而是长期置身欺压凌辱之中，身心的压抑愤懑导致情绪的剧烈爆发。秋菊的告密最初也仅是为出口恶气，所以她第一次告密潘金莲、陈经济二人偷情时，只是从窗眼看到有人披着红卧单出门，便出于不满"我娘自来人前会撇清，干净暗里养着女婿"[3](P1431)的报复心理而径直告知小玉，过程仓促，思虑不周。而此时西门庆方死，西门府正处于脆弱无助之境，潘金莲偷情的直接受害人与决裁人已经消失，月娘作为掌家人，势单力薄，无心他事，不愿内院生态环境发生波动，更难以相信此种违背伦常之事，因此，秋菊数次告密的失败也在情理之中。尽管如此，她还是以一种惊人摄魄、突破自我的毅力持续告密，这与我们印象中胆怯懦弱、畏缩怕事的秋菊形象完全不同。以此，我们发现屡次遭受金莲践踏、春梅欺辱、仆役打压的秋菊，她的告密是出于一种本能的反抗，"捍卫了一个人的人格，她敢于同恶势力斗争到底"[11](P126)，敢于将自己对上位者的控诉不满转换为具体行动，这正是《金瓶梅》告密书写的闪光之处。

综上，《金瓶梅》中，每个人物基于自己的身份立场，根据自身的价值判断做出相应的行为选择。下位者面对上位者的质询威胁时，或是面对利益诱惑而松动，或是通过出卖别人以自保，以告密争利斗狠，以泄密自保图胜。书中人物的告密，同情是少数的，逐利、自保和愤懑更为常见，"因为欲望是与生俱来的，操守却不是"[12](P122)，正如鲁迅所言："作者之于世情，盖诚极洞达，凡所形容，或条畅，或曲折，或刻露而尽相，或幽伏而含讥，或一时并写两面，使之相形，变幻之情，随在显见。"[5](P3)告密书写为我们观察书中人物提供一个新的视角，真实昭显出人性似饥鹰饿虎，眈眈逐逐，尖锐地揭示了当时世态之文娄武嬉，鼠窥蝇营。

三　从小说发展史看告密书写的文学价值

《金瓶梅》笔书世情："它描写上自朝廷下至奴婢的腐败；它描写人情的险恶，世态的炎凉；它描写富贵是人之所好，美色是人之所爱。它描写嫉妒，它描写愤恨，它描写谄佞，它描写刁滑，总之是把整个的现实社会，为之露骨的摄出。如其说《水浒》是反抗现实社会的小说，《儒林外史》是暴露智识阶级的丑态，《红楼》为描写人情的杰作，那末我可说《金瓶梅》一书是兼而有之的。或者还可说《金瓶梅》是更深刻更现实的代言者。"[10](P141)纵观明清小说史，《金瓶梅》着眼细处，笔起波澜，将欲望暴露在争益夺利中，将深刻隐藏在市井碎语里，告密作为一种独特的叙事角度，在小说发展史上开拓新路，独有千秋。

第一，从告密书写的视角内容上看，如果说《三国演义》是波谲诡秘的政客厮杀，《水浒传》是针对英雄的阴谋狡计，那么《金瓶梅》则是藏污纳垢的官商交易，更直观、更犀利地揭开遮挡晚明官场黑暗的帷幕。《三国演义》中，告密常作为一种政治手腕存在，"臣闻申仪密告反情，意欲表奏陛下，恐往复迟滞，故不待圣旨，星夜而去。若待奏闻，则中诸葛亮之计也"[13](P782)，在叙述上强调告密结果，而略及告密过程。《水浒传》的告密紧紧围绕着梁山英雄，无论是李吉、黄文炳，还是李固，告密只作为好汉们造反的催化剂、助推器，重在渲染英雄们的正气高义与被逼反叛的悲壮豪情。而发展到《金瓶梅》，告密书写成为一柄官场放大镜，带读者发现西门庆"富贵必因奸巧得，功名全仗邓通成"[3](P432)的登云梯，更照射出晚明官场从上至下的腐化畸形。

更可贵的是，《金瓶梅》聚焦底层人物，百回叙事中"并没有写什么很重大的事件，也不是对生活作有意识的夸张、扭曲，而是把笔触深入到了生活的每一个细微而不被人注意的角落，举凡家庭的日常起居、饮食宴筵、社会交游、喜丧礼仪、算命卜卦，以及家庭内夫妇之间、妻妾之间、妾妾之间、主奴之间、奴奴之间的争宠斗强，迎奸卖俏，都在小说中得到了细腻逼真的展现。"[14](P74)作者对惠莲之死的铺陈，正是一场精彩迭出的告密表演，第二十五回、第二十六回的7次告密，告密者更为丰富，告密情节更为集中，利益冲突更为明显，报复过程也更加曲折起伏。孙雪娥向来旺告密惠莲与西门庆偷情，是想挑唆来旺与惠莲之关系，但这二人本身也是偷情关系，与之形成讽刺对照。来兴向潘金莲告密来旺酒后诳语是出于嫉妒，这是同阶层利益冲突下的必然选择，潘金莲再向西门庆诉苦此事，则是发自愤怒，既有自己之前丑事被揭开之怒，更有掌权人被底下奴才挑衅权威之怒。之后，陈经济将来旺上京拜寿一事告知潘金莲是顺口为之，意在调情，孟玉楼偷向潘金莲言说西门庆的许诺内容是出于旁观者凑热闹的天性，又有不愿惠莲张狂之意，以告密拿潘金莲做刀使。而玳安作为奴才，他与惠莲是同一阶层但又相对势弱，在彼此没有利益冲突之下向惠莲告密既是示好，也带有同情意味。最后，画童揭发玳安，则出于自保。小说中的不同人物出于身份、地位和涉事程度的不同，在这场告密中扮演不同角色，层见叠出的告密书写非但不重复累赘，反而更突出人物性格特质与心理动机。以此可见，《金瓶梅》写人物，的确处处无闲笔，回回见真章。

第二，从告密书写的语言表达上看，在《三国演义》《水浒传》中，告密内容具有情报性质，多为军情机密、政务机要，或是信而有征，或是诬告陷害，或是诱敌离间，但都就事论事，在语言上直抒实虚。而《金瓶梅》虽脱胎于《水浒传》，却在书写技巧、语言运用上更驾轻就熟，玲珑有致，可以说："《水浒》多正笔，《金瓶》多侧笔；《水浒》多明写，《金瓶》多暗刺；《水浒》多快语，《金瓶》多痛语；《水浒》明白畅快，《金瓶》隐抑凄恻。"[15](P161)《金瓶梅》将告密书写视为文本艺术，告密者将自己已知信息透露给告密对象，告密者的立场和目的差异会导致他们看待信息的视角出现转变，信息本身也可能遭到篡改。更进一步来说，告密者为了保证告密成功，会在语言上精心设计，回旋铺垫，透露出更多的利己信息。

第三十五回，平安通过与轿夫一唱一和向潘金莲告密，看似全无设计，实则步步经营。平安明明是不忿书童请客一事，却告密书童揽事私会李瓶儿，因为他深知李瓶儿是潘金莲的眼中钉、肉中刺，有关她的信息自然容易引起潘金莲的重视，因此平安还迎合补充："吃了好一日儿，小的看见他吃的脸通红才出来。"[3](P503)话里话外透出书童与李瓶儿有不轨行为，更企图勾起潘金莲的嫉恨："不该小的说，还是爹惯了他。爹先不和他在书房里干的齷齪营生。况他在县里当过门子，什么事儿不知道！爹若不早把那蛮奴才打发了，到明日，咱这一家子乞他弄的坏了。"[3](P503)到了下一回，书童向西门庆告密也只字不提自己与李瓶儿、平安与潘金莲之间的纠葛，而是转告"前日爹叫小的在屋里，他和画童在窗外听觑。小的出来舀水与爹洗手，亲自看见。他又在外边对着人骂小的蛮奴才，百般欺负小的"[3](P509)，正对了二人当时亲密情景，让西门庆心虚被刺痛之外，更觉得自己的权威被奴仆挑衅，隐私被外人所窥探的不安与愤怒让他赌誓发咒要办了平安。平安因书童的忽视而不忿,书童因平安的告密而愤恨,却都不就此事发作,而是根据自身利益与目的妄加篡改事实,正如华莱士·马丁所言:"在很多情况中,如果视点被改变,一个故事就会变得面目全非甚至无影无踪。"[16](P128)可以说,这一系列的告密活动从发生到完成,告密语言的设计让信息早就偏离了最初模样,告密目的的达成比信息真实更为重要。

第三,从告密书写的审美意蕴上看,《三国演义》《水浒传》中,告密者往往是无关紧要的小人物,甚至名姓都无,只是为了突出当主人公面对军情泄露时,运筹帷幄的果决智慧,令人心生钦佩;面对官衙诬告时,宁叛不屈的无奈悲情,令人心生同情。在这些小说中,告密只是客观叙述的文本内容,缺少真正的艺术解构,而有"暴露文学的杰构"之誉的《金瓶梅》才开始以告密为叙述重心,详细书写告密的前因后果、告密过程,以及告密者的心理动机,将整个告密活动周密铺陈、环环相扣。《金瓶梅》之所以有大量的告密书写,是因为有密可窥、有密可言、有密可知,汲汲营营,蝇营狗苟,书中的主要人物也不再高大伟岸、聪慧善良,他们同样也实施告密活动,甚至在其中扮演关键角色。告密书写正是对世态风气败坏、人物心理丑陋一面的真实解剖,它毫不遮掩地袒露着罪恶,给予读者一个突破以往文学作品的全新的审丑视角。这种袒露是残酷的,它近乎冷漠地触及人性最为黑暗不堪的一面,似乎宣告着告密书写只关注到人性的丑陋狠恶,但同样也是温情的,它将视线从才子佳人、王侯将相身上转向底层人物的求生法则,告密行径是下位者争名夺利的重要手段,更是压迫者表达反抗的现实写照。《金瓶梅》以告密透视人间丑态,以深刻的笔触揭示了社会罪恶与人性胶葛,笔底烟花,云霞满纸,带着一种近乎撕裂式的坦诚与同情式的审丑,它"描写世态黑暗,人情沦丧和人性的弱点,似乎非为审美,意在审丑"[17](P52)。质言之,这种审丑已经打破固有的丑陋意象,给予人全新的美感体验。因此,孙述宇在《金瓶梅的艺术》中将此书与一般的文学作品区别开,认为阅读《金瓶梅》"更要诉之于人的理性与是非感,要读者以整个心灵来应对,而不是流一把眼泪了事。"[12](P121)

就此而言,《金瓶梅》不仅突破《三国演义》《水浒传》等小说关于告密书写的陈旧藩篱,更直接启发了《红楼梦》的叙述笔法。首先,从审美风格而言,《金瓶梅》是丑恶的彻底暴露,《红楼梦》是美好的无意撕裂。第七十四回,王夫人惑于奸谗以致抄检大观园,撵晴雯,逐司棋,累入画,象征着安宁纯洁的大观园世界开始裂缝,兴旺鼎盛的贾府也自此走向衰落。其次,从叙述逻辑而言,《金瓶梅》是意料之中,《红楼梦》是出乎其外。告密行为被掩藏在文字背后,似乎凭空乍起,全无铺陈预示,谁能想到,一向温顺和婉的袭人暗行告密之举,这叫读者无限唏嘘。再次,从阅读体验而言,《金瓶梅》俯瞰世态,令人心生惊惧,《红楼梦》观察女儿,令人心生悲悯。《金瓶梅》中的告密是丑恶的,揭示的更是人心之丑,以丑审丑,穷形尽相;《红楼梦》中的告密同样不堪,但见到的却是红楼女儿的无辜、刚烈与敏锐。晴雯"挽着头发闯进来,豁一声将箱子掀开,两手捉着,底子朝天往地下尽情一倒,将所有之物尽都倒出"[18](P1029),司棋也"并无畏惧惭愧之意"[18](P1034),以丑审美,动人心魄。

第四,与其他小说仅以告密推进情节不同,《金瓶梅》不仅书写告密,也评价告密,毫无保留地表明作者本人的告密观。在第七十六回中,作者就以一桩伦理奸情引发对告密行径的讨论：潘金莲作为全书告密活动的积极参与者，本应该认同与支持告密者，但实际上她对告密行为极其痛恨，要将告密的使女"打的烂糟糟的。问他个死罪也不多"[3](P1299)，而常常接收告密信息的西门庆也赞同潘金莲的观念，认为姑婿偷奸只是小节，要把那"奴才掇了几掇子好的"[3](P1299)，月娘更将责任推卸到女性身上："大凡还是女妇人心邪，若是那正气的，谁敢犯他？"[3](P1299)很显然，他们的告密观与他们的实际行动恰恰相反，而这又与他们的身份紧密相关。作为上位者，西门庆、潘金莲最反感的就是被身边人背叛出卖，一是身边人最了解自己的机密信息，二是当权者对自己的地位极为自负，被出卖无疑挑战了自己的权威。这种反差显示出《金瓶梅》中的告密活动是在社会风气影响下的本能行径，与人物自身主张背道而驰，重申作者对告密风气的厌恶与反对。就此而言，《金瓶梅》对告密行径的细致描写与明确抵制体现了作者对传统儒家文化的认同与承续，并以这种揭露与不满再次点明全书"明人伦、戒淫奔、分淑慝、化善恶，知盛衰消长之机，取报应轮回之事"[3](P1)的劝世主旨。

在儒家文化中，告密，尤其是亲属之间的相互告讦是侵害社会伦理的。《论语·子路》有记："叶公语孔子曰：'吾党有直躬者，其父攘羊，而子证之。'孔子曰：'吾党之直者异于是：父为子隐，子为父隐——直在其中矣。'"[19](P137)儒家主张"亲亲相隐"是出于仁爱之心，肯定人的隐私权，维系家族内部与社会稳定。因此，即便《金瓶梅》书写丑态，任性纵欲，但它的内核仍带有对儒家仁礼文化的追求。以此视之，在晚明这个"天崩地解"的时代，即便"人情以放荡为快，世风以侈靡相争"，士人在社会经济高速运行、思想文化飞速变迁的冲击下，仍旧保有一定的理想信念和复归传统的精神向往。

综上，从小说发展史看，告密描写不仅强化了人物性格特质，更持续性制造冲突、推动情节，将《金瓶梅》中各类信息、显隐矛盾、高低阶层串联起来，贯通全书经纬，结成完整的小说叙事网络，具有独特的美学意蕴。从文化史角度看，告密作为《金瓶梅》中的一扇窗口，让读者看到西门府勾结斗乱之余，更由一家而及天下国家，以此管窥世态，体察人情，以无意之笔写透晚明乱象，可以说，"写定者选择直面明代中晚期以降世变历史现象，既以写实手法揭露时代社会变化中所存在的诸多问题……在家国同构的情节建构中引发读者的反省"[20](P152)，这正是《金瓶梅》的深刻之处。现实生活中的告密行为往往为人所不齿，本文专就《金瓶梅》的告密书写进行阐述，并不是宣扬这一行为，而是因为一方面，《金瓶梅》"揭露阴暗面和丑恶时，具有一定道德、思想的谴责力量"[21](P21)。另一方面，告密等非常态化书写在小说自身建构和文学发展史上都具有重要地位。通过告密书写，我们可以发现，自《金瓶梅》始，风靡这个文坛的，不仅是厚重格高的历史演义，也非宣扬忠义的英雄传奇，而是夹裹市井百态，淬砺社会菁华，点、线、圆陈陈相因的世情小说，呈现出融汇美丑、兼济高卑、包罗万象的宏富之景，展现出一幅真正鲜明的晚明百景图。

注释：

① 截至目前，笔者还未看到有专门探讨《金瓶梅》告密书写的论文，但这一情节在有关《金瓶梅》

窥听情况的论文中所论述，参见史小军《论〈金瓶梅〉中的偷窥与窃听》(陈益源主编《2012（台湾）金瓶梅国际学术研讨会论文集》，里仁书局，2013)，史小军、王舒欣《〈金瓶梅〉与〈红楼梦〉窥听叙事比较论》(《暨南学报（哲学社会科学版）》2019 年第 11 期) 等。

参考文献：

[1]〔美〕浦安迪.中国叙事学[M].北京：北京大学出版社，1996.

[2] 李小龙.中国古典小说回目对叙事的控制[J].明清小说研究，2010（2）.

[3]〔明〕兰陵笑笑生著，梅节校订，陈诏、黄霖注释.金瓶梅词话[M].台北：里仁书局，2020.

[4] 宁宗一、罗德荣.《金瓶梅》对小说美学的贡献[M].天津：天津社会科学院出版社，1992.

[5] 鲁迅、郑振铎等.名家眼中的金瓶梅[M].北京：文化艺术出版社，2006.

[6]〔明〕兰陵笑笑生著，王汝梅校注.皋鹤堂批评第一奇书金瓶梅[M].长春：吉林大学出版社，1994.

[7]〔清〕张廷玉等.明史[M].北京：中华书局，1974.

[8] 宁宗一.《金瓶梅》十二讲[M].北京：北京出版社，2016.

[9] 林伟淑.《金瓶梅》的时间叙事与空间隐喻[M].台北：台湾学生书局，2014.

[10] 张兵、张振华选编.金瓶梅说[M].南昌：江西教育出版社，1999.

[11] 黄霖.黄霖说金瓶梅[M].北京：中华书局，2005.

[12] 孙述宇.金瓶梅：平凡人的宗教剧[M].上海：上海古籍出版社，2011.

[13]〔明〕罗贯中.三国演义[M].北京：人民文学出版社，1973.

[14] 孙逊、詹丹.金瓶梅概说[M].上海：上海古籍出版社，1994.

[15] 阿英.小说闲谈[M].上海：古典文学出版社，1958.

[16]〔美〕华莱士·马丁.当代叙事学[M].伍晓明译.北京：北京大学出版社，2005.

[17] 王启忠.《金瓶梅》价值论[M].上海：上海文艺出版社，1991.

[18]〔清〕曹雪芹，〔清〕高鹗.红楼梦[M].北京：人民文学出版社，1996.

[19] 杨伯峻译注.论语译注[M].北京：中华书局，2009.

[20] 李志宏.《金瓶梅》演义——儒学视野下的寓言阐释[M].台北：台湾学生书局，2014.

[21] 宁宗一.《金瓶梅》对小说美学的贡献[A]//《复旦学报（社会科学版）》编辑部.《金瓶梅》研究[C].上海：复旦大学出版社，1984.

理解杜丽娘：为了反抗还是为了实现

徐大军*

摘　要：杜丽娘在梦幻情、鬼魂情、俗世情三段情缘中，贯穿的不是情的反抗，而是情的实现。杜丽娘的入梦、成鬼和还魂，都是为了实现她当初为人时的春情渴望——得成佳配、不负青春。她所经历的三段情缘，在人物行动目标和剧作主题表达上，并非传统而言的"以情抗理"，而是展示了杜丽娘为实现春情渴望的至情行动。杜丽娘在实现春情渴望过程中关于崇情、崇理的言行表现，既寓含了汤显祖关于情理关系（倡人欲而达天理）的思想认识，又承续了同时代戏曲抒发至情力量、探讨情理关系的表现策略。

关键词：三段情缘；至情实现；情理关系；表现策略

　　理解杜丽娘，前提是要认识杜丽娘，并且要体谅杜丽娘，不让她担负自己不愿做的事。汤显祖可以按照自己的理想来塑造杜丽娘，但我们不宜按照自己的理想来过度阐释甚至要塑造杜丽娘这个形象。在作者以及历代阐释者那里，杜丽娘已经是至情的化身，其至情的表现就是情之所至，"一往而深，生者可以死，死者可以生"（《牡丹亭题词》）[1](P1)。但现代阐释者普遍认为这个至情是以反理、抗理的面目存在着的，而负载这个至情的杜丽娘形象的价值，对于那个时代来说，就是体现了以情反理的时代精神；对于这部剧作来说，就是完成了以情反理的作品主题。如此一来，杜丽娘作为主人公要担负着表现剧作主题的任务，尤其要扛起以情反理的大旗①。

　　但我们是不是觉得杜丽娘扛起这杆大旗很累呢？因为这并不是她愿意扛的，而且在剧中她最终是维护了"理"的权威，至少是愿意借助"理"的力量的，比如杜丽娘在还魂后明确宣称"鬼可虚情，人须实礼"（第三十六出"婚走"）[1](P191)。如果我们再通观全剧的情节叙述和人物表现，就会看到剧作并不是全以情理冲突为基础展开的，杜丽娘也不是一直以至情力量来冲击"天理"的，比如，全剧的重要关节是杜丽娘的"还魂"，还魂前的部分表现了杜丽娘那超越生死的至情力量，还魂后的部分尚有二十出之多（全剧共五十五出），杜丽娘不但依循"人须实礼"的原则努力调和矛盾、争取支持，而且她从"惊梦"开始就渴望实现的得成佳配、不负青春的俗世婚姻，最终还是由那个代表人间秩序的皇帝下诏促成的，这说明她并没有一往无前地以情抗理。那么，杜丽娘在还魂后"人

---

*　作者简介：徐大军（1970—　），男，杭州师范大学人文学院教授，文学博士，主要从事中国古代戏曲、小说研究。

须实礼"的声明与行动,与她惊梦、寻梦时的至情表现有何前后逻辑联系呢？

对此,我们应首先检视一下杜丽娘的"至情""实礼"与剧作所展现的神、鬼、人三界力量之间的逻辑关系,因为这些都是杜丽娘要面对的现实,也是我们理解杜丽娘这个形象,评析剧作各部分结构所要面对的依据。

一 "天理"对于杜丽娘至情的态度

《牡丹亭》中的杜丽娘在"生者可以死,死者可以生"的人鬼身份转换中经历了三段情缘:梦幻情、鬼魂情、俗世情。这三段情缘贯穿了她的至情力量,也表现了她的"人欲"力量,只是这至情力量的抒发不得不面对各种表现形式的"天理",首先就是明确又实在的俗世社会的宗法礼教。

关于杜丽娘的至情力量所面对的宗法礼教,有两个场景最能体现出来,一是杜丽娘的游园惊梦,一是杜丽娘还魂后回绝柳梦梅急于成亲的对话。

杜宝夫妇家教甚严,不许女儿白日睡觉,不许逛花园荡秋千,允许的只是课女红和读诗书,目的是消磨和禁锢青春少女的生命活力,以适应礼教规范,这样才能"他日到人家,知书知礼,父母光辉"(第三出"训女")[1](P10)。杜宝夫妇对女儿的闺诫,表现出了礼教对"人欲"的漠视,对"天然"的忽视,所以他们对女儿的爱美天性不理解,"怪他裙衩上,花鸟绣双双";杜丽娘明明是伤春愁闷,他们硬说是寒热惊风。由此可见,杜丽娘所身处的世俗环境,根本不是她能够托付春情、达成渴望的现实基础,因此她转而去寻求在幻梦中托付她的春情渴望。梦遂人愿,她在梦中找到了能回应她青春渴望的书生,可惜那场"美满幽香不可言"的欢幸很快被母亲唤醒了,这是现实生活中她所受到的各种禁锢、阻塞、束缚的投射,而且入梦之前、惊梦之后也都有父母的告诫和训责。然而,就在这个由父母和塾师的言行作为表现形式的禁锢环境中,杜丽娘感于自然春光的春情还是勃发了,这普遍被认为是杜丽娘对宗法礼教反抗、冲击的表现,许多人也据此认为杜丽娘是以情反理的反抗者形象,体现了剧作的反封建礼教的主题。

但杜丽娘还魂后的表现又让这些观点有些尴尬。

（旦）姑姑,奴家死去三年。为钟情一点,幽契重生。……数日之间,稍觉精神旺相。

（净）好了,秀才三回五次,央俺成亲哩。

（旦）姑姑,这事还早。扬州问过了老相公、老夫人,请个媒人方好。

……

（生）姐姐,俺地窟里扶卿做玉真。

（旦）重生胜过父母亲。

（生）便好今宵成配偶。

（旦）懵腾还自少精神。

（净）起前说精神旺相,则瞒著秀才。

（旦）秀才可记的古书云："必待父母之命，媒妁之言。"

（生）日前虽不是钻穴相窥，早则钻坟而入了。小姐今日又会起书来。

（旦）秀才，比前不同。前夕鬼也，今日人也。鬼可虚情，人须实礼。（第三十六出"婚走"）[1](P190-191)

如果杜丽娘为鬼时的大胆热烈，可以解释成她为追求理想而冲击"天理"秩序，那么，她在还魂为人之后的这番话，却明确地维护起这个"天理"秩序了。面对柳梦梅急于成亲的要求，杜丽娘明确声明："鬼可虚情，人须实礼。"《牡丹亭》以杜丽娘还魂为人后"实礼"的谨慎，反衬了她身为鬼魂时"幽欢"的反常；以杜丽娘还生后的崇理，暗示她与柳梦梅幽媾的悖理，由此表明"鬼魂幽欢"的大胆热烈并不合乎世俗社会的礼义规范。

那么，杜丽娘还魂后的崇理声明，与她惊梦、寻梦时的崇情表现有什么逻辑联系呢？

其实，杜丽娘并非只在还魂后才需要面对"天理"的各种表现形式的规范，她在三段情缘中都需要面对"天理"问题以及情理关系问题；不唯杜丽娘如此，其他人物亦如此。当杜丽娘认为那个梦幻情是她最可依赖的现实时，这个"天理"所覆盖的范围就更大了——从阳世、梦境以至阴间，既有杜宝、陈最良、胡判官对天理的迂腐维护，也有花神、婚姻簿、皇帝诏书对人欲的合理支持。它们共同构成了杜丽娘生生死死的全部世界、全部天理。有人认为杜丽娘的至情追求体现了对理的反抗和冲击，《牡丹亭》的主题是以情反理，以情抗理，那么这一观点所根植的前提应该是天理要压制、禁锢杜丽娘的天性人欲。确实，杜宝、陈最良、胡判官体现了这种禁锢力量，但代表天理的力量并非只有这些，还有花神、阴司婚姻簿、皇帝诏书，而且它们要比杜宝、陈最良、胡判官更为高级、更具权威；在三段情缘中，杜丽娘至情的抒发、行动和结局，都得到了以这些面目出现的天理隐显不同的支持或许可。

在梦幻情阶段，杜丽娘的那个白日梦幻肯定不是现实世界里实际发生的，它的出现，实际上纠缠着两个方面的秩序：一方面是人世的理，她的梦中欢幸笼罩在礼教规范的阴影之下；另一方面是上天的理，花神出面昭告，杜丽娘的因情感梦是得到上天允许的。

在鬼魂情阶段，阴司地府里的胡判官，和阳世的"金州判、银府判、铜司判、铁院判"一样贪赃枉法，他照样"要润笔，十锭金、十贯钞，纸陌钱财"[1](P121、120)，更重要的是，他与阳世的杜宝、陈最良这类人一样迂腐固执，敌视自然的情欲，比如他无法想象杜丽娘这样的女子竟会为情"一梦而亡"；他认为春天里百花开放是败坏人心的，所以花神报出的三十九种鲜花，都被他一一批驳。但胡判官检视的阴司婚姻簿又明确指出杜丽娘与柳梦梅本有姻缘之分，所以，他就许可了杜丽娘的请求。

在俗世情阶段，杜丽娘还魂后的"实礼"声明就是要寻求世俗力量对其婚姻的承认，以实现在人世与柳梦梅相伴相随。为此，她希望遵循礼教规范，包括父母之命、媒妁之言。但父亲杜宝坚决反对女儿的请求。最后剧作是以柳梦梅高中状元，得到皇帝的诏书，奉旨完婚，才解开了杜丽娘与父亲之间的矛盾。所以，杜丽娘在俗世得成佳配的美满结局，是依靠皇帝诏书的支持才达成的，而这又是杜丽娘努力争取得来的。当然，在这个争取的过程中，杜丽娘还魂后的"实礼"，并没有像梦幻情阶段那样表现出对理的反抗性，所以，那些意欲建构杜丽娘作为反抗者形象的论述，就对其还魂后的言行谈论甚少，或者有意无意地回避了。

由此可见，杜丽娘在每一段情缘中，都有一个天理上的权威在左右着杜丽娘的命运。杜丽娘的"至情"行动，既有天理的禁限，也有天理的许可。有父母的闺戒管教，有胡判官的苛责，有父亲杜宝对其婚姻的坚决反对，同时也有花神的回护、阴司婚姻簿的支持、皇帝诏书的认定。如此一来，杜丽娘那基于"人欲"的至情力量的奔突，便在"天理"的挤压又允许的纽结中展现出来了。

首先是姻缘之分的支持。《牡丹亭》是在幻梦、鬼界展示了杜丽娘的至情力量，譬如"惊梦"中的幽欢，鬼魂时的"幽媾"。但即使对于杜丽娘作为鬼魂时的大胆热烈行为，剧作在表现上也并不是无所顾忌的，除了安排她还生后的崇礼声明作比较以示其有悖礼义外，还设置了她与柳梦梅间存在着的姻缘之分以作挡箭牌。第二出柳梦梅初上场即自述他曾在梦中与一梅花树下女子有"姻缘之分"，剧作在后来的叙述中，凡两次在情节上对此予以照应。一是第十出"惊梦"中叙杜丽娘与柳梦梅幽欢时出现了花神的告白："因杜知府小姐丽娘，与柳梦梅秀才，后日有姻缘之分。杜小姐游春感伤，致使柳秀才入梦。"[1](P51)二是第二十三出"冥判"中阴司判官查检婚姻簿，透露出二人的宿缘："有个柳梦梅，乃新科状元也。妻杜丽娘，前系幽欢，后成明配。"[1](P125)剧作以这种宿命式的安排，来说明二人的幽期密约以及杜丽娘的大胆激情乃存在着天命上的合理性。他们的行为虽不合乎世俗社会的礼义规范，但却是命运的安排，凡夫俗子难以抗拒，也不可逆转。所谓天命不可违，也是那个社会所尊崇的法则。这一情节设置不但能够解释二人幽媾的合理性，也印证了杜丽娘回生后私自结婚的合理性。

其次是奉旨完婚的支持。如果说天命是看不见的最高判定，那么圣旨则是摸得着的世俗社会的顶级权威；如果说姻缘之分能说明幽欢的精神合理性，那么奉旨完婚能证明二人私自完婚的社会合理性。杜丽娘还生后告诫柳梦梅"鬼可虚情，人须实礼"，要求结婚"必待父母之命，媒妁之言"。可见她一直在争取世俗社会所遵奉的礼义规范的支持，突出表现在企盼皇帝降旨对自己私自完婚的认可。但父亲杜宝则坚决不同意二人未经父母同意、没有父母主持的婚姻，也不接纳那个"偷了地窟里花枝朵"的女婿柳梦梅。父亲杜宝的态度在这里作为对照，表明世俗社会礼义规范对杜丽娘行为的批判和排斥。此时的杜丽娘已没有了身为鬼魂时的不管不顾，也没有与杜宝所代表的礼义规范决裂，而是不断地争取礼义规范的认可和接纳。于是，在杜宝未认可的情况下，皇帝的圣旨作为世俗礼义的绝对权威认可了这桩婚姻。

由此可见，杜丽娘至情力量的冲击并不是一往无前、无所顾忌、不可阻挡的，而是有限度、有原则的，是局限于理所允许的范围内，并遵循着"发乎情，合乎理"的原则。这一情理关系在剧中即是通过上述一系列的情节设置来体现的。而有了姻缘之分的支持和皇帝圣旨的认定，杜丽娘违礼越规的行为也就有了一个为世俗规范所认可的基点。所以，杜丽娘的三段情缘，一直有情与理的相互面对，而情是一直在理的注视下、许可下进行的。正是因为有了天理的允许，才会有杜丽娘那些热烈、执着的至情行动，才会有最终情理和谐的美满结局。

二　杜丽娘的至情是为了实现青春渴望

既然杜丽娘的至情行动是在天理的允许下展开的，那么，这个贯穿三段情缘的至情行动的目标是什么呢？是为了反抗理，还是为了实现情？我们需要再梳理一下这三段情缘。

第一段，梦幻情。

杜丽娘偶然踏入花园游赏，忽睹春光，顿生春情，感慨春光易老，青春易逝，渴望能够有人欣赏自己的美貌，陪伴自己的青春，响应自己的情动。春情涌动，感而有梦，于是一个手持柳枝的书生就翩然踏梦而来，应其心、承其意地有了一场梦中欢爱。这个白日幻梦中出现的书生，可视为杜丽娘凝结心间的春情渴望的具象，他在杜丽娘梦中出现时所唱的〔山桃红〕曲"则为你如花美眷，似水流年，是答儿闲寻遍"[1](P51)，正是对杜丽娘"良辰美景奈何天，赏心乐事谁家院"所表达的青春苦闷的回应。所以，那个手持柳枝的书生实属杜丽娘青春觉醒后对于美、爱、生命等自然天性深情渴望的具象化，他的出现不但回应了杜丽娘的青春诉求，也肯定了杜丽娘基于自然天性对美、对爱、对生命、对自由的渴望。虽然《牡丹亭》是以文学的表现方式让这个具象人物来引导着杜丽娘去体会爱情的美好，实际上是杜丽娘觉醒的青春在激励着她出生入死地去追寻、求索着爱情的美好。

第二段，鬼魂情。

梦幻情中那种基于天性自然的美好欢幸，正是杜丽娘生存的人世所没有的。父母训诫、塾师教诲所体现的礼教规范的生活环境，不是杜丽娘内心春情可以托付的现实，所以，她才会相信这个梦幻情是她最可信赖的现实，进而才会有"寻梦"这一追寻梦中情人的实际行动，才会在"写真"时欣喜地吐露自己心中已有回应她青春渴望的爱人了。只是她的"寻梦"行动在现实的花园里受阻，徒然无望的沮丧与痛苦，促使她把心中的春情幽怨对着一棵大梅树倾诉出来，表达了一种若能如愿、死亦无憾的企盼：如果活着不能与梦中爱人相拥相依，她希望死后能与这棵梦中出现过的大梅树相伴相守（第十二出"寻梦"之〔江儿水〕曲）。后来她果然以这种方式实现了她的愿望，肉身埋葬于大梅树旁，而灵魂化成了一个自由飘荡的游魂。胡判官不仅让花神保护她的肉身不烂，还发给她游魂路引，任其鬼魂随风游荡，去寻找那个梦中出现、不知何处的书生（第二十三出"冥判"）。

杜丽娘生前曾以"写真"来挽留自己的青春美丽，这个画像在她死后偶然被一个名叫柳梦梅的书生捡到，他以深情"叫画"的方式日日夜夜、反反复复地呼唤着她，这恰好呼应了杜丽娘生前的青春渴望——有人能欣赏她如花美貌的青春，回应她似火热烈的爱情。就像当初那个手持柳枝的书生踏梦来到她的梦境中一样，杜丽娘的鬼魂也踏着柳梦梅深情的"叫画"呼唤声而从阴间来到了书生的身旁，夜夜私会，成就了一段人鬼情缘，由此也实现了这个鬼魂所负载的杜丽娘的人世渴望。

第三段，俗世情。

杜丽娘在柳梦梅的帮助下鬼魂还生，重返肉身，但当柳梦梅三番五次央求成亲时，她却以"鬼可虚情,人须实礼"为由,坚持认为应该按照俗世的礼义规范来完成自己的婚姻之事,尤其希望能得到父母对自己婚姻的认可。但父亲杜宝认定柳梦梅是开棺劫财的恶徒,吊打拷问;也不承认杜丽娘已还魂为人,坚持是"花妖狐媚,假托而成"的妖孽,主张"奏闻灭除"(第五十三出"硬拷"、第五十五出"圆驾"),后来即使能够确认杜丽娘已还魂重生,仍然坚决要求女儿抛弃柳梦梅才肯父女相认。这个僵局最后吵到皇帝面前才得以解决,皇帝降诏断结:"朕细听杜丽娘所奏,重生无疑。就着黄门官押送午门外,父子夫妻相认,归第成亲。"[1](P287) 于是,剧作就以夫荣妻贵的大团圆结局收场,杜丽娘也实现了她当初为人时所生死执念的"他年得傍蟾宫客,不在梅边在柳边"的理想。

那么,《牡丹亭》设置杜丽娘的三段情缘想要表达什么旨意,其间的逻辑联系又如何?

从《牡丹亭》的整体剧情来看,大团圆的结局应是杜丽娘想要的最好结果。上述三段情缘,让我们看到了杜丽娘对至情的热烈抒发、执着追寻。柳梦梅是她穿越梦境、鬼界一灵咬住、始终心系的对象,现在她终于可以合乎世俗礼义规范地与他相依相伴了。其实,她当初为人时忽慕春情、生死渴求的也正是这个目标:人世上能遇到一个配得上她青春美丽的人,不辜负这春光明媚的良辰美景。第十出"惊梦"中杜丽娘说自己游园后"没乱里春情难遣,蓦地里怀人幽怨",感叹"甚良缘,把青春抛的远",反复地申明了她渴望良缘佳配、不致虚度青春的心愿:"吾今年已二八,未逢折桂之夫;忽慕春情,怎的蟾宫之客。……年已及笄,不得早成佳配,诚为虚度青春,光阴如过隙耳","则为俺生小婵娟,拣名门一例、一例里神仙眷。"因此,她觉得自己辜负了这良辰美景、青春美貌,不禁黯然神伤:"可惜妾身颜色如花,岂料命如一叶乎?"[1](P48) 所以,杜丽娘感春光而慕春情,这"春情"就是她渴望有人能发现、欣赏、陪伴自己的青春美丽,以实现她得成佳配、不负青春的目标。这种缘于青春觉醒的内心渴望,就如陈明真唱的那首歌曲《到哪里找那么好的人》所表达的深情呼唤:

> 到哪里找那么好的人,配得上我明明白白的青春。到哪里找那么暖的手,可以勾引我暗藏的喜悦。到哪里找那么好的人,陪得起我千山万水的旅程。到哪里找那么真的唇,可以安抚我多年的疑问。

杜丽娘正是因为对自己的青春美丽的觉醒,才有了上面所说的春情渴望。只不过《牡丹亭》一剧是把这种春情渴望作了文学化的表现,这也是考虑到了舞台呈现,即要形象化地呈现杜丽娘的这种春情渴望。其具体的手段就是以梦中情缘的情节设置,把她的春情渴望予以舞台呈现。如此一来,那个在杜丽娘梦中出现的手持柳枝的书生,就是她青春觉醒之后春情渴望的一个具象或载体。《牡丹亭》即是用这个具象人物来回应了杜丽娘的春情渴望。

当杜丽娘在梦中问书生:彼此本不相识,你因何来到自己的身边?书生直白又热烈地回答:我爱杀你了,正在到处找你呢,原来你就在这里啊!("小姐,咱爱杀你哩!""则为你如花美眷,似水流年,是答儿闲寻遍,在幽闺自怜。")[1](P51) 这个情节所呈现出的书生对杜丽娘青春美丽的赞扬与追求，实际上是剧作对杜丽娘春情渴望的文学形象化表现，就是把杜丽娘自己内心的春情渴望，借由书生之口表达出来了。由此说来，《牡丹亭》所设置的手持柳枝的书生向杜丽娘的大胆热烈表白，翻译成杜丽娘自己的心灵抒发，就是她睹春光而慕春情，渴望有一个俊秀书生来发现、欣赏、陪伴自己的青春美丽。所以，这个梦中书生实乃杜丽娘春情渴望的具象化载体——书生热烈、直白地表达出对杜丽娘青春美丽的赞扬之言和向往之情，实际上都是杜丽娘激于春情而萌发的内心渴望。

  如果我们从《牡丹亭》大团圆的结局回看杜丽娘春情涌动的开始，就可以看到她一直是在寻求得成佳配、不负青春这一目标的实现，只是在她"忽慕春情"之时，人世中难逢"蟾宫之客"，所以才会无奈地追索另外的实现方式。对于杜丽娘来说，既然在现实生活中无法找到春情的托付对象，那么，幻梦就自然成为她最可依赖的一种现实了。后来她无比认真地再次游园"寻梦"以确认那场梦中欢幸的踪迹，在"写真"时又无限深情地向春香吐露在梦里已有个心上人来找过她了，这些都是她把这段梦幻情缘视为可真实托付春情的一种表现。可惜的是，杜丽娘认为真实可信的这段幻梦情并不能与现实的花园并存，也未能在现实的花园里留下痕迹，于是，在寻梦未得、沮丧悲伤之时，她面对着那棵梦中出现过的大梅树尽情地倾诉着自己的春情幽怨以及美好心愿："这般花花草草由人恋，生生死死随人愿，便酸酸楚楚无人怨。待打并香魂一片，阴雨梅天，守的个梅根相见。"（第十二出"寻梦"）[1](P62)她希望自己能像花草一样能自主爱恋，如果真能遂心如愿，则生死不惜，如此就没有什么可感到酸楚哀怨的了，并且愿意死后埋葬在这棵梦中出现的大梅树下面，就像睡倒在梦中情人的怀里。

  后来，杜丽娘为了能找到梦中情人而魂归阴间，当她的鬼魂追寻到人世间确有一个符合她梦中书生形象的柳梦梅时，已经可以遂心如愿地自主爱恋了，她为何还要谋求还魂呢？其实，这还是为了实现她当初为人时的目标，即找到一个可托付春情、不辜负自己青春美丽的佳偶。她的死前留真是为了托付自己的青春美丽，她的毅然赴死是因为礼教禁锢的现实生活中对爱情的徒然渴望，是为了寻找那个曾经踏梦而来、回应她青春呼唤的书生，她的死后鬼魂向判官请求肉身不烂仍是为了能实现真正的得傍蟾宫客。她当初为人时是死于对爱情徒然的渴望，现在即使人鬼情已成，但对于当初为人时的春情渴望来说，仍然是徒然的。所以，对于她那个为人时的春情渴望来说，不论是人、是梦、是鬼，都是为了找到一个不辜负她青春、配得上她美丽的人，以实现她为人时的春情渴望。当她身处鬼界，虽然人鬼情实现了，这对于当初为人时的春情渴望来说是一个安慰，但杜丽娘想要的肯定不是安慰，而是实现。所以，杜丽娘即使在人鬼情已成的情况下，还是要还魂。还魂，就是为了实现她为人时的春情渴望。

  总之，由剧作最后的结局回看杜丽娘穿越人间、梦境、鬼界的言行，我们可以发现，杜丽娘从一开始就未明确要冲击、反抗世俗规范，而是意在春情渴望的实现，她最后在俗世中实现的佳偶相伴这个目标，也是她一开始春情涌动时就想达到的目标。杜丽娘还魂后寻求俗世规范支持的努力，表明她并非想要反抗世俗规范，而是意在寻求当初为人时春情渴望的实现。梦幻情阶段的寻梦是这个实现的开始，鬼魂情阶段的寻求是这个现实的承续，而她能够最终还魂重生，在俗世情阶段实现了这个春情渴望，正体现了她一灵咬住、因情而梦、由梦而亡的至情精神。

再者，从剧作的故事整体来认识，杜丽娘跨越人间、梦境、鬼界的行为是前后连贯的、统一的。她还魂后的所言所行，仍然是她当初为人时所求所愿的体现。她还魂后所获得的美满生活，仍然是她当初为人时所渴望达成的目标。杜丽娘所经历的三段情缘，在故事结构上，是这部剧作所述杜丽娘故事的三个重要关节；在人物刻画上，是以不同的方式一步步实现了杜丽娘的春情渴望，也就是说，杜丽娘所经历的三段情缘贯穿了她对情的实现，这是其间的逻辑关系。在此过程中，杜丽娘既没有反抗家族、叛逆社会，也没有正面冲击"理"的规范，她所遵循的原则是为了解决、为了实现，故而在未找到那个托付她春情渴望的书生之前，一直在生生死死地寻找；在找到这个书生之后，一直在努力争取家族和社会对她婚姻的认可。

如此看来，她在冥梦情缘之中，"鬼可虚情"，高扬"情"的大旗；在现实生活中，"人须实礼"，又遵循礼教的规范。前者为了展示情面对现实束缚时一往无前的寻求，后者为了体现情面对现实束缚时不悖规范的实现。杜丽娘所展示的"人欲"的冲击力量，并不是要毁灭"天理"、要与"天理"决裂，而是要在"天理"允许的范围内活动。其实，从反抗礼教、叛逆家庭来说，杜丽娘并不如元杂剧《西厢记》的崔莺莺、《墙头马上》的李千金那么激烈、直白。认识到这一点，我们就能理解杜丽娘还魂后的声明与她惊梦时的表现之间的逻辑联系了。杜丽娘当初忽慕春情，渴望得成佳配，不负青春美丽。她的惊梦、寻梦就是因为人世禁锢、不得如愿而寻求的别一种实现方式；后来她在身为鬼魂时找到了梦中情人，继而还魂后谋求的大团圆结局，仍是她当初为人时青春渴望的实现。对于杜丽娘还魂前后的俗世人生来说，这个结果是她生生死死所要追寻的。而在此过程中，杜丽娘的至情行动，从未违背各种面目出现的天理秩序，而是在天理的支持或许可下进行的；杜丽娘的至情力量，为了追寻春情渴望的实现，生生死死，入梦入冥，虽然强烈，但并不是要冲击天理，而是一直在寻求天理的支持，也一直得到了天理的支持。所以，她的崇情是为了青春渴望的实现，她的崇理也是为了青春渴望的实现，并且最终是在天理的范围内实现了情的目标，在天理的许可下达成了情的诉求。

三 "发乎情，合乎理"既是一种思想观念，也是一种叙事策略

杜丽娘在达成她青春渴望过程中的崇情、崇理表现，与汤显祖关于情理关系的思想观念并不矛盾。

汤显祖《牡丹亭记题词》有言："生而不可与死，死而不可复生者，皆非至情也。……第云理之所必无，安知情之所必有耶。"[1](P1) 王思任《批点玉茗堂〈牡丹亭〉叙》把此语意总结为："情不可以论理，死不足以尽情。"[2](P1) 即宣扬"至情"之超越天理与生死的非凡力量，以及杜丽娘对至情矢志不移的追寻。但他在肯定情所代表的天性人欲的抒发之时，并不排斥理所代表的宗法礼教的规范作用，主张情要谐于理。在作于《牡丹亭》之后的《宜黄县戏神清源师庙记》一文中，他论述了戏曲的社会教化功用，其间清晰表达了这种情谐于理的观点：

可以合君臣之节，可以浃父子之恩，可以增长幼之睦，可以动夫妇之欢，可以发宾友之仪，可以释怨毒之结，可以已愁愤之疾，可以浑庸鄙之好。然则斯道也，孝子以此事其亲，敬长而娱死；仁人以此奉其尊，享帝而事鬼；老者以此终，少者以此长。外户可以不闭，嗜欲可以少营。人有此声，家有此道，疫疠不作，天下和平。岂非以人情之大窦，为名教之至乐也哉！[3](下册，P1127)

汤显祖在此明确宣称，戏曲可以教化人心，规范秩序，应当为维护社会教化服务；对于"人情"，要以名教为出发点来肯定，要在名教框架内来疏导。他还在《南柯梦记》中肯定女性的"三从四德"："夫三从者：在家从父，出嫁从夫，老而从子。四德者，妇言、妇德、妇容、妇功。有此三从四德者，可以为贤女子矣。"（第五出"宫训"）[4](下册，P523-525)可见，传统伦理道德所推崇的节妇义夫仍是他心目中的理想人格典范。而且，陈继儒在《批点牡丹亭题词》中记述了一段张位与汤显祖的对话，涉及汤的重情观念：

张新建相国尝语汤临川云："以君之辩才，握麈而登皋比，何渠出濂、洛、关、闽下？而逗漏于碧箫红牙队间，将无为青青子衿所笑？"临川曰："某与吾师终日共讲学，而人不解也。师讲性，某讲情。"张公无以应。[5](第2册，P819)

在这段话中，汤显祖的"讲情"是基于"讲学"的需要，即以讲情来讲学，而他在戏曲中的"讲情"也表达了他讲学时的思想观念。由此，我们就能更好地理解上文所述的"以人情之大窦，为名教之至乐"了。龚鹏程对汤显祖这番话做了如此解释："这是对戏曲功能的看法，以及为何要以情说法的自白。情欲既为人所不能免，则因人情而导理之，使之达到合理合宜的地步，便是戏曲的作用了。依此，言情非惟不背名教，更是名教之利器，故他自认为是以情讲学的"；"其剧本，乃是为大众说法，自然也就是以情入而以理出。要发乎情，止乎礼义，符合社会伦理要求。"[6](P267)由此看来，《牡丹亭》中杜丽娘处理"情"的抒发策略，探索"情"的实现方式，与汤显祖的思想观念并不矛盾。

汤显祖的这种情理关系主张，是那个时代看待、处理情理关系的普遍方式。天理与人欲的纠葛，在思想层面存在着，在戏曲领域也有表现。在思想领域里，程朱理学有"存天理，去人欲"的主张，而王学则昌明本心善性，致良知，存天理但不避"人欲"之法。在戏曲领域里，有重风教、重风情两个传统。重风教者，以体现教化功能为创作宗旨，"不关风化体，纵好也徒然"[7](P1)，宣扬礼教的忠孝节义等伦理规范，引导观众遵守。重风情者，以表现男女情爱为宗旨，"十部传奇九相思"（李渔《怜香伴》卷末收场诗）[8](第4册，P110)，主张尊重自然人性，抒发"人欲"，以冲击礼教。程朱理学搭载着风教传统，王学思想搭载着风情传统，由此天理、人欲的纠葛就在戏曲领域里上演了。但这种纠葛并不是风情排斥风教，而是主张虽倡风情但不悖风教，由此，即使宣扬情爱的作品，也要有益风化，以垂世范。于是出现了"性情者，理义之根柢也"（陈洪绶《节义鸳鸯冢娇红记序》）[5](第3册，P1155)、"以人情之大窦，为名教之至乐"（汤显祖《宜黄县戏神清源师庙记》）[3](下册，P1127)、"天下之贞女，必天下之情女"（孟称舜《贞文记题词》）[9](P562)等观点。

这种观念反映在文学形象塑造上，就出现了倡人欲而达天理的理想人格典范和众多遵礼守义的节妇义夫。

汤显祖这个时代的文学所体现出的以肯定个性与欲望为基本内容的思想新潮流，章培恒认为"并不是从晚明突然开始的，它的酝酿期至少可以上溯到元末明初"，而"在元末明初的文学作品里，对自我的肯定，或者说对束缚个性的反拨，达到了一个前所未有的高度"[10]。元明时期出现的一些世情小说即讲求情的张扬，甚至是欲的宣泄，比如汤显祖《牡丹亭》、孟称舜《娇红记》据以改编的小说《杜丽娘慕色还魂》、《娇红记》就宣扬了情的生死不已的力量，表现出对这一思想潮流的遵从。这类故事情节在明后期的戏曲中虽未大变，但对情欲力量的宣扬却有了一些变化，即戏曲在表现爱情题材时，会把对个性和欲望的张扬置于理的规范中，强调礼义规范的重要性。兹以稍后于汤显祖的孟称舜《娇红记》为例予以分析。

孟剧的情节框架全依小说《娇红记》，包括顺序和情节，甚至细节亦多取自小说，如第七出"和诗"中二人所和的两首诗，第五十出"仙圆"中飞红在娇娘住处见到申、娇二人的仙身以及他们于壁间所留的题词。但孟剧所表达的主旨趣味却与小说大异。在孟剧中，申纯、娇娘不拘父母之命、媒妁之言，追求婚姻自主的大胆热烈行为难以为封建礼法所容忍，私定终身更是违背礼义规范，但孟剧在剧末让东华帝君出面，交代二人本有姻缘之分："你二人原系瑶池上金童玉女，则为一念思凡，谪罚下界，历尽人间相思之苦，始缘私合，终归正道。"（第五十出）[9](P267) 如此，这一姻缘之分便给二人的违礼行为注入了天理因素，为这俗世爱情的展开提供了合乎礼义规范的理由和空间，同时也弱化了二人大胆热烈行为的情欲冲击力。

姻缘天定这一情节设置，是为了表明申、娇二人追求婚恋自由的大胆行为并不违背礼义规范，而是有礼义的支持，也受礼义的规范。除此天命的支持之外，二人"始缘私合"的大胆热烈行为，能够"终归正道"，还需要依靠二人在至情行为中的忠贞品性。此剧全名《节义鸳鸯冢娇红记》，即以"节义"二字强调了申、娇二人在大胆爱情行为中所表现出的忠贞品性——娇娘坚守婚约，誓嫁申纯，并"不惜一死以谢申生"（第四十七出）[9](P250)，此谓"节"；申纯不背爱情盟约，"生不同辰，死当同夕"（第四十八出）[9](P255)，此谓"义"。这些节义因素就弱化了二人先前私定终身的"不正"，第四十七出娇娘在死前曾说："我始以不正遇申生，今又改而之他，则我之淫荡甚矣。既不克其始，则当有其终。"[9](P250) 可见，此剧一是在情节结构上以姻缘之分弱化了二人情感追求的冲击力，二是在创作主旨上强化了二人坚守盟约的节义行为。在这强化、弱化之间，突出的是二人"始缘私合，终归正道"的伦理价值取向。孟称舜在剧中特意要表达的是二人坚守盟约、忠贞爱情的节义，这是礼义规范所提倡的品格，即"正道"。

同样，杜丽娘在实现其青春渴望过程中的至情行动，也包含着热烈和专一两个方面的品性。所谓热烈，是指她在感春光而慕春情之后，入梦入冥，为鬼为人，穷尽一切可能去实现。所谓专一，是指她一旦认定目标，即坚守如一，生死不已，这也符合当时道德礼法所认定的"贞"。王思任《批点玉茗堂〈牡丹亭〉叙》即认为："其感应相与，得《易》之咸；从一而终，得《易》之恒。则不第情之深，而又为情之至正者。"[2](P1) 可见，在当时的观念中，杜丽娘的至情本身包含着大胆热烈和忠贞专一两个方面的品性，而且杜丽娘的至情行动是在忠贞专一基础上的大胆热烈，所以其情动能至深，情归能至正，就像孟称舜《娇红记》申纯、娇娘那样"始缘私合，终归正道"。

而且，这种思想观念反映在文学表现上，并不只是负载于文学作品、文学形象的一种思想观念，还是一种抒发至情力量、探讨情理关系的表现策略。孟称舜《娇红记》为青年男女所设置的幼有婚约或姻缘之分，并不是让其大胆热烈的爱情追求有一个合乎礼义规范的美满结局，而是作为一种叙述策略，为青年男女追求爱情的大胆热烈行为提供一个合乎礼义规范的展现空间。这种思路与策略在《娇红记》中是如此，在同时代的其他剧作中也是如此。比如高濂的《玉簪记》在展现潘必正、陈妙常追求自由爱情的大胆行为的同时，就叙及二人幼时指腹为婚的盟约，但这个婚约在剧首提及后并未能推动情节的发展，也未在二人私情暴露后成为解决问题的理由，二人最后爱情终能如愿完全是因为潘必正科举高中的推动。又如王元寿的《异梦记》把王奇俊与顾云容这对青年男女以诗传情、交换信物、私定终身的情节置于梦境中展现，又以梦境与现实的互通，表达了二人姻缘的天定之分。如此各种形式的幼有婚约、姻缘之分在剧中的意义，更多的是为展开青年男女的大胆行为提供一个不悖礼义的理由或空间，从情节结构上讲，它是一个叙述策略。

具体而言，这类戏曲叙写青年男女的大胆热烈行为时便会设置一些与礼义规范缓冲的情节。一是让情的张扬有一个能让礼义规范接受的理由，如幼有婚约、姻缘天定、梦境私合，这既表明了二人的幽期密约存在着天命上的合理性，又避免了他们的大胆热烈行为在现实环境中与礼义规范进行直接冲突。二是强调男女双方对节义、盟约的坚守。才子佳人一旦心有所属、私定终身后，即坚守盟约，痴情不改，忠贞不渝，相对于他们的越名犯分行为，这种守志尊礼行为是对礼义规范的一种回归。这种表现情理关系的思路与策略在《娇红记》《玉簪记》《异梦记》等剧作中颇有代表性，已外化为戏曲表述同类题材的结构模式，即使在《牡丹亭》这样的展示情之无上力量的经典中，这些叙述策略仍然被隐晦地使用，其鬼魂幽欢、姻缘之分、奉旨完婚的情节设置，即说明了杜丽娘的行为和情感未跨越规范的樊篱，未突破礼义的底线。这些叙述策略反映出的思想观念是理对情的规范，而这些爱情传奇对这些叙述策略的普遍遵从，则反映了它们主旨倾向的统一：以理节情，以理谐情，宣扬的是理对情的节制，情对理的维护。如此一来，本应在人的性格中发生冲突的世俗情欲和封建理念，在晚明传奇剧作家笔下的人物形象上却获得了和谐与统一。

这是"发乎情，止乎礼义"这一传统思想观念的产物，也是情理冲突的表现策略运作后的结果。但在这类剧作中，"止乎礼义"只是个框架，它仅仅是让至情力量在当下语境中得以表达、接受的一个策略，"发乎情"才是目的。而且，这种宣扬至情的表现策略有着丰富的文学实践经验，已经形成了一种文学表现传统。杜丽娘的至情抒发，虽是汤显祖表现情理关系的策略，探索至情实现的方式，但也不可避免地沿袭了这个时代的文学传统，于是乎，杜丽娘所负载的"至情"力量也就不可能是一往无前、义无反顾、不可阻挡的，而是在"止乎礼义"基础上的至情追求，在"止乎礼义"框架内的至情反抗，在"止乎礼义"原则上的至情表达。如此看来，汤显祖"以人情之大窦，为名教之至乐"一语，是"发乎情，止乎礼义"这种伦理观念的变相说法；《牡丹亭》所表现的情理关系及其处理方式，依然遵循着"发乎情，止乎礼义"的原则。

汤显祖即秉持这种观念，努力把情的激荡纳于理的规范内，在情节设置和叙述策略上表现出了同时代戏曲以理节情、以理谐情的表现策略：慕才慕色，不伤礼义；情定性正，终合大道。汤显祖塑造的杜丽娘形象所要表达的，乃是由于社会缺少对自然本性的人文关怀而令人窒息，因而呼唤有"情"社会的实现，以冀在社会秩序之内，让人享受到基于自然本性应享有的快乐，让理中有情的成分，而不是情要毁灭理，理要排斥情。据此，杜丽娘才会在崇情又崇理、"发乎情，合乎理"的纽结中达成了春情渴望的实现。

注释：

① 学界普遍认为，"惊梦""寻梦"二出之于全剧的意义，就在于其能出色、深刻地表现出全剧以情理冲突为基础展开的具有时代精神意义的反抗封建礼教的主题；而在评析杜丽娘的形象意义时，也是有意无意地在这个主题表达的设定前提下来进行的。比如蒋星煜先生就特别强调，《牡丹亭》"历千古不朽"的只是"惊梦""寻梦"二出，因为此二出中杜丽娘所表现出的真情反抗礼教、人欲反抗天理的淋漓尽致发挥，已经出色地完成了全剧反封建礼教的主题，而剧作的其他部分则对主题的表达没有帮助。参见：蒋星煜《"慕色"婉约秀美，"还魂"相形见绌（关于〈牡丹亭〉的反思）》，《文化艺术研究》2008年第1期；蒋星煜《中国戏曲史钩沉》，上海人民出版社，2010，第467—479页。

参考文献：

[1] [明] 汤显祖著，徐朔方、杨笑梅校注. 牡丹亭 [M]. 北京：人民文学出版社，1994.
[2] [明] 汤显祖著，[明] 王思任批评. 王思任批评本《牡丹亭》[M]. 南京：凤凰出版社，2011.
[3] [明] 汤显祖著，徐朔方笺校. 汤显祖诗文集 [M]. 上海：上海古籍出版社，1982.
[4] [明] 汤显祖著，钱南扬校点. 汤显祖戏曲集 [M]. 上海：上海古籍出版社，1978.
[5] 郭英德、李志远. 明清戏曲序跋纂笺 [M]. 北京：人民文学出版社，2021.
[6] 龚鹏程. 中国文学史（下册）[M]. 北京：世界图书出版公司北京公司，2012.
[7] 高明、钱南扬. 元本琵琶记校注 [M]. 上海：上海古籍出版社，1980.
[8] 李渔. 怜香伴 // 李渔全集（第4册）[M]. 杭州：浙江古籍出版社，1991.
[9] 朱颖辉. 孟称舜集 [M]. 北京：中华书局，2005.
[10] 章培恒. 明代的文学与哲学 [J]. 复旦学报，1989（1）.

在中国"底色"与他者视野之间

——戴尔·里斯·黑尔斯的《〈拍案惊奇〉考评》研究 *

董首一 **

摘 要：1969 年，戴尔·里斯·黑尔斯提交的学位论文《〈拍案惊奇〉考评》是英语世界《拍案惊奇》研究的首部博士论文。该文由"中国白话短篇小说的发展""凌濛初和《拍案惊奇》""作为拟话本的《拍案惊奇》故事""故事材料与主题""《拍案惊奇》中的修辞和说讲""一些不同的人物类型""家庭领域""男性与女性形象"和"走向中国小说理论"九部分构成。整体上看，该研究具有较浓厚的中国"底色"，但黑尔斯的文化身份决定了该研究不可避免的他者视野。在研究中黑尔斯运用文本细读法，同时结合西方相关文学理论，对作品的人物、主题、叙事等进行研究，且较早以"世界文学"的眼光来对《拍案惊奇》的故事特色进行审视，使中国文学特色在他者视野中"敞开"。

关键词：英语世界；戴尔·里斯·黑尔斯；《〈拍案惊奇〉考评》

引言

在 1969 年，戴尔·里斯·黑尔斯（Dell Reese Hales）于印第安纳大学东亚语言与文学系（the Department of East Asian Languages and Literatures）提交的博士学位论文《〈拍案惊奇〉考评》，是英语世界对凌濛初作品进行研究的第一部博士论文。[①] 这部论文除导论外由九章构成，分别是"中国白话短篇小说的发展""凌濛初和《拍案惊奇》""作为拟话本的《拍案惊奇》故事""故事材料与主题""《拍案惊奇》中的修辞和说讲（storytelling）""一些不同的人物类型""家庭领域""男性与女性形象"和"走向中国小说理论"。[②] 该研究整体上具有中国"底色"，但黑尔斯的文化身份决定了该研究不可避免的他者视野，但这种视野不能简单理解为是西方中心主义的投射，而应是中国文学在他者视野中的"敞开"。第一、二章需要关注的重点之一是黑尔斯对"三言"与"二拍"没落原因的分析[③]；还有对日光慈眼堂法库藏《拍案惊奇》的介绍，但这个介绍主要来自

---

* 基金项目：国家社科基金青年项目"英语世界中国古典白话短篇小说学术史研究"（项目编号：18CZW024）的阶段性成果。

** 作者简介：董首一（1985— ），男，西南交通大学人文学院中文系副教授，文学博士，研究方向为比较文学与世界文学、海外汉学。

于李田意的研究成果④,故此处不再赘述。下面,笔者从叙述结构、叙述内容、声音与说讲、人物形象和小说理论几个方面来分别介绍。

一 作为拟话本的《拍案惊奇》故事

在对拟话本所受影响进行考察后,黑尔斯认为有三个来源对通俗短篇小说结构产生影响:一是古代说讲活动;二是宗教和世俗变文故事的结构形式和叙述风格;三是文言传奇典雅风格。黑尔斯认为,所有这些来源的结合创造了凌濛初拟话本的外观形式。

(一) 话本的体制

首先,以诗歌形式开场。"对诗歌的运用——诗歌是作品的第一个组成部分——追随了话本通常的结构模式。……通过这首词或诗,讲述者将他自己和他的故事介绍给听众。"[1](P38)黑尔斯认为,《拍案惊奇》故事以各自的独特性遵循这一规则,不同之处仅仅在于篇幅长短和诗歌数量、类型和分布的多样性。

其次,《拍案惊奇》每一卷在正话前面都有某种类型的入话。黑尔斯指出,这种开场白是因对旧时说话人的模仿而保留的一个结构策略。它的作用是"暖场"(audience-warmer)或"序幕"(curtain raiser)。由于功能的和文学的原因,这一习惯在书面故事中被保留下来。"如果作品组织完美,起首将包含一个或更多的体现道德准则或主题——故事就是由这些构成——的事件、轶事或故事。很多情况下,入话将与正话(story proper)相平行,尽管一些篇目依靠相反的观念和结局来产生效果。"[1](P42)黑尔斯对多篇小说的入话(有卷三、七、八、十一、十八、十九、二十七、三十和三十四)研究后发现:"可以看到,这些引首(prefaces)的长度从一到七页不等,且具有更为深刻和富于争议的主题,这些主题在维持说书人叙述中需要诗歌、辩论和轶事证据组成的更为复杂的混合体。"[1](P45)

最后,《拍案惊奇》收场十分简单。它可以由一篇训词、一个议论、一首四行诗或者多至五节的韵文构成。收场中,音乐性的词从不被用作结尾,且赞也极少看到。[1](P54)

(二) 韵散结合的原因与诗歌的作用

黑尔斯认为,拟话本中"韵散结合"可能受到印度佛教影响。他引述郑振铎的观点指出:"印度的文籍,很早便已使用到韵文散文合组的文体。最著名的马鸣的《本生鬘论》也曾照原样的介绍到中国来过。一部分的受印度佛教的陶冶的僧侣,大约曾经竭力的在讲经的时候,模拟过这种新的文体,以吸引听众的注意。"[2](P191)黑尔斯又通过对《法句经》评注故事进行分析,指出它与拟话本的相似性,"如果佛经偈颂被替换为诗歌,宗教评注被替换为说书人的道德叙事,那么,这里像佛教僧侣的宗教氛围一样,仍然有一个讲道坛般的共鸣。"[1](P57)

对诗歌的作用,黑尔斯认为有:(1)开启或结束叙事;(2)联结讲述的各个部分,有助于主题和人物的转换(transition);(3)用作暂停或用作控制讨论的标志;(4)引出主题、评论、特殊效果和概括观点。[1](P58)此外,黑尔斯对全书不同风格的韵文进行统计后认为:(1)"但见"引出的韵文通常是几对不同长度相对仗的句子,在叙事中起协助作用和强调人物的出现或一些戏剧性事件。(2)"正是"通常预示一首短诗,这首诗是处境的证明,且对将要发生的事情提出一些观点。(3)"有分教"用得极少,它标志着事件的转折或故事中一些意想不到的转变。[1](P58-60)

(三)套话(phrases)

在《拍案惊奇》中可以发现一些极为常见的套话,黑尔斯总结如下:(1)"话说"。这个词保证故事并非虚幻。(2)"说话的"。当从听众角度预料一个问题时,叙述者使用这个短语开启一个离题独白。(3)"看官"。它总是紧跟(2)所呈现的程式(formula),作为对提问的假想问题的自然回应。因此,经常看到:"看官有所不知……"。(4)其他套话有"闲话休题""却说""原来""话分两头""有诗为证"等。

二 故事材料与主题

黑尔斯认为,虽然当时有大量描绘都市中产阶级的娱乐性的和令人兴奋的故事,但是,"是说书人和像凌濛初这样的作家组织和重写了这些故事,赋予它们重要的观点意义,或者提炼一些重要的道德说教"[1](P63-64)。在第四章中,黑尔斯对《拍案惊奇》中各类别故事进行了探讨。

(一)神仙

这类故事有卷七、二十八和四十。黑尔斯认为:"通常,这些故事不能达到集子中其他篇章的质量。造成这种情况的一个原因是缺少改编的努力。"[1](P67)如卷七,原故事尽管以文言形式书写,但是并没有经过精细打磨,凌濛初的作品仅仅是将原来的内容转换为自己的半文言风格,使整个部分不能结合、破碎且没有情节。

(二)妖术

这类故事有卷十八、二十四和三十九。黑尔斯认为:"凌濛初对虚伪的佛教徒没有同情,对道家术士也没好感。这类人采用魔力和符咒——通常是邪恶的伎俩——寻找快乐和财富。凌濛初的故事经常讽刺这些江湖骗子用无效的妖术欺骗人。他嘲笑相信神秘科学(occult science)的人——真正的秘技和力量早已失传。"[1](P68)比如,卷十八嘲讽贪婪而又轻信炼金术的人。卷二十四中,用法术强迫一位年轻女子做小妾的老道,最后被菩萨诛杀。这个故事生动、幽默,且有一个令人吃惊的高潮。

(三)铁骑儿、朴刀、杆棒

三卷这类故事(卷三、四和三十一)主要与中国的侠义和侠士有关。有两篇是关于女侠的壮举。除了不同寻常的体力外,侠士的性格特点和态度也是将其与其他人分开的特征。黑尔斯借刘若愚观点讲道:"侠士不是一个专门的社会群体,而是仅仅具有侠义性格的人……我认为侠士是一个气质问题而不是社会起源问题,侠士是一种行为方式而不是一种职业。"[3](P3)卷四集中在女侠和程元玉的讨论上,在她的山居,她讲了她的经历及其生活模式背后的真正哲学。黑尔斯认为,在这个插曲中,凌濛初给出了自己对侠士的理解。卷三十一是关于一个漂亮侠士的故事,她与一邪恶道人勾结,过着淫荡生活,且为权力和财富领导一场起义。黑尔斯认为,她最终被佣人所杀,这证明了为不道德目的运用超自然力量是要注定失败的。黑尔斯认为,卷三是这些故事中最优秀的,因为其幽默和令人意想不到的结局使之有趣。⑤

（四）烟粉

这类故事有卷九、二十五、二十九和三十四。"烟粉"是"烟花粉黛"的简称，被用来描写女性及其爱情。这个词逐渐与妓女和歌女联系起来，因为她们经常使用脂粉且经常卷入风流韵事。"作者不常处理悲剧爱情主题或不常处理中国作家经常写的哀愁、柔情、深情和动人情感等主题。（在凌濛初作品中）浪漫之美经常缺失，因为凌濛初从现实和实际的观点来处理爱情，在一些不同寻常的事件基础上对故事进行发展。"[1](P71) 黑尔斯认为，卷三十四因为叙事散漫且包括色情事件，所以没有多少文学价值。卷二十九是滑稽和娱乐的，卷九在对抗与冲突方面较为激烈。

（五）灵怪

这类故事有卷五、十四、二十三、三十五和三十七。黑尔斯认为："灵怪故事不仅在中国民间文学中流行，而且它们自然而然符合作者天命和报应的主要主题。正因这个原因，许多《拍案惊奇》的故事关注超自然的存在，这些故事很重要，因为它们有趣生动的情节解释了许多民间传说、人们的宗教和迷信思想。"[1](P74) 黑尔斯认为，鬼魂对世俗事务的介入有时候有其轻松的时刻（lighter moment），如卷十四中，杨化的魂魄在经知府一番呵斥后才离开了李氏的身体。

（六）公案

这类故事有卷十、十一、十三、十七、二十六和三十三。"公案"的含义是"公共法律案件"，指的是这些案件需要经过地方官员的桌子进行审判。《拍案惊奇》中许多公堂审判涉及家庭和公共纠纷。黑尔斯认为，除卷三十三中的审讯办法较为灵巧外，在其他故事中，地方官员并不能处理得很好。黑尔斯引用柳无忌的观点讲道："被引入故事处理案件的法官仅仅是调解人角色，且十分墨守成规。对公正的裁决在某种程度上也很不用心。特别是加在罪犯身上的惩罚似乎特别残酷和荒谬，且在一些案件中很不人道。被宣判有罪的犯人经常在公堂上被打致死，供认是通过鞭笞、拷打和其他肉体惩罚的方式获得的。"[4](P225) 黑尔斯接着讲道："这可能解释了为什么报应（retribution）被如此重要地强调，因为人们几乎不能迅速有效地依赖法律。"[1](P77)

（七）传奇

这类故事有卷一、二、六、八、十二、十五、十六、十九、二十、二十一、二十二、二十七、三十、三十二、三十六和三十八。黑尔斯认为，所有这类故事的主题强调了凌濛初主要论题的基调：描述不同寻常的事情。黑尔斯认为，在这类故事中，凌濛初提出一个附属的主题，这个附属主题与整个作品相连贯并保持一致，即"将令人惊异的事件和说教论述有意结合起来赋予《拍案惊奇》以形式、风味和道德基调。……因为非世俗与世俗的结合描绘了人们的双重本质：他们的情绪性和实用性（emotionality and practicality）。"[1](P79) 黑尔斯以卷三十八为例，说明了中国社会实际的实用主义。⑥

三 《拍案惊奇》中的修辞与说讲

在第五章中，黑尔斯探讨了《拍案惊奇》中的修辞与说讲问题。

（一）语言策略

1. 双关语。卷三十四中，闻人生的家僮阿四责骂小和尚的秃头为"乱代头"，叙述者解释这个双关语："盖为'乱''卵'二字，音相近。"

2. 隐喻。有时被运用到散文部分。在卷三十五中，吝啬的员外买了穷书生的儿子却付了极少的钱，他声称："一贯钞许多宝字哩。"在中国古代，这个"宝"字被印在每一枚钱币上。尽管一贯通常有一千文，但这的确没有太多钱。还有，一些短诗形式的套话也是隐喻，如年轻人遇到困境时："为了羝羊触藩，进退两难。"（卷二十三）描写自然景象时："织女机边，幌荡金乌欲出。"（卷二十一）

3. 幻想。这经常被用来夸大司空见惯之事。在卷一中，叙述者向读者介绍主人公用仅有的一点钱买的一些水果的壮观景象："万点火光，一天星斗。"或赞美年轻处子的魅力："白似梨花带雨，娇如桃瓣随风。"（卷三十四）

4. 夸张。诗词中经常有过分的描写以使读者意识到紧张时刻。卷四中土匪刚出现的场面是："狰狞相貌，劣撅身躯。无非月黑杀人，不过风高放火。"

5. 象征。象征意象经常被用在诗歌中以表达深远的思想和深厚的感情，就如张幼谦写给恋人的诗："一朝不见似三秋，真个三秋愁不愁？金钱难买尊前笑，一粒相思死不休。"（卷二十九）钱的圆形象征他们在一起时的团圆；相思子是一种红豆，通常用作恋人们之间爱情的象征。人名、颜色、面具等也具有象征作用。

对这些语言策略，黑尔斯指出，尽管夸张、讽刺和戏剧风格（theatricality）有时在产生深刻印象方面是失败的，但是这些语言艺术技巧总体上使读者的阅读经历更加愉快。

（二）说书人（或作者）与听众（或读者）之间关系的培养

黑尔斯认为："是公众在某种程度上决定了说书人的方式及其不加隐藏的'声音'（pitch），因此，说书人运用娱乐和说教的方式吸引读者并使之快乐。"[1](P100)具体内容如下：

1. 说书活动本身的吸引力。黑尔斯认为："开始，有一个似乎来自说书活动本身的吸引力。叙述者有专门的消息要讲。作为渴望小道传闻的听众，他们急切渴望在心中权衡内容的意义。这个原因可以追溯到控制人类本能的某种情感的拉力和好奇心。"[1](P100)他借用福斯特的话讲道："故事是原始即有的，可回溯到文学之起源，阅读尚未开始之时。所以它直接诉诸我们心中的原始本能。"[5](P48)

2. 散韵结合。黑尔斯认为："叙事的形态（shape）——它令人惊异地将韵文和散文细致地结合在一起——具有自然的感染力，因为它很容易被认为是一种既定的模式，并且它通过专门的表现、说明、强调、调整、操纵和离题等技巧在迎合读者美学的和心理的需要上有广泛的策略。"[1](P101)在黑尔斯看来，散文-韵文叙事在与听众建立亲密关系上是最快和最好的方式。

3. 眉批和夹批的运用。黑尔斯讲道："集子中，将形式与修辞方面间接联系起来的一个不同寻常的特征是眉批和夹批的运用。……贯穿全书有大量批注……或在页头或在行间，对特殊情节（action）或涉及的人物（personage）进行评论。这种注释类型在中国被广泛运用，因为在作者自己、朋友或者或许是其他代读者的一些批评或启发性注释下，书籍经常能够被更好地理解。"[1](P102)尽管这样也会让作品有拼贴（joint）的风险，但"它们的确起到了艺术装饰的作用。而且，因为附加的维度（dimension）和对读者的明显关注，它们在本质上是修辞的。"[1](P103) 在叙事本身以外的第二种声音能够影响、支撑或加强读者（observer）的判断。

4. 叙述者介入叙事。叙述者可以通过闯入叙事直接向听众传达评论来塑造自己的私人风格（intimate style）。如卷十八，当陌生人向潘监生讲述了一番"黄白之术"之后，叙述者闯入叙事对此进行了一番评论。

四 人物形象

（一）家庭之外的各式各样的人物类型

在第六章"各式各样的人物类型"中，黑尔斯认为，《拍案惊奇》中的人物通常被描述为黑的或白的，没有渐变或微妙的细微差别以使他们成为"圆形"人物。"故事并不依靠产生内部冲突的人物性格的悲剧缺陷和弱点，而是依靠与外部力量的抗争。主角总是获胜，而恶棍将受严厉命运惩罚。"[1](P120) 黑尔斯在这一章探讨了家庭之外的人物类型。

1. 官员或统治者。黑尔斯认为，凌濛初严厉批评官员阶层的贪婪、腐败和残忍。然而，他故事中的许多官员是正直聪明的人，他们努力保持原则和正义。他们通常对无辜之人和受压迫者表示同情，特别偏袒勤奋的学子。官员在对待和惩罚犯人时被刻画得鲁莽和残酷。但卷三十九呈现的是官吏阶层中一位全面发展的主人公形象。

2. 侠士。统治阶层献身于某种礼制和社会习俗，与行为模式僵化相符合。与之相反的是侠士或具有侠义气质的人。他们反对任何严格的规则，不尊重法律和他们所处的社会惯例。他们推崇凌驾于家庭团结之上的个人自由，且不关心行为的外在形式。《拍案惊奇》中的许多侠士可以从他们的行为模式、描绘和外形辨别出来。凌濛初故事中有几位女性也是侠义之士。如卷三头回故事中的妇人和卷四中的侠女。黑尔斯认为，卷四提供了有关剑术的更加全面的哲学观念和背景。

3. 僧侣。黑尔斯认为，在"宗教人物"的类别下面有两个独特的群体。第一种与百姓的民间传说和宗教迷信有关，这类人与神秘魔力有联系。第二种是普通僧尼的真实生活形象。许多《拍案惊奇》中的僧尼是恶棍，"这种情况可能表现了时代的真实情况和针对宗教人士的敌意；因为他们没有从事生产性的职业并且保持禁欲，所以，他们的生活方式与家庭生活和祖先崇拜体制之下的生活方式相反。"[1](P134-135)

4. 恶棍、流氓、傻瓜等。这类人有商人，如卷十五中的韦朝奉；也有强盗，如卷十九中，一位商人全家被强盗突袭。黑尔斯特别指出女性的处境：一方面，女性由于其劣势地位通常被当作可买卖的奴隶或被其社会同层次的人利用以实现寻欢的交易（pleasure trade）；另一方面，这些女性经常被当作非法偷情的中介人。卷二的正话是一些人怎样单独或勾结起来实施犯罪的最好例证；另外，故事情节也揭示出一个相互渗透、重叠和互相影响的社会，在骗子、恶棍、卖淫者和拉皮条者之间存在着密切的联系。

（二）家庭领域的人物

在第七章"家庭领域"中，黑尔斯对家庭成员的相关形象进行了探讨。对家庭成员的构成，黑尔斯讲道："在这一部作品描写的无数家庭情况中，有相当多与'边缘'成员或扩大的亲戚关系成员有关。这些包括核心家庭之外的人，如寡妇、姻亲、侄子（外甥）、侄女（外甥女）、（外）祖父母或（外）孙子（女）。家里的佣人，尽管严格来说是次要人物，但也是重要的，因为他们对家庭很重要，且经常在谋划（plot）中发挥重要作用。作为这个封闭领域中的密友（intimates），他们知道所有的家庭活动，他们被当作养子或妾的现象也不少。"[1](P151-152)黑尔斯重点讨论了"姻亲"和"仆人"两个群体。

就"姻亲"来讲，"在吸收新成员——通过这种方式，利用新鲜生活和稳定性来延续、更新和鼓舞这个单位（即家庭）——的过程中，麻烦总是产生，因为这些'外人'不完全忠于家庭的目标，那么就会威胁家庭群体的安全和繁荣。"[1](P152)如卷二、卷三十三的入话和正话、卷三十八中均描写了"姻亲"之间的不和。

"小人物"或"家庭佣人"有时也对家庭安全造成威胁。黑尔斯认为，他们经常在情节中占据重要地位。在卷三十六中，一位奶娘发现获利的机会，就让儿子扮成杜生与员外之女私奔，最后杀了员外之女。卷十一讲述胡阿虎陷害王生，致其家破人亡。当然，并非所有佣人都像胡阿虎和奶娘一样邪恶。"通常，他们是大户人家和富裕家庭不可缺少的，因为他们作为女仆和随身侍者拥有亲密的地位，他们对严守的秘密知情。通常，佣人是家里年轻女性的同伴和保护人，很自然地，成了女主人的情人的联络者。"[1](P160)卷二十九中的蕙英为女主人惜惜给幼谦送信，促成了他们的浪漫爱情。黑尔斯认为："这些人物不是严格意义上的有目的的创作（teleological creations），而是中国文化兼容并蓄的本质形成了这些人（being）。"[1](P161)

（三）男性和女性形象

第八章的标题为"男性与女性形象"，但黑尔斯的论述却不局限于男女形象问题。

第一，论述中国古代男尊女卑的原因。（1）实用主义的、宗教的和经济的目的。女人一旦结婚，便被看成属于丈夫的家族，因此便不再属于父亲家庭中经济和情感投资的群体。（2）某些哲学观念的影响。黑尔斯引用赖德烈的观点讲道："悠久的阴阳学说造就了男性的较高地位，因为阳——与好运和所有值得拥有的联系起来——被认为是男性。阴——黑暗和邪恶的成分——是女性。儒家沿着同一方向，因为除了强调古人礼仪，它的世界是一个受男人控制的世界。"[6](P574)

第二，指出故事中对男女爱情的认可。黑尔斯认为，《拍案惊奇》呈现出来的爱情、浪漫与婚姻中的自由主义（liberalism）可以被理解为对传统道德的反抗。"因为对现实主义的强调迫使女性人物变得更加卓越，这个进步赋予对比鲜明的人类形象以自然的（natural）维度和视角。它可能更加接近于这样的事实，即：对女性扮演更重要的角色这一情形，通过承认甚至要求一个不断增长的宽容，通俗文学才与社会发展保持一致。"[1](P185-186)最后，故事还使用超自然力量以证明爱情的合理，如卷二十三正话中兴娘与崔生的故事。

第三，指出许多浪漫故事（romances）讲述文人在努力获取功名上的冒险或幽默事件。在卷十中，动机与害怕的相互作用标志着这场婚姻事件中涉及的深层感情⑦。卷二十九中，因其不同寻常的曲折与可笑事件、对小孩子的描写（这在短篇小说中很少发生）和官僚主义与富裕商人阶层的对抗，所以是值得注意的。

第四，黑尔斯指出，《拍案惊奇》中人物的过分道德化表明，作者因为全神贯注于表面上的哲学琐见（philosophical trivia），所以在艺术上是不负责的，并且无视人物描写的更好模式。

在这一部分内容中，黑尔斯还探讨了超级英雄（superhero）形象，如刘元普便是完美的典范。对故事中的男性和女性，黑尔斯总结道，男性形象和个人英雄主义的儒家训诫支配着家庭的一切；而对女性形象来说，"她的美德可以通过其在男人世界的牺牲和忍耐的毅力来判断。她注定只与故事中男性自我的失败与成功紧密相连，且由男人的视角来塑造"[1](P211)。

五　走向中国小说理论

在第九章，黑尔斯结合《拍案惊奇》的凡例与序言探讨了凌濛初的小说理论，他将其压缩为三条基本见解，且认为各条之间相互联系。

（一）形式上：模仿口头文学与传统诗词

《拍案惊奇》是对说书人底本的模仿，它们在语言、结构和内容方面极其相似。黑尔斯借 C. P. 菲茨杰拉德的观点指出，前朝对外族势力的反对，导致了对传统中国事物的复归和模仿。⑧而且，"因为中国文学以己为食的传统，人们可能希望今世的文人运用名句和典故来充实其文章。"[1](P214) 在凡例第一则中，凌濛初承认他有意模仿先例，运用对句或偶句取标题名称。在凡例第三则中，他解释道，他从其他资源中选取的诗词是被用作"蒜酪"，因为他们"切景而及之，亦小说家旧例"。

由此，黑尔斯指出《拍案惊奇》语言具有"低级与高级风格相重叠"的特征。他认为，《拍案惊奇》包含许多通行的语言，但是相当大的部分是提炼过的脚本，并不适合口头说讲。"带着对故事的超越和呈现出对诗词的掌握的目的，无数篇章被创作出来。结果，低级和高级风格彼此重叠，创造了一种相互影响的情形。"[1](P215) 他借夏志清的观点讲道："在较小的程度上，通俗小说的语言也反映了古典传统（classical tradition）的威望与优势。……甚至故事（stories）和小说（novels）或多或少拥有一种老套的典雅，因为它们包含有丰富的词、诗和定型的描写文。"[7](P11-13)

最后，黑尔斯总结道，因为语言风格的汇合、借用和模仿，人们一定不要过多关注作品创作中的原创性和革新性，而是要关注作者如何完美地操作其材料。至于形式，叙述者是一个熟练的循规蹈矩者和模仿者，但是这个艺术整体仍然具有凌濛初的明显印记。

（二）内容上：强调道德和说教

黑尔斯认为，第二条文学原则包含在凡例第二则和第五则中，指的是内容而不是形式。黑尔斯指出，虽然道德是作品的主要主题，但人们必须考虑到这一设计中主观与客观的矛盾。

一方面，凌濛初必须对色情材料的运用做辩护，因为一些批评家指出这些材料将降低集子的文学优点。黑尔斯认为，与《十日谈》《坎特伯雷故事集》或《一千零一夜》中的色情事件相比，《拍案惊奇》中的下流场面并没有被暴露过多或过分，也激不起《金瓶梅》中的厌恶和堕落。凌濛初带有说服力地声称他偶尔描写"风情",但"绝不作肉麻秽口,伤风化,损元气"。[9]

另一方面,正如性爱是所有说话人的一个流行主题,说教也是他们努力证明这种文体合理的标志。凌濛初在劝告上采取正统的儒家观点,在一定程度上将白话小说作为批评低下社会道德的手段,并在一定程度上是对同时期白话文学中淫秽成分的反动。"一二轻薄恶少,初学拈笔,……则亵秽不忍闻。……独龙子犹氏所辑《喻世》等诸言,颇存雅道,时著良规,一破今时陋习。"[8](P1,序)在凡例五中,冯梦龙的道德主题——就如书名中"警""醒"和"喻"这些字所证明的——的确影响了《拍案惊奇》的叙述者:"是编主于劝诫"。凌濛初通过将自己的理解加于事件之上,完成规劝任务,同时,通过证明道德行为可以收获各种回报来提供精神的满足与安宁。

（三）机制上:奇怪或超现实成分与现实成分的结合

对第三个理论,黑尔斯认为它更加复杂,它"涉及机制（mechanism）,叙述者通过这个机制发生作用,即奇怪或超世（supramundane）成分与生活现实的融合。"[1](P218)如凡例四所云:"事类多近人情日用,不甚及鬼怪虚诞。……亦有一二涉于神鬼幽冥,要是切近可信,与一味驾空说谎,必无是事者不同。"[8](P2,凡例)"这个特殊理论的基本观点是白话文学不仅应描写人,而且也应描写影响人的宇宙力量。"[1](P219)这个观念在《二刻拍案惊奇》的序言中被作者的一位匿名朋友进一步阐述:"即空观主人者,……其所捃摭,大都真切可据。即间及神天鬼怪,故如史迁纪事,摹写逼真,……不妨点缀域外之观,以破俗儒之隅见耳。"[9](P1-2,序)黑尔斯认为,这些评论指出小说应当被用作一张由五颜六色的材料所构成的文学画布（canvas）,通过它唤起感觉和想象,并且激起人们的梦想和幻想。许多读者将接受文学中超自然或引起幻觉的方面,因为它是人类生活的一个完整部分。黑尔斯进一步指出,超现实与现实的结合是历史、传统和大众信仰的积淀,是建立在大众智力、经历和社会文化知识,及幻想、神话和多种亚文化哲学混合的基础上的。[1](P221)

最后,黑尔斯还对凌濛初小说理论的目的进行了总结。首先,他为利润和收入创作。其次,更重要的是,他打算"发泄怨气",不仅是为了严惩道德犯罪和邪恶行为,而且也表达了创新的欲望。最后,他的最终动机是福音般地,像儒家圣人一样宣讲"真理"。

结语

《〈拍案惊奇〉考评》作为英语世界"二拍"研究的第一部博士论文,具有以下几个特点。首先是"面面俱到"。该研究涉及中国白话短篇小说的发展、凌濛初生平与创作、《拍案惊奇》的体制、题材、修辞与叙事、人物形象、小说理论等多个方面,虽然深度相对不够,但却为后来的研究奠定了一定基础。其次,运用了一些西方文学理论,主要是福斯特、韦恩·布斯等人的小说理论,特别是在布斯叙述学理论的观照下,指出《拍案惊奇》中的说教内容属于小说的叙述声音。最后,该文具有中西比较视野和初步的"世界文学"视野,特别是在导论中,将《拍案惊奇》与《十日谈》《坎特伯雷故事集》《一千零一夜》等结合起来讨论,指出:"因为人们的倾向是并不对军队和国家同情,而是对个人或可以从中看到自己的处境同情，所以，所有土地上的短篇小说中有一个共同的精神。"[1](P4) 需要指出的是，虽然黑尔斯以他者视野对作品进行审视，但并没有陷入"汉学主义"的误区，而是让中国文学本质在他者审视中"敞开"，其许多结论在今天仍有启发意义。

注释：

① 在中外"二拍"学术史上，首先，就专著和学位论文而言，在该文之前，虽然有孙楷第《三言二拍源流考》《论中国短篇白话小说》、谭正璧《中国小说发达史》《话本与古剧》等著作，但均没有将"二拍"作为独立的研究对象，因此本研究是第一篇以《拍案惊奇》（准确说是《初刻拍案惊奇》）为独立研究对象的学位论文（或专著）。其次，就研究内容而言，虽然本文有"面面俱到"的缺陷，但其涉及的研究领域具有一定前瞻性，以叙事学研究为例，国内直到2002年才有王昕《论拟话本平庸品格的成型——从"二拍"看文人叙事方式对拟话本的影响》（《文艺研究》2002年第6期）一文。再次，就研究范式而言，黑尔斯较早具有中西比较视野和世界文学视野，而国内直到1987年才有孙逊《东西方启蒙文学的先驱——"三言""二拍"和〈十日谈〉》（《文学评论》1987年第4期）一文。最后，黑尔斯得出的许多观点在今天仍然值得借鉴和思考。由于本文的任务是对该学位论文进行介绍，所以对其在"二拍"乃至整个中国白话短篇小说学术史上的地位暂不作深入探讨。

② 按照黑尔斯本人的说法，第一、二章利用相关历史记载和作家传记信息将《拍案惊奇》置于中国说话传统之中。而论文的主要部分集中于四个方面：叙述结构（第三章）、叙述内容（第四章）、声音与叙述者（第五章）和人物（第六、七、八章）。最后一章（第九章）从作家的艺术目的和对中国通俗小说的贡献方面对作品进行评价。（在黑尔斯论文中，"叙述结构"[narrative structure]、"叙述内容"[narrative content]这两个术语并非对应一般叙事学里的概念，这里的"narrative"理解为"故事的"更为恰当。——作者注）

③ 黑尔斯将其没落原因归于以下几个方面：（1）明王朝灭亡之后，紧随的政治和社会剧变必然改变公众阅读的心理，并将注意力转移到更加严肃的题材上面。（2）包含二百篇故事和几千页纸张的大部头集子需要大量资源，不管是阅读还是出版，都需要时间和金钱的大量投入。（3）并非所有故事都具有同样的文学价值，很明显，从每个集子中选取最优秀的叙事作品所结成的集子是较为方便和具有吸引力的。（4）最主要的原因是清政府严厉的审查制度。通常认为，对白话故事出版的严重歧视是由于这样的想法，即这种类型的文学传达不道德和非正统的观念，这是与新王朝的道德观念相冲突的。在清政府的严厉压制下，所有通俗文学样式均受到损失。（参见 Dell Reese Hales, *The P'ai-an Ching-Ch'i: A Literary Criticism*, Ph.D. dissertation, Indiana University, 1969, pp.22-23.）

④ 可参见李田意《拍案惊奇的原刊本》，载李田意编校《拍案惊奇》，卷二（附录），友联出版社，1967，第5—6页。

⑤ 这个故事写刘东山自夸弓箭技艺娴熟，被一位武艺高强的少年教训。此后，刘东山再不吹嘘自己的体力和技能。

⑥ 故事中，刘从善趁清明上坟向妻子解释没有男嗣将意味着什么。黑尔斯认为这个对话对引领中国

家庭体制几千年的哲学给出了透彻看法。

⑦ 金朝奉害怕自己女儿被朝廷选作秀女，便将女儿嫁给穷秀才韩子文，后来又悔婚。韩子文去官府告状，太守将朝奉女儿判给韩子文。韩子文后来高中，丈人"思想前后，惭悔无及，若预先知有今日，就是把女儿与他为妾也情愿了"。

⑧ 参见：C. P. Fitzgerald, *China: A Short Cultural History*, 3rd ed., F. A. Praeger, 1961, pp.457-467；Kenneth Scott Latourette, *The Chinese, Their History and Culture*, Macmillan, 1964, pp.225-243。

⑨ 见《拍案惊奇》"凡例"。自然，对什么是"肉麻秽口"的最后判定取决于个体读者。——黑尔斯原注

参考文献：

[1] Dell Reese Hales. *The P'ai-an Ching-Ch'i: A Literary Criticism*[D]. Ph.D. dissertation, Indiana University, 1969.

[2] 郑振铎. 中国俗文学史（上册）[M]. 北京：作家出版社，1954.

[3] James J. Y. Liu. *The Chinese Knight-Errant*[M]. London: Routledge and Kegan Paul, 1967.

[4] Liu Wu-chi. *An Introduction to Chinese Literature*[M]. Bloomington: Indiana University Press, 1966.

[5] E. M. Forster. *Aspects of the Novel*[M]. Middlesex: Penguin Books, 1962.

[6] Kenneth Scott Latourette. *The Chinese Their History and Culture*[M]. New York: Macmillan, 1964.

[7] C. T. Hsia. *The Classic Chinese Novel: A Critical Introduction*[M]. New York: Columbia University Press, 1968.

[8] ［明］凌濛初著，陈迩冬、郭隽杰校注. 拍案惊奇[M]. 北京：人民文学出版社，2011.

[9] ［明］凌濛初著，陈迩冬、郭隽杰校注. 二刻拍案惊奇[M]. 北京：人民文学出版社，2008.

论《金瓶梅》中的佛教活动与明代佛教世俗信仰[*]

张国培[**]

摘　要：《金瓶梅》叙事中包含诸多佛教活动，主要包括宣卷和诵经舍经两个方面，西门府女眷、清河县女僧是这些佛教活动的主体。宣卷全部由吴月娘组织，是吴月娘宗教信仰的表现。诵经舍经主要是超度死者、祈福生者，在祈福生者方面，女性表现得更为执着。《金瓶梅》中的佛教活动展现了明代佛教民间信仰的普遍特征。

关键词：《金瓶梅》；宣卷；佛经；佛教活动；世俗信仰

　　《金瓶梅》叙事中包含诸多与佛教相关的情节，并与整部小说相始终，以致《金瓶梅》的主题包含了浓厚的宗教色彩。《金瓶梅》中的佛教相关活动包含两个方面内容：一是吴月娘在家中的多次宣卷活动；另一方面是西门府邸的多次诵经、舍经活动。参与佛教活动的人物以女性为主体，一边是以吴月娘为代表的内庭女眷，一边是清河县观音庵的王姑子、大师父，莲花庵的薛姑子和她的徒弟妙趣、妙凤。小说中佛教活动主要围绕着西门庆一家来叙述，除此之外，如武大郎死后请僧人做法事等情节非常少，并且类似活动在西门庆家也有体现。西门庆家女性的佛教活动体现了明代以来市民的宗教信仰特征，是明代世俗社会佛教信仰的代表。

一　吴月娘的宣卷活动

　　宣卷即宣讲宝卷，宝卷是一种特殊的文学形式，车锡伦定义为："中国宝卷是一种同宗教和民间信仰相结合的说唱文学形式（也演唱非文学的宗教内容和非宗教的劝善作品）。""宝卷渊源于唐代佛教僧侣讲经说法、悟俗化众的俗讲，与南宋瓦子中'说经'等无关。"[1] 车锡伦早期研究中国宝卷时就用到《金瓶梅》中保留的宣卷资料，其《〈金瓶梅词话〉中的宣卷——兼谈〈金瓶梅词话〉的成书过程》于 1990 年发表于《明清小说研究》。另外《河北大学学报》1981 年第 1 期发表了蔡国梁的论文《宝卷在〈金瓶梅〉中》，也对小说中的宝卷资料做了梳理。这两篇论文是《金瓶梅》宝卷资料较早的研究成果，其

---

[*] 基金项目：重庆工商大学科研启动项目"明清文学中的男风文化及其当代演变"（项目编号：950319091）的阶段性成果。

[**] 作者简介：张国培（1983— ），女，重庆工商大学经济学院讲师，研究方向为明清小说。

中都考察了小说中的宣卷篇目、内容、形式等，结论为后来研究者所接受。

《金瓶梅》中的宣卷活动共有4次：第三十九回《五祖黄梅宝卷》，第五十一回《金刚科仪》，第七十三回《五戒禅师戏红莲宝卷》，第七十四回《黄氏女卷》。另外，第八十二回侧面提到《红罗宝卷》，但并未正面写宣卷情况。《金瓶梅》中屡次写到的宣卷活动是西门府女性宗教信仰的表现形式，同时也是与娱乐活动紧密联系在一起的。

西门府每次的宣卷活动都由吴月娘发起，常跟吴月娘一起听宣卷的是自家的妾室、丫鬟等女性，以及来往于西门府的女性亲戚，如吴大妗子、杨姑娘、潘姥姥等，来往于西门府的娼妓也会参加。宣卷都在晚上进行，在准备宣卷前，吴月娘会早早地把仪门关闭，以免闲人打扰，第八十三回春梅就说："我听见说今晚要宣卷，后边关的仪门早。"[2](P1337) 宣卷开始之前会安放经桌并焚香，宣卷过程中会为姑子提供精致的饮食，由来听宣卷的人陪吃，第七十四回写道："月娘洗手炷了香，这薛姑子展开《黄氏女卷》高声演说。""先是李娇儿房内元宵儿拿了一道茶来，众人吃了。落后孟玉楼房中兰香，又拿了几样精制果菜、一大壶酒来，又是一大壶茶来，与大妗子、段大姐、桂姐众人吃。月娘又教玉箫拿出四盒儿茶食、饼糖之类，与三位师父点茶。"[2](P1150-1151) 由此可以看出宣卷活动的仪式感是很强的。

在所有女性中，执迷于宣卷的只有吴月娘一人。宣卷经常持续很久，第三十九回王姑子宣《五祖黄梅宝卷》至四更天，能坚持比较久的一般是李瓶儿、孟玉楼、西门大姐等，其次是吴大妗子、杨姑娘等，但是宣卷到四更天，"大妗子歪在月娘里间床上睡着了，杨姑娘也打起欠呵来"[2](P597)，而吴月娘则精神头十足，看到大家都难以支撑，就结束了宣卷，但是躺下后依然让王姑子把故事讲完。至于潘金莲等则常对宣卷流露出不满，第五十一回潘金莲私下对李瓶儿说："大姐姐好干这营生！你家又不死人，平白叫姑子家中宣起卷来了。都在那里围着他怎的？"[2](P765) 第八十二回陈经济也说："昨夜三更才睡，大娘后边拉着我听宣《红罗宝卷》坐到那咱晚，险些儿没把腰累罗锅了，今日白扒不起来。"[2](P1326) 陈经济所言或者非实，但其中流露出对宣卷的厌倦态度很明确。参与宣卷活动的基本都是女性，但是并不是参与宣卷的女性都信奉佛教，而有权在家中举行宣卷的也只有正妻吴月娘，这也正是潘金莲对吴月娘宣卷非常不满的原因之一。

宣卷内容本身是有故事性的，但是宣卷形式基本是姑子照本宣科，且其中经常会穿插一些韵文，因此其枯燥性也很明显。宣卷在正式进入主体内容前往往有一大段的韵文，内容主要是讲述人生如梦、四大皆空，即使执着于宣卷的吴月娘对此也未能完全听得进去。吴月娘并没有人生的虚无感，而是以积极的生活态度来接受佛教功利性的因果说教。比如宣讲五祖宝卷，她关心的是千金小姐无故有孕后的故事进展，她关注的是故事，尤其是故事中与她的生活息息相关的地方。她渴望生子，欣然接受薛姑子给她的备孕秘方，并因此拉近了与薛姑子的关系。在备孕秘方中有一种特别的材料是头生男胎的衣胞，怎样处理所生孩子的衣胞民间是有讲究的，利用别人家孩子衣胞是不道德的，吴月娘没有同意使用官哥儿的衣胞，这也说明她深知这种行为的不妥，但她仍然接受薛姑子骗来的别人家孩子的衣胞，她的这种行为可以说是积极生活态度的表现，而这种态度和积极的方式与她的佛教信仰之间已经产生了悖论。由此可以判断宣卷在宗教传播上的效果是要打折扣的，或者吴月娘想从宣卷中获得的精神方面的支持是根据她的需要来决定的，这并不构成她的宗教信仰。

另外再看频繁来往于西门府宣卷的几个姑子的情况，观音庵的王姑子、大师父，莲花庵①的薛姑子，以及薛姑子的两个徒弟妙趣、妙凤，她们与西门庆的妻妾来往密切，在彼此关系中起决定作用的主要是王姑子、薛姑子。她们每次来家必然宣卷，但她们的真实目的并不是传播佛教教义，而是为了骗取钱财。她们对西门庆家的大事小情都了如指掌，家中只要有人庆生、生子、过世等，立刻就会有她们的身影。除了宣卷，她们还会诵经，同样，诵经也不是以宣传宗教为目的。宣卷等宗教活动只是她们谋生的手段而已，她们鼓动西门家印经、做法事，甚至做一些如所谓生子秘方缺德的勾当，这项营生让她们获利颇丰。

综合来看，宣卷对于姑子而言是谋生手段，对于西门府中的女眷来说则也是一种娱乐。宣卷借助故事宣扬佛教的因果轮回观念，其功利性是吸引和打动人的核心特征。组织宣卷是家庭女主人的权利表现之一，而允许后院女眷频繁组织宣卷则与儒家伦理中的严谨家风相违背，它出现在官商西门庆家，借此可以看到大户人家的家庭现状，同时也可以看出世俗佛教信仰的功利性。

二　西门府的起经印经等佛教活动

西门府不仅有频繁的佛教活动，同时也有不少道教活动。比如西门庆对道教活动就比较热衷，他的往来对象是玉皇庙中的道士吴宗哲，吴宗哲从未亲自到西门庆家，主要是其徒弟往来，西门庆每逢年节都会送去节礼，并在此观举行打醮仪式，官哥儿也是寄名在吴道官名下，取名吴应元。西门庆偶尔也参与到佛教活动中，但都与其子官哥儿有关。一次是在观音庵中起经，也就是念经，起因是李瓶儿认为生了官哥儿之后没有还愿，王姑子建议在庙中念《药师经》，印《陀罗经》，于是西门庆亲自到观音庵起经，小说叙述到："书童、玳安跟随而行，王姑子大门迎接。西门庆进庵来，北面皈依参拜。""王姑子宣读疏头，西门庆听了，平身更衣。王姑子捧出茶来，又拿些点心饼馓之物摆在桌上。西门庆不吃，单呷了口清茶，便上轿回来，留书童礼拜。"[2](P799)西门庆在观音庵表现出的不屑与其在玉皇庙中的严肃虔诚形成鲜明对比。在印《陀罗经》上，薛姑子也是一力撺掇，特别说到里面有专门的《护诸童子经》，这对西门庆来说最能令其动心，于是他将薛姑子的不光彩过去抛之脑后，大方给银子印经。西门庆还支持永福寺的长老修缮寺院，不仅施舍了五百两银子，还帮他去募捐，为子求福毫不吝惜。由此可见，西门庆对佛教活动并不甚热衷，对来往家中的姑子并无一点尊重，他的佛教活动完全是出于爱子之心，并不代表他信奉佛教。

与西门庆不同，其妻妾对诵经抄经等能够带来的现世善报深信不疑。吴月娘过生日便让王姑子给她念《受生经》；官哥儿死后，王姑子在陪伴李瓶儿时又念《楞严经》《解冤咒》以慰其心；李瓶儿死前两次嘱咐王姑子给她念《血盆经》；李瓶儿死时，王姑子恰巧在，即在一旁念《密多心经》《药师经》《解冤经》《楞严经》并《大悲中道神咒》，目的是"请引路王菩萨与他接引冥途";因王姑子并未给李瓶儿念《血盆经》,吴月娘另请薛姑子给她念《华严》、《金刚》经咒、《血盆》宝忏;西门庆五七,吴月娘请薛姑子、王姑子、大师父、十二众尼僧在家诵经礼忏。甚至吴月娘自己也会念经,在服用薛姑子、王姑子给她找的备孕秘方前,她焚香、念经,念的是《白衣观音经》。这些经文的来源和内容也足以证明民间佛教信仰的世俗性。

《受生经》是汉地佛教经文,宋代以来流传较广。经文要求所有人都需要为自己的出生还债,即还受生钱,如记得还,就能够富贵长寿,有种种善报,如果忘了,就有种种恶报,来世不得为人。侯冲在介绍《受生经》时说:"还受生钱有多种方式,可以烧冥钱,可以转读佛经,可以拜忏,甚至可以只是斋僧。""还纳受生钱其后成为中国社会的一种习俗,在民间有广泛影响。"[3]书中仅有吴月娘自己出钱让姑子给她念《受生经》,这是她为自己求现世善报的方式之一。

《白衣观音经》来自民间创造,此经非常短,据周秋良考证:"《白衣观音经》又称《白衣大士神咒》,则是一部在现代社会还广泛流传的经咒,其经文的前部分内容可能是来自密教的陀罗尼,而关于后面的内容则传说是神授的。"[4]因此经咒短小,其中文字重复率高,所以吴月娘能够记诵。另外,张岱《白衣观音赞并序》记载了他的母亲也会念此经:"盖以我母年少祈嗣,许念《白衣观音经》三万六千卷也,故岱生时遂有重胞之异。"[5](P187)张岱自己对此经咒也是持肯定态度的,他在序中说在世八十一年来耳边经常感觉有母亲的念经之声,并为此写赞,可见此咒语在士大夫家庭也颇为流行。

《血盆经》只有470字,同样是在大藏经中找不到的经文,诵此经的目的是追荐亡母,如果儿女在母亲死后可以为其诵读《血盆经》,行血盆斋,就可以减轻其母亲的罪孽。此经源于地狱中的血湖之说,《血盆经》中所说"血盆池地狱",这是只以女性的罪业、恶业为前提的地狱,宋尧厚考证《血盆经》说:"通常是已故的已婚妇女,或是在分娩时死亡的妇女,抑或是在分娩后一到四个月内死亡的妇女,都会在进入地狱之门时被投入血湖。"[6]《血盆经》继承的是"报娘恩的思想"。《金瓶梅》中李瓶儿死前总是梦到花子虚前来讨命,生前跟王姑子表达过请她念《血盆经》的愿望,临死给王姑子五两银子并衣物,郑重拜托她念此经。吴月娘在李瓶儿死后请薛姑子给她念的经中同样有《血盆经》。由此可见《血盆经》对于救赎女性重生净土的重要性。不单是跟分娩有关的女性,宋尧厚也说道:"血盆斋的目的是使已故母亲的灵魂免受血湖之苦。如果我们把用于此目的的佛经笼统地叫做《血盆经》,那么不但为礼仪服务的经文被包括在此类经文当中,而且还囊括了为拯救那些注定要陷入血湖中受罪的妇女而创造的各类经文。"[6]从李瓶儿的情况就可以看出这个罪业是女性德行方面的,她认为对花子虚的不忠、无情必定会使自己落入血盆地狱,出于此种恐惧,她才渴望能有人给她念此经。吴月娘则是从习俗出发,念经是为了让逝者得以超生,比如武大郎死后潘金莲也会请僧人来念经,而李瓶儿是女性,那么不管她生前有何罪业,就必定要念《血盆经》。

与女性相关的经文另有一部《药师经》,李瓶儿生子之后身体一直不适,认为是没有去还愿,与西门庆商量请姑子念经,王姑子推荐西门庆首先念《药师经》,一般认为《药师经》是祈求现世利益的经文,其中反复强调女性所受苦难和摆脱女性身份的渴望,也就是说诵读《药师经》除了可以求得现世善报，女性在来世还可以转生为男。

在建议诵《药师经》的同时，王姑子还建议印《陀罗经》，后来薛姑子凭着花言巧语说动了西门庆，付钱印经，薛姑子对此经的描述是这样的："那佛祖说的好：如有人持诵此经，或将此经印刷抄写，转劝一人，至千万人持获福无量。况且此经里面，又有护诸童子经儿。凡有人家生育男女，必要从此发心，方得易长易养，灾去福来。""老檀越，你若干了这件功德，就是那老瞿昙雪山修道，迦叶尊散发铺地，二祖师投崖饲虎，给孤老满地黄金，也比不得你功德哩！"[2](P844)此处说的《陀罗经》是《佛顶心大陀罗尼经》，全称《佛顶心观世音菩萨大陀罗尼经》，并未收录在佛教典籍中，经文分三卷，上卷说持诵此经有灭十恶五逆、往生净国、转化男身等作用，中卷讲对产妇的保护作用，下卷讲了四则灵验故事。薛姑子将这部经说得神乎其神，主要是为做成印经的买卖。

除了以上经文外，文中还提到《大悲咒》《解冤咒》《金刚》《楞严》《华严》经咒，佛经中的咒语"是佛经的要言密语，有不测之神验，不但是密宗最重要的修行法门之一，佛教各派也都将其视为重要法门"[7]。《楞严咒》被称为"咒中之王"，《大悲咒》则早在唐代就有了强大的信仰群体，宋元之后更广泛地进入世俗信众生活。除了经咒外，文中提到的《密多心经》是唐代陈玄奘翻译而后流行开来的，陈秋平称它是"这同阿弥陀佛、观世音菩萨两句圣号一样的普遍于人间"[8](P116)。

从以上情况看，这些经文大部分是"伪经"，是来自民间的需要而创造出来的，诵念这些经咒，生前可祈求平安，死后可获得超度。称之为"伪经"并不是说它有违佛教教义，相反，这些"伪经"促进了佛教在民间的传播，同时也成为民间佛教信仰的形式。《金瓶梅》中的王姑子、薛姑子、大师父除了能够宣卷，还能够在不同的情境需求下持诵不同的咒语，这是作为僧尼的必备技能。这些经文的功利性都非常强，尤其对于生活于后院的女性而言，佛经是可以带给她们精神寄托的一种方式，因此在《金瓶梅》中出现了诸多专门针对女性的经咒，由此可见佛教在世俗社会中的一种重要的传播方式即是通过女性来完成的。

三　明代世俗社会佛教信仰普遍特征

《金瓶梅》所叙家庭与佛教相关的活动是明代市民社会佛教信仰状态的表现。作为清河县的首富，西门庆家的吃穿用度与一般市民不同，在宗教信仰的花销上也显得格外大方，这也是王姑子、薛姑子等经常来往的重要原因，但是西门一家佛教信仰的本质是世俗化、市民化的，体现了民间佛教信仰的普遍特征。

民间佛教信仰中，女性往往占有主体性。《金瓶梅》中的佛教叙事主要是从女性角度展开的，以家庭女主人吴月娘为中心，叙述的是清河县尼姑庵及其姑子的佛教活动，由此展现的主要是女性的佛教信仰。从叙事文学的角度看，这是一种常见的模式，尤其是在小说中佛教的信仰主体基本是女性，例如《醒世姻缘传》，薛素姐充分体现了女性的佛教信仰在现实中的表现，特别是写到姑子带着以薛素姐为中心的一群女子到泰山进香，作者语含讽刺，对这些女子丑态百出的揭露可谓淋漓尽致。在佛教的民间传播中，姑子在女性中的宣传作用很大，女性实际上也成为民间佛教信仰的主体。其中不排除这样的原因，一是女性依附性的生存方式更容易让她们寻求保护，因此更愿意相信佛教因果；二是女性长期生活在后院，少有社会活动，更容易被骗。而文学中的姑子形象大部分是唯利是图之流，念诵佛经属于她们的一技之长，凭此进入家庭后院，从中获利。双方各取所需，一拍即合。

信奉佛教的心态往往是功利的。《金瓶梅》中的宣卷、诵经等活动的根本目的都是对现世生活的功利性需求。比如西门庆跟佛教相关的活动可以分为两类：一是与胡僧的接触，胡僧为他提供增强性能力的秘方；二是大笔舍钱建佛寺、印经诵经，这类行为都是围绕着官哥儿。吴月娘等女性的这种行为同样是功利性的。吴月娘信佛的核心目的是求子，其最初与王姑子关系更好，逢年过节都会送节礼、香油钱等去观音庵，在薛姑子帮助她得子后，与薛姑子的关系明显要近了很多，后来改为定期给薛姑子庵里送节礼等。李瓶儿在嫁给西门庆之前的所作所为全然不想因果报应，临死前一再地嘱咐王姑子给她念《血盆经》。

信奉佛教的功利性削弱了信仰的真诚，所谓的信仰往往不过是寻求现世的善果，甚至出现行为上有悖佛教教义之处，通过西门庆与吴月娘的行为可以明显看出这一点。《金瓶梅》第五十七回，西门庆在修缮寺庙时捐了五百两，甚为慷慨，但随后他跟吴月娘的对话却显示出其内心的真实心态："咱闻那佛祖西天，也止不过要黄金铺地。阴司十殿，也要些楮镪营求。咱只消尽这家私广为善事，就使强奸了姮娥，和奸了织女，拐了许飞琼，盗了西王母的女儿，也不减我泼天的富贵。"[2](P843)吴月娘虽不像这样直白，但其本质是一样的，她希望从佛教信仰中立刻获得好处，为了一己之私而让薛姑子给她找来头生男孩的衣胞。

宗教信仰与娱乐性紧密相连，削减了宗教信仰的严肃性。吴月娘的宣卷活动全部都是与家中各项活动联系在一起的，过生日、孩子寄名、法事等，必定是高高兴兴热闹一天，晚上开始宣卷。这些家中的大事似乎是姑子来家里的唯一正当理由，她们从来没有用宣卷、念经的理由来过家里，这说明不会让姑子平白无故来到西门府里。宗教与娱乐紧密的联系，本身就消解了宗教信仰的严肃性。另外，就这两个姑子宣卷中的故事来看，都不是单纯的佛教故事，像《五祖黄梅宝卷》《五戒禅师戏红莲宝卷》中的故事中都有违背儒家伦理之处，固然这是成佛的过程，但不得不说在故事的宣讲过程中带有淫邪之嫌。

另外，来往于大户人家搞宗教活动的尼姑往往人品有失、目的不纯，这也成为世俗社会佛教信仰的一个特点。薛姑子出家前行为不检，西门庆对此一清二楚，但薛姑子仍然能够打着佛教的名义频繁往来西门家。王姑子、薛姑子在西门家的女眷中鼓动抄经、印经、诵经，提供生子的所谓秘方，但是完全没有诚信，薛姑子答应替吴月娘求子之事保密，但转头就告诉了潘金莲，同时帮她求子；王姑子收了李瓶儿的钱财和衣物，答应替她念《血盆经》，但是李瓶儿一死就即刻将她的嘱咐抛之脑后。姑子们的行为证明她们本身并非真的相信因果报应，且许多行为是有违佛教教义的，更何谈由她们来宣传佛教的效果。

《金瓶梅》之后的世情小说，如《醒世姻缘传》《红楼梦》，同样有诸多佛教活动叙事，在这一点上，《醒世姻缘传》与《金瓶梅》非常类似，而《红楼梦》则代表了贵族的佛教活动。《红楼梦》中的贾家同样表现了道教、佛教两种宗教信仰，贾敬在玄真观出家做道士，贾家在清虚观举办大型打醮仪式，同时贾家建有私家庙宇铁槛寺，寺中出家的年小姑子也会来贾家玩耍，特别是经常与惜春一起讲谈。但是贾家不允许像王姑子、薛姑子之流的女僧与家中女眷往来，也没有女眷在家搞宣卷活动，这是贵族与世俗社会的不同。《金瓶梅》呈现了明代市民社会佛教信仰的状态，透露出佛教世俗信仰的普遍特征。

注释：

①《金瓶梅》中关于薛姑子所在的尼姑庵前后不一致，第四十回王姑子介绍薛姑子在法华庵，第五十回又说她在莲花庵。

参考文献：

［1］车锡伦.中国宝卷的形成及其演唱形态［J］.敦煌研究，2003（2）.
［2］［明］兰陵笑笑生.金瓶梅［M］.济南：齐鲁书社，1991.
［3］侯冲.佛说受生经［J］.藏外佛教文献，2010（1）.
［4］周秋良.论民间信仰中送子观音与白玉观音之关系［J］.中南大学学报（社会科学版），2014（4）.
［5］张岱.琅嬛文集［M］.济南：岳麓书社，2016.
［6］宋尧厚.论《血盆经》在中国的发展［J］.世界宗教文化，2011（3）.
［7］陈宪良.楞严咒在古代中国的传播［J］.宗教学研究，2018（1）.
［8］陈秋平译注.心经［M］.北京：中华书局，2010.

从小说到说唱：新见民国《金瓶梅》鼓词探赜[*]

孙 越[**]

摘 要：《孽姻缘》是一部改编自小说《金瓶梅》的民国鼓词，现藏中国国家图书馆。相关目录存在著录简略、含混的现象。该鼓词可能最初由文人编创，后被书局石印刊行。作为一部改编作品，《孽姻缘》对小说《金瓶梅》的内容有所取舍。鼓词艺术形式，书局商业需求和商业活动，民国上海书场演出情况都影响《孽姻缘》的改编。在民国上海石印业衰落的时代背景下，该鼓词编订特点呈现仓促性与商业性并存的情况。《孽姻缘》对研究民国时期《金瓶梅》传播、刊印情况具有重要价值。

关键词：《金瓶梅》；鼓词；改编；说唱

明代小说《金瓶梅》在后世传播过程中，不仅产生《续金瓶梅》《林兰香》等续书、仿作，还出现弹词、子弟书等说唱形式的改编作品。黄仕忠、纪德君、鲍震培等学者已对清代南词《绣像金瓶梅传》和《金瓶梅》子弟书予以研究。[①]然而，尚未见学界探讨民国年间《金瓶梅》说唱作品。近年来，针对说唱文学研究存在的缺憾，纪德君指出，学界对"古代说唱文学研究资料的搜集、整理相对多一些，而近现代说唱文学研究资料的搜集、整理则明显不足"[1]。笔者新发现的民国《金瓶梅》鼓词可补充《金瓶梅》说唱研究中缺失的这一环。同时，也为近代说唱文学研究增添了新的文献资料。本文从著录、成书、改编、编订四个方面考述《金瓶梅》鼓词。

一 目录著录与勘误

中国国家图书馆藏《新编绘图说唱孽姻缘》（以下简称《孽姻缘》）是一部改编自小说《金瓶梅》的鼓词。凡六卷六册，二十回，石印本，作者不详，1923年由上海振圜小说社印行。版框高15.1厘米，宽8.7厘米。半叶15行，行34字。版心题"绘图孽姻缘"。函套题签"真好说唱新编孽姻缘鼓词，上海求石斋印行"。扉页题"绘图孽姻缘鼓词，上海振圜小说社印行"。卷一封面题"民国癸亥年春月出版，绘图孽姻缘，上海

---

[*] 基金项目：河北师范大学人文社会科学基金项目"清代民国《金瓶梅》改编研究"（项目编号：S20B029）阶段性成果。

[**] 作者简介：孙越（1990— ），男，河北师范大学国际文化交流学院讲师，文学博士，研究方向为中国古代小说、戏曲和俗文学。

振圜小说社印行"。卷首依次为《孽姻缘序》、目录、绣像插图、鼓词正文。序由半醉书生题写;每回均为十六字对称回目;绣像插图两页,有王婆、西门庆等十六人绣像。回首由"诗曰"引起的七言绝句开篇,回末以"且看下回书中说分明"等说书套语结尾。正文文字韵散结合,韵文以十字句为主。卷四附有"求石斋书局新编各种京韵鼓词"广告,共三十六部。

现有金学目录与资料汇编,皆未收录《孽姻缘》。仅有《中国俗文学史》《鼓词选》和《中国鼓词总目》予以收录。郑振铎《中国俗文学史》第十三章"鼓词与子弟书"列举21种他所听说过的鼓词,其中有"《孽姻缘》"[2](P605)。赵景深《鼓词选》序言称据"手头所得的鼓词及其目录"[3](P5),列举261种鼓词,其中有"《孽姻缘》"[3](P9)。李豫等编《中国鼓词总目》在《金瓶梅孽姻缘鼓词》条云:

> 上海求实斋书局民国十三年(1924)石印本,袖珍本,线装,有函套。据山西大学文学院藏《霸王娶虞姬鼓词》卷三末《求实斋书局新编各种京韵鼓词目录》著录。[4](P185)

《孽姻缘》卷四末尾"求石斋书局新编各种京韵鼓词"广告,亦著录《霸王娶虞姬鼓词》。由此可知《中国鼓词总目》该条解题文字所指的鼓词与中国国家图书馆所藏《孽姻缘》鼓词是同一部作品。但《中国鼓词总目》所据为《求石斋书局新编各种京韵鼓词目录》,因未目验全书,造成著录出现讹误。首先,应为"上海求石斋书局",而非"上海求实斋书局"。《孽姻缘》函套题签有"上海求石斋书局印行"字样。鼓词卷四末尾附有"求石斋书局新编各种京韵鼓词"广告。两处都为"求石斋"。其次,《孽姻缘》为1923年出版发行,而非1924年。《孽姻缘》卷一封面题"民国癸亥年春月出版",癸亥年即民国十二年(1923)。《中国鼓词总目》著录"民国十三年(1924)",不知何据。最后,《中国鼓词总目》著录该鼓词名称为《金瓶梅孽姻缘鼓词》的说法并不准确。鼓词名称应为《孽姻缘》。此鼓词封面、函套题签、每册卷首题名都只有"孽姻缘"字样,皆未题写"金瓶梅"。唯有卷四结尾"求石斋书局新编各种京韵鼓词"广告在《孽姻缘》旁以小字标明"金瓶梅"[5](P9B)。但此处"金瓶梅"三字仅说明《孽姻缘》题材内容源自《金瓶梅》,并不意味鼓词名称为《金瓶梅孽姻缘》。例如,该广告著录《莲花落》鼓词时用小字标明"郑元和落难唱歌"[5](P9B)。显然小字只表明《莲花落》鼓词的题材内容出自唐传奇《李娃传》,而不是《莲花落》鼓词的名称。同理,"金瓶梅"三字亦不是《孽姻缘》的名称。此外,《中国鼓词总目》又在《孽姻缘》条目下著录"赵景深《鼓词目录》"[4](P267)。据其凡例可知《鼓词目录》"系指赵景深《鼓词选》之《序言》第二节'有关鼓词的资料'一段文字中所列出的鼓词目录"[4](P3),即笔者所述赵景深《鼓词选》序言中的相关著录。

简而言之,《孽姻缘》虽早在1936年已被郑振铎发现并记录在《中国俗文学史》,但学界对该部鼓词的关注度却极低,处在一种"养在深闺人未识"的状态,以往金学目录都失收。《中国俗文学史》和《鼓词选》仅著录书名《孽姻缘》,并无其他解题文字。只看书名《孽姻缘》,难以知晓其为《金瓶梅》说唱鼓词。此外,两书在著录书名《孽姻缘》

时还提及其他数十种鼓词。这极易使《孽姻缘》淹没在数量庞大的鼓词目录中。《中国鼓词总目》虽有解题文字，但过于简要，且有讹误，难以知晓此部鼓词具体情况。

二 鼓词作者与成书过程

《孽姻缘》在文本中没有题写作者姓名，但据卷首《孽姻缘序》以及求石斋书局刊印小说《最新上海滩》中所附该书局广告，可初步推测有关《孽姻缘》作者的相关信息，进而推断成书过程。

《孽姻缘序》有如下文字值得注意：

> 弊人昨过东昌生书斋，见案头有新编《逆姻缘》一册……及细阅也，乃西门庆与潘金莲事居多……是书若早付枣黎②，公诸同好，能令忙者阅之，手不忍释；愁者见此，心为之开……时维九月，序属三秋。新凉夜静，梦寐不成，偶拈笔为之。[6](P1B)

东昌生可能为该鼓词的原作者，并且书名为《逆姻缘》。又由"昨过东昌生书斋，见案头有新编《逆姻缘》一册……是书若早付枣黎，公诸同好"可知《逆姻缘》为文人案头写本，且未刊刻。该作者既然被称为"东昌生"，应与东昌一地有密切关系。据嘉庆十三年《东昌府志》记载，"国朝山东省东昌府治聊城，领一州九县二卫"[7](P6A)。东昌在清代隶属山东省，并设东昌府，治所在聊城，即今山东聊城一带。从地理位置考察，东昌府"南至兖州府阳谷县界三十里，北至临清州界一百二十里"[8](P3B)。清河又与临清交界。可见东昌南近阳谷，北临清河，与两地具有地缘关系。清河、阳谷又是《金瓶梅》故事的发生地。受此地缘影响，《金瓶梅》在东昌地区应具有颇高的知名度。从说唱渊源考察，山东存在多种说唱门类。据《中国曲艺志·山东卷》统计，山东共有说唱曲种三十八种，以山东鼓词、山东快书等为代表。贾凫西《木皮鼓词》作为早期文人鼓词作品就产生在山东。因此，东昌生采用传统说唱鼓词的形式改编在当地颇有影响的小说《金瓶梅》是极有可能的。

《孽姻缘序》结尾落款为"半醉书生题于申江旅次"。可见，此序作者为旅居上海的半醉书生。由上述《孽姻缘序》引文可知，半醉书生曾经细阅东昌生所编《逆姻缘》，并把书名改为《孽姻缘》，又为其题写序言，故有《孽姻缘序》。半醉书生可能还对《孽姻缘》正文予以局部修改。如鼓词在第三回和第四回的回前诗里解释"孽姻缘"含义：

> 一竿误中有情人，虽属邪缘也有因。谢罪不遑陪笑面，两心相应总怀春。[6](P7A)
> 假作缝衣将马牵，二人成就孽姻缘。情投意合如鱼水，从此欢娱乐映然。[9](P1A)

半醉书生把鼓词书名改为《孽姻缘》后，又修改正文部分文字，从而产生以上解释"孽姻缘"含义的文字。《孽姻缘序》里"时维九月，序属三秋"一句套用《滕王阁序》

的语句，并多处使用文言句式。这表明半醉书生身份应为文人，而非说唱艺人。

上海振圜小说社（后改名为上海振圜图书局）为上海求石斋书局专门刊印石印小说和唱本的分社。上海求石斋书局刊印其他石印小说、唱本作品，如《最新上海滩》《女学生秘密》《绘图雍正八义鼓词》，封面题"求石斋书局印行"，扉页题"上海振圜小说社（上海振圜图书局）印行"，且书局地址皆为上海小东门内老县基路廿七号。小说《最新上海滩》结尾附有求石斋书局广告，其中有以下文字：

> 本局敦请海内名家编辑各项小说。如爱情、艳情、言情、衷情以及侦探、社会、醒世、警世等，俱选上乘佳作，笔墨精良，装订考究。与时下寻章摘句、抄袭雷同者不可同日而语。[10](P19A)

《孽姻缘》的内容显然符合求石斋书局出版"爱情、艳情、言情、衷情"作品的要求。该书局主人采用《孽姻缘》这一符合书局需求的鼓词作品并配以人物绣像插图，分册装订，石印出版，以此实现"笔墨精良，装订考究"的目标。

综上所述，推断《孽姻缘》可能最初由文人编创，后被书局石印刊行。在改编过程中，东昌生编写鼓词初稿，半醉书生对鼓词初稿加以修订，书局主人负责搜集、装订、出版鼓词。总之，《孽姻缘》应是文人模仿鼓词形式而创作的读本，并非专门用于书场演出。

三 鼓词改编内容和成因

《孽姻缘》以二十回的篇幅敷演小说《金瓶梅》前四十七回的内容，即从"西门庆热结十兄弟"至"苗青贪财害主"的相关情节。从小说到说唱的改编方式决定《孽姻缘》必定对小说《金瓶梅》的内容有所取舍。

第一，《孽姻缘》因袭小说《金瓶梅》的内容。与《金瓶梅》存在的多条情节线索不同，《孽姻缘》只保留小说原著中的两条线索。其一，以姻缘为主线的内容予以保留。《孽姻缘》选取西门庆、潘金莲作为该鼓词的主人公，并以姻缘为线索，敷演与二人相关的姻缘故事。具体涉及西门庆、潘金莲、孟玉楼、李瓶儿、吴月娘、宋蕙莲、王六儿、书童、琴童、陈敬济诸位人物的姻缘之事。特别是西门庆结识潘金莲的情节，《孽姻缘》用五回的篇幅叙述。其二，保留以西门庆发迹为主线的内容。《金瓶梅》里"宇给事劾倒杨提督"和"苗青贪财害主"两事皆出现在《孽姻缘》中。为解决这两件事，西门庆都派家丁到东京向蔡京活动人情，这又与西门庆加官发迹的情节密切相关。

第二，《孽姻缘》改删小说《金瓶梅》的内容。《孽姻缘》的篇幅仅有小说原著的一半左右。该鼓词要讲完相关故事，必然需要改删部分内容。其一，改删《金瓶梅》艳情内容。首先，《孽姻缘》第十三回的情节源自《金瓶梅》第二十六回至第二十八回，主要讲述"宋蕙莲含羞自缢""潘金莲醉闹葡萄架""陈敬济侥幸得金莲"之事。《孽姻缘》该回删去《金瓶梅》第二十七回"潘金莲醉闹葡萄架"的内容，只保留小说第二十八回开头有关西门庆和潘金莲情事的文字，以"是夜二人淫乐无度"[5](P8B)作结。由此削弱"葡萄架"故事的香艳程度并留存潘金莲丢失绣鞋的内容，以便连接下文陈敬济获得绣鞋的情节。其次，《孽姻缘》第十四回的情节取自《金瓶梅》第二十八回至第三十回，展现"西门庆糊涂打铁棍""吴神仙冰鉴定终身""潘金莲兰汤邀午战""西门庆生子加官"等事。其中，《孽姻缘》第十四回概述《金瓶梅》第二十九回"潘金莲兰汤邀午战"内容，并把小说此回原本只与潘金莲和西门庆有关的情事改为西门庆与吴月娘、潘金莲的情事。相较《金瓶梅》，此处改动突出西门庆与吴月娘之间的感情，增强两人的互动交流，彰显姻缘主题。再次，《孽姻缘》第十八回的情节出自《金瓶梅》第三十八回至第四十回，敷演"王六儿棒槌打捣鬼""寄法名官哥穿道服"等事。《孽姻缘》此回以文言句式讲述《金瓶梅》第三十八回西门庆与王六儿情事，如"弄得是乐儿亦在其中也，将床上流出不亦乐乎哉"[11](P1B)。文言句式以隐晦文字描写男女情事并增添文人化的语体风格。《孽姻缘》仅保留《金瓶梅》里三处艳情描写，且内容改变较大。

其二，改删《金瓶梅》次要人物、次要情节和相似情节。首先，与《孽姻缘》两条叙述主线没有直接关系的人物均为次要人物。《孽姻缘》第十二回讲述"吴月娘扫雪烹茶""觑藏春潘氏潜踪""来旺儿醉中谤讪"等事，取自《金瓶梅》第二十一回至第二十五回。该回改编《金瓶梅》第二十一回"应伯爵替花邀酒"情节时，省略小说中应伯爵邀请西门庆并在宴席上说笑话的细节，只以"西门庆被他再三来说得，方才肯一齐到了李家去"[5](P4B)一句匆匆带过。其次，对推动《孽姻缘》故事发展没有明显作用的情节都属于次要情节。《金瓶梅》第十五回"佳人笑赏玩灯楼，狎客帮嫖丽春院"的情节与姻缘主线联系不紧密，因此《孽姻缘》完全删去。与此对应，《孽姻缘》第十回却保留《金瓶梅》第十四回"李瓶儿迎奸赴会"和第十六回"西门庆择吉佳期"有关西门庆与李瓶儿姻缘故事的内容。最后，对《金瓶梅》的一些相似情节，《孽姻缘》在改编时只选取其中一处讲述。《金瓶梅》第二十九回"吴神仙冰鉴定终身"与第四十六回"妻妾戏笑卜龟儿"都以算命的方式预示人物未来结局。为此，《孽姻缘》只保留第二十九回的情节而舍弃第四十六回的情节。

其三，改删《金瓶梅》回前诗词。《孽姻缘》删去《金瓶梅》回前诗词，并加以重新创作。新创作的回前诗词均为七言绝句，且文字通俗，既预告本回的主要内容，又具有一定的教育意味，体现市民审美趣味。如《孽姻缘》第十二回回前诗为"妻妾虽多子尚虚，焚香祝告意如何。从来淫欲过甚者，好色狂徒绝嗣多。"[5](P3B)该诗针对本回吴月娘雪夜为西门庆求子嗣的内容，以通俗易懂的文字提醒世人反思纵欲与子嗣的关系。

之所以产生上述改编现象，是因为《孽姻缘》受到鼓词艺术形式、商业因素和演出情况的影响。

第一，鼓词艺术形式的影响。从鼓词结构分析，完整的鼓词每回有回前诗，回末以说书套语结尾。正文韵散相间，韵文为十字句，且"清代鼓词十字句标准字句格式为'三四三'或'三七'字句式"[12](P123)。《孽姻缘》完全符合上述鼓词结构要求。该鼓词每回有回前诗，回末以"且看下回书中说分明"或"且看下卷书中说分明"这样的说书套语结尾。正文韵文都为"三四三"句式，如"月娘道／病人日日／昏沉沉，咱怕你／又同他们／别处去，因此上／唤你回来／守病人"[6](P3A)。从鼓词叙事题材考察，鼓词一般多敷演历史演义或英雄传奇类故事。此类故事人物类型化明显,情节曲折,具有传奇性,使用鼓词形式说唱此类故事更容易吸引观者。而改编《金瓶梅》这类世情小说则不然。《金瓶梅》人物性格复杂多样,情节叙述相对冗杂分散,不易引起观者观赏的兴趣。因而在改编时,《孽姻缘》扬长避短,吸收鼓词改编历史演义或英雄传奇类故事的经验,对小说《金瓶梅》有所取舍,以姻缘和发迹两条主线贯穿在主人公西门庆、潘金莲两人身上,进而使人物集中,情节紧凑。而且,以西门庆与潘金莲的"孽姻缘"故事作为商业噱头,本身就容易吸引更多人关注。

第二,书局商业需求和商业活动的影响。随着近代西方印刷技术传入,中国传统木刻印刷逐渐衰落。在此期间,石印与铅印成为近代中国主要的印刷方式。具体来说,"上海出版界在二十世纪初形成了铅印独霸西学,石印退守古籍的格局"[13](P51)。中国在废除科举之前,石印书局以印刷科举考试用书、古书、小说为主。但在废除科举之后,石印书局的印刷范围发生巨变。陆费逵在《六十年来中国之出版业与印刷业》一文中对此有明确记载:

> 三十年前清朝废科举,于是石印书一落千丈。考试的书原售一、二元的,此时一、二角也无人要。大的石印书庄,因考试书的倒霉,都关门了,只剩几家专印古书或小说的小石印书坊了。[14](P276)

可见石印书局在废除科举之后,可印刷、销售的书籍种类大幅度减少,同时还要面对铅印书局强有力的竞争。在此情况下,石印书局为提高销售额,不得不改进编写印刷小说和唱本的方式,编辑出版市民热衷的题材作品,以此吸引读者购买。上文所述上海求石斋书局征集作品的广告已明确提出要收集有关"爱情、艳情、言情、衷情"的作品。这表明读者爱看此类题材作品。《孽姻缘》以姻缘为主线的创作方式恰好迎合了书局销售此类作品的商业需求。

在此种商业需求的推动下,民国五年(1916)上海存宝斋铅印出版《绘图真本金瓶梅》。随后,民国十五年(1926)上海卿云图书公司铅印出版《古本金瓶梅》。关于这两部小说,郑振铎在《谈金瓶梅词话》中已经确认《古本金瓶梅》"其实只是那部存宝斋铅印《真本金瓶梅》的翻版……在这个《真本金瓶梅》里果然把秽亵的描写,删去净尽;但不仅删,还要改,不仅改,还要增"[15](P235-236)。《孽姻缘》出版于1923年,正处于此段商业活动时期。同为《金瓶梅》题材作品,《孽姻缘》为石印出版;《真本金瓶梅》和《古本金瓶梅》皆为铅印出版。这是当时石印书局与铅印书局争夺销售市场的具体体现。《孽姻缘》改删小说《金瓶梅》的艳情描写,部分韵文沿用小说《金瓶梅》的散体文字;《真本金瓶梅》和《古本金瓶梅》都删减艳情文字,而正文却依然沿袭小说原著文字。这些都足以说明《孽姻缘》在编写过程中受到此种商业活动的影响。

第三,民国上海书场演出情况的影响。《孽姻缘》这部说唱作品为何选择以鼓词形式,而不是以弹词形式改编《金瓶梅》呢?究其原因,与民国上海书场的演出情况有一定关联。民国上海书场除了表演弹词之外,还有其他种类的曲艺演出。其中,来自北方的鼓词艺术在民国时期上海书场颇为流行。为迎合上海诸多北方客人的观赏需求，弹词艺人习唱西皮二黄，"易弹词为京戏，以增强她们的存在，自成为必然的转变。于是，女弹词遂趋于一蹶而不振"[16](P424)。陈汝衡在《说书小史》提到，"今则上海说书一业，几全为男性所垄断，书场中之有女子献技者，甚少为抚弦弹唱之说书，多属平津之大鼓矣"[17](P91)。所谓"抚弦弹唱之说书"即指弹词艺术；"平津之大鼓"则为来自北方（以北平、天津为主）的鼓词艺术。《孽姻缘》卷四"求石斋书局新编各种京韵鼓词"广告中收录该鼓词作品，表明《孽姻缘》属于京韵鼓词类别，亦契合此时代背景。

四　鼓词编订特点

在民国上海石印书业衰落的时代背景下，《孽姻缘》编订特点呈现仓促性与商业性并存的情况。其具体编订状况表现在以下四个方面。

第一，实际卷数与预设卷数不同。在实际装订方面，《孽姻缘》为一卷一册。整部作品共六卷六册二十回。其中，卷二和卷五各四回，其余各卷均为三回。但在第五回、第十回、第十五回这三回的回末，却有以下说辞：

> 要知他二人欢乐后如何，且看那下卷书中说分明。[9](P6B)
> 不知道出了一件什么事，且看那下卷书中说分明。[18](P6B)
> 要知道浮浪子弟来捉奸，且看那下卷书中说分明。[19](P6B)

由上可知，《孽姻缘》预设卷数是每卷五回，共四卷四册；而该书实际卷数却是六卷。显然，《孽姻缘》实际卷数与预设卷数不同。从商业性角度考察，便携性的巾箱本鼓词更容易提升读者的购买欲望。为方便读者携带并阅读鼓词，巾箱本每册不宜过厚。《孽姻缘》实际每册三至四回不等，比预设每册五回要少，自然更薄，也更适合巾箱本的版本形式。从仓促性角度考察，书局主人印刷该鼓词时，虽然改变该书卷数，但是并未及时修改作品回末结尾部分的卷数说明。其编写的仓促性亦由此凸显。

第二，不存在未完成的下集鼓词。《孽姻缘》在第二十回的回末表示将有下集鼓词敷演《金瓶梅》剩余五十三回的内容：

> 《孽姻缘》上集告终表后事，到后来巡接行文捉苗青。参西门御史呈奏七件事，西门庆得药大兴房中术。潘金莲暗地勾搭陈敬济，武二爷回家杀嫂祭兄长。吴月娘心善果然身有孕，西门庆贪欲过度把命丧。到后时许多报应循环事，都在那下集书中说分明。[11](P9A)

上述文字可作为《孽姻缘》下集的内容提要。由于现有的《孽姻缘》以二十回的篇幅敷演《金瓶梅》将近一半的内容，因此足以推测，在正常情况下，《孽姻缘》下集也应当是二十回。但现查找各类鼓词，并未发现《孽姻缘》下集的文本。可能《孽姻缘》下集并未实际刊印。所谓的《孽姻缘》下集预告，只是书局主人刊印完成这二十回鼓词时给读者留下的一种商业噱头，以此吸引读者持续关注该书局新出版的唱本书籍。

第三，鼓词插入人物绣像插图和广告页。为吸引读者购买，鼓词在卷首精心配制王婆、西门庆等十六个人物的绣像插图。这些人物按照他们在书中的出场顺序依次排列，每四人一组，共四组。但陈敬济这一人物绣像旁的名称却标为程经济。"程经济"之名应是"陈敬济"（或"陈经济"）之名在上海吴音方言下的音译。书商因仓促出版而忽略了这一名称之误，将吴音方言的音译之名刊印在人物绣像插图里。鼓词卷四结尾处附有"求石斋书局新编各种京韵鼓词"的广告，共著录三十六部鼓词的名称。其中，在《孽姻缘》旁以小字形式注明"金瓶梅"三字，向读者说明该鼓词的内容，期望读者能够依据广告页上著录的书目挑选并购买自己渴望阅读的鼓词作品。

第四，正文校勘不精。书局主人刊印《孽姻缘》时过于仓促，未仔细校勘正文中的文字，导致正文校勘不精的情况多次出现。其一，脱文出现。（1）第六回"兰香、小鸾和小厮琴都跟过来服侍"[9](P8A)。该句"琴"字后脱"童"字。依据为《金瓶梅》第七回"兰香、小鸾两个丫头都跟了来，铺床叠被。小厮琴童方年十五岁，亦带过来伏侍"[20](P117)。（2）第十四回的回前诗文字不全。"子息有无能□□"[19](P1A)后脱九个字。③（3）第十五回"留下吴大妗子、潘老娘、杨姑娘并两个姑子，到晚又宣□佛曲"[19](P5A)。该句"宣"字后脱"唱"字。原句为《金瓶梅》第三十三回"留下吴大妗子、潘姥姥、杨姑娘并两个姑子住两日，晚夕宣唱佛曲儿"[20](P455)。（4）第十六回"书童是忽听喝道到厅上"[19](P7A)后脱韵文十个字。（5）第二十回"安童正要走时，被翁□□闷棍打落水中"[11](P8A)。该句"翁"字后脱"八"、"一"两字。与之对应，《金瓶梅》第四十七回"那安童正要走时，被翁八一闷棍打落水中"[20](P625)。

其二，讹文出现。（1）第八回"西门庆要往庙上替金莲买环子去"[18](P1B)。该句"环"字与"珠"字因形近而讹。比对原著，《金瓶梅》第十一回"西门庆许下金莲，要往庙上替他买珠子，穿箍儿戴"[20](P155)。（2）第十五回"有一个伙计姓朝名国道"[19](P6A)。该句"朝"字与"韩"字因形近而讹，并且"国道"互乙，属于讹文与倒文的混合错误。《金瓶梅》第三十三回写道，"西门庆新搭的开绒线铺伙计，也不是守本分的人，姓韩名道国"[20](P462)。

其三，倒文出现。第十四回"梅春道娘叫秋菊热下水"[19](P2A)。该句"梅春"两字互乙。《金瓶梅》第二十九回提及，"春梅道，娘在屋里，教秋菊热下水要洗浴"[20](P410)。

以上校勘问题都出现在《孽姻缘》第五回后，而前五回没有出现相关校勘问题。前五回主要敷演潘金莲撩拨武松和毒杀武大郎等事，为《水浒传》与《金瓶梅》相同的情节部分，也最为大众熟识。书局主人为迎合大众的阅读期待，在刊印前五回时校勘精细，而对其余回次却校勘不精。

总而言之，《孽姻缘》对研究民国时期《金瓶梅》传播与刊印情况具有重要价值，充分发掘该鼓词文献有助于进一步拓展《金瓶梅》研究的视野与领域，《孽姻缘》理应受到学界的关注，进行更为深入地研究。

注释：

① 参见黄仕忠、李芳、关瑾华《新编子弟书总目》，广西师范大学出版社，2012，第244—247页；纪德君《"拟弹词"：清代弹词编创的一种重要类型——南词〈绣像金瓶梅传〉新探》，《文学遗产》2019年第6期；鲍震培《论清代子弟书对〈金瓶梅〉的说唱叙事呈现》，《河南理工大学学报》2018年第4期。

② 此处"黎"当作"梨"。

③ □表示原文此处无文字，为空白。以下皆同。

参考文献：

[1] 纪德君.试论中国古代说唱文学研究的开拓与创新[J].学术研究，2020（5）.

[2] 郑振铎.中国俗文学史[M].北京：商务印书馆，2010.

[3] 赵景深.鼓词选[M].上海：古典文学出版社，1957.

[4] 李豫、李雪梅、孙英芳、李巍.中国鼓词总目[M].太原：山西古籍出版社，2006.

[5] 无名氏.孽姻缘（卷四）[M].上海：上海振圜小说社，1923.

[6] 无名氏.孽姻缘（卷一）[M].上海：上海振圜小说社，1923.

[7] [清]嵩山.东昌府志（卷一：沿革）[M].嘉庆十三年刻本.

[8] [清]嵩山.东昌府志（卷一：图考）[M].嘉庆十三年刻本.

[9] 无名氏.孽姻缘（卷二）[M].上海：上海振圜小说社，1923.

[10] 无名氏.最新上海滩[M].上海：上海振圜图书局，年代不详.

[11] 无名氏.孽姻缘（卷六）[M].上海：上海振圜小说社，1923.

[12] 李雪梅.中国鼓词文学发展史[M].上海：上海人民出版社，2012.

[13] 许静波.成本最简模式下的近代化——上海近代石印书业研究（1878—1956）[D].上海：复旦大学，2012.

[14] 张静庐.中国近现代出版史料补编[M].上海：上海书店出版社，2003.

[15] 郑振铎.郑振铎全集（第四卷）[M].石家庄：花山文艺出版社，1998.

[16] 阿英.阿英全集（第七册）[M].合肥：安徽教育出版社，2003.

[17] 陈汝衡.说书小史[M].上海：中华书局，1936.

[18] 无名氏.孽姻缘（卷三）[M].上海：上海振圜小说社，1923.

[19] 无名氏.孽姻缘（卷五）[M].上海：上海振圜小说社，1923.

[20] 秦修容.金瓶梅（会评会校本）[M].北京：中华书局，1998.

·京津冀文学研究·

梁斌与新世纪剧社抗战文艺活动梳考*

刘卫东**

摘　要：新世纪剧社成立于抗日战火燃烧之中。梁斌1938年至1942年为新世纪剧社社长。五年时间里，新世纪剧社在冀中演戏、出版刊物、培养文艺人才、参加战斗，功勋显著。梁斌与新世纪剧社的演出、生活状况，可以作为抗战期间冀中文艺的典范之一。梁斌的作品，是剧社演出的常备剧目。从保留下的一些间接资料，能看出梁斌是如何在剧本中体现启蒙观念，影响农村观众的。

关键词：梁斌；新世纪剧社；抗战文艺

梁斌1938年6月到蠡县新世纪剧社任职，不久任社长，一直率剧社在抗战硝烟中辗转；1942年10月，新世纪剧社与火线剧社合并。新世纪剧社为冀中区党委唯一直属剧社，由区委书记黄敬直接领导，是革命文艺团体。五年时间里，新世纪剧社在冀中演戏、出版刊物、培养文艺人才、参加战斗，功勋显著。剧社成员之间建立了深厚友谊，这些友谊延续到人生晚年。梁斌全面负责剧社工作，除了编剧、导演，还做舞台设计、监督、演员，因此被称为"全能社长"，对剧社风格形成起到了重要作用。新世纪剧社的演出及其他革命文艺活动，是抗战间冀中文艺运作的典型样本。[①] 此前的研究中，已经对新世纪剧社的性质、沿革、作用等做了基本描述。《晋察冀文艺史》中说："新世纪剧社是在蠡县教育界老前辈刘通庸的倡议下于1938年2月建立的，初称新世纪剧团。同年10月，剧社上调冀中军区辖属，改名为新世纪剧社。这个剧社从创建之初，就注意创作和演出自己的剧目。几年间，他们创作、演出了话剧《爸爸做错了》（梁斌编剧）、《运粮船》（路一编剧）、《暴发》（王林编剧）、《五谷丰登》（梁斌编剧）和大型歌剧《抗日人家》（梁斌编剧，陈春耀作曲）等。为配合开展群众性的文娱活动，他们创办了杂志《歌与剧》，还经常选拔骨干力量，深入农村，开办文艺训练班，培训农村文艺骨干，由于他们的努力，经他们培训、组建的村剧团达到1700多个。"[1](P346-347) 但是，此前还没有出现对其中细节做全面展示的成果。本文拟根据已有出版材料，参照其他未刊资料[②]，对梁斌及新世纪剧社在抗战期间的活动做出梳理、考证，以期将研究引向深入。

---

* 基金项目：国家社科规划项目"十七年文学批评研究"（项目编号：16BZW154）的阶段性成果。

** 作者简介：刘卫东（1971—　　），男，天津师范大学文学院教授，博士生导师，研究方向为中国当代文学史、中国当代文学批评。

一 新世纪剧社的成立与梁斌的领导

新世纪剧社成立于抗日战火燃烧之中。"七七事变"后,抗战全面爆发,八路军深入华北敌后,在晋察冀领导了抗日军事和文艺斗争。③为了宣传抗日主张,各种文艺团体纷纷建立,形成了一股洪流。1937年11月晋察冀军区成立,随即军区政治部和军分区相继成立了多个剧社:抗敌剧社、战线剧社、冲锋剧社、火线剧社、前哨剧社。地方上也掀起成立剧社热潮,如冀中新世纪剧社(1938年2月)、平山铁血剧社(1938年4月)、晋东北大众剧社(1938年10月)等。④在此形势下,新世纪剧社在蠡县成立。新世纪剧社自成立后,发展迅速,"由于梁斌担任剧社社长使剧社的面貌焕然一新,也提升了剧社的地位,新世纪剧社就由蠡县调往高阳县,升格为冀中区党委直属剧社,从此便直接受黄敬同志的领导"[2](P132)。新世纪剧社形成自身特点,成为具有高度战斗力的集体,与梁斌的影响密不可分。

关于新世纪剧社成立的时间,有不同说法。一说为1937年5月。"1937年5月,冀中蠡县成立新世纪剧社,后归冀中文建会领导。社长梁斌,主要成员有远千里、傅铎、刘之家、刘光人等。"[3]新世纪剧社在抗战全面爆发后成立,1937年5月的说法与此不吻合。一说为1938年2月。傅铎在《在抗日烽火中诞生的新世纪剧社》回忆:"蠡县各团体、机关的负责人,听说成立剧社都很热心,积极为剧社推荐人才""推举出张春霖当社长,下设总务部、剧务部""刘通庸同志费尽心机给剧社起了一个名字:'新世纪剧社'""一九三八年二月,一块蓝底白字上写着'蠡县新世纪剧社'的醒目的大牌子,挂在县城西小街王诺同志家的大门口,从此新世纪剧社正式诞生了"[4]。这段记录较为详尽,剧社成立的原因、时间、地点乃至名称由来,都有交代。

剧社成立后,梁斌很快进入剧社工作并担任社长。梁斌来到新世纪剧社并担任领导职务,一是因为党的派遣,二是专业相符,三是个人兴趣与选择。梁斌1934年7月入山东省立剧院表演系学习,受到专业训练。"七七事变"后,梁斌当选为"蠡县抗日救国会"委员,组织宣传队,发动群众抗战。1938年春,受校长刘通甯(庸)邀请,梁斌在县立高小举办戏剧讲座。梁斌回忆,1938年6月,"在一天的上午,天气晴朗。炮声响着,通庸领我到新世纪剧社去"[5](P136)。梁斌来到新世纪剧社,为蠡县县委派遣。由于党员身份和专业背景,梁斌很快成为剧社的灵魂人物,"时间不长,张春霖同志去考抗战学院,我是剧社唯一的党员,唯一上过戏剧学校的人,所以由我当社长和导演,演出的时候还当舞台监督"[5](P138)。梁斌愿到新世纪剧社工作,是因为此单位与文学有关。1933年,梁斌因"保二师学潮"失学,流亡北平,参加了左联,在《大公报》等发表过多篇作品。[6]因此,梁斌认为自己"从十几岁就是一个文艺爱好者,研究过文学,后来又学了戏剧,到剧社去比较合适"[7](P23)。

因为梁斌的领导,新世纪剧社演员的专业能力迅速得到提升。如前所述,梁斌曾在山东艺校学习,受过科班训练。他在理论和表演方面进行指导,提高了剧社成员的水平。梁斌回忆:"社员们除傅铎和郭克同志演过文明戏外,没有受过戏剧训练,没有学过音乐,只有简单的乐器——一只口琴，一把四弦。这样在工作上是有困难的，我只有给他们上课，讲戏剧概论、化装术、舞台装置。把家里的一些旧书刊拿去，叫他们看，增加一些文学素养。我也不懂音乐，只有向兄弟剧团学习。"[5](P139)梁斌有良好的艺术修养和表演功底，有能力编导原创作品。这就可以理解，新世纪剧社不仅演出《松花江上》《放下你的鞭子》等知名剧目，同时也有自己剧社的剧本。

最为突出的是，结合表演实践，新世纪剧社在语言本土化方面进行了探索。五四以降，知识分子开始关注"大众化"问题。[8]如何让启蒙思想为普通民众喜闻乐见？梁斌与新世纪剧社在抗战语境中，自觉从群众接受角度看问题，走出了自己的道路，而这个探索，需要重视。新世纪剧社在表演时，不断摸索，形成了自己的发音方法。梁斌回忆："写了一个短篇《烧桥》，刊在《冀中文化》上，是写两个青年怎样研究、设法烧掉敌人的桥梁。是用群众语言写的，引起人们的议论。当时写文章多是用'五四'以来的文学语言，或是叙述用书本语言，对话用群众语言。乍用群众语言写文章，人们还不习惯。"[5](P195)梁斌在北平时期的杂文、政论文章中，带有明显五四后的欧化风格，但到抗战期间，已经有意识转变。他自觉运用大众语言，开始引起争议，而后得到认可。刘光人回忆："我们的观众绝大部分是农民（战士也是农民出身），我们的话剧必须使农民喜闻乐见。地方化和群众化第一是演员的语言发音，演员演戏既不撇京腔（北京话），也不用某一个地方的土话（如蠡县话），而是在两者之间找到一个平衡点，形成一种为冀中农民能够接受的新的地方化的舞台语言"，"冀中文艺界都承认新世纪以演农民戏著称"。[9](P26)20世纪上半叶开始，大众化问题出现，后一直萦绕在知识分子身边，无法获得解决。梁斌与新世纪剧社关于舞台语言的运用，无疑是文艺大众化、民族化的实践。宋安娜认为："从这个意义上说，没有梁斌发动的那场'革命'，没有新世纪剧社独特的舞台语言发音体系，便不会有《红旗谱》的民族语言；没有当年的'满堂彩'，没有新世纪剧社以演农民戏著称冀中文艺界，便不会有《红旗谱》的民族风格和民族魂魄。"[10](P68-69)

二 新世纪剧社的抗日活动

梁斌与新世纪剧社的演出、生活状况，可以作为抗战期间冀中文艺的典范之一。本文试结合当时报道、日记及后来回忆录，做简要梳理。

一、在严酷的战争环境中坚持战斗、演出。剧社是文艺队伍，并非作战部队，一旦遇敌，就很危险。而此情景，并不鲜见。有时演出距离敌人很近，台上演戏，台下就打点"驮子"，随时可以撤离。敌后演出，困难可想而知。严酷的战争环境中，新世纪剧社遇到过多次险境，经常与敌人正面接触，"我们还是躺在麦田里一动也不动，直到太阳小晌午的时候，从岗楼上下来了几个穿黄军装的伪军，拿着枪在野地里打兔子。这时我们也就感到敌情就要来了，用不着发命令，我们一个个匍匐在麦田里，两手端着枪，对准准星缺口，准备战斗。眼看着那几个伪军向北兜了一个圈，又向南走去，我们才算松了一口气。"[5](P253)1942年五一"反扫荡"期间，剧社停止活动，疏散人员，撤向路西山区。期间多次遭遇敌情，多位成员牺牲，损失惨重。据刘光人统计，5年中共有120多人先后在新世纪剧社工作，有9位同志牺牲。[11](P9)由此可见，新世纪剧社成员不仅承担宣传任务，还直接面对敌寇，英勇战斗，很多同志牺牲在岗位。

二、演出效果好，能够引起观众共鸣。条件有限状况下，新世纪剧社坚持演出，在抗日宣传方面发挥了巨大作用。剧社选题贴近抗战语境，表演精湛到位，配合了当时同仇敌忾的情绪，往往能打动观众，效果良好。梁斌在回忆录中，还原过演出状况："我们在苏桥戏楼上演了三个晚会，观众是码头工人、当地农民及驻军。我们在此地演了《放下你的鞭子》，在演出过程中，台下观众久久不能平静，当演到老艺人打他的女儿时，台下一青年上台拦阻，台下呼声不绝。当老艺人作揖收钱时，台下纷纷掷铜元，亦有抛银元者，可见观众抗战热情之高。"[5](P143)观众多为乡村民众，饱受战争疾苦，表达情感也质朴自然。王林在《抗战日记》中也有记录，印证了梁斌的回忆："新世纪剧团在潴龙河岸蠡属仇村、孟尝村、北高晃公演《张家店》，到日兵侮辱女子时，观众怒骂，骂得推'陈'。演《活路》时，往台上怒投半头砖三块几中日兵。亦有扬尘土者。在乡下演小孩老爱上台，但日本兵一出，或做放炮效果时，台上小孩便抱头而去。有一次演《活路》到英华砍日兵时，台上一个小孩也要就前去下手。《张家店》中日兵毒死，老头踢时，台下高呼'切菜刀干么呢！'"[12](P61)剧社成员回忆说，新世纪剧社演出《暴风雨之夜》时，台下民兵激动，上台追打扮演鬼子的演员，将演员的半个门牙打落。[13](P169)类似记载，并非一处，可见是当时演出"常态"。演出经常出现观众"入戏"情况，说明剧目贴近现实，可以引起共鸣。

三、办班，培养人才。新世纪剧社不仅自己演戏，还通过培训班方式，为冀中培养了一批文艺骨干人才。1939年冬，梁斌率新世纪剧社到华北联大文艺部进修，1940年春毕业。⑤新世纪剧社回到冀中，黄敬提出，剧社"是一只老母鸡，要孵出很多小鸡！不只会演戏唱歌，还要做群众工作"[7](P36)。梁斌积极响应，亲赴无极、藁城、深泽、定县、安国、博野等地招生，并对学员做为期三个月的培训。此后，新世纪剧社还受"文建会"委托，开办第二期文艺干部学校，史立德任校长，梁斌任副校长。类似活动一直延续不断。文艺干部学校培养了几百名文艺骨干，涉及1700多个村剧团。由于战争形势，剧社化整为零，"为了应付敌人的冬季大'扫荡'，把新世纪剧社的人分成小组，到各专区，就地开办小型短期训练班，帮助地方文建会培训村剧团的骨干，这个方式对于加强村剧团来说，起了很大的作用"[5](P194)。由于新世纪等剧社的努力，抗战后期，冀中演剧运动已经成为文化史上的奇观。据1943年的一份调查，其中一个县"有六十三个村庄成立了村剧团或宣传队"，另三个县"共有二百八十一个村剧团活动"。[14]如此众多的剧社在频繁活动，不仅宣传了抗战，还营造出一种战时文化生态。

四、办刊物，发表文艺作品，宣传抗战。1940年秋末，冀中召开文代会，梁斌被选为"冀中文化界抗战建国联合会"（简称"文建会"）文艺部部长。梁斌因地制宜，演戏、出版杂志，发动普通群众，做了很多"启蒙"工作。1941年前后，冀中文艺运动达到高潮。1941年的"冀中一日"征文，连不识字的老太太都找人代写，参与其中，"为名副其实的群众文艺运动"[15](P321)。征集到的稿子很多，"需用大车拉着打游击"[16](P78)，创造了战争年代文艺运动的多项纪录。同年，新世纪剧社也创办了刊物。有资料介绍，《诗与画》《新世纪诗刊》"都是冀中新世纪剧社版的刊物。油印，封面套色印刷。均由远千里主编。《诗与画》1941年春创刊，32开本。一面是画，一面是配合画的街头诗，发到村里可以转画到墙上或黑板报上。《新世纪诗刊》1941年秋出了一期，16开本。这两个刊物均由冀中文建会发行到各级文建会和中小学校。1942年'五一大扫荡'后均停刊。"[17]启蒙理念随文艺活动渗透到冀中农村千家万户。抗战期间，晋察冀地区活跃着众多剧社，总体发力，甚至改变了这一地区的农村文化。这种普及性，"在中国文艺史乃至世界文艺史中，都是极为罕见的。"[18]《中国现代文学三十年》在谈到"解放区的文学通俗化运动"时认为，"各根据地之间有统一的文艺政策做指导，在战争环境下，也有不平衡性。原有的文化基础也不尽相同，比如冀中地区的村头广场话剧就开展得较火热，是因为河北农民的文化素质相对来说要比西北的农民稍高些。"[19](P550)河北农民文化素质较高一说可能需商榷，但与村头广场剧的广泛传播有一定关系，应无疑问。

　　由新世纪剧社的抗战活动可见，从来没有一个历史时期，知识分子与民众如此生活贴近，命运扭结。连华北日军都认识到，"共产党地区最为重视的工作为组织民众"[20](P99)。五四后，借助抗战契机，知识分子找到了激情寄托的方式，将启蒙火种洒向书斋之外的民间天地。新世纪剧社的活动主要是演戏，但还承担其他功能，相当于流动的宣传队，具有强大的文化输出能力。长期以来，农村文艺活动较为落后，因剧社介入，发生了很大改观。梁斌等冀中文人先受五四新文化影响，后成为党的干部，自觉把启蒙思想与抗战工作结合，在农村基层普及启蒙精神。剧社工作繁杂琐碎，但形成固定方式，有条不紊，"我们的剧社向来是这个作风，只要一住下，音乐组立刻外出教歌，到农民识字班、妇女识字班、青年会。美术组去画墙画、写标语，文学创作组立刻读书或是写剧本，小鬼队到小学校去教歌或跳舞。戏剧队到村剧团辅导，而且数年如一日"[5](P212)。梁斌回忆说，冀中区广大农村被充分发动起来，"到这时可以说是村村有戏看，到处有歌声，标语墙报随时可见，农村文化运动有了新的繁荣"[7](P39)。农村文化生活，因为抗战而繁荣，是时代造就的反常景观。在抗战文艺中，农村固有文化模式逐渐解体，新的启蒙理念随作品渗透到农民日常生活。

三　梁斌的戏剧创作及意义

　　目前研究中，把新世纪剧社及其他冀中剧社的抗战活动，纳入抗战期间的文化宣传中，形成了固定思路。有研究者认为："秧歌运动、街头诗运动、群众写作运动、农村剧运动是解放区在党的文艺政策指导下，开展起来并对抗战时期全国（包括国统区、沦陷区）的文学生态产生重要影响的群众文学运动。"[21](P142)当时剧社的活动及其意义，也在抗战史中经常被提及。⑥而在抗战戏剧史中，却很少留意这批剧社的原创作品，忽略了这批作品在文学创作上的价值。⑦对于梁斌，研究者更关注《红旗谱》等影响大的代表作，而忽略了他在新世纪剧社期间的创作。

　　笔者以为，剧社在农村演出的作品，浸透着知识分子启蒙大众时的思考与实践，有独特意义，需要进一步重视。1939年5月，李公朴等人来到晋察冀，进行了长达半年的考察，后出版了《华北敌后——晋察冀》。李公朴对戏剧工作赞不绝口："模范的抗日民主统一战线的战斗环境，创造了晋察冀的新戏剧，涵育成晋察冀戏剧自己独有的特点"，"晋察冀是没有外面的剧本上演的。所有的剧本都是晋察冀戏剧工作者自己的剧作，也可以说是晋察冀边区伟大的斗争现实的剧作。这一方面由于外面供给的不够，也是因为实在难以找到一本适合敌后的创作。"[22](P152)既然指晋察冀戏剧，也包括新世纪剧社的作品。1939年冬，新世纪剧社到华北联大学习，正值李公朴在此地考察。据回忆录，李公朴观看过新世纪剧社演出。⑧李公朴亲自观察、体验，做出对比，得出了公允的看法。为适应群众观看，戏剧工作者因地制宜，改造旧戏与写新剧相结合，灵活机敏，创造了具有时代性的文艺作品。

抗战期间，冀中活跃着一批剧作家。⑨新世纪剧社的演出剧目，既有抗战时期经典之作，也有梁斌、王林、路一等冀中作家的作品，兼容并包。剧社曾演出过《放下你的鞭子》《察东之夜》、哑剧《擦镜子》等剧目，还有大鼓书，还曾演出苏联戏《小金子》。剧社后期，还演过路一编剧的《运粮船》和王林编剧的《夏伯阳》。剧社力求全面，在吸引观众的同时，完成抗战宣传任务。编剧这些作品时，作家力避展现个性，与当时的要求分不开。王林在日记中，记录被批评"净着眼什么高峰，什么技巧，就脱离现实了"，剧本"总是知识分子气味"[12](P169)，但这并不等于允许粗制滥造。细查作品，作家的选题倾向、材料整合、结构运用等方面，还是表现出了个人风格。

梁斌的作品，是剧社演出的常备剧目。从保留下的一些间接资料能看出梁斌是如何在剧本中体现启蒙观念，影响农村观众的。首先，梁斌的剧作，高扬抗战军人浴血卫国的事迹，呼唤群众奋起抗战。《血洒卢沟桥》出自真人真事，"是以二十九军团长吉星文血战卢沟桥为背景写的"[5](P140)。这部戏，与当时著名的在沪编导、演员百余人参与的《保卫卢沟桥》题材相同。可以想见，正是通过这样的剧目，使卢沟桥事变为冀中很多不识字的乡村民众所知，弘扬了抗战军人事迹。当时很多作品都以国破家亡的事实，揭露、控诉日军暴行，动员民众奋起，同仇敌忾。梁斌编剧的《爸爸做错了》即是如此，"这个剧本，素材出在廊坊；日寇将至，一个乡绅领着众乡绅打着日本旗迎接'皇军'，并以酒席相待。夜间日寇要花姑娘，赶着两个姑娘满街跑，群众起来，把日本鬼子打死，两个姑娘跪在父亲面前，哀告：'你做错了！'父亲低下头，流着眼泪说：'做错了！做错了！'"[5](P138)日军作恶多端，欺凌妇女，打破了某些乡绅的幻想。以无辜群众尤其年轻女性的不幸为核心情节，表现出作品对战争中女性命运的关注。

其次，抓住时事热点，将启蒙意识灌注其中，完成五四传统在乡村的"接续"。女性、婚姻自由等个性解放问题，在五四时期得到呼吁，但响应者仅限知识分子小圈子。以戏剧方式承载的启蒙理念，如涓涓细流，渗透到普通冀中农民生活。梁斌回忆说，《五谷丰登》"这个剧本的背景是根据区党委的指示精神写的。大概是一九四〇年，冀中青教会和冀中妇救会同时下达了一个指示：反对封建婚姻，提倡男女平等，婚姻自主。"[5](P217)作品写在冯家扛活的小囤和冯家的姑娘雅红自由恋爱，但遭到冯家阻止。后来小囤参军，又任游击队队长，雅红也参加了工作，二人冲破阻挠而结婚。从题材看，《五谷丰登》与《小二黑结婚》《王贵与李香香》相似，几位作家不约而同地注意到农村婚姻制度的革命性变化。改变长期以来农村婚姻不自由的状况[23]，绝非一朝一夕，但剧社通过剧目宣传，无疑将婚姻自由理念逐步渗透给了村民，起到了启蒙作用。

第三，兼顾普及与提高。梁斌不仅注意大众化，用群众语言演戏，同时也尝试提高，使用新颖的形式。由此可以理解梁斌原创的剧作中，还包括歌剧《抗日人家》。该剧发表于《文艺学习》，陈春耀谱曲。[5](P196) 既然剧社观众是普通士兵、村民，为何要排演歌剧这种明显带有文人气的作品？就题材来看，具有现实性，"通过一个普通农村干部家庭中不同成员对待生产劳动的不同态度，批评了好逸恶劳，懒于农业劳动，干部脱离群众的错误思想；歌颂了勤劳勇敢，热爱劳动，努力学习的美德。故事并不复杂，却切中当时农村干部中存在的实际问题"，中规中矩。特别的是，"该剧采取了歌剧形式，词、曲优美动听，不失为一个高雅艺术与革命现实完美结合的好作品。"[24](P181) 当时演出的剧目，多倾向普及，贴向"高雅"的并不多。如抗敌剧社剧目中，"有不少是独幕剧，如《李国瑞》等，有小歌剧如《兄妹开荒》等，有大合唱如《黄河大合唱》《生产大合唱》等，有活报剧如《生产大活报》等，总之，涉及到各种为抗战服务的体裁和题材。"[25]《抗日人家》采取"高雅艺术"形式，显得有些特殊。梁斌在艺术上积极探索，用歌剧这种乡村文化中少见的方式，在宣传"抗日"的框架内，试图"提高"群众欣赏水平。

第四，为《红旗谱》的写作做了艺术准备。在此期间，梁斌也酝酿了专属于自己的题材。《红旗谱》人物和故事的原型，逐步孕育。梁斌说："在这个时期写了五幕话剧《堤》。这个剧本的背景是一九三九年的大水。"[5](P216) 其中，朱老忠、严知孝、冯贵堂、二贵等人物都已出现，只待日后丰满。短篇小说《三个布尔什维克的爸爸》发表于《冀中文化》，主要人物是朱老忠、大贵、二贵、三贵。新世纪剧社期间，《红旗谱》虽然还未动笔，但其雏形已基本形成，此后，故事和人物不断丰满，终于在十多年后横空出世。在新世纪剧社期间，梁斌还针对抗战文艺问题，撰写了一些研究论文。梁斌回忆说："文建会决定出版《冀中文化》，这是个综合性的文学艺术刊物。发了我的一篇《论民族形式问题》，此外还转载了周扬同志的，茅盾同志的，都是同一性质"[5](P193)。可见，梁斌对文艺大众化的出路的思考，无论实践还是理论，都在进行。孙犁对此有所关注。1942年初，孙犁在描述1940年边区的文艺运动时特意提及，"沈蔚的故事，远千里、李英儒的诗，路一、王林、梁斌关于文艺工作的论文，都值得注意"[26](P466)。

小结

本文仅在"启蒙"线索内，对梁斌及新世纪剧社文艺活动做出初步解读。梁斌与新世纪剧社在抗战期间，立足冀中，着力抗战宣传。将"宣传"植入人心是知识分子启蒙理想，但五四新文化运动后受到重挫。梁斌及新世纪剧社的活动，践行了"大众化"，"将冀中群众陌生的话剧改革成为军民热烈欢迎的剧种"[27](P148)，达到了惊人效果。此前的抗战文学叙述，更关注重庆、桂林等大后方戏剧运动，忽略了冀中敌后戏剧的特殊性。⑩在启蒙与救亡并存时刻，如何将知识分子理想与乡村文化结合，创作出农民喜爱的作品，还未得到仔细研究。置放于20世纪历史中，抗战时期的梁斌与新世纪剧社活动需要重视，因为只有他们，曾拥有过丰富的历史经验，亲身经历进行了启蒙思想与大众需求、时代命题"对接"，创造了独一无二的艺术方式。

注释：

① 此外，火线剧社、抗敌剧社等也很活跃。参见刘佳等《抗敌剧社实录》，军事译文出版社，1987；晋察冀文艺研究会冀中分会编：《火线剧社在冀中》，中国华侨出版社，1994。

② 2003年10月15日，新世纪剧社老同志在北京海淀区学院路82号总政干休所聚会，后刘光人编辑纪念文章，名为《如歌如血如火——冀中新世纪剧社回忆录》，2005年刘光人又编辑了《如歌如血如火——冀中新世纪剧社回忆录（续集）》，均为内部出版。

③ 1938年1月，晋察冀抗日根据地军政民代表大会召开，通过了《文化教育决议案》，规定了文化教育的基本原则。

④ 1939年6月，李公朴到晋察冀，考察了半年，后著书记述了见闻。所提及的"隶属于群众团体的剧团"中，第一个就提到"新世纪剧团"。参见李公朴《华北敌后——晋察冀》，生活·读书·新知三联书店，1979，第153页。

⑤ 1939年6月华北联大在延安成立，成仿吾任校长。1939年9月华北联大从延安出发，赴晋察冀根据地，到达北方分局和晋察冀军区所在地阜平县，开始在敌后办学。《成仿吾年谱》的记载，可作为新世纪剧社学习情况佐证："10月中旬，华北联大正式开学上课，学校生活军事化，每天的跑步训练、实弹射击和扔手榴弹，成仿吾和教师们都参加。这时教员除江隆基、何干之、李凡夫等兼任外，又多了宋振庭、杨伯箴、赵聪、李光灿等年轻教员。同时，文艺部的文学、戏剧、音乐、美术四个系的课程分别由何洛、崔嵬、胡苏、韩塞、牧虹、沙可夫、吕骥等担任。"参见张傲卉、宋彬玉《成仿吾年谱》，东北师范大学出版社，1994，第94页。

⑥ 吕正操在回忆录中说，"当时建立了一个火线剧社，演戏的作用很大。保定附近清苑县有一个联庄，我们一去就打，路也不让过。后来，剧团在它附近演了几场戏，联庄的人，先是青年，悄悄地过来看戏。越来越多，从此把人都争取过来了，成立了一个大队"。参见《吕正操回忆录》，解放军出版社，1988，第173页。

⑦ 如苏光文《抗战文学概观》（西南师范大学出版社，1985）在论述抗战期间的戏剧时，更为关注"郭沫若、阳翰笙的历史剧作"与"夏衍、阳翰笙的现代剧作"。

⑧ 傅铎记载："率大后方'抗战建国教学团'来晋察冀边区考察的李公朴先生，看了我们的几个戏，到后台和我们一一握手。"参见傅铎：《和梁斌在一起的年月》，《百年梁斌——梁斌百年诞辰纪念文集》，河北大学出版社，2014，第129页。

⑨ 参见贾冀川：《战争气息的真实记录——论晋察冀边区戏剧》，《西南民族大学学报》2015年第1期。该文列举了晋察冀边区包括梁斌在内的多位剧作家。

⑩ 梁斌在新世纪剧社期间创作的剧本及小说等作品，共20多万字，因"反扫荡"，全部遗失了。

参考文献：

[1] 王剑青、冯健男主编. 晋察冀文艺运动史[M]. 北京：中国文联出版社，1989.

[2] 王洋、田英宣.梁斌传[M].天津：南开大学出版社，2008.
[3] 张学新.晋察冀文艺运动大事记[J].新文学史料，1986（1）.
[4] 傅铎.在抗日烽火中诞生的新世纪剧社[J].新文学史料，1982（2）.
[5] 梁斌.一个小说家的自述//梁斌文集（5）[M].北京：人民文学出版社，2005.
[6] 孙丽秀.梁斌"北平时期"（1933年）杂文考论[J].河北民族师范学院学报，2019（3）.
[7] 梁斌.在炮火纷飞的日子里//梁斌文集（6）[M].北京：人民文学出版社，2005.
[8] 李慧.文艺大众化理论的生成与阐释探析——以1930—1934年大众化问题讨论为例[J].山东社会科学，2018（10）.
[9] 刘光人.记梁斌社长//如歌如血如火——冀中新世纪剧社回忆录[M].内部资料，2003.
[10] 宋安娜.梁斌论[M].天津：百花文艺出版社，2004.
[11] 刘光人.新世纪剧社战斗的五年——在冀中新世纪剧社老同志联欢会上的讲话//如歌如血如火——冀中新世纪剧社回忆录（下）[M].内部资料，2005.
[12] 王林.抗战日记[M].北京：解放军出版社，2009.
[13] 李莉.我们演出《暴风雨之夜》//如歌如血如火——冀中新世纪剧社回忆录[M].内部资料，2003.
[14] 康濯.晋察冀边区的乡村文艺[N].解放日报，1943-6-1.
[15] 孙犁.关于"冀中一日"写作运动//孙犁文集（5）[M].天津：百花文艺出版社，2013.
[16] 孙犁.文艺学习——献给冀中一日的作者们//孙犁文集（5）[M].天津：百花文艺出版社，2013.
[17] 杜静.抗战时期冀中的58种报刊[J].新闻与传播研究，1988（1）.
[18] 蔡子谔.简论晋察冀文艺运动的特征[J].河北师范大学学报，1987（3）.
[19] 钱理群、温儒敏、吴福辉.中国现代文学三十年[M].北京：北京大学出版社，1998.
[20] 日本防卫厅战史室编.华北治安战（上）[M].天津：天津人民出版社，1982.
[21] 周毅.抗战时期文艺政策研究[M].成都：四川大学出版社，2013.
[22] 李公朴.华北敌后——晋察冀[M].北京：生活·读书·新知三联书店，1979.
[23] 田苏苏.抗战时期晋察冀边区女性婚姻问题的考察[J].抗日战争研究，2012（3）.
[24] 薛哲."老母鸡"精神的传播人和受益者//如歌如血如火——冀中新世纪剧社回忆录[M].内部资料，2003.
[25] 齐柏平.晋察冀军区抗敌剧社文艺活动探微[J].解放军艺术学院学报，2017（1）.
[26] 孙犁.一九四〇年边区文艺运动琐记//孙犁文集（5）[M].天津：百花文艺出版社，2013.
[27] 刘绳.梁斌在冀中//百年梁斌——梁斌百年诞辰纪念文集[M].石家庄：河北大学出版社，2014.

"演大戏"运动：晋察冀戏剧的错位"提高"*

郑恩兵　梁晓晓**

摘　要：由于表现形式简陋和陈旧、戏剧人才短缺、群众接受能力低下等因素的制约，早期的晋察冀戏剧面临着"提高"的困境。"演大戏"运动作为文艺工作者破解"提高"困境的文艺尝试，实质为文艺工作者从主观出发的一场自上而下的戏剧革新运动，因游离了现实环境和群众实际需要，随着整风运动的深入，在愈演愈烈的批判声音中逐渐隐退。这场错位"提高"的戏剧运动的"失败"，充分证明了只有以抗战主体人民群众作为文艺的表现主体、服务主体和创作主体，才能真正提高文艺表现力、创作力和服务力。

关键词：晋察冀；"演大戏"运动；错位；"提高"

1940年元旦，延安工余剧人协会演出曹禺的戏剧《日出》，开启了敌后抗日根据地的"演大戏"运动，随后"大戏热"由延安辐射至晋察冀、晋冀豫、晋绥、山东等敌后抗日根据地。学界对延安"演大戏"运动肇始、发展及演变等多有详细而深入的探讨。[1]但对"大戏"在各个敌后抗日根据地的演出、影响及评价，学界则关注较少。本文将通过梳理延安"大戏热"在晋察冀的流播，探析敌后抗日根据地文艺实践的路径与价值。

一　"演大戏"运动前的晋察冀戏剧发展困境

晋察冀严酷的现实环境规定了战时的晋察冀文艺必须同时具备艺术价值和政治价值的双重属性，即力图以艺术性的感化功能和通俗易懂的宣传达到战争动员、生产建设等目的。戏剧作为"艺术底领域里最直接和最能启发与教育群众的一种表现形式，它综合一切言语、音乐、舞蹈、雕刻等艺术底各部门而给以最直接与最现实生动的表现"，[1]在绝大多数群众不具备阅读写字能力的晋察冀，戏剧的表现功能尤其突出。因此，在根据地文艺建设初期，被置于文艺发展首位。

---

* 基金项目：河北省社会科学院2021年度国家社科基金预研项目"鲁艺在晋察冀抗日根据地文艺活动研究"（项目编号：2021YY07）、河北省社会科学发展研究课题"百年党史视野下的晋察冀文艺"（项目编号：20220303118）的阶段性成果。

** 作者简介：郑恩兵（1969—　），男，河北省社会科学院语言文学研究所研究员，研究方向为中国现代文学。梁晓晓（1991—　），女，河北省社会科学院语言文学研究所研究实习员，研究方向为中国抗战文学、中国古代小说。

1938年，邓拓指出，文艺工作者在进行宣传动员时，"特别还要普遍运用化装表演和戏剧的宣传工具，使能以最简单而有力的表现方法，提示每一紧迫的具体的战斗任务最深入有效的鼓励广大的人民以完成艰难的战斗动员的全部工作，达到粉碎敌人进攻的胜利目的"[2]。在由戏剧表演构筑的公共空间，观念、政策或事实经由形象化、立体化的演说或还原，更易于达成认识的统合。边区剧协成立宣言对此做了具体说明："我们知道：动员工作的前面，宣传工作是起着先锋作用的；而宣传工作最有力武器，便是戏剧。我们拿它可以鼓励前线的战士，我们拿它可以粉碎敌人的欺骗，我们拿它可以反映一切血的故事，我们拿它可以动员一切新的力量……因此，戏剧在抗战里是最重要工作的一环呵！"[3]

新剧替代旧剧是晋察冀戏剧发展的重要路径。当时在农村普遍流行的旧戏剧，往往沿袭了才子佳人、落难缝合、发迹变泰的故事模式，侧重传播"凡事有定数"的"天意"等迷信意味思想，很大程度上消解了反抗和斗争精神，无论从形式还是内容言，都已无法满足抗战需求。而适应广大农村实际情况并可以最大程度综合运用农村一切可利用的条件，具有灵活性、机动性、通俗性、大众性的短小活泼的话剧、街头剧、田庄剧、活报等戏剧形式，遂成为晋察冀戏剧发展的主要对象。如街头剧的人物以农民、士兵等为主，故事地点也多是农村、田野和战场，"那么我们底出演就用不着费钱的设置和选择什么光线，只要随便什么地方我们都可以找到上演的场所，而剧中人物底服装之类的东西也用不着大批购买设备，到处自带'行头'，我们剧中的人物就是那些现实地生活在农村的群众，随便在什么地方我们都能借到这样的东西"[1]，大大方便了戏剧的演出。这些戏剧样式和戏剧内容，遵循了农村的发展实际和群众需要，从而"对晋察冀乡村演剧运动的普遍和发展上能给与极大作用和帮助"[4]。然而，在旧戏深耕的农村文化土壤上破旧立新面临很大的压力，话剧、街头剧、田庄剧、活报等戏剧的成长，尽管借助了政治力量得以在边区全面推行，但仍然困难重重。在中国广大农村，戏剧的受众主要是具有一定文化水平的阶层，目不识丁的百姓处于文化圈层的边缘，农民的文化素养、欣赏水平也普遍较低。而话剧等戏剧样式对于大多数群众来说是未曾接触过的事物，审美需求和欣赏习惯要重新培养。

戏剧人才的短缺严重影响了晋察冀戏剧发展。由于戏剧人才特别是创作人才的短缺，在制约晋察冀戏剧诸多问题当中，剧本荒是最突出、最紧迫、短期内难以解决的问题。为应对演剧需求，突出政治价值、迅速反映现实并作用于现实的急就章式创作方法，被普遍采用。当时，最早演出的剧目，或是移植于外国的剧本——因缺乏充分的敌后战斗生活，遂以"想当然"的方式加以改造；或参照以前的文艺作品，创作一些反映敌占区人民从事秘密抗日斗争的话剧，如《夜》《兰包袱》；也有一些辗转传抄自大后方的抗战剧本，如《军火船》《电线杆子》《无名小卒》等。整体上，早期演出的戏剧结构粗糙、内容并不贴合群众生活，更谈不上什么表演艺术，"尽管如此，这些话剧的演出，对于文化生活极端缺乏的根据地军民观众来说，已是很大的精神生活的享受了"[5](P111)。

"剧本荒"主要表现为剧本创作跟不上群众的抗战生产实际和思想感情的变化，反映时事、触及情感的作品极为紧缺。"今年的救国公粮动员吧，竟没听到一个关于这方面的歌曲，像唐县、平山一月就完成了公粮的英雄的史实，在文艺各部门上，真是反映得太贫乏了。"[6]而且根据地剧本创作的最大缺点在于剧作者脱离现实主义的创作方法，勉强写作不熟悉的题材，凭借想象和臆断硬造剧中人物，产生了"一些技巧十分拙劣的公式主义作品，摄影主义作品。我们对于这种创作方法的错误，并未提出正面批评。对于这类作品假如在主题方面没有十分恶劣的倾向，仍支持他们演出，因为，如果要停止这类作品的演出，那大部分剧团将要停止活动了。"[7](P143)即使如此，根据地大多数剧团无剧可演，不得不停止工作的窘况普遍存在。因剧本创作难以深入实际而导致表演失败的情况，在专业文艺家方面也时有发生。剧作家胡苏为欢送120师赴晋绥边区担任守备陕甘宁边区、保卫党中央的任务，而临时创作和赶排了《陈庄战斗》。该剧根据120师"陈庄大捷"的真实事迹改编，因为作者并不熟悉部队和战斗生活，只是到120师匆忙收集了部分材料就草创而成，加上演出者亦对部队生活极其陌生，剧未终，观众便陆续离场，演出遭遇失败。[8](P416)

可见，在根据地戏剧文艺发展初期，话剧、街头剧、田庄剧、活报等占据了举足轻重的地位，但群众审美、剧团数量、戏剧人才储备、剧本供应等方面的先天不足为其继续发展带来重重困难。

二 以"演大戏"运动突破"提高"困境

1939年，晋察冀文教会召开戏剧座谈会，决定通过开展农村剧运，广泛建立农村剧团的方式，快速普及戏剧文艺。村剧团多由单薄的宣传队演变而来，"他们先前都是由几个比较出色的文化娱乐人材集中拢来，有几张灰毯子做幕布，唱几支歌子，跳传统的舞，演进似活报的戏"。[9]尽管条件简陋、技术粗拙，但在"群众性的剧团还不到边区剧团总数的十分之二"[10]的情况下，能够大致具备表演的能力已是进步，以邵子南为代表的文艺工作者表达了当时文艺界对村剧团宽容、鼓励的态度，"有好几个还有许多应该商量的地方，但这是从太高的看法看的，要盲昧地从最完整的艺术看去，是不但苛刻，而且性急"。[9]随着晋察冀根据地政权的进一步巩固，减租减息、村民选举和冬学春学的火热开展，农村剧运迅速发展，阜平、平山、灵寿、唐县、完县、定北、满城、易县等地剧运均取得可观的成绩。

广泛兴起的农村剧运在短时间内催生了大量村剧团。然而，由于外在力量的强行推动难以一时一地改变村剧团文化薄弱的现实，农村戏剧仍然带有浓重的"无组织、无计划、不正规、不平衡、游击主义、狭隘的功利主义的色彩"。[11]村剧团数量庞大，但质量普遍不高："北岳区和冀中区各都有一千五百个村剧团以上，这是个惊人的数目字的发展……检查一下全边区三千个村剧团里，像样的有几个？工作好的有几个？组织健全巩固的有几个？在艺术上真正不断有进步的有几个？要是算一算，恐怕不到一百个吧！"[12]

1940年的前三个季度，日寇势力转向东南亚，对晋察冀的扫荡稍有放松，提高边区水平的呼声愈加高涨。"这时，对于群众文娱活动，不少人也产生了厌烦情绪，觉得老搞村剧团，自己不能提高，没有意思。当时也确实出现了新的问题，我们那一套儿童舞、秧歌舞、霸王鞭、活报剧，群众都学会了，没有新的玩艺儿，已不能满足群众要求了……

要不要提高，如何提高，向哪里提高？找不到正确的答案，大家都陷入彷徨、苦闷之中。"[13](P183)在沙可夫、崔嵬、丁里等来自延安鲁艺、西战团、陕北公学的文艺工作者看来，突破农村剧运"提高"困境，快速、有效的路径便是通过创造模范村剧团推进农村剧运走向正规化，借鉴延安表演"大戏"的方式，通过学习"大戏"来提高干部、演员的文艺素养和表演技术。1940年底，根据地戏剧文艺界制定了创造模范村剧团的具体方案，从完善组织和分工、提出经常工作的要求、加强干部领导和剧团管理等三大方面，实现对村剧团计划性、自动性和创造性的改造："假如说一九四〇年是边区村剧运动开始动的一年的话，那从这一个新的年头的开始，一九四一年将是村剧运动的巩固年！提高年！"[14]创造模范村剧团的方案致力于建设村剧团正规的机制体制，而排演"大戏"则直接指向提高剧团表演技术这一关键性的软实力。不久，在华北联大文艺学院、联大文工团、西战团等专业剧团的示范和带领下，根据地掀起了表演"大戏"的风潮。

《日出》《雷雨》《母亲》等"大戏"剧本最初由鲁艺、西战团、陕北公学等从延安来到晋察冀的文艺工作者们带到根据地，其中《母亲》由沙可夫改编而成。1940年11月，为庆祝十月革命二十三周年、晋察冀军区成立三周年和第一届艺术节，根据地举行了文艺会演。华北联大文艺学院负责开幕戏，校长成仿吾遂向时任联大文艺学院戏剧系主任的沙可夫推荐了五幕剧《母亲》。实际上，《母亲》并非边区上演的第一部"大戏"，但此次演出之后，晋察冀"大戏热"便拉开帷幕。随后，无论纪念活动、重要会议还是行军作战都要表演"大戏"，即使在根据地受敌军严重蚕食的1942年，"大戏"也偶有出现。据不完全统计，1940—1945年间，边区"演大戏"的情况如下：

表1　1940—1945年间，晋察冀"演大戏"情况 ②

时间	剧团	表演剧目	表演缘由	排演人员
1940年9月中旬	西战团	曹禺《雷雨》	中共中央北方分局召开第二次党代会	
1940年11月7日	华北联大文艺学院、联大文工团、西战团、抗敌剧社	高尔基《母亲》	庆祝十月革命二十三周年与晋察冀军区成立三周年纪念节日	
1941年春节前夕	抗敌剧团	曹禺《日出》	中共晋察冀分局召开高干会议时，中共冀中区委书记黄敬提出要看《日出》	
1941年1月1日	华北联大文艺学院、联大文工团	苏联近代独幕剧《警惕》、古典名著《婚事》	庆祝元旦	崔嵬导演，胡海珠、林青、丁里、牧虹、崔嵬等演出
1941年1月上旬	西战团、华北联大文工团、抗敌剧社	高尔基《母亲》	庆祝晋察冀边区政府成立三周年	
	华北联大文艺学院、联大文工团	果戈理《婚事》		崔嵬导演，丁里、牧虹、崔嵬、韩塞、胡海珠等参演
	抗敌剧社	曹禺《日出》		汪洋导演，胡朋、胡可、郑红羽等参演
1941年1月	火线剧社	曹禺《日出》		

续表

时间	剧团	表演剧目	表演缘由	排演人员
1941年3月	抗敌剧社	曹禺《雷雨》	纪念"三八"国际劳动妇女节	
1941年4月	抗敌剧社	苏联剧本《佳偶天成》《钟表匠和医生》、曹禺名剧《雷雨》		
1941年5月1日	火线剧社	曹禺《日出》		
1941年5月9日—14日	华北联大文工团	果戈理《巡按》	边区文化界人士召开"民族形式"座谈会	
	西战团	托尔斯泰《复活》（田汉改编）		
	抗敌剧社	曹禺《雷雨》		
1941年7月1日—7日	华北联大艺术学院、文工团	苏联名剧《带枪的人》	晋察冀边区举行第二届艺术节，同时为纪念共产党成立二十周年暨抗战四周年	崔嵬、丁里导演，牧虹饰列宁、韩塞饰斯大林、崔嵬饰雪特林
	联大文工团	果戈理《巡按》		丁里导演
	西战团	托尔斯泰《复活》		凌风导演，白居、李牧等主演
1941年7月4日	华北联大	苏联名剧《带枪的人》	庆祝成立二周年大会	
1942年3月	第七分区前进剧社	果戈理《钦差大臣》《求婚》《婚事》《驿站长》等剧		
1942年8月8日	抗敌剧社	奥斯托洛夫斯基名剧《大雷雨》	军区政治部为检讨五年来部队文艺工作，召开部队文艺工作会议	
1942年12月	四分区火线剧社	《驿站》《警惕》等外国名剧	大批同志从联大学习归来，遂出现学习苏联名著的热潮	
1943年1月	西战团	曹禺《日出》	晋察冀边区第一届参议会在阜平温塘村召开	
1944年7月初	抗敌剧社、火线剧社	苏联话剧《前线》	在阜平城举行纪念"七七"抗战七周年大会	
1944年11月7日	抗敌剧社	苏联话剧《俄罗斯人》	纪念十月革命节	
1945年1月		苏联话剧《俄罗斯人》	晋察冀边区第二届群英会	

1941年1月18日，边区剧协针对《婚事》《日出》《母亲》三剧演出一事召开座谈会，联大文工团、抗大文工团、西战团、抗敌剧社等大剧团的代表丁里、田间、汪洋、牧虹、周巍峙、胡苏、侯金镜、崔嵬、韩塞等二十余人参加了会议，会上一致认为"把大公演的作品及其演出的一切方面，都加以深刻之研讨，作为自身的教育，这在边区剧运的每个岗位上，应该广泛地开展起来，甚至（例如对于一般戏剧修养较差的对象）由剧社干部

采用一种上课形式也是完全必要的",[15]扩大了学习"大戏"的范围,甚至将"演大戏"正式纳入边区戏剧的发展规划当中。"演大戏"的潮流不可避免地由军区大剧团向分区剧团、业余剧团和乡村剧团蔓延。1942年12月,四分区火线剧社大批同志从联大学习归来,剧社业务学习积极性提高,为学习苏联文学名著,排演了《驿站》《警惕》等外国名剧。

三 晋察冀"演大戏"运动在纷争中隐退

排演"大戏"的初衷在于加强戏剧工作者的业务修养,提高表演技术,追求布景、化装、服饰上的精致并培养文艺干部,使戏剧向专业化的方向发展。1941年元旦,联大文艺学院、文工团公演苏联近代独幕剧《警惕》及古典名著《婚事》,崔嵬导演,胡海珠、林青、丁里、牧虹、崔嵬等文艺家演出,当时"布景、化装、服装等相当完备,为各界赞美",[15]成为根据地轰动一时的文艺事件。将"大戏"作为样本加以研讨,深入学习其表演技巧,的确起到提高剧社水平和演员表演技术的效果,"经过《日出》的排练和演出,大大提高了我们的表演技巧,和分析理解能力,在舞美方面,布景的设计和制造都达到了一个新的水平,这些都是极其宝贵的收获"。[5](P89)"大戏"运动在"提高"晋察冀文艺发展水平的同时,也带来不可忽视的消极影响。一是打击了小剧团的表演信心。"1940年我们曾集体到华北联大文艺学院学习过半年,学到了一些文艺的基本知识,那时就感到我们太'土气'。看到这些洋戏、大戏,更是'相形见绌'、自惭形秽了。不少人觉得人家这才叫'艺术',我们的东西实在难登大雅之堂,要提高只有向人家'看齐'。"[13](P183)能力有限又以表演外国戏剧为荣的小剧团遂陷入悲观不能自振的情绪。二是攀演"大戏"产生铺张浪费、不切实际扩大规模的现象。尽管在"演大戏"初期,主持文艺工作的文艺家沙可夫等人就提出,要警惕无视工作岗位、任务之殊异而盲目攀比表演"大戏"的倾向,但在争相学习的过程中,资耗不赀的"大戏"仍然导致农村剧团一度出现铺张浪费、组织臃肿的局面,削弱了适应战场一线、随演随散的灵活性、机动性。三是引发恶劣竞争的不良风气。"演大戏"引发的盲目"提高"风气还带动了村剧团之间相互轻视的不良倾向。为此,1942年12月14日,阜平文宣部召集了教联、区中心剧团、区联络员及在乡艺人座谈会,检讨了过去村剧团的风头主义、英雄主义、互相轻视的宗派主义和浪费铺张等不良倾向,重新树立互相学习、互相帮助及切实朴素的作风。[16]

"大戏"的艺术性和精致化打破了根据地宣传性强、意识形态浓厚、较为单一的文艺生态,作为前线严酷环境中的一次文艺"冒险",其利弊影响更加突出,因而关于"演大戏"运动的争议接连不断。"演大戏"运动发展至中期,延安、晋察冀均出现关于"大戏"的论争,在晋察冀,对演"大戏"一直保持着审慎而宽松的态度。1942年1月7日的《晋察冀日报》刊发了沙可夫的《回顾一九四一年展望一九四二年边区文艺》,"回顾"看似总结,实际上如沙可夫所言"这里'回顾'带有检讨的性质",尤其是针对文艺工作上"做得不够、注意不到的地方,缺点、弱点,甚至错误,都揭发出来",[17]并回应了备受争议的排演"大戏"现象。"不错,'演大戏'本身并没有什么坏处,相反的,只有好处,因为从中外名剧的演出中不仅可以在剧作演技等上面提高边区的戏剧工作者,而且也提高了观众鉴赏与其他方面的水准。"[17]1942年初,文艺战线开展对大、洋、古风的批判,冀中出现批评火线剧社演出《日出》的声音,时任军区政委的程子华明确指出:"演《日出》不能批判,当初决定排《日出》时,是慎重的,是有全面考虑的,片面看问题,是不对的。"[5](P88)

1942年5月13日,陕甘宁边区戏剧工作委员会召开戏剧座谈会,在长达十多个小时的讨论中,尖锐地批评了延安"演大戏"运动。6月27日,陕甘宁边区政府文委临时工作委员会又召开了剧作者座谈会,王震之、塞克等人明确指出,"演大戏"是应该纠正的偏向。随后《解放日报》陆续发表了周扬、张庚、萧三对"演大戏"这一"严重偏向"的反思。随之,晋察冀开始总结"演大戏"的经验得失。1942年夏,联大文艺工作团在检查工作中的歪风时,向各兄弟团体提出六项意见,其中第六条要求"检查过去强调演'大戏'以提高艺术,而与现实生活脱节的偏向"。[18]

彻底纠正"演大戏""偏向",应始于1943年3月22日中央文委针对"戏剧运动方针问题"召开的专门讨论会。会上确定了边区和各抗日根据地的剧运总方针,即"为战争、生产及教育服务",[19]并设立戏剧工作委员会,把总结抗战以来的边区戏剧工作经验作为中心工作。会上凯丰指出:"内容是抗战所需要的,形式是群众所了解的——提倡合于这个要求的戏剧,反对违背这个要求的戏剧,这就是现在一切戏剧运动的出发点。"[19]《晋察冀日报》全文转载了这则报道并密切关注陕甘宁边区及晋西北、鲁中等抗日根据地的剧运动态。1943年4月24日,北岳区根据中央文委和组织部会议精神和指示,召开了党的文艺工作者会议。尽管会上总结了边区文艺运动的成绩,重点却在于指出"艺术至上主义"在边区"严重""普遍"存在,而且"过份强调与夸大艺术的特殊性与能动性及文艺对政治的不正确态度,脱离实际斗争,脱离群众,强调艺术形式的完整而忽略政治内容,提高与普及脱节等,都是艺术至上主义的倾向的严重恶果"。[20]至此,"艺术至上主义""脱离群众"成为党对"演大戏"运动的定性评价。会上反思"演大戏"的行为还牵涉了一系列其他问题,如对根据地文艺成绩评价不足,对问题估计过高,甚至否定了晋察冀文艺自始至终"把艺术交给大众"的先锋性和模范作用,统一制式且愈演愈烈的整风运动和文艺反思,实际上忽略了地方文艺的发展实际,导致文艺工作上的过度纠偏。

四 "演大戏"运动与群众文艺的龃龉

晋察冀突破"提高"困境的"失败",源于从戏剧专业化角度着眼的文艺工作者所感受到的"提高",与群众对戏剧的期待并不相符:一方面,作为戏剧的接受者,广大群众"已不满足于简单的抗日救亡宣传,要求文艺更深刻地反映他们的生活与斗争";[13](P49)另一方面作为戏剧创造者和主导者的"文艺工作者也不满足,许多人认为普及的东西'不过瘾',或者认为'此路不通'。他们要求'提高',创作'真正的艺术品'"。[13](P49)尤其是自延安来到晋察冀的鲁艺、西战团、抗大、陕公的文艺家,在将戏剧表演作为宣传抗战的政治工具外,还着眼于文艺艺术性的本质和文艺自身的长足发展,自觉生成了作为文艺家的内在使命即创造"真正的艺术品",具体表现为,在技术上提高戏剧的品位,用精致、高雅的文化熏陶并提高群众审美,以文艺家对戏剧的专业化评价测度广大群众对戏剧的需求。

实际上,即使华北联大、西战团等专业剧团的文艺工作者都无法确切把握"大戏"的人物性格及表演层次,遑论在边区文化发展三四年后,仍然不能读书读报、占边区绝大多数的广大群众。抗敌剧社在演出《雷雨》一剧时,文艺家对扮演"周朴园"一角的赵森林,展开过具体深入的批评:"赵森林的失败,并不是因为他的演技拙劣,单从周朴园那个人物来讲,他是有创造的表演了这角色的,他的失败,主要的原因,就是不曾真正的根据一定的社会认识,认识那角色,而更重要的是,同样的,他也不曾正确的了解这剧本的主题和他的社会意义。"[21]缺乏戏剧专业知识和文艺素养的广大群众,对"大戏"人物语言、动作、神情的细腻化表演及故事情节的深厚意蕴,存在很大的接受障碍。因此专业化的演技和精致的布景、服装远不如通俗易懂、贴近生活的剧本内容更能触及感情、引发共鸣。而且大戏继承了表演文艺经典的传统,这些经典戏剧受制于自足的理论,在内容、形式上是凝固、僵滞、非自由的,其排斥内容上的改编和形式上的融合、创新,因此难以实现文艺通俗化和大众化的要求。"这些剧本当然是好剧本,当时演出这些戏满足了一部分干部文化生活的需要,对文艺工作者的业务提高也有一定意义。但对于处于空前残酷战争环境中的广大的农民、战士,可真是'对牛弹琴',格格不入了。他们听不懂那些陌生的语言,就是能看懂一点故事情节,也不能了解它的意义。"[13]关于根据地戏剧"提高"的方向,在1942年初沙可夫已经做出明晰的指导:"这里所谓要克服'演大戏'的倾向,不是说根本不要再演大戏,而是说,我们应以更大力量给戏剧深入群众的工作,给产生大量反映边区斗争与生活的大众化的剧本。"[17]只不过,"演大戏"作为文艺工作者自上而下的文艺更新,在具体实践过程中逐步偏离了根据地的文艺发展实际,同群众对剧本更新和内容"提高"的期待出现偏差,甚至某种程度上挤压了剧本内容"提高"的空间,使剧本内容难以更新一度成为根据地戏剧发展过程中长期存在的普遍问题,"剧作的恐慌仍是敌后的一般现象,也是剧作者所常深思熟虑而难获得解决的问题。这种恐慌表现在质和量的两方面。而在敌后似乎质的恐慌表现的更严重",[7](P142)这一错位"提高"正体现了文艺工作者同广大群众之间的隔阂。

试图突破"提高"困境、时间短暂且争议不断的晋察冀"演大戏"运动,真实而客观地反映了处于抗战一线的晋察冀敌后抗日根据地文艺实践的复杂性和多元性,从侧面回应了在文艺主导者和文艺接受者的文艺需求产生龃龉时,应以何者为重这一问题,验证了《在延安文艺座谈会上的讲话》所提出的"文艺为工农兵"方向的正确性,为中国共产党文艺发展原则、发展路径,提供了丰富而有效的实践经验。

注释:

① 关于延安"演大戏"运动的研究成果主要有:高明《曹禺剧作与延安"大戏热"》、胡一峰《寻找理解延安文艺史的新入口:〈日出〉公演再研究》、秦林芳《解放区"演大戏"现象评价的演变

与意义》、沈文慧《延安"大戏"风波的回顾与重审》等。

② 参考《晋察冀革命文化艺术大事记》《晋察冀日报》《文艺战士话当年》等资料整理。

参考文献：

［1］鲁萍：谈谈街头剧［N］.抗敌报，1938-11-11（4）.

［2］温洲：战时宣传鼓动工作［N］.抗敌报，1938-10-7（2）.

［3］边区剧协成立宣言［N］.抗敌报，1939-7-15（1）.

［4］凌风：谈田庄剧与《跟着聂司令员前进》［N］.晋察冀日报，1941-8-14（4）.

［5］晋察冀文艺研究会编.文艺战士话当年（四）［M］.北京：华侨出版社，1993.

［6］文艺创作应该跟抗战的中心任务打成一片［N］.抗敌报，1939-12-22（4）.

［7］李伯钊.敌后文艺运动概况//王巨才主编.延安文艺档案·延安文论·延安文论作品［M］.西安：太白文艺出版社，2015.

［8］王剑青、冯健男主编.晋察冀文艺史［M］.北京：中国文联出版公司，1989.

［9］邵子南.这里的进步［N］.抗敌报，1939-12-22（4）.

［10］夏鹰.建立和健全群众的剧团［N］.抗敌报，1939-11-17（4）.

［11］开展边区的戏剧运动［N］.抗敌，1939-6-13（1）.

［12］为创造模范村剧团而斗争［N］.晋察冀日报，1942-1-7（4）.

［13］张学新.想起那红火的年代——论解放区文艺及其他［M］.天津：天津社会科学院出版社，2000.

［14］罗东.创造模范村剧团［N］.晋察冀日报，1940-12-27、28（4）.

［15］联大文学院、文工团出演《警惕》《婚事》［N］.晋察冀日报，1941-1-11（1）.

［16］阜平文救动员在乡艺人开展新年创作运动［N］.晋察冀日报，1942-12-27（1）.

［17］沙可夫.回顾一九四一年展望一九四二年边区文艺［N］.晋察冀日报，1942-1-7（4）.

［18］联大文艺工作团向各兄弟团体提出六项意见［N］.晋察冀日报，1942-7-5（1）.

［19］中共中央文委开会讨论戏剧运动方向问题［N］.晋察冀日报，1943-4-1（3）.

［20］聂伯.北岳区区党委召开党的文艺工作者会议［N］.晋察冀日报，1943-5-21（3）.

［21］崔嵬.角色的认识［N］.晋察冀日报，1941-12-24（4）.

再造典型、法制变革与革命改造的绞缠

——评剧《杨三姐告状》诠论*

高 强**

摘 要：成兆才的评剧《杨三姐告状》，以真人真事为基础，再造了一系列正反面人物典型，强化了戏剧的艺术效力。杨三姐告状案件的戏剧化叙写，既折射出现代法律制度转型的新变面影，也表明根深蒂固的传统观念深刻妨碍着人们对现代法律意识的领会践行。新中国成立后，《杨三姐告状》中表现因果报应、鬼魂迷信和淫乱杀戮的情节，被改编者大胆删削，针对原剧的"清官情结"，改编者们却在维护"历史真实"与张扬革命斗争性之间左支右绌。《杨三姐告状》的革命化戏改遭遇，显现出极具代表性的戏曲改造路径与困境。

关键词：《杨三姐告状》；真人真事；再造典型；法制变革；戏曲改造

评剧《杨三姐告状》，又名《枪毙高占英》，系成兆才根据民国七年滦县狗儿庄所发生的真实案件改编创作而成。戏曲讲的是富绅高贵章之子高占英娶贫女杨二姐为妻，高占英流氓成性，与其大嫂裴氏、五嫂金玉通奸。因二姐劝阻怀恨在心，遂与裴、金二氏及族叔高贵合合谋，将二姐杀死。杨三姐随母到高家吊孝，见高家做事鬼祟，二姐身上有伤，疑系被害，乃赴滦县告状。县官受贿，致使杨三姐败诉。杨三姐不服，复又去天津上告。检察长华治国私访狗儿庄，验尸得实，终将高占英捕获毙命。

作为一桩真实发生的人命案件，杨三姐告状案曾在民国初年的华北地区乃至全国都引发了不小的反响和轰动。评剧创始人成兆才当时听闻杨三姐喊冤告状，却被县长打压，心怀不平，故而提笔创作了《杨三姐告状》一剧，旨在"揭贪官，写民意"[1](P188)。真实发生的案件被改编为戏曲文本的过程，一方面提供了极具代表性的真人真事基础上的艺术典型再造策略，另一方面也呈现出了晚清民初时期法律制度的转型变革情形，是透视历史真实与艺术真实、法律观念与文学书写关系的范例。新中国成立后，评剧《杨三姐告状》还被进行重新修改整理，比照原本与改编本的差异，联系时人编演的心得体会，还可以深入认识革命化戏曲改革的路径及其面临的症候性问题。

---

* 基金项目：国家社会科学基金项目"半殖民与解殖民的中国现代文学研究"（项目编号：20BZW138）的阶段性成果。

** 作者简介：高强（1994— ），男，西南交通大学人文学院中文系讲师，研究方向为中国现代文艺报刊、抗战历史与文学及当代文学批评。

一　真人真事基础上的典型再造策略

　　《杨三姐告状》虽然取材于真人真事，但该剧的艺术效力却并未因时过境迁而被淘汰，反而在舞台上长演不衰。显而易见，《杨三姐告状》一剧在艺术上的某些成就，超越了时间性的限制。其中，正直勇猛、不畏强暴、坚持抗争的杨三姐形象，便是戏剧《杨三姐告状》塑造的典型人物，也是该剧能够广获赞誉并深受观众喜爱的主要原因，包括赵丽蓉、谷文月、新凤霞等评剧名角都因为成功演绎了杨三姐这一人物而扬名四方。联系杨三姐告状一案的历史实情，可以发现剧作者再造典型的相关策略，有助于我们理解文学艺术的构造法则。

　　杨三姐真名杨国华，当时年仅十七岁，却敢于冲破封建礼教的束缚，几经挫折不屈不挠，替姐申冤，本就难能可贵。为了进一步突显杨三姐与恶势力决绝斗争的光彩形象，成兆才在创作评剧《杨三姐告状》时，做了一系列别具匠心的改动。首先，现实中杨国华的父亲杨玉清和兄长杨国恩在乐亭打短工，以弹棉花为业养家糊口，当杨国华觉察到二姐之死有疑并决定去县城告状时，是其兄杨国恩带着杨国华骑驴成行的，后来几经曲折的打官司和上诉过程，杨国恩也一直同杨国华一起奔走呼号，在天津等待审判结果时，为了应付生存，杨国恩还曾到外国人开的一家牛奶厂做苦工，每月挣四块大洋使兄妹得以糊口。[2](P133)到了评剧作品里，为了强化杨三姐形象的光辉色彩，作者便对杨国恩进行了某种程度的贬抑化和虚弱化处理。评剧以杨三姐之口指出"父老兄憨无有主张，民女出头要报冤枉"[3](P328)，一开始杨三姐便决然独自一人前去县衙告状，及至牛帮审以"一无报告，二无干证"为借口，不准她的呈状以后，哥哥杨国恩才赶来。杨三姐只身前往的艺术化改编无疑"为杨三姐性格的坚强、遇事的毫无畏惧，和她的那种说干就干，迫不及待的秉性，勾画出了一个轮廓"[4](P221)。并且，评剧中杨国恩赶来后得知牛帮审未准告状后，竟然劝说妹妹"不如忍下为妙"，结果被杨三姐严厉批评了一顿："咳，你呀你呀！咱是一奶同胞，二姐姐这等屈死，你既是六尺男子，就当舍命忘生，与姐姐报仇。你不但不报仇，反来挡我，看你朽木之材，难成大器。明日你回家侍奉母亲去吧，我要在此告状。我要打不到开棺验尸，我也不见父母与兄，就在此一死方休！"[3](P334)一席话说得兄长愧色难当，这才同意继续告状。兄退妹进、兄弱妹强的对比，有力突出了杨三姐百折不挠的性格特质。

　　为了强化杨三姐的抗争风采，评剧《杨三姐告状》还虚设了"当堂了解"的情节。在真实的杨三姐告状案中，为了逃脱罪责，高家四处活动，曾串通村、乡头面人物到杨家进行周旋，表示愿给杨家二十亩地一头牛作为赔偿条件，希望杨家撤回诉状，不再上告。杨氏兄妹坚决拒绝了高家的条件，杨国华说："要想我们不上告，只有重新发丧我二姐，开吊（一种隆重的礼），高占英一步一磕头，把我二姐送到坟里去。"[5](P962)高家自然不会答应这个条件，因为如果这样做，就等于承认杨二姐是他们杀害的，结果会落个人财两空。到了评剧作品里，相关情节则改为，杨三姐在滦县告状受阻的情况下，谎称同意和解，接受了高家的一百五十元钱。从表面上看，双方的矛盾算是缓和了，杨三姐也似乎屈服了，以至于杨国恩得知此事后还数落杨三姐："咱费尽千辛万苦，到这个分节上，你竟图了人家大洋一百五十元钱，就卖了二姐的尸骨，你我死后，难见鬼魂！况且人言可畏，有何面目见人哪！"[3](P383)这时，杨三姐解释说自己之所以接受与高家和解，只是认清了牛帮审被高家金钱左右的真实面目，因此才假意妥协，目的是用这一百五十元钱作盘缠，到天津上诉。这样处理的结果，不仅无损于杨三姐的抗争形象，反而增添了杨三姐的机智面向，加重了正反双方人物的对比。正是在此意义上，评论家方才称许道："作家通过这样的一个情节，在帮审自以为得计，'之乎者也了此案，腰中装满大洋钱'的反衬下，喜与恨的对比，方更能显出杨三姐的满腹不平和她的恨的力量。没黑，显不出白，没有苦，是显不出甜来的。而且，杨三姐的同意和解，不但不会剥弱这个姑娘的进攻性格，相反地是表现了她在斗争中长了见识，使人看到，残酷地现实把这个乡村姑娘锻炼得更加聪明、更加懂得策略了。"[4](P223)

  坚持抗争的杨三姐形象属于是对正面人物的再造，此外，真人真事基础上的一系列反面人物形象在评剧《杨三姐告状》中也得到了艺术化的重新塑造。第一，剧本的开头部分用了不少笔墨叙述高占英父亲高贵章的发家史。高贵章本是一个穷苦力，后来在唐山做了挑夫，结识了名叫张茂林的天津人，二人以"双盛合"为字号合本做了瓷器生意。就在生意发红走运之时，张茂林却在天津故去。高贵章得知消息后，立马将"双盛合"更名为"全顺合"，篡改了账目。当张茂林的妻子拿着亡夫临终前的亲笔信找高贵章分产业时，高贵章以假账为凭，连哄带骗地把一个无知的妇女打发走了。事实上，真实的高贵章虽然与人合伙在唐山开了一家瓷器店，但他变富的过程却全凭自己的"苦心经营"[5](P961)，评剧将之改为高贵章吞没合伙者张茂林的股金、欺骗张茂林妻子的发迹过程，成功刻画出了一个"全凭奸狡兴家业，不昧良心不发财"[3](P280)的恶霸形象。另一方面，在成兆才笔下，高占英的胡作非为，很大程度上就是因为仗着父亲的金钱产业，而这些金钱产业又来路不正。结果，恶劣的发家史、不劳而获的造孽钱便与丧尽人性的行为联系了起来，暗示出高贵章以其残暴的剥削所积累起来的金钱是造成子辈罪恶的根源，作者便从高占英的犯罪案件中找出了它的"社会原因"[4](P214)。

  第二，关于高占英谋害妻子杨二姐的原因，评剧直接将其归因为高占英同其大嫂、五嫂通奸，嫌杨二姐碍眼，才除之而后快，并且谋害杨二姐还是高占英同大嫂、五嫂诸人合力之举。高占英与五嫂金玉通奸或有可能，但高占英与大嫂裴氏通奸则大为可疑，因为裴氏当时已年近半百，性情忠厚朴实，并非风流淫荡之人。事件发生后，又一直在高家生活至病故，"没有任何证据或迹象表明裴氏与高占英有染"[2](P131)。评剧剧本中曾透露，杨二姐被害后，高占英便匆匆与曾家湾孙家财主的小姐定亲。如果高占英杀妻只是为了和大嫂、五嫂鬼混方便，这一点则是难以解释的。评剧剧本的通奸杀妻情节，一方面反映出所谓"奸情出人命"的习惯认识的深刻影响，迎合了普通民众对"桃色新闻事件"的猎奇赏玩兴趣；另一方面，则从伦理道德层面将高占英等人进行了污名化处理，以高占英等人的沆瀣一气和邪恶可鄙烛照出杨三姐孤军作战的顽强英勇。

  第三，评剧《杨三姐告状》中高占英有一个腿脚微瘸的族叔高贵合，他成天游手好闲，无意间听到了高占英、大嫂裴氏和五嫂金玉欲杀害杨二姐之事，便以之为把柄狠狠敲诈了高占英一手。此外，为了更好地开辟生财之道，高贵合还主动开具了一纸治疗血崩之症的药单，以便日后拿来证明杨二姐是暴病而亡。高贵合这个人物实有其人，不过他的原型本名高作庆，是一名以小药铺维生的村医，从辈数论他不但不是高占英的族叔，反而要称呼高占英为叔。高作庆事先并未参与谋杀杨二姐一事，只因高作庆家中贫穷，高占英平日对他多有周济。因此，当杨家告状后，高作庆才愿意出面到大堂上做伪证，证明二姐系妇女病"血崩"所亡。[5](P962)由现实中出于报恩心态作伪证的高作庆转变为评剧剧本中大肆勒索亲侄的高贵合，剧作揭露了有钱人对亲属也不惜要挟、利用的丑恶交往关系；从并非主谋的高作庆转变为助纣为虐的高贵合，剧作更强化了杨三姐在此类人物之间冲决斗争的感染力。此外，《杨三姐告状》一剧还增添了杨三姐的族兄杨秀春一角，他听说杨三姐为姐报仇，头状不准，二状时哥哥杨国恩又被锁押监房时，怒不可遏，主动前去找到杨三姐"要管这个闲事"[3](P357)，帮助她告状。杨秀春见事不平，能够不顾一切出面相助，与之判然有别的则是高贵合、高占英之间卑鄙龌龊、铜臭味十足的关系。经由成兆才的重塑，一幅对比分明的图画清晰可见。

最后，评剧剧本中滦县县长牛成收受高家贿赂，一直打压杨三姐的告状请求，无奈之下，杨三姐上诉至天津检察厅，厅长华治国公正执法，开棺验尸，当场枪毙高占英。真实情况与之相比，也有不少出入。当时，杨氏兄妹先后写了数十份诉状连连递告，使得此案轰动社会，人们街谈巷议，都为杨二姐被害而鸣不平。牛成见事态发展下去，将来不好收场，才把高占英及有关人员传讯到堂。后来，杨氏兄妹到天津上诉，得以开棺验尸查明真相，高占英只是被逮捕拘押起来，迟迟没有判决。原因是警察厅厅长杨以德在处理该案时也接受了高家的好处，所以采取了"拖延战术"，打算等风波逐渐平息之后，从宽发落高占英。[6](P146-147)可是，当时的《大公报》《益世报》等报纸杂志密切关注和报道案情的进展，呼吁法律维护正义，尽快惩处凶手。媒体造成的舆情威势，对案件形成了无形的监督作用，"令一向自诩为权威的执法者感受到了压力"[7]，于是执法者才决定判决高占英，平息民怒、了解此案。换言之，民情舆论实际上扩充了杨三姐告状案的影响力、辐射力，使杨三姐告状获得了广泛的认可和支持，是杨三姐最终告状取胜的重要凭借。与之相比，评剧剧本删去了民众的热切关注和报刊舆论的监督因素，把案件获胜归结为杨三姐的一己功劳，极力彰显了杨三姐不懈抗争的艺术魅力。

总之，成兆才的评剧《杨三姐告状》，是以真人真事为基础进行编写的，在此过程中，作者通过别出心裁的艺术重构，再造了以杨三姐为主的正面人物和一系列反面人物典型，从而成功暴露出丑恶无耻的人物及其行径，并使得杨三姐的报仇行动和她的一股正直之气能够打动人心。对现实中的真人真事加以改写，成为之后很长一段时间，特别是受革命思想影响的大量文艺创作的重要路径，而类似成兆才的《杨三姐告状》那样的典型再造策略，则被不断延续和发扬光大。

二 传统观念存废语境中的法制变革

评剧《杨三姐告状》通过杨三姐历经艰难成功申冤的遭遇，不仅塑造了一个无惧强权、勇于抗争的女性形象,而且杨三姐告状的经历还折射出晚清民初法律制度向现代化转型变革的轨迹,从一定程度上来说,杨三姐告状得以大获成功,正是建立在当时法律制度的一系列变革基础上。

中国古代的诉讼制度,呈现出鲜明的"'一准乎礼'性"[8](P81),即起诉必须合乎礼的相关准则。于是,有了"亲亲相隐"的规定,除非谋逆叛乱,否则反对亲属之间相互告发。为了强化"亲亲相隐"原则,从唐代开始,朝廷还针对告发亲属犯罪的行为出台了刑处条款,这种规定一直延续到明清时期,在大清的刑律中便明确规定:"凡子孙告祖父母、父母;妻妾告夫之祖父母、父母者,(虽得实,亦)杖一百,徒三年。若告期亲尊长、外祖父母,虽得实,杖一百。"[8](P60)另外,传统诉讼还对控告者的身体、年龄、身份都做了相应的限制,如因犯不得控告、"老废笃疾者"不得控告,通常来说,不受理十岁以下、八十岁以上人群的告状,对妇女群体的告发更是有诸多框限。到了晚清时期,随着西方文化的输入,传统法律制度的弊端愈发显露,现代化的法制改革逐渐推行开来,所谓"亲亲相隐"和妇女深受限制的诉讼规定日渐消散,正是在此情况下,杨三姐才有可能以十五岁的年纪出头露面,告发姐夫。

成兆才编写的评剧《杨三姐告状》中,杨三姐挺身而出,在牛帮审的逼问下,能够对答如流,甚至敢于和牛帮审顶嘴,当面讥讽县长不准自己告状实乃"高家洋钱说话呢,银子响声儿么!"[3](P340)据理力争的杨三姐,除了显示出一种不屈不挠、大义凛然的精神风采之外,其实还折射出晚清民初审问模式的新变。与古代时期专制主义的统治制度相关,中国古代的诉讼实行的是审判官主导的"纠问式"诉讼。在"纠问式"诉讼过程中,当事人与审判官之间的地位极不平等,原告与被告通常都是以"下跪"的方式接受高高在上的官员的审讯,而且原告还是完全受追查、被拷讯的对象,缺乏独立发言、辩论的可能,"基本处于无权的地位"[9](P191)。到了晚清民初时期,"纠问式"诉讼制度逐步被"控告""告劾"式诉讼制度取代。1906年4月,修订法律大臣沈家本上奏初步编订的《大清刑事民事诉讼法草案》,便将审理诉讼过程由高坐堂上的主审官"穷追猛打"的形式改为了原被告双方相互质疑、彼此辩论的形式。1911年1月,沈家本主持的修订法律馆起草完成了《刑事诉讼律草案》和《民事诉讼律草案》,首次明确将刑事诉讼和民事诉讼分开,改变了长期以来刑事、民事混为一谈的做法,后来沈家本、俞廉三将《大清刑事诉讼律草案》进呈,"诉讼用告劾式"的建议与说明便被放置于八种改进措施之首。[10](P289)同时,传统的刑讯制度在清末民初之际受到严厉批评和冲击。古代中国的审判视口供为最重要甚至是唯一的依据,为了获取口供,使用刑讯便成为官员习以为常的手段。近代以降,随着西方律法制度和人权观念的传入,有识之士开始对严刑逼供的审判形式大加挞伐,相应的,"讲求证据,禁止刑讯便成为清末诉讼改革的一个重要成果"[11]。显而易见,杨三姐之所以能够在牛帮审面前陈述冤情、抒发心声,甚至敢于纠正、批评高占英等被告方的恶劣行径,嘲讽审判官自身的歪曲不公,却从未受到任何严刑拷打,无不得益于"控告""告劾"式诉讼制度的形成和禁止刑讯呼声的高涨,否则,置身于传统"纠问式"诉讼和刑讯逼供情境中的杨三姐恐怕只有乖乖应答或者落个屈打成冤的下场。

杨三姐在滦县告状失败后,上诉至天津检察厅,案情很快即得到了重审和昭雪。从中又可窥见上诉制度的变革痕迹。古代中国虽然在西周时期便建立了上诉制度，但古代中国的上诉既"规定了严格的逐级上诉和禁止越俗的制度"[8](P188)，同时传统社会的上诉过程还十分复杂，上诉的案件经常会被发回原审机关重审，如有不服，再行上诉，如此往还反复，耗费了上诉人及亲属的大量精力、财力与物力。待到清末确立了四级三审制之后，上诉制度迈出了近代化的转折步履，传统中国畸形的上诉制度得到了改观。所谓四级三审制是经由大清修律逐步确立的审判制度，简单来说，四级审制机构分别是大理院、京师高等审判厅、城内外地方审判厅和城谳局等初级审判厅，在这四级审判机构之间确立了分工明确的三种上诉程序，各高一级的审判机构收到相应的上诉要求后，不得推诿塞责，更不能简单或反复发回低一级机构重审，徒耗时力。[12](P121-122)杨三姐在滦县告状不被受理，感到不服后，转而上诉至天津检察厅，天津检察厅收到诉状后，没有打回原处，而是通过调查取证，重审案件，牛帮审在县堂主持的审判是初级审判，天津检察厅则属于地区一级的审判，杨三姐告状与"凡民事、刑事案件，由初级审判厅起诉者，经该厅判决后，如有不服，准赴地方审判厅控诉"的规定相吻合，是四级三审制在文艺作品内的翻演。

评剧《杨三姐告状》除了与上述清末民初进步的法律变革息息相关之外，通过对杨三姐告状过程的状写描绘，该剧还呈现出因传统习俗心理的限制而产生的种种固执且落后的法律认识，从中可看出法律观念、法律制度的现代化转型变革的艰难图景。

为了争夺利益，传统中国的民众曾大兴"健讼之风"，不过在儒家思想的作用下，"以和为贵""纷然争讼，实为门户之羞"等"耻讼"观念深入人心，统治者为了维护秩序的安稳，更是采取"拖延""拒绝""感化""设'教唆词讼'罪"等方式，发展出一套"息讼权术"[13]，试图让民众远离争讼。除了儒家纲常伦理教化反对诉讼、统治者压制诉讼外，传统低下的诉讼效率、过高的诉讼成本以及黑暗的司法系统，一道促使普通百姓对对簿公堂心怀恐惧和厌恶，从而形成明显的"厌讼"心态。"厌讼""耻讼"思想在民众心里根深蒂固，以至于当现代化的法律制度开始在中国大地上铺展蔓延开来时，民众遇事仍旧想方设法规避诉讼，这是《杨三姐告状》一剧揭示的法律变革的障碍之一。杨三姐母女前往吊唁杨二姐时，母亲杨王氏只是感叹女儿命运不济，杨三姐则心怀疑窦，后来高占英假意前去探望杨母，杨王氏忙前忙后热心招待姑爷，杨三姐与高占英爆发争执，杨三姐认为姐姐是被高占英谋害的，表示要进城上告，为姐姐报仇，杨王氏居然责怪杨三姐胡闹，制止劝说道高占英与杨二姐夫妻恩爱，断然不会下此毒手，即便告状，"一则家中贫穷，二则你父兄与人家佣工，又不在家，你一个十几岁小丫头如何中用？"[3](P321)最终还是杨三姐以死相逼，母亲才被迫同意女儿的告状请求。杨母如此，杨三姐的老姨同样反对诉讼，她劝说道："你二姐已经入了土了，日期也不少啊，你说死的不明，人家有钱有势，咱们打得过吗？不如忍下为妙。"[3](P324)类似的言论在评剧《杨三姐告状》中不在少数，它们的存在既衬托出杨三姐的高贵，也暗示了"厌讼""惧讼"思想深厚且强大的生命力，难以彻底根除消弭。

对现代律师加以讼师化对待，是《杨三姐告状》呈现出来的第二个法律变革障碍因素。作为一种特定的法律服务职业，律师是现代时期的产物。古代中国，与律师活动相似、作用相近的人主要是讼师。讼师又被称为"状师"，此类人物懂得相应的法律条款，特别擅长撰写、打磨诉讼文字，他们主要通过帮助百姓撰写诉状、出谋划策来参与法律活动，至于监督司法机关的活动、出庭辩护等，则根本无从谈起。讼师群体的素质鱼龙混杂，既有正直耿介者，也不乏播弄是非、率意而为者。同时，官方推崇的是贱讼、息讼观念，所以主要靠诉讼案件谋生的讼师不仅没有合法地位，其活动范围也大受限制，稍有不慎，就会被当成"挑词唆讼"的罪人招致打压。清末民初，人们从海外行旅和租界生活之中开始亲身接触感知西方的律师制度，嗣后日本成功收回领事裁判权的经验，进一步让国人认识到律师的效力，接着律师的"公正"性与新兴的"民权"观念相结合，成为人们论证律师制度正当性的重要依据，在此背景下，律师制度开始引入中国并大范围建立实施起来。[14] 与传统讼师有别的现代律师，掌握着丰富的法律知识，接受当事人的聘请为其辩护，以维护他们的合法权益，并在无形之中监督着法律的运行情况。然而，《杨三姐告状》中主人公两次与律师打交道的过程，都显现出把律师与讼师混为一谈的弊病。杨三姐第一次告状时，在客店偶遇律师周卓清，请对方为自己写一纸呈状，呈状写道："告状人杨三姐，年一十五岁，系城西南狗儿社四甲甸子庄人氏。为叔通奸，残害人命，谋杀结发夫妻事：民女姐妹三人，二姐许配狗儿庄高占英为妻，过门四载，生下一女。占英与其长嫂裴氏五嫂金玉三人苟合，论之不雅。苟且数载，嫌民女之胞姐碍眼，奸夫淫妇忽起害命之心，于三月十三日夜间三更时候，男女三人持刀刺死胞姐，摔死女孩，一夜害死二命。彼时母女一到他家吊孝，不容瞧看。民女思之，胞姐死之甚屈，无奈写冤状一纸，顶状鸣冤。恳求县长赏传究办。雪此不白之冤，吾感大德无极矣！"[3](P329) 然后，杨三姐便拿着状纸前往县衙告状。在此，不仅杨三姐只是把周律师视作与讼师别无二致的人物，认为他的作用不过是替自己写一份告状而已，没能运用律师的辩护功能。而且在周律师所写的文雅状词中，着重阐释的是伦理道德问题，并未从法律意识和人权观念层面展开申述，从这个角度来说，周本人也只能算是一个打着律师幌子的讼师。到了天津上诉后，杨三姐碰见了另一名徐姓律师，这位徐姓律师仍然只是起着代写呈状的功能，不脱讼师本质，杨三姐本人最后都未曾明晓律师的真谛，未能真正运用律师的功能。现实中的杨国华多年后反思说："我在滦县打官司就不知道请律师，所以官司打输了……律师不出庭，有理说不清。"[15] 无论是把律师当作讼师使用，抑或是两位律师本身行为做事的讼师本色，都证明由讼师制度完全转化为律师制度绝非易事。

杨三姐坚持告状，成功为二姐报仇洗冤，按理来说，这个过程不但歌颂了杨三姐的刚强英姿，还表明现代法律意识被杨三姐这样的农村妇女成功运用的情况。即是说，杨三姐告状取胜，也应该是现代法律意识成功汇入"寻常百姓家"的明证。可是，细究起来，伸张道义的诉求，更是成为严重制约着普通民众理解和掌握现代法律观念的阻碍。在成兆才笔下，杨二姐撞见高占英与两个嫂子勾搭时，曾苦心劝诫高占英谨遵伦理道德："咱本是为商为农读书门第，丈夫你学堂毕业望抬头。你为何不往那好里走，学些猖狂走那个下流？你既读孔子书当尊圣人礼，老嫂比母是什么人留？……妇人之本三从四德德言工貌，男子讲三纲五常孝悌忠信乃是圣人留。你们作事无耻无羞声名太臭，把那人伦一概全丢。"[3](P297-298) 这席话让高占英大为光火，这才决定杀之而后快。而杨三姐让律师撰写的呈状也把高占英冒犯和玷污人伦道德的行为作为陈述重点，从法律角度对之进行剖解反而是次要的点缀。换言之，高占英对人伦道义的违背是杨三姐等人紧抓不放的把柄，也是普通民众关注和在意的要点。正是在这个意义上，成兆才特别设置了探病的情节。当杨三姐准备前往县城告状时，她的公公病重，惦记着要马上把未过门的儿媳娶过门来，因而差人前来说项。一方面是迫切需要为二姐申冤，一方面又得满足公公的心愿，结果杨三姐"不顾羞耻"主动前去探望公公，动之以情晓之以理，表示"报了仇冤完我的愿，那时再来侍奉公爹"[3](P393)，成功说服男方父母同意先把官司打个水落石出再结婚的安排。杨三姐作为一个十几岁的穷人家闺女，却敢于抛头露面，打官司告状，其行为具备一定的反叛色彩，在当时曾被人目为"不兴做的事"[16](P408)。而探病这个情节，恰恰将杨三姐的出头告状行为与伸张道义、卫护伦理联结了起来，杨三姐的叛逆和出格行为便被收容到了传统允许的阈限范围内，打消了民众可能产生的顾虑，因此从表面看来似乎显得累赘冗余的探病情节，便成为不可或缺的填补。同样的道理，当杨三姐和哥哥告状还家后，一众乡邻前来问候时才齐声称赞杨三姐是"真烈女"[17](P19)。"烈女"的褒奖，把杨三姐定位为传统内部伸张道义的代表，再明显不过地表明杨三姐的告状之旅与其说是以法律手段申冤的过程，更像是捍卫道义、庇护伦理德行的侠义之举，与普通民众对伦理秩序的极端看重相比，法律意识、法律观念则显得相形见绌。

  杨三姐作为一介女子敢于挺身而出，坚持不懈，反复诉讼，终于使得亲人被杀的真相公之于众、凶手伏法。杨三姐的成功，不仅仅是对勇猛无畏的精神品格的表彰，还是传统观念废除后所生成的现代法律制度助推的结果。与此同时，评剧《杨三姐告状》还显示出诸多传统法律观念和思想心态顽固存续的面影，这些元素深深妨碍着人们对现代法律意识和法律观念的领会。两相作用之下，法律制度在传统观念的存废之间艰难变革的转型痕迹清晰可辨。

三　革命规约下的戏曲改造路径及其症候

  戏曲艺术因其深受广大普通民众的喜爱，相比高雅的纯文学来说，影响范围更大，所以戏曲表演便成为传达革命主张的重要通道。这一点在中国共产党那里尤为明显，特别当延安时期提出"推陈出新"的戏曲改革方针后，从现实需要出发改造传统戏曲，使之符合革命要求的工作便如火如荼地开展起来。到了新中国成立之后，承接"推陈出新"的思想，党和政府进一步创造了以"改戏、改人、改制"为中心的"戏曲改革运动"，明确指示对传统戏曲区别好坏、加以取舍，并进行发展改造，使之担负起"鼓舞人民在革命斗争与生产劳动中的英雄主义"的重任，"符合国家与人民的利益"[18]。

  评剧《杨三姐告状》作为一部针砭贪污、反抗强暴、表彰正义的作品，在新中国的革命戏改视野下，被认为具有一定的民主精华。正因为《杨三姐告状》在思想内容上具备了一定的正当性，因此当1956年中国评剧院挖掘评剧传统剧目时，新凤霞便立即向剧院提出了《杨三姐告状》供选择。不过，严格按照新中国的革命戏改要求来衡量，原本《杨三姐告状》其实还充满了诸多不足，不宜原封不动搬上舞台，需要做一些必要的加工和整理。为了更好地发现《杨三姐告状》存在的问题，以便对症下药地进行改编，中国评剧院首先请新凤霞、赵连喜、喜彩春、赵丽蓉、纪月亭、张德福等熟悉这个戏的演员，按原貌举行了一次内部展览演出，请周扬、刘芝明等文艺界领导提意见，再由高琛对剧本进行整理改编，由张东川和张伟共同担任该戏的导演。[19](P292) 为了塑造好杨三姐形象，新凤霞还三次自费去河北省滦县访问了健在的真人杨国华。[20](P201)

与成兆才版的《杨三姐告状》相比，新中国成立后改编的《杨三姐告状》首先删去了高贵章发誓而应了誓的因果报应以及杨二姐鬼魂出现给三姐述说自己被害经过两个情节。原本描写高贵章得知张茂才去世后用计吞并其生意并欺骗张茂才妻子时，曾赌咒发誓说："我要昧良心，现世现报；叫我家风大乱，死走逃亡。"[3](P285) 而后来高占英与嫂子乱伦，杀害妻女，最终家破人亡的发展结局，恰恰应验了高贵章的誓言。如此写来，杨三姐坚持抗争才打倒凶手的行为就被因果报应取代了，弱化、遮蔽了杨三姐的斗争精神，理应删除。原本中，杨三姐的哥哥被收押后，杨三姐曾去往城隍庙烧香祈祷神佛庇佑，在那里杨三姐看到了各种类型的"恶鬼受刑"雕像，老道讲解说这些受刑的恶果都是因为生前为非作歹，所以死后才受尽折磨。紧接着杨三姐虔诚焚香祷告，城隍见杨三姐面容可怜，便让土地把杨二姐的冤魂带来与三妹述冤，于是有了冤魂托梦的场面。在成兆才浓墨重彩的描绘中，城隍庙托梦一节不但阴气逼人，而且还以"恶鬼受刑"再一次强调了因果报应的主张，阴魂托梦的沉浸式书写，更是为剧本抹上了一层消极色彩，与通篇的现实生活景象相比显得极不协调。在新中国的革命戏改运动中，迷信色彩和鬼魂形象是饱受批驳的对象。因果迷信和阴曹地府的厉魂恶鬼形象，被批评为是统治阶级利益的反映，"让人们相信一切都由命定，只好在命运面前低头"[21]，限制了人民群众的抗争可能。为了避免对革命斗争精神造成损伤，新中国成立后改编的《杨三姐告状》不仅彻底删去了涉及迷信鬼神的相关情节，还不惜舍弃了揭露高贵章邪恶发家史的内容。

与原本相比，新中国成立后的《杨三姐告状》改编本还对原剧中的淫乱、杀戮和引人发笑的元素进行了处理。高占英与大嫂、五嫂乱伦通奸，引发了杨二姐与高占英的吵闹，进而促使高占英杀害了妻子，在此过程中，为了突出高占英的无耻，必然会渲染他与两位嫂子偷情苟合的言词举动。可是在革命化的戏改进程中，此类淫荡色情的成份，会在不经意间"迎合某些落后观众的低级趣味"[22](P93)，需要谨慎对待。徐汲平当时在谈论《杨三姐告状》的改编思路时，便特别提醒说："在表演地主阶级的腐乱生活时，应注意改进演出形象及色情词句。"[23](P29) 于是，改编后的《杨三姐告状》便只是简单提及了高占英与嫂子之间行为不雅的事实，加大了杨二姐规劝讽刺丈夫的笔墨，还增加了杨二姐在劝说丈夫失败后怒骂大嫂裴氏"不顾人伦把廉耻丢"[24](P10) 的场面。与淫乱词句的情况相似，铡得身首异处鲜血淋漓，打得皮开肉绽血肉横飞，以及大滚钉板、刀劈面门、钉入头顶、剖腹验花之类酷刑场面，也被认为是"必须坚决废除的"[22](P95) 表演形式。所以周扬在观看内部展演的《杨三姐告状》时便建议"对情杀场面需要收敛一些"，实际上演时，高占英明场杀害杨二姐和摔死孩子的凶残场面，被改为了"暗场行凶"[19](P294-295)。《杨三姐告状》本是一出正剧，但在实际演出过程中有些情节、语言、演员的表演经常引人发笑，新凤霞回忆说，董瑞海演高贵合的妻子费氏时，曾在头上梳个纂，脸上拍大白粉，腮上抹上桃红，又宽又黑的两道弯眉毛，贴着太阳膏，又肥又大的花边彩旦褂子，两只手拉着袖口，一条绿色彩裤，一双大红瓜子尖的彩旦鞋，用脚跟学着小脚女人走路。当这个形同"大怪物"的费氏一扭一扭地跟随高贵合一瘸一瘸地出台时，瞬间"就把观众乐坏了！"[16](P198)在同时期的戏改实践中，曾出现过不少抓眼逗笑乃至恶俗的噱头，譬如有人饰演水浒戏中的王婆给潘金莲与西门庆勾搭的时候，竟然介绍说："这是西门庆同志！""这位是潘同志！"有些剧团安排布景和道具时，大量采用"真蛇上台""真牛上台"等炫奇斗胜的模式。尽管《杨三姐告状》的笑闹还未到恶俗化的程度，但无论如何，笑料元素的存在已经对"健康、进步、美丽的"舞台形象构成了威胁，妨碍了观众对戏剧思想的感知，因而相关人员在改编重演《杨三姐告状》时便竭力避免"采用一些不必要的'噱头'去博取观众廉价的剧场效果"[19](P294)。在处理杨三姐这个主要人物时，防止笑闹元素的侵入更是成为新凤霞引以为傲的所在："演杨三姐这个角色，最重要的是要掌握住三姐成长的层次，她开始是个一般的农村姑娘，在打官司中成长，逐渐地对人对事有了认识，到了最后她成熟了。如不掌握这个分寸，就会演成'造反派'，只是喊叫，双手无处放，胳膊扎扎着，虚张声势，空演外表，没有内心的自我感觉。"[16](P411)

如果说，《杨三姐告状》的迷信色彩、因果报应观念、色情杀戮场景等问题处理起来还相对容易的话，那么，此剧的"清官情结"，则是令改编者们左支右绌的难题。成兆才的《杨三姐告状》虽然歌颂了杨三姐不懈抗争的行为，但戏剧最后还表明全靠华治国为官清正、秉公执法，杨三姐才可以为姐报仇。杨三姐本人也认为自己告状成功，完全是华治国的功劳，自身的坚持斗争和法律制度在整个过程中的作用不足挂齿，所以她由衷礼赞道："幸遇清官把仇报，若遇脏官反害身"[3](P426)，在这里，明显可见一种"清官情结"的强大影响。梦想着出现替人民办事的清廉好官来管理人民、治理国家大事，这种"清官形象"实际上是身处不公境遇下的民众所虚构的德行完备的"人格化的楷模"，当人们寄希望于清官时，就不会再去思索"社会本身的完善"[25](P166)。正是从"清官弊害"的角度出发，徐汲平才严厉批评了《杨三姐告状》。清官华治国受理了杨三姐的上告，假扮商人，到狗儿庄私访，从雇农刘二愣子口中调查了这个杀人案件，然后传来高占英等一干人犯，扒坟验尸，最终让杨三姐的冤仇得报。在徐汲平看来，这个"上告"情节暗示了人们："受了压迫，可以用告状的方式去'反'压迫，地主资产阶级国家的'新刑律法'，是替被压迫阶级作主的。要遵守地主资产阶级的法律。清官华治国就是压迫阶级的国家旧中国的化身，而像牛县长那样的贼官只是个别的，要受到惩罚的。要像杨三姐那样去'告状'，却不能像萧恩那样去'杀家'！可以进行'合法的'告状，却不可以'非法的'杀家！这戏的主题就在这里。"[23](P31)萧恩是戏曲《打渔杀家》中的人物，该剧描写的是梁山好汉阮小七起义失败后化名为萧恩隐迹江湖，以打鱼为生。恶霸地主丁员外勾结贪官吕子秋一再勒索欺凌渔民，激起了萧恩这位垂暮英雄反抗的怒火，他最后痛打教师爷、杀死了丁员外。全剧表现了"惩恶"的主题，歌颂了被压迫人民的反抗斗争。徐汲平在此将杨三姐和萧恩进行对比分析，认为杨三姐那种诉诸法律途径、指望清官出头的心态，远远落后于萧恩的武力反抗举动。杨三姐的所谓"合法"行为，在徐汲平看来，实则是对革命斗争性的压制，削弱甚至抹杀了戏剧的教育意义："在主题上，这戏是在拥护着、宣传着地主大资产阶级专政，用'公理战胜'的假面具，涣散了人民的团结，使人民不去在武装斗

争里争取自己的解放,而使人民在'合法'的告状里削弱了自己的斗志。"[23](P32)

既然"上告"过程体现出来的清官情结是《杨三姐告状》的"封建性糟粕"和"毒素"的集中体现,那么清除该戏对清官的依赖,揭露旧中国官僚体系和法律制度的"假民主"面貌,强化杨三姐的抗争行为,便自然而然成为改编的重心所在。对此,中国戏剧院改编后的《杨三姐告状》既让杨三姐在结尾处狠狠数落了一通牛县长,还让华治国站在杨三姐的立场上,拍案怒斥牛县长:"杨家兄妹多次来署,顶状鸣冤,你应当把此案审得清清楚楚,问得明明白白,你不该拘留杨国恩,将杨三娥赶下堂去,你不以人命为重,只以金钱为目的,你当的什么帮审!你也是学堂出身,法政毕业,就是这样的供事吗?要是都象你这样居官,岂不是官逼民反了吗?"[24](P85)与原本相比,改编本中华治国的人民性立场更加突显,不过徐汲平依然对这样的处理方式颇为不满,他进一步提出了三种可供选择的改编路径:第一种,把杨三姐告状胜诉改成"败诉到底",借助杨三姐告状的悲剧,"使观众认识到地主资产阶级的法律是不保护人民的"。第二种,让杨三姐在滦县败诉之后,接受败诉的经验教训,并在刘二愣子等农民的同情、启发和帮助下起而"杀家",以武力求得自己的解放。第三种,保持原来的"清官了案"结果,但是为民做主的"清官"是"不能见容于从袁世凯到蒋介石的地主大资产阶级的反动政府的",因此不能把"清官断案"写成是起主导作用的内容,而应把华治国写成是受了劳动人民的教育启发,才同情人民并转变到"人民的立场上"[23](P33-34)。

从现实需要出发提升传统戏剧的思想性,尽量张扬和增强革命斗争精神,的确是新中国成立后戏改运动的核心与焦点。可问题是,如若不加限制地鼓励用新时代、新思想改造旧戏剧的思路,极有可能出现各种"反历史主义"的流弊。早在延安时期以杨绍萱为代表的戏改创作者,为了彰显"进步"和"革命",就出现了把"鹊桥相会"和"抗美援朝"的国际形势相联系,用牛郎织女"织就天罗地网,捉住鸱鸮得和平"的情节来比附"保卫世界和平"观点的现象,此类乱贴标签、刻意拔高的行为,貌似吻合了现实的革命斗争主张,但实际上当人们蜂拥而上戏说历史、戏说旧剧时,也就把革命斗争处理成了一出出"闹剧",最终"戏弄"了革命本身。正是深感"反历史主义"戏改倾向的流弊,田汉在建国初期即谆谆告诫道:"不应生硬地将历史人物现代化,更不应将历史上自发的农民战争的事迹与现代人民革命斗争的事迹作不适当的对比"[26]。中国戏剧院对于《杨三姐告状》的改编维护了"历史真实",但在革命斗争性上则显得气势不足;徐汲平的改编主张呈现出了充沛昂扬的革命斗争性,但却是以无视、伤害历史真实为代价的,显得政治思想性有余而艺术感染性不足。怎样处理革命性与艺术性、现实需要与历史真实的关系,使得两者融洽共生,就此成为新中国戏曲改革运动面临的一道难题。

参考文献:

[1] 周简段.大戏台[M].北京:新星出版社,2017.
[2] 河北省政协文史资料委员会编.河北文史集粹·社会卷[M].石家庄:河北人民出版社,1992.

[3] 成兆才纪念委员会辑. 成兆才评剧剧本选集［M］. 北京：中国戏剧出版社，1957.

[4] 王乃和编. 成兆才研究资料［M］. 北京：中国文联出版公司，1989.

[5] 河北省滦南县地方志编纂委员会编. 滦南县志［M］. 北京：生活·读书·新知三联书店，1997.

[6] 中国人民政治协商会议河北省滦县委员会编. 滦县文史资料（第8辑）［M］. 石家庄：河北人民出版社，1994.

[7] 王小蕾. 杨三姐告状案：民初女性诉讼案中的道义、法律与舆情［J］. 妇女研究论丛，2016（4）.

[8] 李交发. 中国诉讼法史［M］. 北京：中国检察出版社，2002.

[9] 李春雷. 中国近代刑事诉讼制度变革研究（1895—1928）［M］. 北京：北京大学出版社，2004.

[10] 李贵连. 沈家本传［M］. 北京：法律出版社，2000.

[11] 李交发. 清末法制改革：诉讼制度与诉讼文化［J］. 郑州大学学报（哲学社会科学版），2005（5）.

[12] 章玉良. 清末诉讼文化转型研究——以清末修律为中心［D］. 湘潭大学博士学位论文，2007.

[13] 马作武. 古代息讼之术探讨［J］. 武汉大学学报（哲学社会科学版），1998（2）.

[14] 孙慧敏. 清末中国对律师制度的认识与引介［J］. "中央研究院"近代史研究所集刊，2006（52）.

[15] 杜桂林. 杨三姐自述民国初年的人命官司［J］. 世纪，2005（2）.

[16] 新凤霞. 梨园旧影［M］. 石家庄：河北人民出版社，1997.

[17] 成兆才. 杨三姐告状二本［M］. 北京：北平打磨厂学古堂，1929.

[18] 中央人民政府政务院. 关于戏曲改革工作的指示［N］. 人民日报，1951-5-7.

[19] 张东川. 张东川剧本评论选集［M］. 沈阳：辽宁人民出版社，1995.

[20] 新凤霞. 新凤霞回忆录［M］. 北京：人民文学出版社，2016.

[21] 周扬. 改革和发展民族戏曲艺术［N］. 人民日报，1952-12-17.

[22] 马少波. 戏曲改革论集［M］. 上海：新文艺出版社，1953.

[23] 徐汲平. 谈《杨三姐告状》// 东北戏曲新报社编辑. 习曲笔记［M］. 沈阳：东北戏曲新报社，1951.

[24] 江风、高琛整理. 杨三姐告状［M］. 北京：宝文堂书店，1959.

[25] 梁治平. 书斋与社会之间［M］. 北京：法律出版社，1998.

[26] 田汉. 为爱国主义的人民新戏曲而奋斗［N］. 人民日报，1951-1-21.

地理带上的微型"史记"

——论《北纬四十度》的非虚构写作[*]

吴金梅　谢丽萍[**]

摘　要：《北纬四十度》以历史为线索，讲述了北纬四十度这一地理人文空间的历史人物与事件，语言理趣幽默，思考客观冷静，作品融合"历史真实"与"人文精神"，兼具学理与情采风貌。数十年间，作者反复、细致、深入地进行田野调查、史书阅读与思考追问，进一步发掘和呈现"北纬四十度"地理空间的丰富历史人文内涵，尝试以非虚构写作探求地理、历史、人文之间的复杂关系，开启书写的新视角与新范式。

关键词：《北纬四十度》；地理空间；非虚构写作；历史

陈福民在对北纬四十度地区反复调查、阅读历史并进行思考的基础上，完成了其非虚构作品集《北纬四十度》。此书一经出版，便获得了较好反响，并入选"2021年度中国好书"等推荐名录。《北纬四十度》以文学形式重绘"北纬四十度"千里江山图，呈现出当代人文学者对民族融合的历史反思。作品描摹了诸多历史人物的襟怀际遇，建构起一个融合地理、历史、人文内涵的文学空间，形似历史散文集，更神似基于历史反思的历史人物传记，开启了一种非虚构写作的崭新模式。

一

作为历史爱好者，陈福民反复阅读《史记》《汉书》《资治通鉴》以及晋、魏、唐、辽、宋、明等历代史书，尤其关注与北纬四十度相关的历史人物与事件，在阅读中进行反思并产生了诸多困惑和疑问，如《史记》对于李广的评价与多种历史文献的差异及其原因、渔阳鼙鼓何处来等，这些反思及结论成为《北纬四十度》一书的由来。

《北纬四十度》首先呈现的是一个关于民族文明交往与融合的历史疑问。农耕与游牧两种文明形态存在巨大差异，中原王朝与北方游牧民族在北纬四十度交往碰撞，共同推动

---

[*] 基金项目：辽宁省研究生教育项目"新时代新文科视域下文学专业学术型与教育型卓越研究生培养体系研究与实践"（项目编号：LNYJG2022496）的阶段性成果。

[**] 作者简介：吴金梅（1975—　），女，大连大学文学院副教授，北京大学中文系访问学者，研究方向为中国现当代文学、鲁迅研究、网络文学研究。谢丽萍（1998—　），女，大连大学文学院中国现当代文学专业硕士研究生，研究方向为中国现当代作家作品。

了历史的进程。但"华夷之辨"论争视域下的史学家或研究者们，常自觉或不自觉地将目光聚焦于某朝某代来探讨单个王朝的是非成败，很少从整体上与历史形成对话，《北纬四十度》则以一种历史整体的对话关系，书写呈现民族交流融合视域下的历史真相。如讲述"白登之围"，即是以刘邦和冒顿单于的双方视角交叉叙述，在叙写飞将军李广的坎坷一生时也同时讲述几代匈奴单于的更迭事件。如此着眼于文明交往下民族交流融合的双向审视，使叙述更趋近客观真实。

作者认为在北纬四十度发生的大小历史人事并非偶然，而是有着民族文明交往的重要意义，即使是战争和冲突，也是文明交往的形式之一，可借此将文明的实质——民族的冲突与交流呈现出来。[1]作为打开民族文明交往的"钥匙"，对这些历史人事进行思考与呈现，可以探索民族文明交往的历史缘由、过程及其演进。因此，作者瞩目北纬四十度，纵览数千年的华夏文明史，聚焦于男耕女织的中原王朝与策马驰骋的北方游牧民族间的冲突、交流与融合，如赵武灵王胡服骑射、汉高祖白登之围、飞将军李广的传奇人生、卫青与霍去病的少年将军壮举、昭君出塞、北魏孝文帝迁都洛阳、盛唐安史之乱、明英宗"土木之变"、清代皇帝设立承德避暑山庄等，描摹出一幅北纬四十度汉族与鲜卑、突厥、契丹、蒙古、满族之间民族纷争融合的生动历史图景。

在对这些民族交流融合的具体人物与事件的呈现上，《北纬四十度》则秉求真的写作态度，关注整体变局，也注重细节呈现。大到世人皆知的"胡服骑射""白登之围""土木之变"，小到瓦剌与明帝国朝贡一次次贡品交易与赏赐的数量考证[2](P400-405)、匈奴掳掠中原人口驱赶至"辞乡岭"的痛髓永诀等。一方面，这些丰富的历史人物事件与细节，带领读者重回北纬四十度历史场域，给读者以震撼的现场感。另一方面，《北纬四十度》还基于大量的史料与横纵比对，对逻辑不通的史书记载予以质疑或合理猜测，以求最大程度地还原历史。如谈及飞将军李广以权谋私下令斩杀曾阻拦他于城门的霸陵尉时，即提到《汉书·李广传》中记载了李广上书自陈谢罪的后续，《史记》则无，这既体现出李广的阴狠，也说明司马迁在《史记》中对李广的褒扬言过其实，带有强烈的主观色彩。这些史书的互相参照与细节呈现，彰显出一位文学写作者"才、学、识、德"的史家品质追求。

此外，《北纬四十度》讲述历史人物与事件鲜活生动，注重因果呈现与逻辑发展，探寻看似偶然中的必然因素。如关于两千多年前的"骑手"赵武灵王，作者认为他虽未能抵达终点，但仍不失为伟大帝王，学者梁启超也将其比肩世界一流人物。但这位以"胡服骑射"和修筑赵北长城惠及子孙的旷世帝王，因"办砸了"第三件事而丢了性命，即他在正值壮年的四十岁退位，废长立幼，最终引起了叛乱争端，又护佑叛乱的长子不得，在小儿子赵惠文王的默许下被戡乱军队困在自己的宫室中活活饿死了。一代雄主，在四十五岁的壮年，以不可思议的方式结束了一生。与赵武灵王一样有雄才伟略、意志坚定的魏孝文帝，则在二十六七岁的年纪，以一种任性而又策略的方式迁都洛阳。这位两千年前要"打过长江去，解放全中国"的"改革狂人"，向慕中原文明且善于学习，有易服、变语、改姓等种种壮举，但因为对北纬四十度的严重"估计不足"，过于急切地进行改革，同样"赌"丢了自己的人生与帝国的未来。两位富有谋略的帝王虽然最终没能实现自己的改革大业，但也仍都是"栩栩如生而不湮灭"的历史身影。

又如汉家皇帝刘邦遭遇"滑铁卢",字里行间充满和"失败者"将军李广一样的无奈。作为"威加海内兮归故乡"的开国帝王,却因为轻敌大意而被困"白登山",最终只好屈辱地以极丰厚的媾和条件主动议和。而因屡次战败被问责的难封老将李广,最终只能以自杀来谢罪。失败是因其"讷口少言""宽仁率性",而其个体的道德选择使其厌烦繁琐严格的规章制度和纪律约束,军事上奉行与对手力战的自然主义态度。[2](P92)作者往往以一种开阔的文明视角发掘他们失败的原因,并对他们的命运际遇给予一种基于现代标准的解释。

不同于众多男性历史人物与事件,《在战争的另一边》中的王昭君,则是《北纬四十度》中唯一一位浓墨重彩书写的女性形象。这位"奇女子"主动远赴塞北"和亲",以柔弱之躯为她的国家挑起了赢得和平的重担,令"懦夫愧色"。但作者关注这一历史人物与事件的视角却是独特的,认为王昭君的"勇气""果敢与决绝""伟大贡献"等种种不俗之处,被湮灭在"美女如云"的"文学想象"与"红颜薄命"的"通俗民间信仰"中了。作者将王昭君和她那些无名的姐妹们从历史的缝隙中深挖出来,去探寻她们在历史的缝隙中的顽强生长,以及黑暗中透露出的那一缕微光。[2](P166)作者在诸多帝王将相故事中,凸显一位汉族弱女子在民族文明交往与中国历史进程中所起的作用,意欲提醒世人应该向这位"奇女子"致敬,并以一种历史的整体性视野和客观理性的观照发现和呈现这缕"微光"。

《北纬四十度》的选材与书写,不仅挣脱了传统史学的局限与束缚,以求真精神思考和呈现民族间文明交往的历史,同时也以融入真情实感的文学书写呈现了作者"正当的历史观",不作俯视的记录者,而是作与整体历史进行对话的思考者,将文明交往的重要主题重新呈现给当代读者,也将可贵的科学历史精神注入面对复杂历史语境的作者心中。

陈福民以《北纬四十度》凸显一个个鲜活生动的历史人物,在多种史书的对照阅读与思考中多角度多侧面分析判断,向"失败者的灵魂"和"各民族沉默不语顽强生存着的人"[2](P469)致敬。作者的悲悯挚情深深契合着无尽苍凉的历史演进。

二

北纬四十度作为地理概念,在中国境内横跨新疆、甘肃、内蒙古、山西、河北、北京、天津和辽宁八省市,绵亘数千公里。《北纬四十度》书写聚焦于此,尤其是发生在河北、北京、山西等地丰富的民族竞争融合故事,他们正如"右北平"红、绿、黄、白的斑斓五彩与坚忍平淡,作者以此地理历史书写向这片土地上沉默不语却又顽强生存的各民族人们致意。

地理空间对历史书写至关重要,它是民族交往融合的重要场域,更是几千年文明形态发展变化的重要场域,并由此形成独特的地理文化空间及其文化内涵。但传统的文史书写多以中原王朝为中心,将其与外来民族间地理区域势力范围的争夺演变作为重要内容,强调的是国家的边界位置与统治势力范围。《北纬四十度》则另辟蹊径,围绕"北纬四十度"这一跨界性文化概念的相关人物故事,集中表现和探究民族冲突与民族融合等方面的历史关切。[2](P4)作者始终以民族间的文明交往视角探讨地理空间作为民族融合场域的重要意义，认为以长城为标志，北纬四十度地理带在历史演进过程中逐渐形成了不同的族群与生活方式，最终完成了不同文明类型的区隔、竞争与融合。[2](P2)东起长白山南段，沿燕山、阴山至祁连山绵亘的自然分割线与北纬四十度高度重合，地形地貌、气候等各方面地理条件的差异影响着其南北双方的生活方式与文明形态，导致各民族之间为了争夺生存资源不断碰撞交往，形成差异巨大的农耕文明与游牧文明，促成中原王朝与北方游牧民族长期地理势力范围的划分，也开启一段自战国至清朝，长达两千多年相互竞争、相互防御、相互融合的民族文明史。古往今来，人们对与北纬四十度基本重叠的万里长城的多种文化想象，便是其中的一个有力证据。

《北纬四十度》所描写的地理空间并不仅限于北纬四十度线上的幽州（北京）、秦皇岛、承德、张家口、平城（大同）等一系列城市，还有与书中历史人物与事件相关的北纬四十度之外的一些城市与地域，如洛阳、开封、榆林等，将地理历史书写与人文表达融合，使读者畅游在辽阔广远的地理空间变换中，深刻体会其所寄寓的深厚人文历史情怀。如《遥想右北平》中对右北平的"颜色"描写，既是地理景物的如实摹写，在季节物候变换中呈现红、绿、金黄、白的斑斓色彩，又从历史发展视角，赋予其丰富的人文内涵与象征意蕴。右北平的红色既是神话中"红色的山峰"，也是呼应中原文明"红山文化区"的遥远绝响；右北平的绿色是春夏草原星点花朵的亘古底色，更是葱茏林场默然不屈倔强性格的呈现；还有其令人感到欢快、爽朗与热烈的灿烂辉煌的金黄草原、林间、芦苇以及农田，布满车辙和足迹的茫茫白色雪原等。色泽鲜明的右北平既在眼前，又浑融在遥邈绵延的历史时空中，生动而沧桑。又如对于少年将军卫青、霍去病的征战事迹书写，体现出青春帝国欣欣向荣的历史气象与少年将军的威武自信气派。卫青在二十六到三十六岁的十年间七战匈奴，足迹遍及茏城、雁门、河南、高阙、定襄等；二十岁左右的青年霍去病则以惊天之勇与沉毅果敢驰骋在焉支山、祁连山等地，孤身犯险河西受降，漠北之战更是越过戈壁大漠、渡过克鲁伦河、直抵瀚海。两位青年统帅驰骋纵横在北中国的大地上，使这些地名令读者无限遐想，使伟大帝国青春少将的骁勇与睿智形象与北纬四十度的这些地方紧密联系在了一起，就如庐山瀑布之于李白，塞外大漠之于高适、岑参。这些地理空间既是历史人事的承载体，又是当代作者与读者文化与情感承载的空间，《北纬四十度》中这些与重大历史人事相关的串串地名，也因此有了厚度、温度和情感。

北纬四十度地理空间所承载的丰富人文色彩与情感，既是汉族中原农耕文明的，也是塞外少数民族游牧文明的，不同民族之间在此数千年的竞争融合，使其成为丰富的历史文化空间。从早期生存资源的争夺，到历代中原王朝的开疆与戍边传统，围绕"北纬四十度"，农耕与游牧两种文明形成了各自独特的思想政治观念与文化形态。那些不同的族群相互打量着、想象着对方，也加入着对方，在长城内外隔墙相望，深情凝视了几千年[2](P3)，共同构成了这一地理空间多元发展的历史文化内涵，并且双向动态发展和互相渗透。他们以战争与冲突等或激烈或平和的方式进行着交流碰撞，体现出华夏文明强大的开放性与包容性。如赵武灵王"胡服骑射"向少数民族学习，冒顿单于仿效中原推行"文治"等，这些历史事件已不再只是政治争权夺利的谋略，更是民族融合交流的多种实践，这些发掘与呈现使北纬四十度地理空间的历史文化内涵愈加厚重丰富。

"北纬四十度"是民族问题的主场，冲突、交流与融合都是它最经典的表现形式，它对华夏文明的包容性、开放性和多元性做出了极好的诠释。[3](P32) 作为文明交往的场域，它将千年文明演变、文化形态变化囊括其中。它既是作者问题意识的缘起、思考与表现对象，也是作者的书写对象、行文脉络与阐释空间，共同构筑成一个文学书写与历史文化思考的丰富人文地理场域。

三

即使作者曾多次强调《北纬四十度》的写作是一种"研究性写作"，但其文学特质甚为鲜明。作者称其自觉有意识地选择加大文章立意方面的历史权重[3](P31)，但《北纬四十度》读来毫无历史研究性文章的枯燥乏味之感，而是兼具叙事与抒情特质，这大概与作者一直以来对历史的浓厚兴趣、反复阅读和不断思考追问有关。作者对文学及写作的挚爱，对历史的识见与襟怀，以及深厚的文学素养和语言驾驭能力也由此可见一斑。

《北纬四十度》对具体历史环境的呈现、人物性格的描摹、事件过程的讲述等，都颇具情节与叙事性小说趣味，甚至因为某些细节的发掘与呈现，其对一些人物与事件的叙述颇具传奇色彩。例如年轻有为的赵武灵王壮年退位，乔装去秦国做间谍，被识破后仓促逃离，作者猜测，那时主父的内心一定是仰天狂笑的，他纵身跃马，朝着云中、九原方向一骑绝尘，只留下身后追兵望尘莫及……[2](P23) 一代雄主的胆识超群与恣意洒落、风姿翩跹跃然纸上。又如冒顿单于被送去敌国做质子，归来后隐忍多时，直到有机会发动"猎场政变"，弑父诛母杀弟、尽诛不听从者，紧接着又发动"文治"，创立严密的等级制度，使得匈奴团结强大起来，赢得"白登之围"，最终逼使大汉王朝实行"和亲"政策。这样的人物与故事，不仅有几分"典型环境中的典型人物""细节描写"的现实主义况味，还有几分当下网文大男主复仇爽文的流行套路。如果只截取一些重要的历史片段，而非如此全须全尾地对事件与人物进行描摹，则难以栩栩如生地呈现历史的本色风貌，叙事的真实性与生动性也会逊色很多。

《北纬四十度》还穿插了大量契合历史人物与事件的诗词歌赋引用与史料对照辨析，语言理趣幽默，毫无历史性叙述的枯乏感。如关于飞将军李广的叙述，"人不寐，将军白发征夫泪""卫青不败由天幸，李广无功缘数奇"[2](P61)，广为传诵的古诗词立刻引领出读者对人物的阅读期待。又如以《江城子·密州出猎》"持节云中，何日遣冯唐？"作为《青春帝国少年行》的写作缘起，引出曲折多变又精彩无限的历史人物与故事。《北纬四十度》的古诗词引用点睛贴切，只有深谙于此的人，才可做到如此信手拈来。如果说古诗词呈现了《北纬四十度》雅致的一面，一些现代词汇的运用则使其叙述显得诙谐幽默、生动有趣。如在"白登之围"和平解决后，刘邦的亲随刘敬侦查后汇报："两国敌对的惯例都是秀肌肉吓唬对方……其中一定有诈，陛下不能去蛮干。"[2](P49) 而刘邦的回答却是直接开骂并下令将其关入大牢，潜台词是"等着老子收拾了冒顿回来再收拾你"[2](P49)。这样的俚语俗话与刘邦的草根出身十分契合，使人物栩栩如生。又如在讲述北魏"子贵母死"的残忍政策时,清河王拓跋绍为救母亲"这位小爷居然纠结了十几号人夜闯皇宫把他老爹干了!掉!了!"[2](P244)对于惊天动地的历史事件,只用三个最通俗的词语和叹号;"干",似乎不费吹灰之力;"掉",结果随时而来;"了",历史已然发生和将要因此发生巨大的变化;"小爷""纠结""几十号人""老爹"等现代口语词汇使行文灵动活泼,幽默诙谐地呈现出历史事件的不可思议与惊世骇俗。

与幽默理趣的叙述语言形成对照,《北纬四十度》抒情性话语同样十分丰富。作者常以抒情语言呈现其历史性思考,二者相辅相成,表情达意丰富充沛。如写刘邦迫于"白登之围"不得不"和亲"时,感慨其内心是否会对韩王信曾经向匈奴求和的行为怀有哪怕只是一点点的理解和歉疚。[2](P57)而对于司马迁将卫青、霍去病列入《佞幸列传》,则慨叹不解为何太史公似乎不将卫霍二人列入《佞幸列传》,就无法疏解忧愤。[2](P126)对于《兰亭序》捉摸不定的玄虚伤感气息,则认为那看似不留痕迹的轻描淡写却承载着"痛定思痛痛如何哉"的黍离之悲[2](P208)。作者的叹惋所呈现和表达的,显然并非只是纯粹的历史伤感,而是带有浓厚反思意味的,对故事主人公同情同理的深切理解,对人性、历史、文明演进进行的深刻反思。虽常只是寥寥数语,但情境相合,引人省思,也增强了行文"亦庄亦谐"的厚重之感。

在"余秋雨现象"后,历史文化散文的"滥情"倾向受到了众多批评者的诟病,中国几千年的文学抒情传统也再次成为反思焦点。中国当代文学在抒情传统中沉溺太久了[3](P35),因此,与更富抒情性的所谓主流历史文化散文相比,《北纬四十度》抒情上明显克制内敛,不游离于历史真实,也不过分滥情,作者的真情实感表露常只寥寥数语,却与历史人事毫不违和。例如对于赵武灵王推行"胡服骑射"受阻,作者感慨自己年轻时偏向简单激烈,将世事看得过于容易,将帝王的权威绝对化了。[2](P15)再如对于赵武灵王作为一代雄主却最终饿死沙丘宫,则慨叹赵国失去了它最好的领袖,并由此永远失去了历史机会[2](P23)。又如对于汉高祖刘邦猜忌性格的微词,对于司马迁笔下飞将军李广形象的反思等,都融合在具体的历史事件与人物的叙述中,以史料相佐,事理了然。

作者习惯于将历史反思置于个人主观情感之前,这在历史相关的文学写作中并不常见,呈现出作为非专业研究者追求历史真实的襟怀抱负。作者想要更符合现代历史观的有价值的思考与写作,而非个体性随感或迎合消费群体的文化产品。以现代性意识处理文学创作中历史呈现与抒情性表现的比重,坚持客观科学的历史写作,是对由来已久的历史题材文学创作"滥情""重抒情"倾向的调节、反拨与纠偏的"历险",体现出作者对于当下文学领域文史互动的深入理解与深刻反思,"这种写作,它有一种文学的品性,有一副知识的容貌;同时,它能自由出入两者之间,摇曳多姿。它不迎合,不讨巧,靠'硬知识'和'软写作'而迎风矗立。"[4]这是作者付诸努力之后的自信和对文学史学叙事所秉持原则不懈追求的体现。

四

作为资深的自驾游爱好者、衷情北纬四十度历史的追溯者和具有深厚文学素养的文学批评者，作者阅读思考历史书籍，行走探访历史遗迹，对北纬四十度的历史人物与事件进行非虚构讲述，既是给读者的精神飨宴，亦是作者自我的精神还乡。老热河的承赤朝三地留存着作者的故乡回忆[2](P469)。这块秦汉时被称之为右北平的地方，也是作者的精神家园，使这位向来习惯于述而不作的文学评论家忍不住必须要写些什么。

右北平作为贯穿中国两千年农耕文明与游牧文明之间北纬四十度故事的起点，也是终点。燕昭王、秦开、李广、杨业、萧太后、韩德让、佟国纲……这些承担着历史责任的"古代战士"，也在丰富着右北平的性格。[2](P469)作者数次探访甚至几乎踏遍《北纬四十度》中与历史人物、事件相关的每一处遗迹，在史书中深情探寻一个又一个值得关注书写的历史人物和文明交往与民族交流的重要事件。无数次探访后的熟稔，使其叙述真切可感，反复阅读历史与冷静客观的思考，使其人物故事栩栩如生而趋近历史真相，字里行间倾注的丰富情感使其叙述既温暖又苍凉。细致的史料阅读与实地考察（田野调查）实践，知之者、乐之者、好之者相融，使《北纬四十度》呈现出一种崭新的历史地理文学书写风貌与范式。

自文化散文引发热潮始，作家们的非虚构历史写作就逐渐进入到一种如履薄冰的"焦虑状态"，尤其是在史实和材料方面，令人深感不安。[2](P4-5)面对历史阅读和写作中的焦虑，作者与埋首书案的书写者不同，多次实地考察探访，自驾穿梭于横跨中国的北纬四十度线：断续连缀的战国赵北长城、呼和浩特南部的"青冢"王昭君墓、北魏旧都平城、史书中的拓跋鲜卑祖居地嘎仙洞、北方"九边"重镇……亲临现场，以专业素养学识尝试与历史人物跨越时空进行交流。历史的浩渺烟尘与当下作者的无奈叹惋羁绊缠络，为汉家弱女的远赴塞北、兰亭一序的旷世寂寥、渔阳鼙鼓的惊破霓裳、燕台一去的牧马悲鸣、刚愎昏聩的宦官君臣，不一而足。作者伫立瞩目辽远广阔的右北平。历史无言，浪花淘尽英雄。

历史古迹被风沙逐渐掩去，史料与实地渐渐变得难以对应，其历史价值可能渐渐不为人知，如古北口大宋英雄杨业的"杨无敌庙"，只有当地的专家才能确认其地点。但北纬四十度曾经的历史人事至今依旧是中华文明史中的文明象征，是民族交流融合中贡献巨大的"人"。思考与着重提出北纬四十度问题，其在文学历史地理之外的重要意义，还在于让人们重新认识北纬四十度的人与事，重拾这段逐渐被遗忘的宝贵历史，守护一份"正当的文学观与历史观"[2](P5)。

《北纬四十度》是一位文学批评家对文史互动的一次反思与呈现。当下中国历史传播的内容和途径更多在民间或大众接受领域，它虽然挪用了"历史"题材，但并不是严肃的历史表述，而是大量的以虚构、编造并改变历史形态为手段与内容的民间文艺形式。[3](P35)对于这种文学创作中由来已久的历史书写乱象，作者曾在多次访谈中明确表示抗拒，也因此生发出想要去跟传统民间的史学表述争夺读者的野心[3](P34)。虽然文学所具有的传播功能，严肃的历史书写无法达到，但客观的历史书写与民间文艺形式之间并不相悖，只是需要正确方式与巧妙融合，《北纬四十度》是一次成功尝试。作者显然深刻洞悉文学的虚构特质，因此采用一种"有限制虚构"[5](P112)的写作，以对历史人事的求真态度为原则底线，将理趣幽默的语言和适度真切的抒情与史料阅读辨析融合，力避那种以主观化、游戏化与个人好恶的立场为尺度的历史写作[2](P328)，而去质疑探寻史书叙述与真实历史之间的差距，对被奉为圭臬的文史经典进行多角度分析反思，书写出更有价值和意义的历史散文，这使《北纬四十度》成为既可面向大众，又能发挥文学巨大价值的非虚构写作。

结语

  以地理空间命名，字里行间跳宕的却是一个个栩栩如生历史人物的襟怀际遇；以非虚构为体，却更像一部聚集北纬四十度帝王将相的生动小说故事。以文学书写努力抵达北纬四十度相关历史人事的真实现场，《北纬四十度》与其说是在书写历史地理，不如说是在呈现一个心念苍生又感喟历史沧桑的人文书写者的情怀与抱负，并尝试建构一种地理、历史与人文融合的文学跨界书写范式。以情感与思想驱遣文字，着眼于历史真实，《北纬四十度》更像一部北纬四十度地理空间的微型"史记"。历时数十年，驰骋数万里，跨越数千年，究地人之际，察民族融争之变，成当代一家之言。读罢不由得引人再欲追问，作为一个世界性概念的"北纬四十度"，如何以其丰富的地理、历史、人文内涵，在不远的未来，被进一步成功书写，达成借其"看见中国、看见世界"的使命？

参考文献：

[1] 中国文化研究所.文明空间：长城的历史书写与文化想象[EB/OL].[2022-6-30]https://mp.weixin.qq.com/s/zDYPYo_gQYfz9n5E8dGcng.

[2] 陈福民.北纬四十度[M].上海：上海文艺出版社，2021.

[3] 陈福民、霍艳.用历史写作治愈对文学的危机感和焦虑感——陈福民教授访谈录[J].当代文坛，2022（2）.

[4] 顾学文.在北纬四十度上看见中国，看见世界[EB/OL].[2021-11-7]https://mp.weixin.qq.com/s/-J_EQInPdY0z0u74XS5oSw.

[5] 陈剑晖.重新审视散文的"真实与虚构"[J].江汉论坛，2011（1）.

《中国现代文学史》编撰史事述略

杨 伟

摘 要：20世纪60年代周扬主持"文科统编教材"，对当时及80年代高校文科教育有很大的影响。《中国现代文学史》是"文科统编教材"的一种，由唐弢负责编写，经过了搜集资料、撰写教材提纲、讨论提纲、分工编写等环节，但当时并未出版该教材。周扬从编写思想、章节设置、编写要求以及具体的现代文学史问题方面，指导《中国现代文学史》教材编写。《中国现代文学史》在中国现代文学学科发展史中具有重要作用，是马克思主义文艺理论中国化的关键一环，但也具有时代局限性。

关键词："文科统编教材"；《中国现代文学史》；周扬；唐弢

20世纪60年代周扬主持"文科统编教材"，是马克思主义文艺理论中国化的实践，对当时以及80年代的大学文科教育有很大的影响。《中国现代文学史》《文学概论》《美学原理》《中国文学史》《欧洲文学史》《语言学概论》等的编写都是"文科统编教材"的项目。本文拟把《中国现代文学史》教材的编写作为考察对象，以此概览"文科统编教材"概况，分析主持者周扬在其中的作用。本文的重点是《中国现代文学史》编写史事的梳理，并呈现周扬如何指导《中国现代文学史》的编写。本文主要根据公开发表的资料，但材料还是欠缺，成为研究的一个难点。尽管如此，希望本文能引起某些学界同仁对"文科统编教材"进行全面深入研究的兴趣。

一 "文科统编教材"概况

20世纪60年代，周扬主持"文科统编教材"。这项任务是在1960年9、10月间中央书记处的一次会议中确定的，并由书记处书记彭真受邓小平委托向周扬下达。"文科统编教材"被提上日程，显然是受当时社会环境的影响。当时我国的政治、经济受"大跃进""反右倾"等的严重影响，面对此种情况，1960年8、9月，中央决定在各领域进行调整。高校文科则进行教材的编选。

---

* 基金项目：河北省教育厅高等学校青年拔尖人才项目"周扬与'两材'研究"（项目编号：BJ2020084）的阶段性成果。

** 作者简介：杨伟（1986— ），女，河北师范大学文学院讲师，研究方向为现当代文学。

周扬接受文科教材编选任务后，于1961年4月召开高等学校文科和艺术院校教材编选计划会议，修订文科7类，包括中文、历史、哲学、经济、教育、政治教育、外语，以及艺术院校7类，包括戏剧、音乐、戏曲、电影、美术、工艺美术、舞蹈，制定224门课程的教材编选计划，包括教材297种（文科有126种，艺术有171种）。

"文科统编教材"共设十四个编选组，并设组长。其中，文科组长有冯至、翦伯赞、艾思奇、于光远、陈元晖、许立群、李棣华、季羡林等。各组又包含多种教材的编写，每种教材又有专门的主编负责。如《中国现代文学史》的主编是唐弢，《文学概论》的主编是蔡仪，《美学原理》的主编是王朝闻等。同时，有的教材又不只编一套，如《文学概论》就由蔡仪和叶以群分别负责编写；《中国文学史》也有两种，一种是游国恩、王起、萧涤非、季振淮、费振刚负责编写，另外一种由文学研究所负责编写。

1964年，"文科统编教材"受"四清"影响停顿下来。1965年，周扬指出要继续编写文科教材，"7月23日蔡仪到中宣部汇报工作，得到的指示是：1.以毛主席的思想挂帅；2.反修为纲；3.少而精"[1](P157)。之后周扬遭受批判而无暇顾及此事，"文科统编教材"也就不了了之。尽管如此，"文科统编教材"取得了很大的成绩，"文科教材工作，第一，有成绩。第二，是需要。……第三，教材是长期的、困难的工作，过去也是这门讲，四年来看得更清楚了"[2](P261)。出版的教材有朱光潜的《西方美学史》，游国恩等人主编的《中国文学史》，杨周翰、吴达元、赵萝蕤主编的《欧洲文学史·上卷》等。也有很多教材于"文革"后出版，如《中国现代文学史》《文学概论》《美学概论》等。

以上介绍了"文科统编教材"的编选计划、种类书目、主编负责制，以及受政治运动影响的发展过程。《中国现代文学史》教材的编写是其中的一项，也是周扬重点抓的内容之一。以下通过《中国现代文学史》教材编写的史事梳理，概览"文科统编教材"的曲折编写经过。

二 《中国现代文学史》的编写经过

《中国现代文学史》主编是唐弢，参加者有文学研究所的樊骏、路坎、吴子敏、许志英、徐廼翔，北京大学的王瑶、严家炎，北京师范大学的陈灿、李文保、杨占升、张恩和、蔡清富、吕启祥、陈子艾，武汉大学的刘绶松，山东大学的刘泮溪，厦门大学的万平近，华中师范大学的黄曼君。责任编委是王瑶、严家炎、刘绶松、刘泮溪、路坎，[3]陈灿负责党的工作[4]。1978年后又增加陈涌、鲍霁、易新鼎、黄修己等人。

《中国现代文学史》在归入"文科统编教材"之前就已酝酿。1961年初，文学研究所现代文学组接受编写现代文学史的任务。"一九六〇年一月，在中宣部召开的'加强理论批评工作会议'上，就已经决定由文学所负责编写《中国现代文学史》，由现代组承担"[5]。5月，高教部让文学研究所和北师大合作编写《中国现代文学史》，计划8月完成，供新学期学生学习使用。9月，文学研究所与北师大合并，并调来其他学校的一些成员，组成《中国现代文学史》编写组，归全国文科教材办公室领导，主编为唐弢。

唐弢一开始并不愿意接受此任务，"可能考虑到由文学所自己编撰的文学史任务要单纯得多，也更便于贯彻自己的意图，何其芳和唐弢最初都不愿接受这新的任命。但正在此时，周扬对文学所负责的另一部教材的提纲很不满意，相当严厉地批评了该书主编；唐弢担心自己'抗命'不从也会遭到同样的命运，不敢坚持己见。"[6]在接受《中国现代文学史》编写的任务后，作为主编的唐弢为教材的编写付出很大的心血。他组织编写力量，"一方面精简了若干原有的编写人员，一方面抽调文学所的一些人员参加；同时重新拟定全书的章节结构，分配落实各人的写作任务——虽然主编是文学所的人，文学所也先后有六七位同志参加这项工作，但一切不能不按照教材的需要运作。"[6]规定教材编写的原则："一，采用第一手材料，反对人云亦云……二，期刊往往登有同一问题的其他文章，自应充分利用……三，尽量吸收学术界已有的研究成果……四，复述作品内容，力求简明扼要，既不违背原意，又忌冗长拖沓，这在文学史工作者是一种艺术的创造。五，文学史采取'春秋笔法'，褒贬从叙述中流露出来。"[3]他还修改教材稿子。据严家炎回忆："如在分工由我执笔的《绪论》中，作为现代文学先导的近代文学那部分，原先按文艺界某些领导人的意见，写得比较简略，唐先生则查阅材料，作了不少具体的补充。"[7](P228)据樊骏回忆，"60年代初审定集体编写的《中国现代文学史》书稿时，他不满意原稿中有关冯至的部分，自己动笔重写"[7](P587)。在修改过程中，唐弢保持民主作风。樊骏就曾指出："有一次，他跟我谈到某位同志如何坚持自己的意见，经他删节改动之处，往往事后又被那位同志补上和改了回去。从他带着笑意的口吻中，找不到责怪和不快，反而对这种'固执'流露出无不赞赏的神情。"[7](P184)另外，唐弢还会告诉青年如何写作："还有一点是关于文字功夫的。弢师总是强调写文章下笔要讲究一点，史的叙述力求平实准确，文艺评论则要讲求文采，切忌干巴巴。"[7](P351)

《中国现代文学史》的编写，首先进行资料搜集的工作。"《史》的章节安排和编写人员分工大体确定后，唐弢同志便引导大家泡进历史资料之中，力求掌握第一手资料。编写组专门成立了资料室，有专人到首都各大图书馆借取报刊图书，供编写人员查阅。唐弢同志既是著作家，又是藏书家，编写组大有'近水楼台先得月'之便。《史》初稿费时两年，其中一年多用于摸资料"[8]。

然后，他们撰写教材提纲。1961年12月印出《〈中国现代文学史〉部分提纲（草稿）》；1962年6月印出《〈中国现代文学史〉纲要目录草稿》》[4]；1962年秋写好提纲[6]。他们还就教材提纲展开讨论。1962年11月在北京前门饭店开了三天的提纲讨论会[3]，林默涵、邵荃麟、张光年、何其芳、冯至、杨晦、吴组缃、蔡仪、严文井、陈荒煤、王朝闻、王燎荧、朱寨、何家槐、叶以群、叶子铭等人出席，还有《中国现代文学史》编写组的几名责任编委与会。

最后，他们根据意见进行编写。其中，鲁迅章节是特别受重视的内容。"根据要求，为突出重点，重要作家都要列出专章或专节。唐弢同志指出，由于鲁迅在中国现代文学史上的地位，和其他重要作家不同，应该按他的前后期分列两个专章。他一再向我们阐释毛泽东同志对鲁迅的评价，说鲁迅确是伟大，不仅是文学家，也是思想家和革命家，在现代文学史以至文化史上，无人可与他相比。他又解释鲁迅列两个专章的意义还不仅在突出鲁迅的重要地位，更为了突出后期鲁迅作为共产主义战士的地位，突出他的杂文创作。他说，鲁迅的前期是伟大的，他的小说是不朽之作，对此人们已有较好的认识；他的杂文在全部创作中不但量大，质量也很高，因他的提倡和实践，杂文成为一种新的文体，对此则许多人不认识或认识不深，所以对杂文的论述应该加强。他又指出，写鲁迅专章和写一般鲁迅研究论著应有所不同，要显出史的特色，这不但表现用历史主义的观点看问题，也要求用写史的方法即按照历史的顺序具体叙述事实。"[7](P295)另外："60年代初主持《中国现代文学史》的编写工作，特别强调讲'五四'以后的新文学，一定要追溯到晚清文学。为此，全书第一句话就是'中国现代文学发端于五四运动时期，但以鸦片战争后的近代文学为其先导。''绪论'第一节专门论述了晚清文学。"[7](P590)

他们分工编写。如鲁迅章节由张恩和、吕启祥负责；王瑶负责巴金、老舍、曹禺，以及部分抗战前期文艺运动等内容；樊骏负责"左联"以及整风运动和延安文艺座谈会的召开等内容；严家炎负责绪论和"五四"部分；刘绶松负责茅盾章节、"左翼"戏剧运动、田汉等的剧作等内容；黄曼君负责抗战前期小说创作以及抗战后期、解放战争时期国统区的政治讽刺诗、戏剧、小说、散文等内容；许志英负责郭沫若等内容；路坎负责新歌剧、《白毛女》《王贵与李香香》等内容；李文保负责第一次国内革命战争时期文学创作的部分内容；吴子敏负责"左联"烈士、蒋光慈、柔石、胡也频、殷夫等的创作。[4]其中，唐弢负责"五四"部分，并分管鲁迅两章。[7](P295)

1963年3月，《中国现代文学史》初稿完成，并由唐弢审定，完成一、二卷的内部送审稿；1964年初，铅印出版教材的内部征求意见稿。[8]之后为了完成周扬的指示，于1964年春天再次召开教材征求意见稿的审稿会，唐弢抽调严家炎、路坎、樊骏对内部征求意见稿进行修改。其中，樊骏修改第11章第1节"丁玲"。[7](P183)为了完成此工作，"要求在两个月内（后来延长到两个半月），将'五四'、'左联'两段写出，我们四个人边琢磨、边润饰，灯下苦干，往往直到午夜三、四点钟，才上床合眼片刻，每次平均只睡两个小时多一点（《严家炎著〈求实集〉序》）。"[6]1964年夏，他们完成教材征求意见稿的定稿工作。

因为"四清"，"文科统编教材"停顿下来，《中国现代文学史》也停止编写。直到1978年9月，唐弢重建编写组，教材得以重新修改、编写。其中，严家炎、樊骏、蔡清富、吴子敏修改上册，唐弢、严家炎、樊骏、吴子敏、徐乃翔、蔡清富、张恩和、黄曼君、万平近、陈涌、鲍霁、易新鼎、黄修己等人进行下册的编写。《中国现代文学史》三册分别于1979年6月、11月，1980年12月出版。

三　周扬对《中国现代文学史》编写的指导

《中国现代文学史》的编写，是周扬主抓"文科统编教材"的一项内容。在如何编写《中国现代文学史》的问题上，周扬给出了许多参考意见。

在如何安排《中国现代文学史》的章节上，周扬提出了他的看法。例如，"唐弢说，周扬主张只鲁迅、郭沫若、茅盾三个人立专章，其他作家一律不在章节上出现名字，和我们的想法是一致的。"[9]周扬指出,"鲁迅分上、下两部分讲,有人有意见。也有人主张一次讲完,不叫上下。是不是第一次叫'现代文学奠基人——鲁迅',一般讲一讲。第二次叫'伟大的共产主义者鲁迅',主要放在后面一部分讲。"[10]"最后一章怎么写?总结或是作序,最后一章讲展望也可以。(何其芳:总结加展望好不好?)总结经验很困难。有一种写法,前面绪论中讲一讲概括性的总结,最后一章讲展望。请大家研究。"[10]他还说到,"苏区那一章没多少内容,想抬高苏区'文学'也抬高不了。如果要写,就写得精炼一些,一是可以挑一些,当时影响大,起过作用的作品,一是当时虽没起过作用,但确实写得好,可以流传的作品。"[10]并指出,"每个重要段落的前面还是写一个概述比较好,概括的叙述整个面貌;但把不重要的作家放在概述中,而把重要的作家放在后面,这样不好。小作家应该放在后面,不要把不能列专章专节的作家放到概论中去。为什么先讲这些人?讲了一些不重要的诗人才写郭沫若?时代次序也不对。"[10]可见,周扬在《中国现代文学史》章节安排上的意见是十分细致的,突出鲁迅、郭沫若、茅盾,更有利于教材编写。

周扬在如何写作文学史方面也有指示。他认为,"比如认为西方资产阶级的文学史家注意在著述中穿插一些作家的生平事迹,行文显得生动,也丰富了历史知识,不妨借鉴。又比如认为斯大林在《联共(布)党史》第四章第二节阐释辩证唯物主义与历史唯物主义的基本原理时,喜欢采用'因此'、'由此可见'之类简单的推论方式,这样得出的结论容易失之片面武断;要求我们多作具体分析"[6]。

在编写过程中,周扬特别强调教材对文学史作历史叙述。"针对庸俗化、简单化的教条主义倾向已经渗透这门学科,他强调得最多的是不要受条条框框的束缚,写史就要从历史的实际出发,在此基础上提出自己的意见。甚至说大不了掉进修正主义的泥坑,到时候我把你们拉上来就是了。"[6]对此,编写组成员表示认可。"5月31日,唐弢再次同我们谈文学史编写中的点面线结合问题。他说,周扬同志谈了对现代文学史编写的要求,对高教部教材编写小组所拟的现代文学史结构的意见,特别强调历史的贯穿性,强调客观叙述历史的发展过程,给作家作品历史的评价。唐弢说,周扬主张只鲁迅、郭沫若、茅盾三个人立专章,其他作家一律不在章节上出现名字,和我们的想法是一致的。但他比我们更进了一步,要求对当时的全貌有更全面的了解,有更高的概括能力,强调历史的贯穿性,历史地位的评价,更便于看到面,看到线,总结规律。对点的问题,周扬同志讲得较少,但不是不要写点。"[9]这样,"周扬同志竭力反对把作家作品孤立起来,不要把文学史变成作家作品论,要防止苏联文学史的那种做法。所以他主张即使在鲁迅专章,也应在鲁迅前面冠一个形容词,表现出其时代特色"[9]。尤其是,针对当时有问题的人物,他也能从历史的角度进行评价。"周扬还有一个观点给我留下印象深刻。他说,现在写文学史,还不能给胡适以评价,胡适现在还在台湾反共,但过几十年后,政治利害关系没有了,我们还是应该给胡适公正的评价。他说,毛主席曾讲过,就是蒋介石,我们将来也应该给以公正评价。"[11]周扬虽然指出文学史要对历史发展作客观叙述,但是还是囿于政治的限制:"文学史上就是要通过文学上的各种斗争,通过各阶段的创作情况,通过作家作品去了解这个过程。要介绍、叙述这个过程。"[2](P227)

随着社会形势的变化,周扬对《中国现代文学史》政治性的要求越来越高。这就有必要说一下《周扬同志在〈中国现代文学史纲要〉讨论会上的讲话记录(一九六二年十一月三日下午)》。在此次讲话中,周扬谈了"现代文学史怎么写法""性质问题""关于线索问题""对'左联'的估价问题""对作家作品的评价问题""其他问题"。在对待历史方面,他强调阶级立场和阶级观点,历史需要科学性和革命性的结合。在文学的性质方面,他指出现代文学是新民主主义的,但是一定要作阶级分析。在线索方面,他指出资产阶级、无产阶级文艺思想斗争的过程,人民大众的反帝反封建新文学的发生发展过程,是民族性文学形成的过程。他肯定"左联"打出无产阶级革命文学的旗帜,表现英勇的革命精神,产生鲁迅这样伟大的左翼文学的旗手,对青年产生重要影响,也指出"左联"组织上的宗派主义,思想、理论上的教条主义、修正主义,创作上的公式化、概念化、自然主义、颓废主义的错误。在作家作品评价问题上,他主张多讲成绩,少讲局限。其他问题如,他强调教材中翻译不必多讲,鲁迅的成就不在旧诗方面,以"五四""左联""讲话"为分期,鲁迅内容可分为"现代文学的奠基人——鲁迅""伟大的共产主义者鲁迅"两章,最后一章写展望等内容。由此可见,周扬对《中国现代文学史》的指导比较全面,明确了教材的性质、线索、结构、作品评价问题,又对如鲁迅、"左联"等关键问题作出强调,意见还是比较客观,有利于教材的编写。

但是,此次周扬的讲话表现了极强的政治观点。对待历史材料方面,周扬强调阶级观点。谈到修正主义,他指出"左联"时期就有修正主义,强调"'左联'有修正主义,要讲。现在书中写得不突出。"[10]介绍作家作品时,他指出要注重区分政治反动和文学上有贡献,先进步后反动的作家作品。尤其指出教材夸大胡适在"五四"中的作用,认为胡适在大革命后是彻头彻尾的反动派;丁玲《莎菲女士的日记》很难说有革命作用,唯我主义、虚无主义,要批判;新月派是露骨的帮凶;等等。"据唐弢向我们传达:在谈到如何述评历史人物的是非功过时,周扬表示那得看史家站在什么立场和持有什么观点了。比如对岳飞、秦桧忠奸之争这一历史公案,不也可以从当时宋朝根本打不过金人这个前提立论,肯定妥协求和的秦桧倒是为了保全宋朝,而认为坚决主战的岳飞反而是个冒险主义者吗?就看你如何看、如何写了。"[6]这样,周扬的讲话影响了教材编写的学理性:"这样一来,原先置于首位的客观的历史实际不再具有决定性的意义,曾经备受推崇的'春秋笔法'也被弃置一边;对史家而言,关键还在于时刻警惕自己的立场观点是否端正。真可以说是编写方针上一次一百八十度的急转弯。"[6]尽管如此,"当时除了感到意外,唐弢和大家都没有对周扬的这一变化提出任何疑问,或者由此触发什么联想,从而影响编写工作的进行;人们的注意力都集中于如何根据审稿会上的意见,将各自负责的章节尽快写出来,反而加快了工作的步伐。"[6]周扬的这一变化符合当时阶级斗争的时代主流,他以其权威影响了教材的编写。

另外,值得注意的是周扬与唐弢的关系。在《中国现代文学史》编写中,唐弢组织编写力量,强调编写原则和要求,修改教材等,还曾指出《中国现代文学史》的编写存在一些问题,如吸收研究成果不够,史与论的结合不够好,文化面没有铺开,历史主义观点不够。[10]此外,唐弢一直在传达周扬的指示,包括周扬的观点以及周扬要求教材编写的进度等。从中，我们能看出唐弢对周扬的认同。

前面我们已经介绍了周扬强调点线面的结合。对这一观点，唐弢也是认同的。"唐弢这次特别强调了点的重要。他说点与点不同。作家作品反映时代，反映面的方法和成果不同，了解点就是为了了解面。"[9]还有，唐弢强调，"文学史既要写出共同点来，即面来，也要写出不同风格来，即点来。只有面，没有点，笼笼统统，就不成其为史；同与不同写出来了，才是一部好的文学史。点就是风格，包括思想风格，艺术风格。一定要重视写好点，一定不能放松点。只是在考虑点时，不要忘掉面。"[9]

周扬反对以论带史的观点，"因为'以论带史'，很容易给人一种印象，好像只要有论，史就带动起来了，就有了史，而实际上恰好反。所谓论，如果不是讲马克思主义的基本原理，而是讲具体的结论、具体的规律，这个论应该是史料研究的结果，而不能在研究之前。"[12](P312)强调研究历史，应从史料出发。"研究历史应当从史料出发，包括文字材料和地下发掘的材料；研究现状应当从现状出发。"[12](P312-313)唐弢也是如此，"把'以论带史'转变为'论从史出'，反复强调'文学史应以作家作品为基础'。固然这个意见是当时指导文科教材编写工作的周扬同志提出的，但唐弢同志不是简单地照本宣科，而是根据他自己的理解而加以接受和传达。他反复说明如果离开作家作品或者只有少量作家作品，文学史就将陷入空洞，不成其为文学史；又反复说明'以作家作品为基础'并不是把文学史变成作家论的汇编，而是密切结合时代发展，把作家作品箝入历史之中。"[8]再如，"编《史》自然不能回避文学与时代、文学与革命的关系，不能仅仅着眼于文体的变化和发展，用唐弢同志的话说，应当保持革命风貌。但他不赞成在《史》中大发议论，剑拔弩张，而同意周扬同志所提'倾向性寓于客观叙述之中'，也就是坚持革命性与科学性的统一，一切论点都要有坚实的材料为依据。"[8]即便周扬的观点在1962年阶级斗争后发生很大反转，唐弢与编写组还是根据审稿意见，加快步伐进行编写。由此可见，唐弢在教材编写过程中，与周扬观点的基本一致。也因此，《中国现代文学史》编写能够得以顺利进行，彰显了周扬的权威。

周扬从编写思想、章节设置、编写要求，以及具体的现代文学史的问题方面，对《中国现代文学史》教材编写进行了指导，有利于教材的编写，把控了教材编写的方向。同时，他对《中国现代文学史》的编写的态度发生了由趋向学理性到政治性的变化。由此可见，周扬在"文科统编教材"这件事情上是十分用心的，指导具体的编写事宜，同时也表现出他思想的矛盾。

几经周折，《中国现代文学史》三册在新时期才得以出版。教材共二十章，以"五四""无产阶级革命文学运动""第一次国内革命战争""第二次国内革命战争""抗日战争""民族解放战争""延安文艺座谈会上的讲话""第一次全国文代会"进行构架，包括"五四"文学革命及其发展、鲁迅、郭沫若、第一次国内革命战争时期的文学创作、无产阶级革命文学运动和中国左翼作家联盟、茅盾、第二次国内革命战争时期的文学创作、抗战开始后的文艺运动、在民族解放旗帜下的文学创作、《在延安文艺座谈会上的讲话》和革命文艺的新阶段、沿着工农兵方向前进的文学创作、国统区的文学创作等内容。教材既有重点作家作品的分析，又评述一些如李金发、沈从文、张恨水等不经常出现的作家作品，还有过去被否定的作家，如胡适、周作人、徐志摩等人的作品的介绍。还注重第一手资料的运用，选用原始版本、期刊，能够对文学史进行客观叙述，"不但纠正了过去一些文学史由于不够重视原始材料所发生的问题，而且在实际工作中防止和减少了许多'左'的简单化的不实事求是的毛病"[7](P598)。教材在某种程度上强调了政治对现代文学的影响和制约，使无产阶级文学、左翼文学和工农兵方向的文学成为现代文学的主流，呈现具有中国特色的新文学。也因此，教材涉及"阶级""批判"等时代特色的问题。为此，"唐弢曾经为此书没有作出公允评价，当面向丁玲表示歉意；又比如1985年的郁达夫学术讨论会上，他当众对此书没有充分肯定这位作家的文学业绩作了检讨"[7](P183-184)。但总的来说，教材以马克思主义文艺理论来分析鲁迅、郭沫若、茅盾等作家作品，专门论述瞿秋白在马克思主义文论中国化中的贡献，体现出对马克思主义文艺理论的重视。"尽管这部《中国现代文学史》不无那个历史时期的观点和认识的局限，但毕竟属于一代学苑精英的智慧结晶，在占有材料的丰富，评价作家作品的允当，以及在宏观把握上努力以马克思主义的立场、观点和方法为指导等方面，仍不愧为当时公认的权威著作，并长期被国家指定为大学文科教材。"[7](P505)

参考文献：

［1］乔象钟.蔡仪传［M］.北京：文化艺术出版社，2002.

［2］周扬.周扬文集（第四卷）［M］.北京：人民文学出版社，1991.

［3］吴敏.关于周扬的一组访谈［J］.现代中国文化与文学，2013（2）.

［4］张恩和.《中国现代文学史》编写的一些情况［J］.新文学史料，2020（1）.

［5］宫立."十七年"中国现代文学史编纂的多样化书写——以任访秋、钱谷融、唐弢为例［D］.华东师范大学博士学位论文，2015.

［6］樊骏.编撰《中国现代文学史》的若干背景材料［J］.新文学史料，2003（2）.

［7］中国社会科学院文学研究所.唐弢纪念集［M］.北京：社会科学文献出版社，1993.

［8］万平近.务实求真，光华长存——忆唐弢同志主编中国现代文学史［J］.新文学史料，1993（1）.

［9］郝怀明.师从唐弢进修现代文学史纪事［J］.新文学史料，2019（4）.

［10］商金林.《周扬同志在〈中国现代文学史纲要〉讨论会上的讲话记录（一九六二年十一月三日下午）》的两个版本［J］.中国现代文学研究丛刊，2011（12）.

［11］张炯.周扬与中国当代文艺界——答华南师范大学文学院吴敏教授提问［J］.河北学刊，2013（1）.

［12］周扬.周扬文集（第三卷）［M］.北京：人民文学出版社，1990.

选本编撰与丛书出版：新时代河北现当代小说经典化的本土策略*

李沛霖**

摘　要：河北现当代小说创作历史悠久，才人辈出，佳作纷呈。其发展成为文学"经典"的过程，受到多元因素的影响。新时代以来，拥有经典化权力话语和阐释力量的河北省委宣传部、作协、文联、高校、出版社等为提升"文学冀军"的影响力和知名度，持续采取了编撰"选本"、出版"丛书"的经典化策略，让河北作家所创作出的无愧于新时代的精品力作，获得更多的阐释与推介空间，使河北小说创作呈现出既有"高原"又显"高峰"的生态图景。

关键词：河北现当代小说；经典化；选本；丛书

一

2014年10月15日，习近平总书记在北京召开的文艺座谈会上发表了重要讲话，既高度肯定了改革开放以来我国文艺创作"迎来了新的春天，产生了大量脍炙人口的优秀作品"，也深刻指出了文艺创作存在的问题之一就是"有数量缺质量、有'高原'缺'高峰'"[1]。可见，在当今文坛，具有典范性、权威性与持久影响力的经典作品较为稀缺。河北文艺界深入学习贯彻习近平新时代中国特色社会主义思想和习近平总书记关于文艺工作的重要论述，在多种场合与活动中，表示要发扬河北文学的优良传统，肩负起文艺工作者的使命与担当，"打造更多具有中国气派、燕赵风韵，有筋骨、有道德、有温度的精品力作"[2]，"打造一批文艺精品"[3]，以"文质兼美的优秀作品赢得人民喜爱和欢迎"[4]。近年来，河北文坛的文艺精品不断涌现。其中，深受燕赵文化滋养的河北小说作品，便在国内两个重量级文学评奖活动中斩获佳绩。2019年8月16日，第十届茅盾文学奖揭晓，九旬高龄的邯郸籍作家徐怀中的长篇小说《牵风记》与梁晓声的《人世间》、徐则臣的《北上》、陈彦的《主角》、李洱的《应物兄》一同获奖。2022年8月25日，第八届（2018—2021）鲁迅文学奖评选结果揭晓，享有"河北四侠"美誉的河北作协副主

---

* 基金项目：国家社科基金一般项目"五四新文化运动以来'一带一路'沿线国家文学经典的汉译、传播与影响研究"（项目编号：19BZW094）的阶段性成果。

** 作者简介：李沛霖（1994—　），女，武汉大学文学院博士研究生，研究方向为中国现当代文学。

席刘建东的短篇小说《无法完成的画像》榜上有名。

回顾河北现当代小说的发展脉络可以发现，其创作历史悠久，文化底蕴深厚，本土才人辈出。如五四时期，偶涉小说创作的冯至、顾随等；20 世纪 30 年代，加入现代文学大潮的老向、田涛、宋之的等；抗战时期出现的小说作家群孙犁、徐光耀、王林、管桦等；建国初期的小说新人谷峪、刘绍棠、雪克、刘流、冯志、韩映山等；六七十年代，创作长篇的张峻、马春、单学鹏等；新时期，四个梯队的成员铁凝、贾大山、徐怀中、关仁山、谈歌、胡学文、刘建东、李浩、张楚等；21 世纪的新生力量刘荣书、杨守知、清寒[5](P1-5)等。这些作家都在不同时期创作出了一些佳作。

但这些佳作能否成为引领时代潮流、在中国文学史上留下耀眼足迹的经典，从现实层面来说，不是一个自然而然、一蹴而就的事情。一般而言，没有任何一位作家的任何一部作品甫一问世就能被称为"经典"，文学经典是"精选出来的一些著名作品，很有价值，用于教育，而且起到了为文学批评提供参照系的作用"[6](P50)。换言之，精品就是优秀作品。所谓优秀作品，就是要"有正能量、有感染力，能够温润心灵、启迪心智，传得开、留得下，为人民群众所喜爱"[1]，也就是说要"有筋骨、有道德、有温度"[7]。一个作家的作品，需要在社会历史流转中，持续性地进行传播并被接受，被读者阅读、阐释、传播与再阅读，才能获得"经典"身份的定位和效应。小说文本这种不断被阅读、筛选、淘汰、整理、挖掘、传播、阐释、建构、入史的过程，就是小说的经典化。真正优秀的小说作品必然在不断的"重读"中确认和保持"经典"的身份。值得注意的是，在经典化的过程中，作品的遴选至关重要。确立文学经典的主体是谁？以什么样的文学观念与立场进行遴选？这是需要深思的问题。正如人言："人人都有建构文学经典的权力，但经典构成的历史却不是这样，西方是教会、政府、学校垄断了经典，中国封建社会是王权控制了经典。然而，随着王纲解纽、帝制崩溃，现代文明的浸润，专业分工的细致，中国文学经典的确立任务责无旁贷地落在了知识分子的双肩之上。"[8]为此，河北文艺界为进一步提升"文学冀军"在全国文坛的影响力和知名度，推动河北文学从"高原"走向"高峰"，呈现出无愧于新时代的小说精品力作，从各个方面、多个维度编选了一些"选本"、推出了一批"丛书"，让众多小说家、小说作品走进千家万户，从而家喻户晓。

影响河北现当代小说经典生成的要素具有多元性，诸种因素相互间的联系和交锋较为复杂，除作品本身外，"还涉及政治、教育、经济、学术、艺术、道德伦理乃至宗教等不同领域的力量的参与"[9](P9)。本文主要聚焦于选本编撰与丛书出版这一传播维度，深入考察河北省作协、文联、高校、出版社等一些拥有文学经典化权力话语和阐释力量的知识分子群体，近十余年来为河北现当代小说经典化所持续采取的本土策略。

二

五四新文化运动以来，河北作家创作出了一批具有中国气派、燕赵风韵的小说，短篇精品有冯至的《仲尼之将丧》、孙犁的《荷花淀》、刘绍棠的《青枝绿叶》、铁凝的《哦，香雪》、贾大山的《取经》、李浩的《将军的部队》等；中篇佳作有铁凝的《麦秸垛》、何申的《年前年后》、谈歌的《大厂》、关仁山的《大雪无乡》、胡学文的《飞翔的女人》等；长篇力作有梁斌的《红旗谱》、李英儒的《野火春风斗古城》、冯志的《敌后武工队》、徐怀中的《牵风记》、刘建东的《全家福》等，丰富和发展了中国现当代文学的纷繁图景。

近十年来，河北师范大学集中力量对百年河北现当代小说予以了历史爬梳和多元呈现，在浩如烟海的文学世界中，对具有强大生命力、深远影响、阅读价值的河北重量级作家的小说作品进行打捞与集结，为新时代读者提供了一部值得信赖、常读常新、具有经典品质的选本《河北新文学大系·小说卷》。该选本集中展示了文学冀军实绩，以推动河北现当代小说经典之作的世代流传。"现代文学经典的最终确立依赖于其他经济社会因素：专业化批评的兴起、出版业的发展、文化的商品化。"[10](P7) 而"披沙拣金""亦云精矣"的选本，作为出版业的重要成果标志，具有导向性和价值力量，发挥着"独具慧眼"的经典建构功能，其"影响于后来的文章的力量是不小的，恐怕还远在名家的专集之上"[11](P114)，也影响着作品在文学史上的地位。

这部《河北新文学大系·小说卷》共4册，分为短篇小说集1册，主要收有36个作家的39篇短篇小说；中长篇小说集3册，上册收有9个作家的4部中篇、7部长篇（其中6篇为存目），中册收有5个作家的4部中篇、3部长篇（其中2篇为存目），下册收有14个作家的14部中篇。该部小说卷为《河北新文学大系》的主体组成部分，由时任河北师范大学副校长兼燕赵文化研究中心主任王长华教授和河北师范大学文学院中文系崔志远教授共同主编，河北教育出版社2013年出版。正如小说卷的编选者马云所言"编选百年来的河北小说不是一件容易的事"[12](P18)，但这部带有"拓荒"性质的《河北新文学大系·小说卷》还是横空出世了，而且在总计8卷12册、770余万字的《河北新文学大系》中占据了四分之一的厚重篇幅。凡入选该"小说卷"的作品，在一定程度上都具备成为"经典"的潜在价值。在时空维度上，该选本集中展示了河北小说从1919年到2005年间的现代化历程，构建了河北"区域文化"的整体文学景观，"激活了被压抑的河北新文学的多样性和差异性，显示了主编与编选者深邃的学术眼光和严谨的学术态度"[13]，为河北现当代小说研究提供了一个篇目齐全的文献目录和脉络清晰的资料索引。

详细考察《河北新文学大系·小说卷》的序跋、附录等副文本，如卷首主编王长华、崔志远撰写的《总序》、编选者马云撰写的《导言》，卷末所附的"河北现当代短篇小说集要目索引""河北现当代中长篇小说要目索引"，以及4册"小说卷"中的评注与脚注，可以体悟出被收录的作品在百年河北新文学乃至中国现当代小说发展历程中的地位和重量，以及选者们所预设的经典化生产策略：一是评定单个作家的小说特质，如认为孙犁的《荷花淀》《邢兰》《芦花荡》等短篇具有"清新明丽，富有诗情画意之美"[12](P4)，将梁斌的《红旗谱》定位为"新中国成立后，革命历史题材创作的一个里程碑"[12](P8)。二是概括小说流派的整体创作风格，如对于荷花淀派的评介，"河北作家受孙犁影响，形成了一个'荷花淀派'，以孙犁为领军人物，包括刘绍棠、从维熙、韩映山、房树民等。这些文学青年继承了孙犁创作的思想和艺术元素，以诗意的笔触表现人性美、人情美"[12](P7)；又譬如，对河北"三驾马车"这一概念的提及，"90年代中期，我国文坛现实主义创作再度兴盛，时称'现实主义冲击波'或'新现实主义'热潮。被称为河北'三驾马车'的何申、谈歌、关仁山是其中坚力量"[12](P13-14)。三是注重作品的历史内涵、文化承继与审美韵味。如重视荷花淀派对于"燕赵风骨"的承继与超越,"荷花淀流派,虽有'悲歌'的基底,却逼近清新优美一格,可称为燕赵风骨的变奏。80年代,荷花淀派的主将们又纷纷改变风格,逼向燕赵风骨,算是又一变奏"[12](P20);赞扬《红旗谱》的雄浑朴实的审美风格,"红旗谱群落,风格雄浑苍凉,众多的作品形成慷慨悲歌的交响"[12](P20)。上述策略,足以彰显编选者秉持严肃、谨慎的态度,从题材选择、价值诉求、审美功能、美学风格等方面,来构建河北现当代小说经典的科学性。

此外,面对河北文坛如此巨量的小说文本,不只有如何沙里淘金的艰难选择问题,更有如何使之与高等教育文学史课堂配套的问题。高等学校的文学教育具有明确的培养目标,不同于基础教育中的识字、识物与作文,而是通过学习教材精选的文本,以渐进方式潜移默化地培养生生不息的经典接受者、传播者和阐释者,为文学经典化发挥助推作用。事实上,《河北新文学大系》的出版直接关联着由王长华主编、科学出版社2010年出版的5卷7册的《河北文学通史》[14],尤其是最后2卷4册的现当代文学史部分。从某种角度上说,这套大系尤其是现当代小说"选本"可作为河北师范大学等高校文学院选修课程教学之用的教科书。其中,小说卷的主编马云正是河北师大的教授和学者,也是《河北文学通史》相关分卷的主编。由此,这些选本可以通过文学史课堂教学的方式,进一步推进河北现当代小说的经典品质。2020年11月《河北现当代小说史》(中国社会科学出版社)出版,随着这部文学史著作的面世,《河北新文学大系·小说卷》将会有更大的用武之地,其成为高校选修课拓展阅读的教科书更具可能性和必要性。细观《河北现当代小说史》可以发现,其以现当代河北地域小说为研究对象,梳理五四新文化运动以来河北小说创作的历史源流和发展脉络,择取代表性的作家作品,深刻阐释了河北现当代小说经典的思想特质和艺术品格,是一部颇有学术价值的地方性小说史专著[5](封底)。该书主编郭宝亮、胡景敏,副主编马云、李建周,以及其他编写人员多为"河北师范大学文学院中国现当代文学教研室大部分同人"。由此,若在中文专业乃至全校开设河北区域小说研究之类的校级、院级选修课,那么,注重史料收集和文本细读的大批学者必然在一定程度上参考与使用《河北新文学大系·小说卷》,从而拓宽与扩大该部小说"选本"的受众面。一旦成为高校文学教育的教学参考书,就能发展为被读者信赖甚至依赖、影响深远持久的文本;进入其视域的小说依托这类教科书就能获得被世代传承与传扬的机会,发展为一种具有经典性价值的优秀文化。正如人云:"在全世界许多国家的学校课堂上,正是教科书为教学提供了大量的物质条件,也正是教科书确定了什么才是值得传承下去的精华和合法的文化。"[15](P95)并在此基础上,逐渐主流化和经典化。概言之,小说"选本"经过教育系统的机制运作和教育路径,在读者尤其是学生群体的不断习得、模仿、应用与传承的过程中,推动着品质优良的小说作品转化为经典文本。

在知识高度膨胀化、碎片化的今天,以萃取精华的选本形式精编小说结集出版,不仅是文学作品传播与接受的有效途径,更是小说经典塑造与认同的重要手段。因此,《河北新文学大系·小说卷》编选视野所及虽是"有限的角落"[16],但对河北现当代小说经典的指认、塑造、传播与接受仍具有一定的积极作用。

三

河北当代作家小说的丛书出版可追溯至20世纪90年代。历任《河北文学》编辑、河北省作家协会常务副主席、主席的尧山壁，在1991年就主编了一套包含长、中、短篇小说等多种文体类型的丛书——"河北当代作家小说丛书"（花山文艺出版社）。该丛书于1991年8月首先出版李祝尧的长篇小说《村夫情》，两月后接继出版闻章的《永恒星座》、安宇的《鸳鸯岛》、常庚西的《风流庵》、李景田的《悠悠岁月》、张记书的《春梦》、陈映实的《山里的世界》、刘宝营的《野三坡九记》、王世伟的《季风》、赵立山的《浪漫旅程》，年底陆续出版单学鹏的《龙潭礁》、张霁星的《旗魂》、王会勤的《桃花雨》、刘光菊的《生的延续》、原因与杨瑞霞合著的《枯海》、伦洪波与杨立元合著的《滦州起义》、王亚萍的《那个夏天》、尹玉如的《野场》、刘晓滨的《白鼬》、赵新的《被开除的村庄》、郑力的《花落知多少》、刘宝池的《黑金》、何玉茹的《她们的记忆》等，集中呈现了20世纪八九十年代河北小说的创作成果。

新时代以来，河北文艺界对"文学冀军"的小说经典化所投入的力量更为显著。其中，引人注目的经典化策略之一，即是高度重视国家级文学奖的获奖者，并计划出版系列丛书。以鲁迅文学奖为例，为助推河北文学的繁荣和发展，"集中展示河北省文学精品创作成果"，省作协专门成立了"鲁迅文学奖河北获奖作家书系"编辑委员会，由王凤、关仁山任编委会主任，王凤、关仁山、王力平、李延青、郁葱、张采鑫任编委，集中编选了全16册的"鲁迅文学奖河北获奖作家书系"（花山文艺出版社2017年版）。鲁迅文学奖自1998年2月9日公布第一届结果后，每4年评选一次，每类获奖作品不超过5部。河北小说自第一届鲁迅文学奖起，接连有多部小说作品获优秀短篇小说奖、优秀中篇小说奖。该书系主要收录了"河北省15位获鲁迅文学奖作家的经典作品"[17]。其中，小说选集就多达5部，何申的《甲午中秋》、铁凝的《永远有多远》、李浩的《灰烬下的火焰》、胡学文的《从正午开始的黄昏》、张楚的《在云落》，约占总体量的三分之一。值得注意的是，由于该丛书出版时间为2017年8月，在时间维度上无法覆盖至2022年第八届短篇小说奖得主刘建东的获奖作品《无法完成的画像》，但仍然反映了当代河北小说创作的丰硕成果、发展脉络与基本走向。

与《河北新文学大系》不同，"鲁迅文学奖河北获奖作家书系"的卷首并无主编撰写的总序或各类文体编选者的导言。但作为一套冠以"鲁迅文学奖"身份标签的丛书，也有其值得玩味的经典化策略，主要体现在丛书的副文本中，即每本小说集封底的左上角或中上的位置，画有鲁迅经典侧面头像，在鲁迅头像旁侧醒目标注两行文字：第一行为"×（文体）《××》（作品名称）"、第二行为"获第×（汉字数字）届鲁迅文学奖"。譬如，《甲午中秋》封底左上角的标注为"中篇小说《年前年后》获第一届鲁迅文学奖"，《永远有多远》标注为"中篇小说《永远有多远》获第二届鲁迅文学奖"，《灰烬下的火焰》标注为"短篇小说《将军的部队》获第四届鲁迅文学奖"，《从正午开始的黄昏》标注为"中篇小说《从正午开始的黄昏》获第六届鲁迅文学奖"，《在云落》标注为"短篇小说《良宵》获第六届鲁迅文学奖"。作为副文本的一种，这类具有信息传递性质的广告，巧妙地利用了"鲁迅头像""鲁迅文学奖"等广为人知的符码，"通过预告、公开的或隐蔽的信号、熟悉的特点，或隐蔽的暗示，预先为读者提示一种特殊的接受"[18](P29)，既夺读者之目光，又扣读者之心弦，在吸引读者注意力、调动读者阅读兴趣的过程中，有效传递所要着意经典化的小说文本信息。尽管该书系相对系统地收录了该作家多篇中短篇小说，但经由封底标注的小说篇目往往更易脱颖而出。以李浩的《灰烬下的火焰》为例，该书分为4辑，每辑约4—5篇作品，共收录19篇作品，而获奖小说《将军的部队》被收录于第二辑中。从编排体例来看，该小说处于并不显眼的位置，较易淹没于19篇作品之中。但因其在封底标注语中得到了优先呈现，会让读者本能地以为，这部作品或许是编选者所推介的作家代表作，从而给予更多关注和阅读欲望。此外，若遇到某套"书系"未收录其作家的获奖作品，则更易刺激读者的好奇心理，在矛盾与冲突中增强读者阅读该书目的欲望张力，让读者更想设法寻得该作品，一睹其筋骨、血脉和风采。由此，这套"书系"在无形中强化了读者对何申的《年前年后》、铁凝的《永远有多远》、李浩的《将军的部队》、胡学文的《从正午开始的黄昏》、张楚的《良宵》之经典身份的识别与认同。

概言之，这套书系小说集封底短短两行的文字标注，实为一种颇具创造性的版式设计和图文广告，意在将创作主体已具有影响力和号召力的小说文本投射到整套书系的运行中。这既是图书卖点的营销意识和经营手段，以满足读者阅读需求，刺激读者阅读欲望；同时也是小说文本独特价值的标示和特殊地位的揭示，以符合读者的期待视野与审美趣味。这一创意性引导读者阅读、传播、接受甚至认同其经典品质的策略，正如罗贝尔·埃斯卡皮（Robert Escarpit）所说，作为消费者的读者其实跟其他各种消费者一样，"即使事后有能力由果溯因地对自己的趣味加以理性的、头头是道的说明"，但事前的选择性判断，"到不如说受着趣味的摆布"[19](P86)。也就是说，就在这一特定场域中，该书系封底版式设计的这一图文广告对推动河北现当代小说的经典化所具的中介作用和独特功能不容小觑，它让被标注的小说文本以新面目出场、以新姿态呈现，促发和激活着这部小说的经典化生产。

四

在推动河北小说经典化的过程中，值得一提的是，基层与青年作家的小说创作也获得了一定的推介空间。为"集中展示青年作家和基层作家创作成果"，河北作协先后编选出版了"河北作家丛书""河北青年作家丛书""河北批评家丛书"等。除"河北批评家丛书"①汇集河北11位评论家探索文化现象、研究文艺理论、评介文艺作品的成果外，前两套丛书中的小说选集又是新时代河北小说创作成果的再次集中性展示。这些选本集束为"丛书"形式的经典打造策略，关涉到河北文学新时代的流变和趋向，建构了河北小说创作的总体格局。其审美眼光和价值取向较之一般的文学"选本"，体现了审美性和文学性的自觉，收获了关注度，增强了影响力，是河北文学赢得经典叙事合法性的必要手段，有利于河北小说的扩散、流动与普及，影响河北文学的发展进程，为河北小说经典地位的建构奠定基础、发挥作用。

首先，值得关注的是，旨在"集中展示基层作家创作成果"的"河北作家丛书"（王凤、关仁山主编，河北教育出版社2017年版）。这套丛书精选了11位基层中老年作家的经典作品，其中，中短篇小说集多达6部（包括海莲的《蝴蝶河》、刘素娥的《搬进城里的房子》、张玉清的《蜘蛛茧》、王秀云的《我们不配和蚂蚁同归于尽》、苗艺的《赤足踏过冰冷的溪流》、唐慧琴的《拴马草》）。将基层作家小说实绩井喷式、集束式地展现，给人的强烈感觉就是小说创作在河北文学世界中已蔚为大观，这凝聚了河北文艺界将中老年作家小说经典化的灼热激情和价值诉求。这些小说的题材，指向农民工的生存状态、农业文明的精神印记、女性的生存现状、农村现代化进程的沧桑巨变等，是一套反映河北文化的经典文学作品。[20]譬如，由诗歌创作转型为小说创作的海莲，不仅出版了多部长篇小说，而且创作了数十篇短篇小说，以女性特有眼光静观生活，捕捉当下女性生存境遇，展现女性个体生存经验，肯定女性的价值追求，在人物命运的跌宕起伏中展现人性的温暖和希望的光芒，不少篇什已具小说经典所应有的品质。刘素娥则将日常生活作为叙事重点，通过感官化、欲望化描写，塑造了刘白女、王小芝、母亲、父亲、范小闲、洪先生、堂哥等来自农村的机关干部、华侨、知识分子等人物形象，在城乡二元对立格局中揭示人物的现实境遇和精神境遇，即虽对城市生活有不可遏抑的欲望，却在梦想与现实间折戟沉沙，成为中国版的于连、河北版的高加林，折射出普通人人性深处的颤栗和纠结。[21]值得注意的是，该丛书之所以将海莲发表的18篇作品收录结集为《蝴蝶河》，将刘素娥的9篇作品结集为《搬进城里的房子》，绝非仅为文学研究者提供第一手河北小说资料，更意欲借助丛书的系统性、权威性与品牌优势，在文献爬梳与时代钩沉中，让不甚知名的河北小说家作品通过集合效应，获得读者青睐，走出河北，走向全国。不过，作家作品入选相关"丛书"，并不意味着其小说作品就具有了"经典"特质，而是在一定程度上对入选作品地位的渐次强化和凸显具有促进作用。

其次，2014年3月启动编辑出版、旨在"展示河北青年作家的创作成果和精神风貌"[22]的"河北青年作家系列丛书"也十分重要。该丛书包括小说集、诗卷、散文集、儿童文学集、评论集等多种类型，由省委宣传部、省作协联合编选，已在花山文艺出版社先后出版两辑。第一辑于2014年6月至7月出版，包括12位作家的12部作品，主编为魏平、关仁山，副主编为王力平、李延青、王振儒，编委有郁葱、刘建东、张采鑫、封秋昌、郭宝亮、张丽娜、刘金星、金赫楠、武玉东、李红英，收录的小说集主要有刘荣书"对乡村生活进行多维度描摹"[5](P439)的《冰宫殿》、杨守知以俯视姿态"审视乡村文明与工业文明的博弈"[5](P447)的《某年》、叶勐"幻想边际无限大"的《谁人在打太极拳》、梅驿"取材范围很广"[5](P436)的《脸红是种病》、孟昭旺呈现成人世界"残破和混乱"[5](P472)的《春风理发馆》、常聪慧关注城市化进程"自然生态和人文生态"[5](P453)的《最后一双水晶鞋》、清寒直击骨子"痛和寒"[5](P450)的《灰雪》等7种；第二辑于2017年6月出版，包括12位作家的15部作品，主编为康振海、关仁山，副主编为王力平、李延青，每本书前有"序"，小说集主要有唐棣的《背景》、虽然的《手上的花园》等2种。将两辑"青年作家系列"对比可以发现，两辑编辑群有所变动：一是第一主编有所改变，二是副主编在原有人选上减少一位，三是第二辑没有编委名单。但丛书人员的内部变动并未影响两辑"青年作家系列"的如期出版,且参与丛书编辑的人员从主编到编委多为河北省委宣传部、作协主管人员。值得注意的是,由省委宣传部、省作协这类部门遴选作家作品,"既是国家对于作家创作成就的肯定,也是作家们的荣幸"[23]。丛书的接续编选与出版,展现了河北文坛一如既往的发现、扶植、奖掖青年人才和文学新人的气度,彰显了本土力量打造河北小说经典的持续力量和不舍精神。丛书旨在借助整体品牌的优势,发现、培养、鼓励文学新人,展示河北青年作家新秀的良好创作风貌,促进河北创作人才成长,繁荣文学创作,打造实力雄厚、特色鲜明、结构合理、梯次衔接的"文艺冀军"。[24](P2)因为青年作家寄托着新时代中国文学的希望,在河北文学薪火相传的绚烂图景中,自然需要"深深镌刻着青年作家睿智而热情的探索、活跃而勇敢的创造"[25]。这批小说选集较真实地反映出当前河北青年作家的创作态势,题材丰富,风格多样,体现了青年作者的社会责任感,凸显了青年作家的文学潜质。由此可见,"河北青年作家丛书"将活跃于中国文坛的河北青年作家多部中短篇小说进行遴选、结集出版,不仅是对青年作家创作能力的肯定,也将成为鼓励其进一步创造、打磨文学经典的前进动力,助推其继续保持生机勃勃的创作姿态,使其相继推出小说精品,形成蓬勃发展的景象,更是在河北地方小说畛域内对这批青年作家小说创作地位的肯定和承认。

再者,2014年1月"'河北四侠'集结号"丛书(花山文艺出版社)的出版,更是河北文坛对"三驾马车"之后又一在全国赢得广泛赞誉的"河北四侠""文学冀军"的高度肯定。回顾20世纪90年代,在何申、谈歌、关仁山被誉为"三驾马车"之际,百花文艺出版社1997年曾推出过汇集关仁山《大雪无乡》、谈歌《大厂》、何申《年前年后》的"三驾马车丛书";人民文学出版社1999年曾出版过收录何申《多彩的乡村》、谈歌《家园笔记》、关仁山《风暴潮》的"三驾马车长篇丛书",以彰显和扩大他们以贴近老百姓、关注新时代、揭示新矛盾、展现新生活为创作主旨的作品所产生的影响,展开"社会主义新农民形象的审美书写"[26],助推其成为"现实主义冲击波"的代表作家。尽管20世纪已有丛书出版关涉河北的文学成果,但却不是河北本土出版社所为。由此,"'河北四侠'集结号"丛书的推出,在一定程度上体现了新时代河北文坛助推本土小说经典化的自觉意识和责任担当。该丛书包括4部中短篇小说集:胡学文的《我们为她做点儿什么吧》,小说文字风格清新风趣,具有"浓郁的底层生活气息、强烈的爱憎情感、传奇的故事情节和自觉的艺术追求"[5](P392);刘建东的《射击》,关注现实,基本是"对现代都市青年情感生活的描述,而在小说文体形式上则追求一种纯粹的文学品质,迷恋于技巧的探索"[5](P401);李浩的《父亲,镜子和树》,试图完成对人、时代、人物命运和精神趋向的内在追问,"既可以感受到西方现代派文学诸如普鲁斯特、福克纳、博尔赫斯、卡夫卡、卡尔维诺等对他的深刻影响,同时亦可以感受到我国80年代以来先锋派文学家(比如余华、苏童等)对他的滋养"[5](P409);张楚的《夜是怎样黑下来的》,集中描写县城和小镇小人物的喜怒哀乐,关注"人的灵魂、人的存在,是昆德拉所谓的可能性"[5](P416)。这些既关注现实又有独特艺术表现力的小说,篇幅虽短小但精悍,部分作品被译为英、日文版本,曾入选多种年选、精选集,获得过多类奖项,是现实主义和现代主义的融合,实现了对河北传统文学的颠覆与超越,宣告了河北文学中坚力量的崛起,具有较强的市场号召力，更有较高的经典价值。值得注意的是，该丛书每部小说集后均策略性地收录了一篇采访者与"河北四侠"深度对话的文章，即《"我想寻找最佳的路径"——与胡学文对话》《可能与不可能——与刘建东对话》《"作家应当是未知和隐秘的勘探者"——与李浩对话》《"写作是一种自我的修行"——与张楚对话》。这些于当下文化语境就"河北四侠"之出身背景、情感生活、创作生涯、人生经历、代表作品所展开的近距离访谈，让作家自己说话、说自己的话，借此认识作者，不仅是一种人们常认定的所谓"异军突起"的"文学新生态"[27]，更是一种可帮助人们在作家、作品、读者（采访者）三者同时在场的众语喧哗场域和对话世界中，从多角度了解创作主体写作心态和文坛情状的第一手宝贵资料。这种以对话方式进行采访、阐释和研讨的交流，关注社会、历史、人生等问题，交互性大，透明度高，现场感强。多以"河北四侠"的小说创作实际为切入口，围绕创作缘由、习作过程、生活原型、人物塑造、情节设计、写作特质、构思方式、文学理想、审美追求、读者反应、市场效果、社会反响等话题进行漫谈、散谈、交谈，重在理清写作缘由、反思创作得失、直面现实问题、展开艺术探索，揭示作家的性格特质和创作成就。在作家文学观念凸显、创作历程呈现、精神之旅展示和文学地位认同等元素的披露中，从外围、内里等多条路径展现"河北四侠"潜心于小说创作所付出的努力和艰辛，进而帮助读者认识和理解"河北四侠"小说的美学意蕴和史学地位，从中窥见创作主体所树立的精品意识。也就是说，在这些对话式文献对于作家作品的感性揭露与理性剖析中，"给当下一个见证，给未来一份信史"[28]，有助于从另一个侧面考察"河北四侠"小说在当代中国文学发展与繁荣的轨迹中得以成为"经典"的生成、传播与接受境况。

总体来看，新时代河北文坛小说选本和丛书的先后编撰与出版，既有利于河北文学生态环境的再显和创作格局的重塑，又在遴选、重评的维度上推进了河北小说在中国现当代文学史上的经典化进程。

注释：

① "河北批评家丛书"共 11 册，包括王力平的《在思辨与感悟之间》、封秋昌的《文学与人类同在》、陈冲的《菜花集》、陈超的《诗与真新论》、田建民的《现代文艺论集》、郭宝亮的《语言·审美·文化》、司静雪的《鲁迅与我们》、李浩的《阅读颂，虚构颂》、杨红莉的《浮掠文学的光与影》、金赫楠的《我们这一代的爱和怕》、桫椤的《阅读的隐喻》，由花山文艺出版社 2013 年出版。

参考文献：

［1］习近平. 在文艺工作座谈会上的讲话［N］. 人民日报，2015-10-15（2）.

［2］曹铮、肖煜. 扎根人民锻造精品 奋力谱写新时代河北文艺繁荣发展新篇章［N］. 河北日报，2019-7-11（2）.

［3］深入火热生活 谱写时代华章 河北省文联深入学习贯彻习近平总书记重要讲话 [N/OL]. [2021-12-24]. http://he.people.com.cn/n2/2021/1224/c192235-35066016.html.

［4］河北省文艺界学习贯彻习近平总书记重要讲话座谈会［N］.河北日报,2014-10-21（1）.

［5］郭宝亮、胡景敏主编.河北现当代小说史［M］.北京：中国社会科学出版社,2020.

［6］〔荷〕D.佛克马,E.蚁布思.文学研究与文化参与［M］.俞国强译.北京：北京大学出版社,1996.

［7］习近平.在中国文联十大、中国作协九大开幕式上的讲话［N］.人民日报,2016-12-1（2）.

［8］岳凯华.知识分子与中国现代文学经典的建构——由《中国新文学大系》(1917—1927)引发的思考［J］.中国文学研究,2002（3）.

［9］周晓琳.中国古代文学经典化机制研究［M］.北京：九州出版社,2019.

［10］E. Dean Kolbas, Critical Theory and the Literary Canon. 转引自李玉平.多元文化时代的文学经典理论［M］.天津：南开大学出版社,2010.

［11］鲁迅.选本［Z］.集外集［C］.北京：人民文学出版社,1973.

［12］王长华、崔志远主编,马云选编.河北新文学大系·短篇小说集［C］.石家庄：河北教育出版社,2013.

［13］李静."地域文化"的文学景观——《河北新文学大系》的历史文化价值［J］.燕赵学术,2014（秋之卷）.

［14］王长华主编.河北文学通史［M］.北京：科学出版社,2010.

［15］〔美〕M.阿普尔、L.克里斯蒂安-史密斯.教科书政治学［M］.侯定凯译.上海：华东师范大学出版社,2005.

［16］谢娟.作品选本成为新的传播形式［N］.文汇报,2001-4-14（11）.

［17］守正创新 引领方向 奋力开创河北文学事业发展新局面——河北省作家协会五年工作综述［N］.文艺报,2021-8-13（5）.

［18］〔德〕H.R.姚斯、〔美〕R.C.霍拉勃.接受美学与接受理论［M］.周宁、金元浦译.沈阳：辽宁人民出版社,1987.

［19］〔法〕罗贝尔·埃斯卡皮.文学社会学［M］.于沛选编.杭州：浙江人民出版社,1987.

［20］王嵩.河北省2018年全民阅读活动启动［N/OL］.［2018-4-19］.https://m.hebnews.cn/zhuanti/2018-04/19/content_6852947.htm.

［21］吴媛.错位的人生——评刘素娥短篇小说集《搬进城里的房子》［N］.河北日报,2018-8-3（11）.

［22］张黎姣.中国作家馆推《河北青年作家丛书》［N］.中国青年报,2014-9-16（10）.

［23］梁向阳.八十年代以来"延安时期作家"全集、文集出版情况概述［J］.新文学史料,2007（3）.

［24］李建周.流动的先锋性［M］.石家庄：花山文艺出版社,2017.

［25］王力平.东风吹水绿参差［N/OL］.［2018-10-26］.https://hebei.hebnews.cn/2018-10/26/content_7078582.htm.

［26］张丽军.想象社会主义新农民：中国当代文学对农民形象的审美建构［J］.长江学术,2022（3）.

［27］冯玲萍.新媒体语境下中国当代作家访谈的创新与发展［J］.文学教育,2022（6）.

［28］陈思和."文学回忆录"丛书：四十年来"立此存照"［N］.文汇读书周报,2017-9-4（7）.

·文艺学前沿:"事件"与当代审美文化研究·

主持人语:

  "事件"正越来越多地引发关注和重视,运用事件思想介入当代审美文化研究,渐成有识之士的学术选项。本专题集中推出这方面较新的成果。王雪松博士运用音乐学专业素养,从时间性、在场性、独异性、虚性与延续性五方面,别开生面地探讨了音乐的事件性维度,为音乐事件学勾画蓝图,给人耳目一新的感受和启发。李云博士聚焦本雅明艺术事件论中的"可复制姿态",通过与"灵韵"等概念的辨析,阐明这种姿态展现出从"事性"走向"物性"的发展趋势,并在广播与文学的寓言化表达中得到深化。这一运思角度也构成本雅明研究得以推进的块面。张璐博士则倾心于更年轻的当代数字游戏文化新现象,立足于实证积累,认为数字游戏的事件性体现于内在性与超越性两维,论说细致入理而富于开拓性,堪为游戏文化研究之借镜。在汲取三位论者智慧的基础上,笔者尝试从解构性和保守性两方面解析事件思想的面貌,尤其想引起读者对"事件的保守性"这一有趣命题的敏感——因为在我们的通常印象中,事件似已与意外、断裂、突变和转折等牢牢捆绑在一起,它有没有保守的一面呢?对此的分析或许能在辩证的以退为进中,锚定下一步行程。期望这组专题论文能为学界体认"事件"在当代审美文化中的意义,提供推陈出新的助益。(刘阳)

"事件"思想的解构性与保守性[*]

刘 阳[**]

  摘 要: "事件"思想的主流展开为解构性,当它被运用于文学研究时,阿特里奇等学者对文学事件的解构性阐释,提供了代表性标本。以点带面的考察表明,事件的解构性主要体现为三点:对时间性始源盲点的有效消除;对超越常规的独异力量的积极吸收;对主体性伦理范式的他异性重构。但事件思想在解构性发展中,逐渐暴露出保守性,也主要体现为三点:若干思想并非首创,而已不同程度地在传统思想中有其植根;解构性阐释对客观性的观念化让步态度及其折返性思维方式,有残余和复苏总体性的倾向;在他异性伦理的转换中,弱化了伦理主体的情感维度。完整认识事件思想的解构性与保守性,有助于示范西方文论研究所应有的辩证立场。

  关键词: 事件;解构性;保守性

---

  [*] 基金项目:国家社会科学基金项目"理论之后的写作机理与汉语因缘研究"(项目编号:19FZWB021)的阶段性成果。

  [**] 作者简介:刘阳(1979—),男,华东师范大学中文系教授,博士生导师,研究方向为文艺学。

"解构"至今给人以颠覆与消解的印象，被学术主流视为理所当然的进步趋势以及年轻一代学人的正常选项。在这种情况下，一反常态地指认它具有保守性，多少显得不合时宜。哪怕约 30 年前国内学界就有了"解构的保守性"这样的体察，早已指出"它并非激进主义的代表。它之所以被广泛地接受并产生持久的影响，恰恰是因为它开展的是一场有所保留的革命"[1]，其后的历史发展却表明应者寥寥。这种很难调整的思考惯性，也影响到了正在国际前沿上蓬勃展开的事件思想研究。因为当强调"事件"的基本特征就是解构性时，人们同样容易忽略这种解构性同时伴随着的保守性。

一

直接将事件与解构联系起来论述的人是德里达，对此学界已取得了较多的成果。[①] 从解构性角度将事件思想运用于文学研究的人，则是被乔纳森·卡勒称为"在很大程度上受惠于德里达灵感"的《文学的独异性》一书的作者、英国当代学者德里克·阿特里奇（Derek Attridge）。[2](PIV) 他出版于 2015 年的《文学作品》等著作，在此前的基础上更明显地肯定了事件思想的解构性。因此，我们首先不妨以阿特里奇的事件论为标本，来考察事件是如何与解构发生关系的。

文学在语言实践中的事件化及其独异性问题，是阿特里奇思考的动机。为证明文学作品的意义存在于阅读中、读者需要进入文学事件这一核心观点，他批评了分析文学文本的内在特征、以区分文学文本与其他类型文本的各种失败尝试。在他看来，文学既不可能通过其内在属性来定义，也不可能参考作者的意图来确定其本质，有太多现代意义上的文学作品，纵使今天的我们很习以为常地把它们读作文学，它们却仍不具备来自某种意图的必然证据，也无法与物理对象中的任何具体体现相区分，就像如今已有经过了各种复制的《笨伯咏》（*The Dunciad*，英国诗人蒲柏创作于 1728 年的诗歌）。因此，从主体意图切入文学意义的做法被认为行而难远，"文学作品只有在阅读的情况下才产生"[3](P25)。读者作为文学事件的主体，由此得到确认。在出版于 2010 年的《阅读与责任：解构的痕迹》中，阿特里奇表明阅读是行为（act）与事件（event）的结合体，引发的文学阅读姿态相应的是"解构阅读"[4](P2)，阅读从而成为"动态的、复杂的、不断发展的谈判这一事实"[5](P1)，它展开了文学事件。

事件思想的这种解构性底色，引出进一步的问题：如果文学作品包含着潜在而非现实的独异性，被以适当的方式阅读时才能提供经验，这是否赋予了文学作品一种理想化的形式或者特性？借助斯坦利·费什在《当你看到一首诗时如何辨认》一书中的论断，阿特里奇指出，文本无需任何固有的属性，就可以被解读为一首诗，其边界是可变的以及不可预测的。我们甚至无法知晓在将来某个时候，任何给定的文本是否可以作为文学作品来阅读。"文学潜力"是一个有用的概念，它会在特定的文化背景下构成文学作品并产生文学经验，但随着文化语境在不稳定状态中的变化，它又并非一种永久性特征。潜力的概念引导我们更为恰当地将文学作品理解为一种活的发生。

尽管如此，人们对"文学作品"的一般共识仍然是，它是一种东西（thing）而非一种发生（happening），该如何澄清这种理解上的模糊之处呢？阿特里奇重申，这种基于动词性理解的态度，是由对象与事件的区别形成的，指的恰恰是对于事件的体验：

> 事实上，如果要强调"文学作品"的地位问题，大多数人所说的可能会是一个对象而非一个事件（不考虑这可能是何种类型的对象）。然而，当有人在谈话中提及"文学作品"时，这个短语通常带有——不一定被意识到的——一种享受、解释、也许困惑、回忆、想象或听说的"体验"的含义。在这些情况下，它既不是对其中所有文本都是标记的理想对象的提及，也不是对物理对象（文本存乎其中的特定书籍）的提及，而是对一个事件的提及。[3](P26)

据此将文学作品视为事件，又将引出阅读过程的时间性。它与一些文学作品中的"空间"维度相抵触吗？文学事件诉诸的是听觉（时间性）还是视觉（空间性）？阿特里奇也承认在读诗时，自由诗依赖页面上的空间安排来表示它是诗歌，并利用线条的加固与断裂效果。但他认为，这一点和事件的时间性进程本质并不矛盾，因为文学的空间属性都是在时间上被感知和处理的，甚至具体的诗歌也必须作为一个序列被眼睛与心灵所接受。他并不愿把自己的论点局限在文学等时间性艺术范围内，绘画与雕塑在被观看（或被触摸）的时间性事件（temporal event）中，也具有它们作为艺术的存在。

但他在讨论文学事件时，有时使用了"文本"（text）一词，有时则使用了"作品"（work）一词，两者存在着微妙差别吗？特别是，阿特里奇并未如同罗兰·巴特在《从作品到文本》一文中那样严格区分它们，那意味着他在有意挑战巴特所使用过的这些术语吗？在这个问题上，阿特里奇承认巴特的文章于他而言很重要，因为它强调了读者的创造性作用，并挑战了批判性的方法。他区分了上述两个关键词的用法。一方面，提到语言的文学用途时，他倾向于用"作品"一词来指称创造性劳动这种在阅读中感觉到的东西。由于是在阅读中感受到的，作品便"不是作为一个对象，而是作为一个事件；'作品'毕竟可以是一个动词"[3](P28)。另一方面，他以"文本"一词指所有类型的语言实体，包括可以为计算机所处理的语词。

既然如此，阿特里奇对"即时经验"（experience of immediacy）的珍视，与阿多诺对之的拒斥形成了对立吗？他辩称道，他常用的"经验"一词，并非仅指经验性的心理事件，也不是指一种文学阅读的特定文化与历史特权模式。他回顾了本雅明、阿多诺以及芭芭拉·卡桑（Barbara Cassin）在其很有影响力的《不可译物词典》（*Dictionary of Untranslatables*）中对"经验"这个概念的有益讨论，认为当阿多诺在《美学理论》中想摒弃读者与一部强有力的文学作品的亲密联系时，这种令他担忧的观点其实为少数听众提供了特权。虽如此，阿特里奇仍赞同阿多诺有关"思想完全被经验浸透"的观点，即也不主张完全的经验直接性，而认为自己与阿多诺在表面上构成的矛盾实则是一种错觉，因为充分参与艺术工作并不意味着就得剥夺自己所具有的继承性知识与倾向，要对自己阅读的东西产生兴趣，总得准备好改变自身或接受挑战，包括勇于与作品"遭遇"。"经验"对各种问题来说，仍是最为方便的术语。

这样一来，文学作品成了一个完全主观的事件吗？阿特里奇的看法是，佩特（《文艺复兴》一书著者）强调诚实等主体因素对文学批评的作用，并无原则性差错，作品并不独立于个体的参与，而只能基于自己的经验及其深化。不过，若由此将经验宣判为"主观"，却不能不说是一种理论上的误导。他使用了"特有文化"（idioculture）这个词来指称源于个体使用的语言系统的独特版本的个体选择的观念，表明任何读者都有其文化构成，个体的文化与意识的历史，是由一系列技术、偏好、习惯与期望决定的，他借用费什的术语，指出这些因素与该个体所处的"解释团体"中的其他人存在着相当大的重叠，我是属于一个群体的，后者的成员有很多也具备我自己的心理、情感习惯与规范，因此我属于一系列同心圆式运作的群体，每个人与我分享的东西都比里面本身所含有的少，个体的阅读习惯，在一定程度上正是由这些习惯与规范决定的。所以，不能因强调经验就认为必然滑向主观化，主观在这里仅仅意味着读者之间的随机变化，这种变化是在个体创造性与一种特有文化的材料之间建立的动态联系，在这种联系中，矛盾与紧张保持了新出现的机遇，从而对更为广阔的文化提出了挑战，因此它说到底仍是以客观性为归属的。

这会不会导致文学事件论面对下面的可能质疑：一部作品只存在于一个特定的人阅读它之时，那么不处于这种特定状态中的人，在阅读这部作品时还能有进入文学事件的机缘吗？世上从无两人读过同一部作品的必然情况发生，那么每人各自进入的文学事件岂非无法通约，而会失去共同对话域？只有读者才创造作品，从而与文学事件有关吗？有多少作品就有多少读者，这又会不会使文学事件最终丧失了客观准绳而沦入相对主义呢？

这些咄咄追问，是哲学家彼得·拉马克（Peter Lamarque）在2010年发表于《英国美学杂志》的一篇文章中对阿特里奇事件论做出的驳难。阿特里奇表示，这是拉马克把其所认为的明显荒谬的含义，表述为了阿特里奇的论点。他逐条回应了这些驳难。首先，当我们说"一部作品只存在于一个特定的人阅读它时"时，这句话中的"它"已不是"作品"，而应被修正为"文本"。也就是说，这句话的唯一有效性仅仅在于，作品被从某个特定的角度去专门地读，其"特定"指阅读的有目的性、预设性和专门性，它因而已关上了事件的可能性大门，成为了文本，就像把康拉德的小说《台风》当作某种满足于特定需要的阅读资料来处理，而不是在享受它、展开它从而赋予它持久的生命。其次，世上当然从来没有发生过两人读同一本书的必然情形，但由此断言文学事件不可通约、无法形成共同性视野，则未免失之于肤浅。事实上，尽管不存在两个人必然读同一本书的情况，但这种偶然性只是表面的，"文学作品的无限变化性原则，恰是德里达所说的'可重复性'（iterability）的一个例子，即符号对新的语境的开放性，允许它保持其身份"[3]（P35）。这也正是一部作品保持其可持续生命力的关键所系。再次，尽管可以说读者是在重新创作（再创造）作品，但由此取消作家进入事件的资格，又是偏颇的。因为文学创作过程在许多方面与文学阅读过程是相似的，写作从根本上说首先是体验（阅读）自己新写的文本，在此前提下，才能进一步使作者对自己文本的"作品性的"（workly）潜力的理解得到读者的确认，从而积极克服文本受到各种武断力量支配的局限。最后，阿特里奇也承认有多少读者就有多少作品，这并不是可以轻易和简单量化的，但这并不意味着文学事件由此注定是不充分的。他论述道，其实不存在无可争议的充分阅读，许多关于《傲慢与偏见》的阅读必然是不充分的，也必然是需要通过引用适当的历史与语言规范来加以阐释的。每一种阅读在他看来，都部署了一套不同的策略与标准，而出现于不同文化背景中，以不同的方式将注意力分散到文本的不同方面。他的结论是，只能说哪种阅读过程是最合适的，却无法就此达成永久性共识。

从阿特里奇这一标本可以看出，事件思想的解构性突出体现在对读者的创造性阅读介入上，而这一点在上述分析中，又总伴随着一种对可能因此缺失客观性的回旋性、补充性捍卫姿态。对这种姿态的进一步澄清，需要我们由点及面地从整体上深入把握事件思想的解构性。

二

首先，事件思想的解构性，体现在对时间性这一始源盲点的有效消除上。上面阿特里奇对阅读中文学事件的发生性、时间性及其是否存在着被空间性所取代的危险等问题，均进行了论析。事件发生在一股时间流中，但关于事件的谈论就已不可避免地是反思和语言的介入，从而占据了一个始源而落在了事件现场之外，流失了现场氛围。事件思想在承认两者的同时，努力将两者融合为一者，这里需要的创造性智慧，便主要从对始源的解构中体现出来。

以点带面地从整个事件思想史发展脉络看，对事件的时间性的关注，可以明显分为存在论与异在论两条思路，而敏感到事件在时间性中的始源，则明显是后一条思路的主题。

存在论思路从内时间意识角度来解释事件的时间维度。当代法国学者克劳德·罗马诺（Claude Romano）在其《事件与时间》等著作中总结道，亚里士多德禁止将时间现象减少至"过去"以变成内在时间，但海德格尔对这点的发现仍不足以把握时间形而上学的原创性并确定其基本特征，问题在于如何将时间现象与内时间意识结合起来。他分析道，时间本身实际上是通过多重性被"看见"的，在每一种情况下，都是"时间改变了其描述"，或者说"时间性谓词发生了变化"[6](P4-5)。例如说某人"来"，称"现在"与"过去"，从现象上说首先应呈现为"来"，然后出现为"现在"，继而出现为"过去"，人们根据这些变化的时间谓词的顺序，才说发生了变化。但时间本身并不就这样变化，时态谓词的交替，必然影响变化的内在时态，时间本身意味着人们可以把时间想象成一种变化，但为了被描述，反过来又需要时态谓词的交替：描述将不可避免地成为无限的回归。事物本身的变化是头脑中固有的一种变化，即期望变化为注意，注意变化为记忆等。从内在时间角度分析时间，要求对支配人类主体性理解的前提提出质疑，因为这个意义上的"主体"仍困扰着胡塞尔的先验自我范畴，很大程度上也困扰着海德格尔的"存在"。罗马诺认为应沿此深入发动"视界的改变"，通过"以事件为中心的现象学"来完成。[6](P9)这便触及了异在论思路。

异在论思路中的列维纳斯、布朗肖与德里达等人，不仅针对海德格尔前期在此在生存论视野中谈论时间的做法，也对其后期看似已经照顾到时间性始源盲点、仿佛已带上某种解构性的事件思想发起了冲击。詹姆斯·巴奥（James Bahoh）出版于2020年的新著《海德格尔的事件本体论》把海氏前后期的事件思想视为具有连续性的整体:"海德格尔著作中的历史事件概念是相对于他的事件本体论概念而衍生的,因此,系统地讲,是相对于这一本体论概念及其与消除形而上学异化的关系而恰当定义的,与他的纳粹主义或反犹太主义无关。"[7](P10) 依此看,前后期思想作为一个连续体,都存在着一个始源的问题。因为其后期思想未能回避前期过于强大的主体,"泰然任之"看似是迥异于前期思路的转向,其框架仍为其前期思想所决定,真正的回避必须建立在回避的不可能性之上,如德里达所指出,很难定义海氏后期思想中的"避免"、"否认"与"逃避"等概念,"我们用'避免'或'否认'来理解什么呢?"[8](P11) 前后期思想都存在着的这种始源,便回避了发生之为发生的彻底性,使存在论从整体上带上了始源的神秘色彩。德里达用"不可能的可能性"范式,[9](P60) 即时间在差异中形成的事件性,超越存在论建立在始源上的可能性范式,表明了解构性才是事件思想的要义。

其次,事件思想的解构性,体现在对超越常规的独异性力量的积极吸收上。上面阿特里奇用读者的解构阅读来凸显文学事件论,典型地坐实了这一点。因为用不可能性范式超越生存论的可能性范式后,人们发现,对形而上学总体性思路的抵制,来自事件超越常规的独异性力量,而这很大程度上即解构的同义语。以点带面地从整个事件思想史发展脉络看,对事件独异性的关注以德里达为集大成者。

1997年,德里达受邀前往蒙特利尔参加一个事件概念研讨会,在会上提出基于一种新的语言经验的"不-可能事件"(The Im-possible Event)概念。这个被德里达造出的词,并非指可能性的否定性反面,而指可能性的条件、机遇与非常态经验,因为事件就是已实际发生者的不可能方面,它离不开不可说(unsaid)以及禁令(prohibited)这两个因素,两者刺激着不可能性朝向可能性存在做思想运动。在此基础上,德里达描述了事件的六个要点:一是绝对的惊奇,即在可以预见之物中什么都未发生,事件是例外、独异与不可预见性;二是冲击一切预期的视野;三是居有的运动,以 ex-appropriation 呈现不同于海德格尔的、对理解诉求的抗拒与挑战,这使任何人都无法将事件据为己有,或轻易与之妥协,除非动摇边界,不可能有事件,事件躲闪着、开放着并未决着;四是在纯粹的独异性中使主题暴露于生存的限度之处,并与他者相遇;五是事件依托于一种不从属于认知顺序的语言,超越一切预设性的观念;六是事件出之以幽灵般的、纠缠一切可能经验的秘密的无限形式,不可预见的事件除非被重复,否则难以被理解与接受,其重复性是一种重归与还在到来的情势。

2001年,在法国国会图书馆举行的一次学术会议上,德里达深化了对事件的三层界说:一种独特的现身;对这种独特现身的主体性经验回应;一种语言与证词方式。德里达用他者性(alterity)进一步阐说事件。他者性的隐秘对事件进行着布置与颠覆,对这一隐秘的出入皆非自觉,而来自他者的禁令,这种禁令是必须接受的,在这里他者是一种总是宣布自身为异己的非常规、非稳定力量,我无法选择与定义他者,相反,他者作为一种紧急与突发的胁迫力量萦绕于我。据此可以见出德里达与海德格尔所持事件论的区别,前者旨趣所在是错位(dislocation)、离散(dispersion)、撒播(dissemination)、侵入(incursion)与冲突,其所依托的差异性结构,躲避任何试图集结于一体的运动可能与恰当逻辑，而以 Enteignis 取代了海氏的 Ereignis。这种他者性力量既威胁、又建构着经验，不可简化的差异中包含着异质性（heterogeneity）要素，而令事件发生于布朗肖所说的充满孤独的深渊中，在其中每一步都包含对自身的否定。这样，德里达带有解构色彩的事件便指向发生中所隐藏者，淋漓尽致地演绎了事件的解构性。

再次，事件思想的解构性，体现在对主体性伦理范式的他异性重构上。这可以从阿特里奇上面对事件性阅读与他者的关系调整以及与历史意识的关联重构等论述中见出。既然对德里达来说，事件从不可能性中产生可能性，这使他者相对于自我主体而言也是独异的，独异的他者对自我主体便形成他异性冲击，更新了事件的伦理。同样以点带面地从整个事件思想史发展脉络看，他异性是德里达从解构角度赋予伦理的新性质。

沿循解构的理路，由于事件既到来着，也同时离开着，这就总是带着死亡的标记，标志实体的缺失，暴露了存在的不适宜性。基于这个前提，德里达通过展示在"不可能"中如何定位"可能"，来激发这种对"可能"的思考，因为一种仅仅是可能的可能性，只会去中和事件而使之变得贫乏，它预设了一种计划或程序。研究者援引德里达有关"绝对的不可见性存在于没有可见性结构的概念中"的论断，[10](P290) 区分了"无形"在德里达这里的两种不同含义：在第一种含义中，不可见的是被隐藏的可见之物，它并不真正无形，而保留着有形的秩序；在第二种含义中，不可见性则是绝对的"非可见性"，指绝对不可见的、无条件的秘密。事件只能发生在后一种绝对不恰当背景下。这引出了德里达对事件主体的理解。

主体对责任的行使，不再是在充分理由原则的授权下给出解释与理由，而是对不可估量的事件的到来做出的反应。传统意义上的责任每每指向主体的决定、自由、意向性与意识，却忽视了德里达眼中更为重要的、作为回应的责任。事实上，德里达认为任何责任感都必须根植于回应的经验中，责任首先是一种回应，因为其词源可以追溯到拉丁语 *respondere*（背叛），这是一种基于不可能性的责任伦理，即"我们永远首先是通过应答、当面对（自我、自我的意图、行为、言论）负责。其中应答这种方式更本源、更根本和更无条件"[11](P312)。在此，责任不是由形而上学意义上的理性（权力）设定，而与一种开放的、无法预计与估量的未来有关，是对不可预测的事件——因而也即发生在另一人身上的事件——的反应，它总是突破了充分理由的框架设定。"事件不是一种权力（power），而是德里达所说的'软弱'（weak）或'脆弱'（vulnerable）的力量。"[10](P296) 主体面对不可预见的事件，不是被动麻木地应承，而恰恰获得了责任的起点，即以好客的姿态去迎接它。这种好客并非来自主体设定的某些条件，而是由另一人的事件而产生的。德里达在这里提出的好客伦理，表明在作为到达者的事件到来之前，主体在德里达心目中是无能为力的，当事件尚未发生，主体措手不及，暴露出绝对的软弱性、脆弱性与无力感。也唯有在这种主体觉得没有能力接待他者的情况下，到达者的到来才构成一个事件。它由此不同于有条件的好客，后者仍受先前存在的欢迎力量的约束，而这实际上不是真正的好客姿态，却不可避免地带上了预先的算计，实质是主人在对他人（客人）行使权力。来访者如此突然，被德里达视为弥赛亚般突然出现，如果主人热情相迎，那不是德里达所说的好客，因为这其中并无责任，只有主体权力的预设。突如其来的访客使主人不准备接待他，那才是真正的款待，因为其中责任得到了自然的展开。拉夫欧补充道，这个绝对的到达者也并非指神学意义上的某种超越性力量，因为它并不稳定地等待在地平线上，而是在主人对他的好客的迫切性中，穿透好客姿态包含的可能性，使可能性避免实体化，而总是趋于不可能。这因而成为一种解构的伦理。

从将始源揭示为不可能，到肯定基于不可能性的独异性，再到形成他异性伦理，以上三方面昭示出事件思想迄今被公认的解构性。但如果只到此为止，对事件思想的解构性理解并不完整。深入的考察将彰显出解构的另一面是保守性，这种保守性从多种面相中流露出来。

三

首先，事件思想的保守性体现在，若干基本思想并非首创，而已不同程度地在传统思想中有其植根。任何一种富于生命力的思想，都无法脱离传统而绝对地自起炉灶，而必然具有不同程度的传统植根，只不过我们常常在追新逐异的心态支配下，忘记把它冷静地引入问题的源流，以至于将对事件思想的解构性观感有意无意地绝对化，这是不利于完整把握事件思想的。

从事件思想迄今为止的发展进程看，对事件的解说，总体经历了三个阶段：一是以海德格尔为代表的"本有"事件观，将事件理解为一跃而出的发生；二是以德勒兹为代表的内在性事件观，将事件理解为潜能趋向极限的运动；三是以德里达、巴迪欧等人为代表的超越性事件观，将事件理解为破裂与溢出。这三阶段中，前两个阶段实际上表明的都是一种有范围的事件思想，最后一个阶段相形之下则表明事件思想对某种范围的突破及其断裂性创造，这也正是后来逐渐成为主流的解构性事件观。但上述分类并非全新的空降之物，在以往的思想中已经有了类似的表述。如现代存在主义神学家保罗·蒂里希阐释道，作为可能性的存在，人有两种超越方式：一种是水平维上的"部分超越"，表现为追寻"政治和社会意义上的乌托邦"，以达成"有限的境界"；另一种则是垂直维上的"彻底超越"，它致力于"超越整个水平维超越的全部范围"，带来的是"某种突破整个水平维的神性事物的闯入"，以开启无限自由之境，两种超越方式所造就的"两个境界是互相渗透的"，这保证着"我们既有历史的实在又有超历史的实现"：

> 关于超越现实的事物（尚没有成为现实的事物），人们无法决定它是可能还是不可能。由于这一原因，乌托邦必定始终要悬浮在可能性和不可能性之间。如果我们现在考虑我在前面关于乌托邦消极面的论述，那就产生了这样的问题：难道就不可能超越乌托邦在其中发现自身的这整个处境吗？难道就不可能通过彻底的超越而不是通过一点点的超越而克服乌托邦的消极性吗？而彻底的超越并不是指水平维上的超越而是指垂直维上的超越，是指超越整个水平维超越的全部范围。[12](P221)

这里区分的水平超越（局部超越）与垂直超越（彻底超越），显然就相当于事件思想的内在性形态与超越性形态，只是在不同语境下使用了不同的表述。而这种表述不待事件思想得到热烈阐扬的今天才提出，它早已有了。所以，事件思想的解构性，不见得需要完全得到惊诧的注目，换个角度看，它或许只是换了件理论外衣而在重复已有的思想，这是它在尖锐、激进表象下不可不察的保守性。

从事件思想迄今为止的发展进程看，对事件与语言的关系的理解，总体经历了从语言论到超越语言论的过程。但从事件角度认为"语言不是一种符号系统"[13](P39)，这同样不是一夜间突然冒出的新思想，在索绪尔这位语言论鼻祖的论著中就已有了。索绪尔已开始将对语言论主题的背反视为事件更重要的性质。在新中译出版的《普通语言学手稿》中，索绪尔区分了事件和系统，划开了"语言种种事件和语言种种系统"的界限，认为"系统意味着稳定性，静态的概念。反过来，其固有范畴所获得的事件总和并不构成一个系统；至多看到一定的共同的偏离，但并不作为一简单的价值在其间引发事件"，即表明语言可以被从程度递进的两个方面理解为事件："所以，同性质的事件在此情况下能够产生一个相对的有限变化，至于第二种情况，则产生一个绝对的无限变化，既然它建立了一个所有术语的新状态。这简单地取决于知道所产生数量的差异，根据直到那时所存在的，是不是第一次。这与事件的性质没有一点关系。所以，若承认它是值得的，全部的差异因此不在于改变的事件，而在于它所改变的状态种类。事件总是特殊的。"[14](P261)前一方面指尽管开始打破系统的稳定性，却只处于"一定的共同的偏离"程度，同质性大于异质性，充其量只迈出了反语言论的第一步；后一方面则不然，它对语言系统稳定性的非同质性偏离，产生出了完全新鲜而特殊的、第一次（即此前未有过）出现的"绝对的无限变化"，并引起整个状态的改变。从中可以清楚看出索绪尔自己对事件与语言的关系的辩证认识，后来事件思想发展的历史事实，总体上并没有超出他的论述视野。这也是事件思想的保守性体现。

其次，事件思想的保守性也体现在，解构性阐释对客观性的观念化让步态度及其折返性思维方式，有残余和复苏总体性的倾向。阿特里奇在历数事件的解构性力量之际，总是不忘以小心回护的态度，来试图保留解构背后的客观性，如强调文学事件所处于其中的历史文化语境，便印证了此点。尽管他声称这种文化语境同时具备不稳定的变化性，而非定于一尊，但这就和他同时试图吸收的德里达的重复思想形成了某种龃龉。因为在后者那里，差异形成的重复，从一开始就是以检讨奥斯汀述行理论的语境饱和性为起点的。[15]所以，这中间存在着解构性与客观性的徉徨，或者说，对解构性需要兼顾客观性的强调，止步于观念化的让步态度，留下了让客观性沦为总体性的形而上学缺口。对于这种总体性残余，笔者曾提出这样一个问题："解构的本意，应该是拒斥学派化的，因为学派化就仍然难免于中心化与总体化。解构，本应针对可重复的声音在场幻觉而走出重复，按理是无法被轻易效仿的，却在被效仿中不知不觉重蹈重复的窠臼，导致想要检讨的目标成了脚下的出发点，这有没有可能？从理路上推证，产生这种怀疑是很自然的。"[16]解构的学派化和运动化，就是其保守性之一端，它在阿特里奇苦心为事件辩护的"特有文化"及"解释团体"等理由中得到了加强。

从更深层次上影响着阿特里奇上述回旋性、弥补性做法的，则是事件思想在整体上流露出的折返性思维方式。从源头上看，海德格尔事件观的核心概念——"本有"（Ereignis），兼具"具有本己（本身）"与"本来就有"两义，也即兼容"有自己"与"有本来"这双重内涵，[17](P646)而形成既与历史拉开距离又最终走向历史的另一个开端的"所从之来"的存在论过程：折出去又返回来。此后形形色色的事件观虽然具体论法不同，却在折返性思维上具备共同的取向。无论是德勒兹的逃逸-生产、马里翁的熵-负熵、南希的偶然-必然与齐泽克的非物质-物质，还是阿甘本的"潜在的不写作""非写作"与"完美写作行为"[18](P60)、马苏米的虚拟-本体、迈克尔·索亚的独异-日常乃至哈特与奈格里的去主体-新主体等表述，都印证了这一判断。在发出事件、绽放其独异性色彩和光芒的同时，事件论者们似乎总是不情愿让尺度过大，而倾向于不同程度地将将要脱缰的野马拉回至轨道中来，留足可控的空间。当各家都这般运思时，一种相对凝固的总体性残余，便可能被悄然复苏。这至少是事件思想在解构性表象下未脱保守性的又一证明。

再次，事件思想的保守性还体现在，在他异性伦理的转换中，弱化了伦理主体的情感维度。在事件中，责任不在于自我主体向他者主动发出的关怀，而反过来在于接受他者对自我主体的冲击与塑造，这改写了传统好客的内涵，把待客唯恐不周的热情，转换为在客人降临之前无法做什么的失措状态，以及唯有当客人降临后、自我才获得主体性位置的反转状态。好客由此反传统之客为主，出现了被国内伦理学研究者幽默地描述为"为他人活"的"雷锋哲学的高级玄奥洋装版"情状。[19](P167)这种事件伦理看起来十分新颖，呈现出与以康德为代表的传统伦理学的极大异趣。然而细究起来，它在人际关系上用"不可能性"观念支配下的互斥性和刺激性，一举取代"可能性"信念中的互容性和和谐性，尽管努力反思和改进传统伦理观念中总是从自我主体出发去同化他人的做法，却也存在着以理节情的倾向。虽然过去那种唯恐招待不周而经常有意流露出的客套，在待客之道方面确实有一定的逢场作戏和内心算计（实则为防御对方）的心理成分，但因此而代之以自我主体在面对他者冲击之际的绝对脆弱与无力感，仿佛自己在没有他者降临到头上之前什么也不是而缺乏存在价值，这便又导向另一种极端，即以内心"唯他者为大"这一不变的（理性）观念，挤兑了正常人际交往中具体随缘的（情感）联系。这在情感美学已积累大量成果、"情感转向"渐趋深入的今天，不能不说显示了相对退却的保守性。

这种保守性，在面临中西方事件思想的交流碰撞时尤其突出。因为儒家文化影响下的我国伦理主导取向，是基于情感本位与弹性空间的嘘寒问暖，以及由此而来的主动关照姿态，"中国人逢场作戏地说点恭维话，即使是种客套，也是为图个吉利，于人于己，都说得过去。不在意别人是否领情，只怕礼数不到，这是一种谨慎的为人，无可厚非。但是也因此就有了令人不堪的繁文缛节，让人感到活得真累。"[20](P245)不管这种传统用列维纳斯、德里达等人的上述他异性伦理视野来看是否有确凿的局限性，儒家伦理能稳健地走到今天，并保持相当的延续性，这一客观历史事实在显示出其合理性的同时，至少表明事件伦理不是垄断性的唯一伦理，并非除它之外就没有了其他伦理的可能性，用它来唯一观照伦理取向，倒可能重新落入欧洲中心主义的窠臼。所以，在考虑"事件"对中西方的涵盖（这是事件思想研究的题中应有之义和自我推进动力）时，这种似乎只擅长解释某一局部的、从解构而来的事件伦理，其保守性便需要得到充分估计了。

在解构中看到保守，在事件的独异中承认继承、连续和稳定，由此成为一个亟待重视和填补的学理环节。这也是辩证思维在事件思想研究中的体现。原则上，人们都会承认一分为二地把握包括"事件"在内的当代西方理论，但实际的操作往往显示，研究者很容易埋首沉迷于事件思想中自尼采、海德格尔起所具有的浓郁非理性色彩，而在某种研究的偏执中渐行渐远。辩证看待事件思想的解构性与保守性，让解构的保守更好地成为生产和创造的基础，便不失为学术推进的新生长点。

结语

通过上述分析可以领悟到，西方文论研究中常发生"创新实则是传统"的情况，回避这一点，不仅可能松动学理发展的序列性，而且容易重蹈已被传统所解决的问题陷阱，低层次重复。即以与事件思想相关的问题域为例来看，事件的基本性质——独异性，一定程度上与俄国形式主义的"陌生性"（"奇异性"）理论不乏渊源关系，但建立于现代语言论基础上的陌生化理论，又可以被深入追溯至德国浪漫主义美学与诗论提出的"陌生化"概念与理论、甚至古希腊亚里士多德的修辞学理论，[21](P406-411)它因此并不是全新而注定被追捧的思想。只要不带偏见地去考察和审视事件思想史，会发现其中不少命题与论说思路，都可以在传统文论思想中，不同程度地找到种子与根基。我们之所以倡导在研究事件思想时，不满足于将某家事件论作为一颗孤立的棋子加以阐释，相反主张先努力图绘出作为学理基础的事件思想长河，从而在整体中更为透彻、深入地看清其中某一点的坐标位置，就是因为学术研究的深度首先来自历史。如果持这样的心态研究西方文论，学术场域中当会减少许多诸如"阐释是否过度"的不必要聚讼，而集中精力于学理谱系的深耕细作。这就是本文相对而言逆"事件"的解构性研究之风而行、愿意适当拈示其保守一面的衷曲所在。

注释：

① 详见刘阳《事件思想史》（第七章），华东师范大学出版社，2021。

参考文献：

[1] 杨大春. 解构的保守性 [J]. 哲学研究，1995（6）.

[2] 〔美〕乔纳森·卡勒. 论解构：结构主义之后的理论与批评 [M]. 陆扬译. 北京：中国人民大学出版社，2018.

[3] Derek Attridge. *The Work of Literature* [M]. Oxford: Oxford University Press, 2015.

[4] Derek Attridge. *Reading and Responsibility: Deconstruction's Traces* [M]. Edinburgh: Edinburgh University Press, 2010.

[5] Derek Attridge & Henry Staten. *The Craft of Poetry* [M]. London: Routledge, 2015.

[6] Claude Romano. *Event and Time* [M]. New York: Fordham University Press, 2014.

[7] James Bahoh. *Heidegger's Ontology of Event*[M]. Edinburgh: Edinburgh University Press, 2020.

[8] Philippe Lacoue-Labarthe. *Typography: Mimesis, Philosophy, Politics*[M]. London: Harvard University Press, 1989.

[9] 汪民安、郭晓彦. 生产（第12辑）[C]. 南京：江苏人民出版社，2017.

[10] François Raffoul. *Thinking the Event*[M]. Bloomington: Indiana University Press, 2020.

[11]〔法〕雅克·德里达.《友爱的政治学》及其他[M]. 胡继华译. 长春：吉林人民出版社，2011.

[12]〔美〕保罗·蒂里希. 政治期望[M]. 徐均尧译. 成都：四川人民出版社，1989.

[13] Timothy Clark. *The Poetics of Singularity*[M]. Edinburgh: Edinburgh University Press, 2005.

[14]〔瑞士〕索绪尔. 普通语言学手稿[M]. 于秀英译. 北京：商务印书馆，2020.

[15] 刘阳. 以言行事的事件学定位——以乔纳森·卡勒一个模糊命题为引线[J]. 学术界，2022（7）.

[16] 刘阳. 作为写作事件的后理论——论从德里达到后理论的学理进路[J]. 广州大学学报，2020（2）.

[17]〔德〕马丁·海德格尔. 哲学论稿[M]. 孙周兴译. 北京：商务印书馆，2016.

[18] Marco Piasentier. *On Biopolitics: An Inquiry into Nature and Language*[M]. New York: Routledge, 2021.

[19] 李泽厚. 伦理学新说述要[M]. 北京：世界图书出版公司，2019.

[20] 朱大路. 世纪初杂文200篇[C]. 上海：文汇出版社，2011.

[21] 王元骧. 审美反映与艺术创造[C]. 杭州：杭州大学出版社，1998.

论音乐的"事件性"*

王雪松**

摘　要：以巴迪欧、德勒兹、福柯、伊格尔顿等为代表的学者将事件哲学深入阐释于政治学、社会学和文学领域，引起了学界的不小波澜，自此，事件哲学则逐步成为审视世界的新的理论工具。众多学者也曾试图将"事件"融入其他学理范畴，以阿多诺、德诺拉为代表的学者首次将"事件"意义引入了美术、音乐等艺术领域并进行了开创性的思考，然而在历时性的研究中，"音乐+事件"的理论发育并不十分充分，音乐"事件性"的理论观照也鲜有学者深入涉及。在"音乐事件"的提出和阐释中，音乐的发生则与事件理论存在着广泛的交集，以"事件"为视角重新审视音乐发生的过去、此刻和未来，将赋予音乐全新的生命观。通过对音乐与"事件"的解析和比较，音乐的"事件性"则凸显为时间性（运动性）、在场性（此刻性）、独性（溢出性）、虚性（不在场性）和延续性五个方面，并由此展开了进一步的思考。

关键词：事件性；音乐事件；生命观；审美性

　　在人类精神文化史上，音乐一直参与着人对世界的改造，并以其独特的审美形式涵养着人的生命气象。孔子曰："兴于《诗》，立于礼，成于乐。"刘禹锡曾吟："今日听君歌一曲，暂凭杯酒长精神。"亚里士多德也将音乐视为一种有助于培养人高尚意志的理性活动。从远古的巫术音乐直至20世纪后现代音乐的兴起，每一次音乐的变革都会对人类生活产生深刻影响。在中国先秦时期，音乐是安上治民、移风易俗的工具；在近代革命时期，音乐是异军突起的号角；在当代，音乐是新潮文化的发端。随着现代科学的发展，音乐的样态较以往则产生了巨大变化，人们不禁开始思考此刻音乐的发生，也开始重新回溯音乐是如何地发生。在各种哲学视角的交织下，音乐也逐渐从自变量转向因变量，音乐发生的思索维度也得到了前所未有的敞开。这时，一种正在学界前沿蓬勃展开的新的思辨体系——事件哲学，逐步观照到了艺术的发生和发展，也由此开启了人们重新审视音乐之路。

---

　　* 基金项目：2022年湖南省社科基金项目"网络音乐社群的文化认同和价值导向研究"（项目编号：21YBA235）的阶段性成果。
　　** 作者简介：王雪松（1987—　），男，中国传媒大学音乐与录音艺术学院音乐学专业博士研究生，唐山师范学院继续教育学院讲师，研究方向为音乐美学与传播学。

一　问题的提出

事件哲学是思辨现实"事件性"的哲学，是以生命观观照世界的新的思辨体系，本文也将以此来回应音乐的事件性发生。"事件性"首先应归属于音乐的属性范畴，如从本体论视角出发其更应包含于对音乐本质的探讨。因此，则有必要先回溯一下"音乐是什么"的认知路径。

音乐是什么，仿佛早已成为人们开展任何音乐研究必然要讨论的首要问题，如能厘清音乐的本质或者妥当地描述音乐，仿佛音乐之理论与实践也能怡然理顺。幸运的是，古今众哲早已给出了既定答案。战国吕不韦等人的《吕氏春秋·大乐》阐发了音乐的缘起："音乐之所由来者远矣，生于度量，本于太一。"[1](P29)汉代刘德①等人的《乐记》也详细记载了音乐的产生过程："凡音之起，由人心生也。人心之动，物使之然也。感于物而动，故形于声。声相应，故生变。变成方，为之音。比音而乐之，及干、戚、羽、旄，谓之乐。"[1](P24)毕达哥拉斯亦从里拉琴中发现了音乐"数"的本质。近现代，人们对音乐的认识则更加具体，黑格尔认为：音乐不仅仅局限于一些悦耳的音响组合，更在于其中丰富的精神内涵，可以理解为只有具有精神性的音响才能称之为音乐；我国学者张前则给出了更加明确的定义："音乐是人类为满足听觉感性需要与表现内心感受需要而创造的丰富而有序的声音组合体。"[2](P73)至此，音乐从本体论和认识论角度都得到了不同程度的认识和回应，揭示了音乐物和精神的双重属性。

但自20世纪以来，经过两次世界大战、信息技术革命等重大历史事件的洗礼，人们对包括艺术在内的世界的理解变得更加复杂，甚至出现了"艺术已死"的论断，对于事物的本质及其发生产生了新的认知，在理论与实践中频繁重复着"认识——新知——实践——否定——再认识"的逻辑循环。随着海德格尔、哈贝马斯、吉尔·德勒兹、阿兰·巴迪欧等西方哲人对世界的哲学重构以及中国生命哲学的复归，人与世界的关系越发显现为"物我同一性"或称之为"万物一体、万有相通性"，②从而将所关注的事物的对象性由抽象的、静止的、二元的、本有的转向经验的、动态的、多元的、现象的新的维度。艺术领域也不例外，在突现了新的风格和流派的同时也产生了众多的理论加持，因此用以往传统的哲学视角来审视艺术的发生则显得越发单薄，显然，对音乐的观照也不能再停留于对自律性和主客体的狭隘解析。当代，音乐的创作、欣赏、教育、传播等方式皆发生了新的变化，音乐内容除以往音乐性的音响符号外，亦融入了非音乐性的他性元素，并且由依赖时空环境的、单纯听赏的"作品"，变成了超越时空环境的、本质性逐渐断裂的"事件"。继而，人们则更加需要一种新的动态的生命观对音乐进行审视，由此，音乐的"事件性"观照应运而生。

二　何谓"音乐事件"

"事件"的原词evenement或event源自拉丁语动词evenire，意思是"到达"或

"来到",表示一种从某处某时发出而朝着某一个方向并正在到达的动态或事态。[3]"事件"不同于以往关注的"事实（事物）",它并非局限于线性的因果理路,更是多维发生和效果的网状敞开。海德格尔认为"事件"是一种世界化的体验的发生;梅洛·庞蒂将化不可见为可见的表达过程视为表达事件;巴迪欧着力构建一种"事件的哲学"来使存在获得特殊的、偶然的、意外的"事件"意义;德勒兹则首先打消了人们在通常意义上把"事件"理解为实在的、现成的、明确的、事实的观念,认为"事件"的积极意义不在于使人们回到约定俗成的常识上面,而在于"事实"背后的"虚"的维度的敞开。③纵观"事件"思想史,我们发现"事件"是一种生命观,是共时性和历时性的交织,其所观照的事物的"事件性"已然不是当下静止的概念,而是运动着的、交互着的、主客相融的动词属性,其关注于已经发生、正在发生和尚未发生的事物的运动全貌。彭锋同样给出了"事件"较"事物"的区别,他认为：事件是具体的,在时空中发生,其时间边界清晰空间边界模糊,而"事物"只是存在而非发生,是抽象的,其空间边界清晰而时间边界模糊。事件概念超越了思辨辩证法所推崇的"理性",经过反思的、批判的、否定性辩证法的提炼,"事件"逐步成为具有社会历史高度的发生学的关键概念。[4]

由此,我们发现"事件"俨然成为了众多学者观察世界的新的可靠视角,也是进行学科理论构建的有力工具,它能够全面地、动态地、网状地、经验地审视事物的发生、发展和影响。在文学领域以伊格尔顿为代表的当代学者,对文学的发生和本质进行了事件性的独特观照,揭示了文学生成与发展的五种特性即虚构性、道德性、语言性、非实用性、规范性,在文学领域掀起了一阵春潮;艺术领域,西奥多·阿多诺以"否定"的发问一反自黑格尔到卢卡奇以强调"整体性"和"同一性"为主要话语的逻辑体系,主张个体性、差异性、丰富性的美学构建,在一定程度上映现了"事件性"的部分意义,也为后现代艺术兴起提供了精神养料。英国艺术社会学家提亚·德诺拉则首次进行了"音乐事件"的话语表达,将音乐的发生和影响作为音乐研究的主线,以社会学的视角将音乐置于社会事件中,统构了音乐发生的过程及其外延,形成了开放式的网状音乐研究格局,尤其对日常生活中的音乐事件尤为关注,并由此衍生出了"音乐避难所"的构想,为"什么引起了音乐"的传统艺术社会学视角转向"音乐能够引起什么"的生成性新艺术社会学追问提供了学术前音。

质言之,"音乐事件"告别了传统音乐学界只停留在音乐文本性质的拘囿,使事件个体与社会泛化空间相遇,音乐主体除创造和欣赏主体外囊括了所有参与事件发生的多元主体,将音乐的发生、发展和结束置于音乐审美性和社会性之间的交互场域,是一种在事件视域下全新的音乐认知观。简言之,音乐事件就是对所有引起音乐发生和由音乐引起的事件项的整体观照。于是,音乐事件也会呈现出一种事件链的形式,音乐事件链中的每一个部分则可视为一个整体事件的子事件项（如图1）。

因此,音乐事件理论给予了学界回望、凝视和展望音乐的新的理论和方法。然而,音乐的事件性并不是当下才显现的,而是历时性地发生、发展、消解和再发生的无限循环。纵观媒介技术的发展,音乐从口语媒介、乐谱媒介和电子媒介逐步过渡到数字媒介,

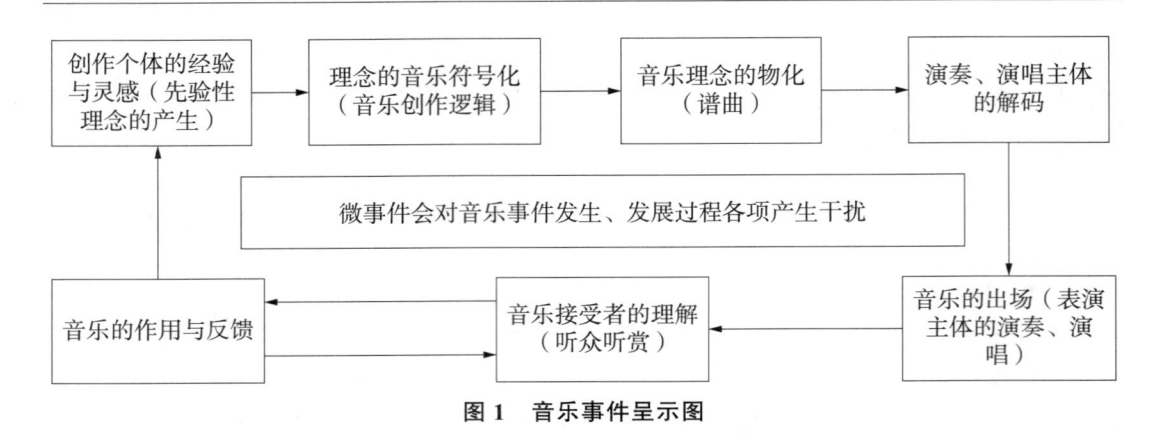

```
┌─────────────┐    ┌─────────────┐    ┌─────────────┐    ┌─────────────┐
│创作个体的经验│    │理念的音乐符号化│   │音乐理念的物化│    │演奏、演唱主体│
│与灵感（先验性│──▶│（音乐创作逻辑）│──▶│  （谱曲）    │──▶│   的解码    │
│ 理念的产生） │    │             │    │             │    │             │
└─────────────┘    └─────────────┘    └─────────────┘    └─────────────┘
      ▲                                                         │
      │            ┌────────────────────────────────────┐      │
      │            │微事件会对音乐事件发生、发展过程各项产生干扰│    │
      │            └────────────────────────────────────┘      │
      │                                                         ▼
┌─────────────┐    ┌─────────────┐                      ┌─────────────┐
│             │    │音乐接受者的理解│                      │音乐的出场（表演│
│音乐的作用与反馈│◀─│ （听众听赏） │◀─────────────────────│主体的演奏、演│
│             │    │             │                      │    唱）     │
└─────────────┘    └─────────────┘                      └─────────────┘
```

图 1　音乐事件呈示图

音乐的事件向度也在发生着变化：口语媒介时期个体间的交互是音乐发生的必要条件，个体间的音乐创造和接受富于变化和情动，具有鲜明的不确定性；乐谱媒介时期音乐的灵动性和偶发性则被一定程度地束缚，音乐讯息从听觉符号转设为视觉符号，音乐被赋予了工具的理性色彩，于是音乐的发生大部分局限于具有音乐素养的人，因此音乐作为事件的确定性和不可变性增强；电子媒介时期，以磁带、光盘、电视、广播为主要载体的音乐传播形式又将视觉符号转移成听、视觉的复合符号，音乐的可感性进一步增强，音乐的事件性又显现出某种不在场性（虚性），即电子媒介的传播局限所触发的接受者的想象空间；数字时代，以复制技术为标志的传播手段大肆兴起，伴着音乐的剪切和拼接，数字音乐在短暂的兴奋期后，其所显现的是高度的重复和模式化，甚至以人工智能为代表的音乐创作，把人的主体性逐渐消解，音乐逐步脱离事件性的某些特质而成为缺乏主体参与的现实物，但在另一方面，事件性的溢出性又显得十分耀眼。

至此，我们虽然感受到了音乐事件的若干特性，但纵观音乐发展，音乐事件中所包含的事件性则始终在发生着曲线流变，究竟音乐事件中的哪些特性能够成为其事件性的主要决定因子？又应如何以此为向度建立起音乐批评的显性体系？笔者认为，从原事件理论出发，将前人的理论成果进行凝炼、解剖和筛选并与音乐实际结合，显得十分有益。

三　音乐"事件性"之显现

国内学界对事件理论的研究主要以巴迪欧事件哲学为主线[5]，而德勒兹、福柯、德里达、鲍曼、伊格尔顿等人对事件的他性引入也使事件理论得到了极大丰富；在艺术领域，阿多诺、德诺拉、贡布里希等从艺术社会学视角亦为事件理论做了有益补充。然而，传统事件哲学普遍具有社会学、政治学视角，其能够有效地解释断裂式、突发式、微分式的社会形态变迁，但对于艺术本身和与其相关的社会要素的渐进式的发展并不具有十足的说服力，若完全以此为蓝本恐有陷入历史断裂的、排除主体因的逻辑桎梏，亦会形成微分归因式的"无限事件性"的循环谬误，尤其会对艺术本质属性（审美性）产生彻底的瓦解（忽视）。

如 20 世纪中后期，艺术对象大多是"缺乏审美特征"的后现代主义艺术作品，杜尚、斯托克豪森、约翰·凯奇等的先锋派艺术将众多非艺术因素融入艺术表现中，诸如小便器（美术作品之中）、硬币、死鱼、纯噪音（这三者为音乐作品之中）等，然而从传统的事件理论出发，这些艺术现象则更容易被理解为事件。如果将传统的事件理论进一步运用于作品与事件关系的解构中，这些作品的生成必将被还原为一系列突发性的事件网络，从而再一次成为艺术社会学可识别的数据，这种情形在西方左翼艺术理论中大量存在，艺术作品往往被理解为具有政治和社会功能性的事件。[6]譬如，约翰·凯奇著名的"音乐作品"《4 分 33 秒》④，以无声的形式与观众共同静默 4 分 33 秒，音乐厅的所有杂音成为了音乐作品的一部分，模糊了音乐的本质，极大地消解了观众的审美习惯，凸显了"倾听"这一社会意涵，这无疑是音乐史上典型的音乐事件。而当我们以传统事件理论视角对其进行事件性解构时，自然会追溯至西方嬉皮（Hippie）文化的兴起、凯奇与勋伯格的决裂，以及凯奇学习佛教和禅宗的人生经历，众多事件项共同促发了该事件的发生。然而，音乐本质（审美属性）的事件项如何发生作用？从传统事件理论中俨然无法找寻。

故此，我们不能完全以社会学、政治学等视角的事件理论观照艺术品的事件性，必须兼顾艺术本身作为因变量的事件项，尤其对感性特征最为鲜明的音乐艺术而言则更应如此。由此，笔者总结了音乐事件所应具备的五种特性（音乐事件性特征），即时间性（运动性）、在场性（此刻性）、独性（溢出性）、虚性（不在场性）和延续性，并将音乐审美性贯穿其中，以进一步丰富音乐事件的理论体系，为音乐事件性批评提供基础。

（一）音乐作为事件的时间性

苏珊·朗格说："音乐中的时间既不是一去不复返的历书时间，也不是通过计算来测定的过程性的时间；它与物理时间不同，是一种主观、内在的时间，是一种'生命的、经验的时间表象。'"[7](P128)"事件性概念因而被提出，即意味着在同一现成事物上，个体间意义的交集"，[8]事件的组成及其过程，离不开主体间的运动和交互，事件性的生命意义则在于时间之中的运动，故此，就音乐本质而言，时间性则应成为其事件性的首要特征。

音乐运动的时间性不仅显现于其本身的内部运动，也凸显于音乐事件链中事件项的交互。当贝多芬《第五交响曲》奏响时，音乐从第一乐章冷酷、有力的三连音发出，经过命运主题的多次变化和融合直至第四乐章辉煌、凯旋的号角吹响，音符交响性的流动在区域时间内形成了一次生命事件的发生。而另一事件则显露出事件项之间的运动（时间）关联：1979 年奥地利音乐家卡拉扬协柏林爱乐乐团首次访华时，音乐会首先演奏的是具有悲情和孤独气质的勃拉姆斯《c 小调第一交响曲》，这样的选择在一定意义上与演出前一天乐团中两名乐手从飞机舷梯上摔伤有关。看似不同的两个事件的相遇，却形成了音乐会事件发生的潜在动因，突发的事故与音乐的选择也成为了整体事件的两个微分事件项。

黑格尔说："音乐的变化并不是每一次都恰恰代表某一情感、观念、思想或个别形象的变化，而只是一种音乐的向前运动。"[9](P379)由此可以说，每一次看似相同的音乐运动却代表了不同的事件性含义，在时间中音乐不只是音乐，而是"音乐+"，音乐事件揭示了音乐新的生命生成，音乐事件的发生也必然是音乐自身及其外部事物共同的发生。

德勒兹称事件的时间性为"恒"（éternité），表达了"事件"的一种生命感的必然表象。在音乐事件中，即便是一个看似沉闷的音乐作品也同样会表达出鲜明的生命性特征。印象派音乐家拉威尔的《波莱罗》，运用看似枯燥的同质性音乐节奏，却展示出了不同力度和音色的奇异发展。拉威尔在相同的运动频率中将作品的力度从极弱变化到极强，将音色从极简演化至极丰富，生动地展现了音乐的生命生长，乃至最后一种震撼生命感的生成。对于《波莱罗》而言，事件意义更像是一粒种子的生长过程，即使很难表达出贝多芬式的音乐语义，但其也俨然完成了一次与观众的生命旅行。

音乐的生命感在于情感的时间性的流动，可以说在任何艺术中如何以一种富有戏剧性的、永恒的运动形态来展现艺术的事件性已是众多艺术家自觉追求的终极目标。

（二）音乐作为事件的独性

事件性在涵盖现实物的基础上，事件主体的运动关联使时间维度进入了现实物的物性之中，让事实性增加了不确定性。也正是这种不确定性，推动了事物的差异化发展，这也是组成多元世界的内在动因。德勒兹和巴迪欧等人认为这种不确定性彰显了事件性的另一种特征——"独性"（singulier），也称为溢出性。所谓独性是指事件具有不可被同化的个性，是对世界普遍性网络的偶然地撕裂和冲撞，是在大量重复中的异化和溢出，独性促使世界进行新的整理和重塑。事件独性的呈现会进一步迫使人们洞见那些被遮蔽、被压制、被忽略的原本存在。

在独性视角下，音乐则更加显现为一种世界的独特组成，一种精神与物的独特存在。音乐的生成是从本无实在意义的声音对象逐步演变成由主体参与的符号集合以及由数和物理实体（声波）组成的真实存在，然而，在音乐的认知进程中，音乐的本真最终获得的敞开往往伴随着音乐事件的独性（偶发性）。《吕氏春秋·古乐篇》曾记载："昔黄帝令伶伦作为律。伶伦自大夏之西，乃之阮隃之阴，取竹于嶰溪之谷，以生空窍厚钧者，断两节间，其长三寸九分，而吹之以为黄钟之宫，吹曰舍少。次制十二筒，以之阮隃之下，听凤皇之鸣，以别十二律。"[10](P6)伶伦在履职途中与富有乐性之物偶遇，存在于自然物中的音响经过人的参与，由自然音响变成了人的审美符号并赋之以数的规律。虽然上古传说仍有臆造之嫌，但这俨然也显现出了音乐作为事件的独性特征。

巴迪欧曾说，世界的每一个个体都彼此相异、互为对象，每一次相遇之时显现为事件的发生，这种相遇具有不可预测性和无序性。华东师范大学刘阳教授也曾谈道："只有当对规范的偏离被读者当成一个事件进入、并由此打开后者的感觉与意义的新空间之后，它才是文学事件。"[11]因此，独性的另外一面则是在规范的、重复的事物运动中显现的异化和个性。20世纪初奥地利作曲家勋伯格深受瓦格纳"半音体系"的影响，在传统的古典音乐视野下，创造出"十二音体系"，开创了现代无调音乐的先河，打破了以往具有浓郁调性色彩和旋律风格的传统音乐组合形式，这无疑也是典型的音乐事件。勋伯格音乐事件的发生给予世人固有理念当头一棒，打碎了传统音乐规范的桎梏，自此世界音乐逐渐呈现出了不断开放的姿态。

（三）音乐作为事件的虚性

海德格尔的存在论摆脱了旧形而上学二元对立的追问方式，转向于"此在-世界"的万物一体观，他对世界的观照呈现出了多维和立体的交感。海德格尔的贡献之一是将事物的不在场性（absence）揭示出来，给予世人除了由现实物到抽象概念纵向追问以外的又一可能。在事件理论视角下，不在场性显现在人与现实物的因果关联中，而这种关联是不能被直观发现的，需要借助逻辑思维和经验感知予以揭示，德勒兹称之为"虚"（incorporel），"虚性"也是事件区别于一般现实物的最大差异性之一。

"虚"的概念在中国哲学中早已显现，老庄认为虚比真实更真实，是一切真实的原因和基础，并进一步提出了"大音希声"的音乐审美范畴，揭示了音乐虚性的意义，如以当代事件理论出发，中国道家的虚则可以归纳为事件发生的因。在西方艺术领域，苏珊·朗格也提到虚的概念，称艺术的抽象性为"虚象"，她说："抽象就是断绝某物与现实的一切联系，与自然脱离，……抽象方法实施后，抽象物仍然呈现为一个具体的形式，然而他的一切方面：形象、轮廓、节奏、色彩、运动……都比未经抽象的自然物包含了更多的内容与意味。"[7](P55)虽然朗格对虚象的观照更多是现实物抽象的虚（理念的虚），但在其言语中已经包含了现实物以外的经验与感觉等意识的虚，在一定意义上其已经跨越到海德格尔的存在论视角，对事件理论的"不在场性"有着十分重要的借鉴意义。值得注意的是，中国哲学所言的虚，既包括现实物的虚也包括现实物隐藏的虚，这其实也已经与当代事件理论的不在场性不谋而合。当小便器放在卫生间里它显然不是一个事件，而当杜尚将其放在展厅里，它便是一个事件；当行为艺术家阿布拉莫维奇独自坐在家里，它显然不是一个事件，而当她以符号性的躯体曝光在众人视目之下，它便是一个事件。一个现实物或一个事实要想成为真正的事件，它必须具有超越"可见"的力量。音乐作为事件，在其现实表象下也隐藏着丰富的不在场的力量。

在时空关系中，音乐往往被认为是时间的艺术，而"虚"却显现了音乐的时空结构。当听到巴伦博伊姆指挥斯美塔纳的《伏尔塔瓦河》时，由长笛和单簧管分别奏出的波动音型使我们恍若看到了伏尔塔瓦河两条支流的竞相流淌，其由弱渐强的力度表现，又让我们感受到了河流的纵向空间，而斯美塔纳本人也确实在运用这些音乐织体表现他心中的景象。此时音乐事件的发生则不再是耳畔单纯音响的奏鸣，而是传受主体间丰富想象的绽放。同时，我们不能忽视的是创作这首作品时捷克革命的发生，因此该曲无疑也融入了捷克与革命的复杂音响符号。一场《伏尔塔瓦河》的发生事件，揭示了音乐事件背后隐藏的丰富"事实"，"音乐+"的事件时空共同构成了此刻《伏尔塔瓦河》的虚。

此外，事件的虚性也往往表现为事物背后不可见的意义的力量。科波拉导演的电影《现代启示录》，美军的飞机编队缓缓地从海面飞到越南战场，飞机上播放的瓦格纳歌剧《女武神》的音乐威武而气派，烘托出了浓烈的战争氛围，然而导演选用此曲的深意却在于：以德国纳粹的"专用音乐"[5]来影射美军的侵略恶行，此刻的音乐已不是瓦格纳的神话主题而是被赋予了强大的艺术讽刺，使得这种不在场的力量高于了音乐本身。

因此我们发现，音乐事件的虚性始终在于使音乐不在场的过去重新出场。

（四）音乐作为事件的在场性

对于海德格尔而言，在场性便是存在者向存在的融入状态，是隐藏着的不在场事物的敞开（去蔽），也可以指涉现实物此刻的存在。而往前追述，黑格尔所谓"本有"概念亦与事件的在场性有所交叉：本有用以指涉现实与潜能、形式与内容的统一，是理念现实

· 169 ·

化和具体化的过程。[4]在胡塞尔晚期现象学中有过这样的描述：事件出现在灵动场域内的交互主体之间的周围世界中，世界如何在先验主体构造中生成（即发生问题）遂成为现象学的重要课题，由此，事件具有了"活的当下"的状态。[3]因此，事件的在场性本质上是事件发生的此刻和异于其他时刻的"独性"，在这层意义上，事件的在场性存在于事件主体之间的每次交互和影响之中。

音乐相比于其他艺术而言其更加显现为在场性（此刻性），在一定意义上音乐的在场才是音乐的本真状态，才是音乐审美的重要时刻。音乐的在场性显现于主体参与的每一次音乐事件的发生之中并凸显为一种唯一性和不确定性。

以媒介视角出发来审视音乐事件的在场性，其在场的维度则一直处于不断变化之中。在口语媒介时期，音乐的发生是纯粹主体之间直接的参与，可以说每一次音乐事件的发生都能显现其鲜明的在场性特征，是无遮蔽的音乐的本真状态；记谱法和纸张媒介的出现使得音乐以乐谱的形式存在，令音乐得以复现的同时乐谱的工具局限性则十分凸显：乐谱本质上是音乐元素的物化显现，是音乐数的结构的呈示，因此其丢失了绝大部分由表演主体所产生的情感关系和音乐细节。当表演者对照乐谱进行演奏或演唱时，实际上已经丧失了音乐在创作者手中原始的澄明的在场；录音和声像技术是音乐记录手段质的飞跃，凸显了现代科技努力驻留音乐在场的意图，但由于记录视角的局限和技术失真，仍然不能完全还原音乐真正的原始在场。

但在另一个角度说，无论何种媒介都会使得音乐一次又一次的发生而产生独性的"此刻"，因为音乐事件的每一次发生，音乐的表演主体和接受主体以及事件环境都必然发生变化，于是无论音乐是否同一都会从原始的在场纵向地穿越到此刻新的在场。

维也纳新年音乐会有一个传统，最后一首曲目都会演奏老约翰·施特劳斯的《拉德茨基进行曲》，每年的观众也会乐此不疲地瞩目于该曲目的上演，因为每一个指挥家和乐队都会凸显出他们此刻强烈的主体意志：或欣喜，或悲壮，或温柔，或滑稽；2002年的国产电影《无间道》，男主角刘建明和陈永仁在音响店邂逅时共同听赏了经典歌曲《被遗忘的时光》，此刻音乐与人物的心境重新捆绑，仿佛在固守两人心中那份平和和克制，回望了两人内心最终期盼的那份宁静，无疑此刻音乐的在场完全有别于该曲在1979年创作之初的在场。不同的传受主体、不同的事件环境，即使看似完全相同的音乐也会获得新的事件意义的敞开。

（五）音乐作为事件的延续性

巴迪欧的事件概念来源于其对政治事件的解读，尤其对革命事件的发生有着深刻的反思，他认为：只有事件才能在凝固的意识形态的结晶体上产生裂痕，让那遮蔽人们双眼的意识形态的帷幔撕开一道裂缝，从那道裂缝里，真实的不可还原为观点唯物主义的内核将从中涌出，这就是事件，一个无法被任何意识形态和观念论所消化的事件。[12]巴迪欧的事件观将事件的发生视为一个不可融合、与前一事物呈现阻隔的状态，凸显出一种断裂性和偶然性。福柯也认为：事件是作为"事件化"的结果而出现的，"事件化"出现在知识型的断裂中，在已有知识的层面上无法解释一个新出现的历史拐点时就需要以一种全新的知识型去进行解构和重塑，于是"事件"的生成造成了历史理解的断裂。[13]其实，在现实社会中我们并不能把这种断裂等同于毫无根据的相异性，即在旧事物、旧观念的基础上产生毫无联系的新事物和新观念，在一定程度上事件必然保持着前一事物状态的延续性。也由于事件具有时间性，因此其也必然处在历史发展之中，能够被描述和逻辑化。伊格尔顿在对文学事件理论的阐释中也逐步摒弃了巴迪欧的必然偶发和断裂的事件观，他认为："文学事件性体现在形式之转化为内容（或内容之转化为形式）的特定阶段，因此，'事件'是生成的，但又不是孤立、偶然的发生，而是文学作品文本实践的阶段、存在和表征。"[14]在海登·怀特构建的历史事件观中，"事件是历史构成的基本单位，其不仅必须被记录在最初发生的编年框架内，还必须被叙述，也就是说，要被展现的有一个结构，有一种意义顺序。"[6]由此，我们可以说事件不应是孤立的对象客体，而是事件项之间、主体之间的呼应和往复的过程，是一种向前或向后转化的、相互关联的动态情境。

音乐在听视觉符号的传播转化中，乐谱的诞生产生了绝对的音乐事件化效应：视觉符号形式代替了以往的音响符号形式，在一定意义上讲可以视为音乐形态的断裂，但其传播内容和意义仍然没有脱离音乐的本质，在音乐解码和译码的过程中必然形成了音乐的延续。正如鲍曼和德勒兹所认为的：事件的发生一定具有结构的延续性，是事物向另一方向转化时内在矛盾的自我解决和自我再生产，是一种不断完善的生命过程。

1866年，奥地利帝国在普奥战争中惨败，首都维也纳的民众都处在悲闷的情绪中，为提振士气，小约翰·施特劳斯创作了一首合唱曲《蓝色多瑙河》，在首演时却并未达到预期效果；然而在半年后，施特劳斯将其改编成富有活力的管弦乐作品，则瞬间引起了民众的强烈反响，乃至此后被誉为奥地利的第二国歌。该曲前后的旋律和音乐结构基本一致，被颠覆性改变的只有音色（由人声变成器乐），却产生了鲜明的事件效应。这无疑也呈现出了巴迪欧等人所说的偶然性和断裂性（音色、时空的断裂），然而事件本身却发生了结构和意义的延续。新元素致使原事件项发生了改变进而影响了事件链中的其他子项，最终促使整个事件的发展呈现逆转。因此，我们可以说在音乐事件之中断裂性和延续性并存。

结语

事件理论具有极大的理论张力和创造力，是动态观照世界的又一景观，它将事物的发展置于历史的动态轨迹中，放眼宇宙，俯视万物，既观照到了事件的物性本身，也观照到了参与事件的主体状态，同时也将一切与事件发生联系的子事件（事件项）囊括其中。虽然事件论的视角在先前众哲中已有过铺垫，但囿于人们固有的认识思维而始终未被全面地揭开和阐明，以巴迪欧、德勒兹等为代表的哲人在对政治变迁和社会发展的思辨中逐渐厘清和提炼的"事件"内涵成为了事件理论的先声。我国以蓝江、刘阳、夏莹为代表的学者将事件哲学引向了社会学和文学领域，以高建平、周宪、卢文超为代表的学者则又将事件论嵌入了艺术视野，这本身就是一个有着鲜明事件性的"事件"。

"音乐事件理论"则是事件哲学理论张力和创造力的具体体现。音乐与"事件"仿佛具有天生的融合力，在"音乐+事件"的深入观照中，音乐与事件展现出了极大的契合性，以至于音乐事件的运思进行得如此怡顺，这更加说明了"音乐即事件"。音乐事件性的理论观照既避免了只将音乐视为文本的客观主义倾向,也避免了将其视为活动的主观主义倾向。[15]音乐事件理论是音乐及其发展的又一面镜子,它让我们得以从传统的思维藩篱中再次抽离出来,给予了世人重新审视音乐存在与发生的机会。

注释:

① 另一说由战国初期公孙尼子(孔子的再传弟子)所作,详见张前《音乐美学教程》,上海音乐出版社,2014。

② 详见张世英《哲学导论》,北京大学出版社,2020。

③ 有关事件概念的发展脉络可参见刘阳《事件思想史》,华东师范大学出版社,2021。

④《4分33秒》首演于1952年,共三个乐章,乐谱上没有任何音符,唯一标明的要求就是"Tacet"(沉默),音乐达到了泛化的极限。这也代表了凯奇一个重要的音乐哲学观点:音乐的最基本元素不是演奏,而是聆听。

⑤ 德国作曲家威廉·理查德·瓦格纳(1813—1883)具有反犹太主义思想,创作的歌剧多取材于赞颂德国的英雄史诗。在二战中,其音乐成为了纳粹首领希特勒极力推崇的范本。

参考文献:

[1] 田耀农.中国传统音乐理论述要[M].北京:人民音乐出版社,2014.

[2] 张前.音乐美学教程[M].上海:上海音乐出版社,2014.

[3] 高宣扬.论巴迪欧的"事件哲学"[J].新疆师范大学学报(哲学社会科学版),2014(4).

[4] 孙琳.事件哲学的当代发展及其理论得失[J].哲学动态,2021(12).

[5] 蓝江.从事件本体论到事件现象学——巴迪欧的《存在与事件》和《世界的逻辑》之间的事件哲学[J].黑龙江社会科学,2019(6).

[6] 杨一博.艺术社会学"作品向事件还原"方法论缺陷及矫正方案——兼论叙事主义历史哲学中作品与事件的关系[J].艺术评论,2019(10).

[7] 〔美〕苏珊·朗格.情感与形式[M].刘大基、傅志强、周发祥译.北京:中国社会科学出版社,1986.

[8] 吴允通.解释学视野中的事件性概念[J].理论界,2022(2).

[9] 〔德〕黑格尔.美学(第3卷上)[M].朱光潜译.北京:北京大学出版社,2017.

[10] 金文达.中国古代音乐史[M].北京:人民音乐出版社,2007.

[11] 刘阳."文学事件"的缘起、命名、对证与跨语境回应[J].学习与探索,2022(2).

[12] 蓝江.巴迪欧的事件哲学[J].法国哲学研究,2020(0).

[13] 阿兰·巴迪欧的"事件哲学"[EB/OL].[2017-7-6].https://www.jianshu.com/p/fe8adcbb3494.

[14] 邢建昌.理论与文学的相互生成——读特里·伊格尔顿《文学事件》[J].河北师范大学学报(哲学社会科学版),2022(1).

[15] 卢文超.从艺术社会学到新艺术社会学——提亚·德诺拉音乐思想的转变[J].文艺研究,2018(6).

本雅明艺术事件论的可复制姿态*

李 云**

摘　要：本雅明论述的可引用姿态主要指的是现代戏剧事件中的姿态。可复制姿态主要指的是机械复制时代艺术事件的姿态。机械复制时代的艺术事件大都呈现为"复数"的状态。"复数"状态和可复制姿态并不是导致灵韵消逝的原因，艺术的原初事性无法被复制才是导致灵韵丧失的原因。可复制姿态对语境的中断建构了艺术事件的新的事性层面，而叙事或事性的再造赋予了艺术新的灵韵。艺术的自律性是"物的形式"，灵韵在机械复制时代不只与自律艺术的物性相关，也有神学象征等事性，事性是灵韵不可忽视的部分。本雅明从布莱希特戏剧理论的可引用姿态出发，其艺术事件论的可复制姿态经历了事性与物性的辩证发展过程，最终在艺术事件的寓言化中得到普遍与虚无的事件思想。

关键词：本雅明；事件；姿态；灵韵

　　古典时期哲学最感兴趣的是广义的形而上学问题，不太关注事件。古典哲学认为事件是依赖于理念的次要实体（柏拉图）或像物体一样的初级物质（亚里士多德）。事件作为现在公认的一个重要的本体论概念，在相当长的一段时间内一直处于哲学研究的边缘。按照孙琳在《事件哲学的当代及其理论得失》中对事件哲学不同发展时期的划分，事件哲学中期的发展是由法兰克福学派推动的。法国是当代事件哲学的主力军，以"虚无"为当代事件哲学的核心。[1]在中国，刘阳的《事件思想史》较为系统地梳理并建构了事件这一本体思想。[2]高建平认为，"艺术评价要实现美学标准与历史标准的统一，原因在于艺术在性质上就是美学价值与历史价值的统一体。这种统一，就体现在'事件'上。对艺术品的理解，要从它的'事件'的性质来理解"[3]。卢文超从艺术事件的物性层面和事性层面出发，指出灵韵的本质在于事性，而不是物性。艺术的本真性在于事性与物性的统一，事性包括艺术的起源，以及本雅明在物性和事性之间的摇摆与矛盾等。[4]唐宏峰认为本雅明的艺术与复制问题需放置在现代性制度框架中才能得到恰当的理解。"格罗伊斯进而分析本雅明的'光晕'（aura）概念，吊诡地指出光晕实为叙事性的与地理空间性的，经由叙事和空间的再造，复制品可以重新被赋予原真性而重获光晕。"[5]在这些探讨本雅明

---

* 基金项目：中国传媒大学中央高校基本科研业务费专项资金资助项目"法兰克福学派艺术形式理论研究"（项目编号：CUC220D008）的阶段性成果。

** 作者简介：李云（1988— ），女，中国传媒大学人文学院文艺学专业博士研究生，河南科技学院文法学院校聘副教授，研究方向为西方马克思主义理论。

艺术与复制问题的文章中,都指出"事性"对艺术灵韵的重要性,艺术的复制品可以通过叙事的建构重新获得灵韵,但并没有给出具体的操作方案。"可复制姿态"的提取弥补了这一缺憾。法兰克福学派的艺术事件主要基于社会现实,通过社会学、心理学、哲学等多学科相结合的形而上思考,敏锐地捕捉社会现实在艺术上的表达,获得艺术的否定性功能。本雅明的艺术事件问题集中在机械复制时代艺术的讨论上。

一　艺术事件可复制姿态中的"可引用"、事与事件

本雅明所探讨的布莱希特戏剧的可引用姿态是艺术事件可复制姿态的一种。戏剧事件发生在史诗剧理论反抗古典戏剧理论之时。本雅明称布莱希特创立的是"非亚里士多德戏剧"的理论。布莱希特通过对亚里士多德的戏剧理论进行反思和批判,获得了具有现代性意义的戏剧观念。"布莱希特以其史诗性戏剧同以亚里士多德的理论为代表的狭义的戏剧性戏剧分庭抗礼。"[6](P160)本雅明指出,布莱希特的戏剧理论致力于清除亚里士多德的净化(Katharsis)说,取消共鸣和移情产生的效果。净化意味着情感性效果占据上风,削弱了理性效果。"理性反思"是事件思想的根本。本雅明对布莱希特史诗剧的"理性反思"的规定总结是"姿态",确切地说是"可引用的姿态",或者中断的姿态。本雅明明确定义史诗剧是一种姿态性戏剧(gestic theater)。"我们越是频繁地中断一个人的姿态(手势),我们获得的姿态就越多。"[7](P151)戏剧的可复制姿态可以从本雅明对"引用"的关注开始。本雅明的文章《什么是史诗剧?》指出一种涉及中断语境的"可引用的姿态"(the quotable gesture)①的实践。根据本雅明对布莱希特戏剧形式的研究,以史诗形式戏剧为代表的现代戏剧事件具有"可引用的姿态"。"可引用"②代表着一定程度的可复制性或可重复性。

布莱希特认为现代戏剧就是史诗戏剧。他在《关于革新》中将戏剧分为"戏剧形式戏剧"和"史诗形式戏剧",二者的区别是:前者突出的是人这一主体,表现为直线型事件;后者是知识主体占主导,事件的发展过程是曲线的。戏剧事件以知识主体进行呈现的优势是,戏剧事件表达为可变化的、可研究的和可引用的姿态。"史诗剧在上演时,就像电影的画面一样,是分段展开的。它的基本形式是楔子形式。……这样,就出现了间断,它们对观众的幻觉主要是引起抑制性影响。这些间歇使观众的共鸣愿望处于瘫痪状态。"[6](P163-164)在这种被间歇打破的观看过程中,观众只是对表演方式做出评判,而不是产生传统戏剧中的所谓情感方面的"共鸣"。因此,戏剧中的"姿态"特性可以总结为,一是"可引用的"性质,二是动作、剧情的中断、打断,三是对"共鸣"或"移情"的移除。

本雅明不同于布莱希特,他基于与马克思的碰撞,认为戏剧剧情中的间歇效果,一是有助于认识现实,二则归结于人本身的异化。"人与人之间的全面异化导致了这样的结果,即人们失去了自身,并把自身的行动看作是异己的;自然而然的行为变成了姿态。现实本身这种质的变化使戏剧必然地成为一种可引用的姿态的戏剧,一种情节频频中断的支离破碎的戏剧。"[8](P188)在布莱希特的《第三帝国的恐惧与苦难》中,本雅明认为演员自身的共鸣也不是一种恰当的手段,而通过制造陌生化则是恰当的,这就是史诗性的方式。

在布莱希特的成名作《马哈哥尼城的兴衰》的注释中，分别从舞台、观众、手法、事件标明"史诗形式的戏剧"与"戏剧形式的戏剧"，这两种形式戏剧的感情和理性是流动的，而不是对立的。

"戏剧形式的戏剧"的舞台体现的是一个"事"：

把观众卷进事件中去，消磨他的行动意志，向观众传授个人经历，触发观众的感情，让观众置身于剧情之中，用暗示手法起作用，保持观众各种感受，把人当作已知的对象，人是不变的，让观众紧张地注视戏的结局，前场戏为下场戏而存在，事件发展过程是直线的，自然界是不会发生突变的，戏展示世界现在的面貌，表现人应当怎样，强调人的本能，思想决定存在。[9](P106-107)

"史诗形式的戏剧"的舞台叙述的是一个"事件"：

把观众变为观察家，唤起他的行动意志，促使观众作出抉择，向观众传授人生知识，让观众面对剧情，用辩论手法起作用，把感受变为认识，把人当作研究的对象，人是可变的，而且正在变，让观众紧张地注视戏的进行，每场戏可单独存在，事件发展过程是曲线的，自然界是会发生突变的，戏展示世界将来的面貌表现人必须怎样，强调人的动机，社会存在决定思想。[9](P106-107)

可复制姿态在单一的"事"中无法实现，多出现在复杂多变的"事件"中。事件越是复杂也就越具有可借鉴和可预测性。也就是说，复杂的、复数的、被观众凝视的事件包含着更多救赎的姿态。"姿态"具有形象性，而不是单纯的抽象符号。姿态的形象特质不完全表现演员的内心活动，是一种具有特定意义的可引用的动作。演员通过在表演中引用自己的或特定的姿态，反而又具有了符号特征，这种独特的符号逐渐固化，变成新的姿态。本雅明和布莱希特都重视"姿态"在戏剧事件中的地位。布莱希特重视的是戏剧内部姿态的程式化效果，他对中国戏曲中面部表情和动作姿态的极致表现尤为赞赏。本雅明对姿态更深层次的阐释在于他结合了马克思的方法。本雅明将布莱希特著名的戏剧理论"间离"所表现出的封闭"姿态"看作一种异化的现代景观。布莱希特早期虽然也重视人的问题，但中后期才开始以个体的同化牺牲为主题进行创作。通过本雅明对"戏剧事件"可引用姿态的叙述，可以窥见机械复制时代"艺术作为事件"的可引用姿态，也即可复制的姿态。

实际上，史诗剧"引用"或"复制"的姿态本身是物性层面，"可引用"或"可复制"则是事性层面。史诗剧的物性层面给人带来的惊奇与资本主义社会琳琅满目的商品给人带来的惊奇是一样的。一个事件或手势（姿态）带来的惊奇反应也可以是对现实生活的预演。本雅明强调的"惊奇"是现代社会必备的"预防针"，足够多的惊奇经验和具有"预防针"效果的艺术事件，以及各种可预测性和可引用的手势构成了现代社会生存的救赎法则。戏剧事件以可引用姿态来表现戏剧中相似的情景和事，并形成固定模式，这种模式是机械复制形式的组成部分，是可以重复强调和引用的。但是，可复制姿态是否会导致艺术"灵韵"的丧失，进而削弱甚至取消了艺术的价值？在1936年3月18日写给阿多诺的信中，本雅明深知"灵韵"正在消逝，但他认为不管是影院的物化还是伟大艺术品的物化都没有完全沦丧。物化和灵韵两方面，牺牲任何一方都是"浪漫主义"的做法。本雅明试图"更加辩证"地看待问题。

二 艺术事件可复制姿态的物性、事性与灵韵

在艺术事件中，一般情况下，事件原初的"事性"较难被还原，事件中的"物性"则较易被复制。事件的"事性"层面主要由姿态的中断效果完成。事件的可复制新姿态可以塑造新的事性，事件的物性被复制之后，事性是形成新事件的决定性因素。"事性"也是事件背后隐藏着巨大特异性的原因。可复制姿态，一是可以打破原初"事性"层面的垄断，不断创造新的事性因素，事件就出现在新的"事性"形成之时；一是摆脱传统主体性束缚，任一主体通过可复制性的姿态（手势、姿势、动作）都可以创造新的"事性"层面的经验，获得自我生命中独一无二的事件。原初的事性导致原初的灵韵，现代世界的新姿态创造新事性，因而新的灵韵也被建构出来了。通过可复制姿态，新"事性"被建构出来。建构"事性"不仅是事件形成的契机，也是新的"灵韵"出现的标志。

艺术事件分为"物性层面"和"事性层面"两个层面。"艺术是一种事件，这种事件是艺术的物性与事性的统一。"[4]在艺术事件中，只有物性层面的艺术没有"灵韵"可言，"物性"结合"事性"才能让艺术具有灵韵。艺术的事性层面无法被完美地复制，从而导致灵韵的丧失。有学者认为，也正是灵韵的丧失让艺术获得了革命潜能。[4]但实际上，在具体操作中，是艺术事件的可复制姿态实践赋予现代艺术革命的潜能，而不是灵韵的丧失赋予艺术革命的潜能。本雅明并没有承认机械复制时代的灵韵已经完全丧失。卢文超认为，"他（本雅明）所谈的是艺术的内部事性，而不是外部事性，这就错失了重新赋予灵韵的可能性"。[4]本雅明的批评方法的确是一种"内在批评"（immanente Kritik），但本雅明反对将"灵韵"概念完全转嫁到自律艺术上。内在辩证的资产阶级自律艺术只能代表艺术事件中灵韵的"物"的部分，灵韵还具有神学象征和神秘因素。那么，现代艺术事件是否具有"灵韵"？米莲姆·汉森指出本雅明的"灵韵"也出现在现代艺术作品中，是多与寡的问题，而不是有与无的绝对问题。1930年3月，本雅明在一个未发表的大麻实验（hashish experiments）报告中澄清：真正的灵韵出现在所有事物中，而不是像人们想象的那样仅仅出现在某些事物中。[10]本雅明的"灵韵"观念也是一个流动的事件，不是一个在机械复制技术高速发展时期就会消失的事件。本雅明认为艺术的自律性是"物的形式"，物的形式与魔力不同。"灵韵的消逝不光与技术的复制性有关，同时也与它遵守自己的'自律'形式法则有关。"[11](P155)复制性技术导致的物化不能消除艺术品的灵韵。"只有最底层的辩证和最高层的辩证等效时才行，而不是简单地让后者衰败。"[11](P156)不论是让人"新奇"的"物"，还是让人"震惊"的"事件"，现代艺术事件呈现的是复数形式。"姿态"的德语"Gesten"是"Geste"的复数，也是复数形式。与事件中的"事性"相关的灵韵本身也具有多重因素。现代世界艺术"灵韵"的衰落，与艺术自律这一

"事"的单数形式相关。"艺术作为事件"本身就肯定了艺术的现代性和艺术的复数形式。在现代社会复数形式的世界，艺术之"事"的单数形式是导致"灵韵"削弱的原因之一。本雅明机械复制时代的灵韵观念是：现代复制艺术品通过可复制姿态（讲述、誊写或表演等）的建构就能被赋予事性，复制艺术就获得了新的事性和灵韵。

本雅明艺术事件中物性与事性之间的关系，可以通过《历史哲学论纲》的史学辩证法和史学唯物主义之间的关系来理解。本雅明主要追求的是"史学辩证法"[12](P150)，"本雅明批评柏格森，并非旨在反复强调'灵韵'的经验，而是为了使其与历史脱离关系"[13](P103)。事件的可复制姿态是本雅明所追求的具有超越意义的姿态。在现代性语境中，辩证意义上的事性和物性的综合，早已埋没了传统单数意义的"事"的性质，更多的是复数意义的"事件"。本雅明想要通过现代世界的媒介形式寻找传统人、物、事的灵韵，将现代事物仅存的微弱灵韵封锁在某个回忆、寓言、事件、形象，甚至梦的形式中。在尽可能多的复数事件中获得一种可复制姿态，得到尽可能多的救赎希望。本雅明写"拱廊街计划"之前主要是"事性"追求，通过马克思主义的方法，本雅明将自己对"事性"的期待拉到了"物性"的现实。"事性"是本雅明赋予艺术神秘的、寓言的、回忆的、经验的几个重要关键词的集合。新技术的进步，促使本雅明从传统艺术形式（德意志悲苦剧）"灵韵"中的"事性"追求，过渡到"单行道"中"事性"与"物性"的辩证结合，最终走向"拱廊街计划"中的"物性"世界。但是，在本雅明"辩证意象"的寓言世界，没有绝对的"物性"，绝对的"物性"实际就是绝对的"寓言"（事性）。"事件"的可复制姿态也展示着从"事性"到"物性"的转变过程。通过本雅明的寓言和可复制姿态建设，机械复制的艺术也因可复制姿态而具有"灵韵"。可复制姿态指的是一种可操控（引用）的"手势"（姿态）。确切来说，"事性"到"物性"的转变过程，是以劳力为主的"传统手势"走向以操控为主的"功能性手势"的过程。传统"手势"投注在"物"上，主要是依靠肌肉的劳力，这种直接的传统肌肉劳力活动就像本雅明所论述的"讲故事"的讲述经验和誊写形式的手工劳动。这种劳动的象征意义十分丰富，讲述和誊写是直接性劳动，这种手势（姿态）的抽象性要低于其象征性。功能性手势则相反。

本雅明的"灵韵"观念对"物"有着极大的包容，与以往人们普遍认为本雅明的"灵韵"是一个审美范畴不同。正因此，常常造成的误解是，"与艺术品的独特地位、权威性、真实性和不可实现性相关联，以美丽的外表为代表。根据这种理解，灵韵被定义为与使其在社会上过时的生产力形成对立关系：技术可复制性，电影的缩影，群众，政治和军事动员的激烈竞争的主题或对象"[10]。也就是说，如果灵韵仅存在于少数传统艺术中，现代复制技术会导致灵韵越来越少，反而最终从衰落走到彻底消逝的境地。汉森强调这种对灵韵的狭隘理解主要源于人们对本雅明作品还原阅读的依赖，尤其是他的《机械复制时代的艺术作品》推进了这种狭隘的限制。霍华德·凯吉尔在《视读本雅明》中希望我们把本雅明多重领域、不同时期的作品看作是连续的对话，而不是互相矛盾和抵触的。[14](P145)本雅明在《论哈希什》中探讨了关于人的"灵韵"，在《摄影小史》中系统地研究了"灵韵"，在《机械复制时代的艺术作品》中更详细地分析了"灵韵"。"灵韵"在《机械复制时代的艺术作品》中指的是一种特定对象的独特体验，是主体遇到无法

· 177 ·

复制对象的独一无二的体验。在之后的"拱廊街计划"中，本雅明认为灵韵代表一种被唤醒物体与之凝视的距离。手工复制时代与机械复制时代的主要区别并不在于是否具有可复制的姿态。手工复制是通过"肌肉式"能量的投注，同样是形式化的手势（姿态），誊写和讲故事所付出的劳动是人力的直接体现；机械复制技术导致能源解放，实现了更加抽象化的程序建设。鲍德里亚称之为"脑力-感官的监控系统"，与神经肌肉无关。"因为人至少需要一个纯形式的参与，来向他自己担保他的威力的存在。就这一身分而言，我们可以确定，操控手势仍是不可或缺的要素，但不是针对技术面的良好运作（更进步的技术可以不需要这些手势，而且一定会这样办到），而是针对系统在人心智状态中的良好运作。"[15](P50)本雅明主要是从文学、艺术、文化和哲学的角度分析事件中灵韵的消失，期望人们珍视人和物之间的近距离接触带来的灵韵。保护灵韵就是保护人的心智状态。如果手工复制和机械复制之间的差别是一个以技术区分时代的简单的"事"，那么在技术基础上的远距离操作导致"灵韵"的远离就是一个"事件"。远距离操作的手势是维护"灵韵"的一根稻草。处在生命危急时刻的本雅明仍一直在呼吁"灵韵"存在于所有事物之中，人们不应该忘记"灵韵"的存在，这本身就是一种自我救赎。实施操控的可复制手势不可或缺，拥有"灵韵"的艺术或者其他事物才能保证更好地运作一个技术系统。

三　艺术事件可复制姿态的事性与寓言化

在现代社会的文化媒介领域，艺术事件在持续发生。艺术事件已经成为一种主流研究对象。艺术事件的可复制姿态促使艺术事件在现代社会呈现为寓言化的状态。前文提到，可复制姿态有助于"事性"的建构，可复制姿态的寓言化更有助于艺术事件中"事性"层面的建构。本雅明追求的是物性（媒介）层面之上的寓言化表达。寓言传达的是可复制的姿态，通过事件的可复制姿态，寓言传达着多重事性产生的可能性。

艺术表达现实的寓言性是对艺术表达概念的象征性的反抗。一是广播事件。20世纪20年代，无线电广播流行以来，本雅明开始为文艺报纸撰稿，参与广播电台制作。这其中为媒体实践工作的数篇文章后来扩展成为本雅明的主要著作，例如，关于柏林的广播小说扩展为《柏林纪事》和《柏林童年》，这构成了艺术事件可复制姿态的寓言化媒介。电影和电视在本雅明去世之前还未完全普及，直到20世纪40年代电视时代到来之前，无线电技术所造就的权威性和独裁性一时无两，这在无线电发展历史上成为一个重要事件。首先，本雅明对无线电广播进行思考的底层逻辑是"声域"（voice land）的寓言化。"声域"指的是广播利用声音传播所塑造的纯粹声音事件。对本雅明来说，"声域"是作为声音的寓言化空间。其次，广播实践是围绕针对童年和成人的"教育"进行的。本雅明的教育是通过讲述亲身经历的一种纯粹的"声音"媒介进行，不是简单的说教，并且主要是对判断力的教育，而不是知识性教育。广播作为依托现代声音技术的可复制姿态，诉诸听觉感官的媒介，被本雅明视为"教育的剧院"。广播作为"声音"媒介不同于"形象"媒介，"广播不仅代表了更新的技术，而且也代表了更易受攻击的技术"[16](P382)。本雅明认为，广播更多地是以物质设备和听众智力双重元素作为基础，这与听众利益紧密交织在一起。

而剧院仅仅是一个以活人为基础的媒介而已。剧院媒介只是创造了一个又一个的"权力顶峰"或者"人造之王"来统治剧院这个领域,本雅明称之为"高级资产阶级的剧院"。他们对自身的危机和对世界的危机都毫不在意,他们"总是自己视为一种象征、一个整体、一件艺术作品"[16](P382)。这种象征性的可复制姿态与本雅明对"声域"的寓言性的可复制姿态的追求相悖。"声域"作为现实空间所表达的寓言性是对传统剧院概念形而上的象征性的反抗。

二是文学事件。除了广播事件,现代文学事件中的可复制姿态也呈现为寓言化的状态。本雅明利用波德莱尔所说的"一切皆是寓言",明确现代性诗人的写作旗帜。寓言化的艺术事件也成为现代社会最主要的艺术事件之一。马克思主义的"人的异化"问题建基在资产阶级社会现实问题的总体性讨论之上,而本雅明对"异化"问题的理解集中在形而上的形式思考与文学艺术表达的资本主义社会现实相结合之上。本雅明关于艺术事件的"思想图像"是以一种寓言化的"总体性"代替了概念化的"总体性"。"寓言"在某种程度上成为具有"理念"地位的词汇。本雅明论述的寓言化艺术,一是不被重视的悲苦剧,二是被忽视的巴洛克风格的作品。《德意志悲苦剧的起源》是"巴洛克之书","'巴洛克'不是概念,而是理念"[17]。艺术事件中的事性就与艺术的起源有关,悲苦剧和巴洛克是本雅明讨论的"起源"问题,也是一种理念问题。

因此,事性不仅涉及灵韵的情境,也指向理念。本雅明通过对卡夫卡、普鲁斯特、卡尔·克劳斯等人艺术事件的阐述,试图将他们的作品凝结为寓言和媒介,成为现代世界人们对可复制姿态的借鉴。寓言不是连贯的,是通过否定和中断(停顿)来表达自己。寓言的停顿表达与姿态对语境的中断是相同的。可复制姿态的寓言化是对姿态中断效果的进一步验证,也是对艺术事件预言的表达。卡夫卡的作品是实践寓言美学的典型,也是本雅明所赞赏的可复制姿态实践的代表。"卡夫卡的作品避免了致命的美学错误,即将作者注入作品的哲学与其形而上学的实质等同起来。"[18](P246)早在《作为生产者的作者》中,本雅明就指出作家不得不在创作过程中反思自己在生产过程的地位,作者注入作品哲学的创作过程与作品本身体现的寓言化是不同的。在本雅明的现代艺术事件思想中,艺术应该成为工具、思考的媒介和充满启示的寓言,不再追求情绪化感染,而应追求的是让观看者以一种疏离自身生活状况的方式进行思考。在本雅明看来,可复制姿态是一种以最小行为方式获得最大效益的救赎姿态。现代艺术事件诱发可复制姿态的发生,可复制姿态通过中断的效果,训练观看者的理性反思能力。寓言化也进一步促进了可复制姿态的实践。

此外,艺术事件的姿态始终由对方(人或者神)观察,姿态也总是呈现在对方的面前。对方的凝视和反应才能使姿态存在。对方或教化的、钦羡的,或愤怒的、厌恶的,或平静的、喜爱的等表现对姿态都是一种影响、建构或塑造。在西方古代,艺术事件中人的姿势是内在运动、情感和道德生活、个人责任和美德的表达。姿势的纪律从外部开始,并导致内部的变化。在西方现代资本主义社会,事件的改变依然从外部开始,只是不再通过美德和意志力,而是通过理性和训练。本雅明描述艺术事件都是基于现代性社会的现实进行的,现实已经表现为支离破碎,因此,只能用寓言作为媒介来展现。虽然基于现实,艺术事件可复制姿态的寓言化实践依然存在不确定性。事件具有不确定性，不确定性也可以否定事件本身。事件的不确定性是事件通常被视为一个总括性术语，也是作为其他更具体名称的背景的原因之一。艺术事件可复制姿态的寓言化，让艺术事件的姿态成为被凝视的对象，互为客体，互为他者，互为启示和借鉴。

结语

事件的两种情况，要么是无所不在的、普遍存在的实体（日常活动和日常状态），要么是不寻常的和重要的事件（革命）。从普遍的现代社会事件来看，一方面，本雅明艺术事件中的"灵韵"观念无关乎其他，只关乎可复制技术，以及可复制技术中的姿态。确切来说，艺术事件可复制姿态建构的"灵韵"观念只有在机械复制技术背景下才能得到完整呈现。另一方面，本雅明框定艺术事件的物性和自律性之间的紧密联系，表达现代世界中传统的空间和时间、主体和客体之间不再稳定的差异。从不寻常事件的角度看，在先进的复制技术面前，"灵韵"会最终走向普遍或虚无。"灵韵"不再具有事件的独异姿态。表面上，现代世界事件的姿态所呈现的可复制性具有稳定性和开放性，抑或是解构性。实际上，不只传统艺术具有较高门槛，作为新兴的数字媒介艺术更是存在着技术屏障，先进的虚拟世界技术依然是垄断性的存在。事件的可复制姿态的背后更多的是不可复制性，"复数"状态之下隐藏着巨大的特异性，普遍主义是限制性的普遍主义。但是，包括本雅明在内，人们总是愿意相信：在一种新的技术主导的世界，似乎所有事件都是可复制的，满怀欢迎的姿态，散发着灵韵之光，都具有普遍主义的倾向。普遍主义事件思想中的可复制姿态是一种生存的乐观主义姿态。可复制姿态既是一种普遍存在的事件的姿态，也是一种具有重要转变可能性的姿态。

注释：

① "可引用的姿态"的德文原文是"Gesten zitierbar zu machen"，张旭东在《启迪·本雅明文选》中将"the quotable gesture"译为"可援引的动作"。"Gesture"可译为姿态、姿势和手势等。面对现代艺术事件，本雅明既没有完全像阿多诺和霍克海默那样从"文化工业"自上而下的角度阐述问题，也没有像阿甘本那样从例外和"低处"论述"姿势的本体论"，对身体姿势和手势进行集中表达。本雅明处在自上而下与自下而上之间。本文将"Gesture"译为"姿态"，在探讨人的身体姿态时表述为"姿势"或"手势"。

② 本雅明的史学观念是，"写作历史，其实就是引用历史"。本雅明在1924年写给肖勒姆的信中坦言自己的写作主要由"引用"构成。另外，大约是受到布莱希特的启发后，本雅明评价克劳斯取得的成就为"使报纸成为可引用的"。"可引用"是以"引用"为背景，破除历史的连续体，追求事物本来面目的史学观念。本雅明将自己对"引用"的兴趣与艺术的最新动向相结合进行思考，这一点也体现在"拱廊街计划"中的"引用"史观。参见杨俊杰《本雅明历史哲学论纲考辨》，中国社会科学出版社，2018，第151—157页。

参考文献：

［1］孙琳.事件哲学的当代发展及其理论得失［J］.哲学动态，2021（12）.
［2］刘阳.事件思想史［M］.上海：华东师范大学出版社，2021.
［3］高建平.从"事件"看艺术的性质［J］.文史知识，2015（11）.
［4］卢文超.艺术事件观下的物性与事性——重读本雅明《机械复制时代的艺术作品》［J］.文学评论，2019（4）.
［5］唐宏峰.艺术及其复制——从本雅明到格罗伊斯［J］.文艺研究，2015（12）.
［6］〔美〕汉娜·阿伦特编.启迪：本雅明文选［M］.张旭东、王斑译.北京：生活·读书·新知三联书店，2014.
［7］Walter Benjamin. *Illuminations: Essays and Reflections*［M］. Hannah Arendt（ed.）. New York: Schocken, 1969.
［8］〔俄〕维克多·阿尔斯拉诺夫.艺术灭亡的神话：法兰克福学派从本雅明到"新左派"的美学思想［M］.陈世雄译.上海：文汇出版社，2017.
［9］〔德〕贝·布莱希特.布莱希特论戏剧［M］.丁扬忠、李健鸣译.北京：中国戏剧出版社，1990.
［10］Miriam Bratu Hansen. "Benjamin's Aura"［J］. *Critical Inquiry*, 2008, 34（2）.
［11］〔德〕西奥多·阿多诺、〔德〕瓦尔特·本雅明.友谊的辩证法：阿多诺、本雅明通信集（1928—1940）［M］.刘楠楠译.桂林：广西师范大学出版社，2022.
［12］杨俊杰.本雅明历史哲学论纲考辨［M］.北京：中国社会科学出版社，2018.
［13］〔英〕特里·伊格尔顿.瓦尔特·本雅明或走向革命批评［M］.郭国良、陆汉臻译.北京：商务印书馆，2015.
［14］〔英〕霍华德·凯吉尔.视读本雅明［M］.吴勇立译.合肥：安徽文艺出版社，2009.
［15］〔法〕尚·布希亚.物体系［M］.林志明译.上海：上海人民出版社，2001.
［16］Walter Benjamin. "Radio Benjamin". Lecia Rosenthal（ed.）, Jonathan Lutes（trans.）. *Lisa Harries Schumann and Diana Reese*［M］. London: Verso, 2014.
［17］阴志科.本雅明的巴洛克："物-意义"的视角［J］.文艺研究，2021（4）.
［18］Theodor W. Adorno. *Prisms*［M］. Samuel & Shierry Weber（trans.）. MA: MIT Press, 1988.

论数字游戏的事件性

张 璐[*]

摘 要：先前游戏理论将游戏视为"事物"，应对不了当下新兴的数字游戏。"事件"理论提供的"事件-游戏"假说与数字游戏比较契合。数字游戏的事件性体现为内在性与超越性两个方面：其一，数字游戏的存在是由以交互行为作为驱动性谓词的事件所构成的事件之流；其二，数字游戏是对游戏史的超越，它带来重塑游戏自身可能性的自反力量，也因主体性介入在赛博时间中溢出"事件性时刻"，造成本质的断裂，与断裂相伴而来的则是幻想架构的解体与存在之真的显现。

关键词：数字游戏；事件；谓词；内在性；超越性

游戏在人类历史上绵延已达数千年，它的存在甚至早于文字的出现。游戏与文化乃至人类文明的关系可谓一体两面，相辅相成。用荷兰著名游戏学家赫伊津哈的话说，"文明是在游戏之中成长的，是在游戏之中展开的，文明就是游戏"[1](P17)。然而随着影像及数字技术的迅猛发展及其对日常生活的渗透，人们认识到游戏本身实际上具有独立的艺术品格，甚至被视为新兴的艺术门类。数字游戏（digital game）逐渐成为游戏的主流。2011年5月，美国国家艺术基金会（National Endowment for the Arts, NEA）已经把游戏与广播、电视等并列，纳入最高二十万美元的项目基金申请资助类别。此后，素有"世界最大博物馆"之称的美国史密森尼（Smithsonian）博物馆也认可了电子游戏的艺术界定，并于2012年3月至9月举办了名为"视频游戏"的艺术展。但是既有的游戏研究尚未突破传统的社会学、传播学或文化工业理论框架，而现代游戏理论又刚刚起步①，难以应对当下已然比较成熟的数字游戏。我们认为，晚近的事件理论对于数字游戏极具阐释力：数字游戏成为建构一代人世界观的全新方式，"不是阅读，也不是观看，而是游玩。"[2]作为"第九艺术"的游戏已经"通过自己特有的'此在'使自己成为一个事件"[3](P105)。本文准备以事件理论介入数字游戏，探讨数字游戏的事件性，以期发掘"玩-游戏"的深层意味，并对数字游戏的内在机理做出解释。

---

[*] 作者简介：张璐（1994— ），女，南京大学文学院文艺学专业博士研究生，研究方向为文艺美学与当代审美文化。

一 数字游戏的内在机理：交互行为与"谓词-事件"本体论

新康德主义的代表人物文德尔班提出，"比起使用存在与生成之间的对立，使用事物与事件之间的对立要更好些"[4](P80)。事物的性质不与时间的流动相关。而在一个事件中，某个事物会成为与之前不同的存在，事件的范畴具有了"在时间之中相继发生"这一特征。游戏是事件而不是事物，因而以德勒兹、莱布尼茨等人为代表的事件哲学更适合对之进行解释。

前数字游戏时代的游戏理论常常将游戏处理为作为他者的"事物"而非"事件"，因此不是在一开始就将游戏对象化并"凝固"到人类（玩家）中心主义的某种外在意义上，要么就是在探讨中落入二元对立的窠臼。譬如康德认为游戏作为一种人的活动，是"本身就使人快适的事情而得出合乎目的的结果（做成功）"[5](P147)，与有外在目的的活动——劳作（手艺）相对立。因为劳动与工作消耗着工人的体力和精力，是不自由的，并且"只是通过它的结果（如报酬）吸引人"[5](P147)，康德由此把游戏界定为劳动与工作之外的人类活动。席勒在康德的基础上认为游戏冲动结合了感性冲动与形式冲动，"排除了一切偶然性，从而也就排除了一切强制，使人在物质方面和道德方面都达到自由"[6](P85)，因此游戏的本质是自由。席勒之后，弗洛伊德认为游戏者并非是以劳作之外的不严肃状态对待游戏。相反，他按照自己想象的方式"创造了一个自己的世界"[7](P42)，游戏者对待游戏是相当认真并且倾注情感的，因为"游戏的对立面不是真正的工作，而是——现实"[7](P42)。游戏的根本动机是在幻想世界寻求幸福的满足。

上述游戏观存在着理论与现实的双重局限。职业玩家的出现、电竞行业的规则完善与游戏产业的市场繁荣，构成了对康德意义上游戏"非工作"性质与席勒关于游戏自由性论述的背反。正如杜威在分析游戏与工作的辩证关系时所言，当游戏作为"有目的的活动"时，与工作并无本质区别，因为"当人们预知到具有明确特征而相当遥远的结果，并为实现这些结果付出持之以恒的努力时，游戏就转变为工作"[8](P168)。丹麦游戏理论家杰斯珀·尤尔探讨了游戏中普遍存在且引人深思的现象，"每天，世界上成千上万的人都在玩游戏，其中绝大多数人都会经历失败"[9](P5)，以正常心态来看，人们玩游戏的基础愿望应该是通过取得胜利从而获得某种自我认同，但是"游戏玩家选择了让自己经历失败来证明自己是无能的……这是游戏中失败的悖论"[9](P6)。吊诡的是，并不只是"游戏或者悲剧在操控这些负面情绪，反而是我们自己想要让这些负面情绪出现"[9](P6)。这一事实在游玩意图上显然推翻了弗洛伊德意义上游戏的幸福导向与快乐原则。

此外，数字游戏的生成机制不仅不同于传统游戏，同时也表现出与其他艺术门类的最大区别——"非介入不完整"的特征。如果没有动作的刺激，游戏永远不会展现它自身。在游戏中"动作是游戏性最朴素的表现形式"[10](P69)。数字游戏依赖玩家的动作刺激与先在的运行规则互动生成，因此它既是动词也是名词。作为名词的"游戏"通过动词的"游戏/操作"（play/operate）才得以显示自身。伽达默尔认为，当我们谈论游戏时，"可以肯定地说，它首先是指一种总是来回重复的运动。人们马上会想到这样的说法，如

'光的游戏'或'波浪的游戏'。它们就是这么来回展现着经常不断的涌来退去。这是一种运动,不被运动的目的束缚的运动"[3](P35)。这种运动不涉及目的,只是重复着它自身,因此它又以自己为目的,忠诚于它自己的内在规则与形式,"这种来回运动的自由还意味着,这种运动必须具有自己的运动形式"[3](P35)。在游戏之中,自由的并不是主体,而是周而复始、永不停歇的"运动"本身,"运动"便是动词谓项-玩(play)。需要强调的是,此处的"玩"在文中指称玩家一切的交互行为,而不是状态性的"游玩"概念。在此我们可以借助事件理论的代表人物德勒兹、莱布尼茨等人的事件哲学加以阐明。

德勒兹认为,当我们谈论一个概念时,不应当将其看作一个简单的逻辑性存在,而应当将其指认为一个形而上学的存在。游戏的概念"不是概论或普遍性,而是一个个体;它不由属性所规定,而由谓词-事件所规定"[11](P70)。这里的谓词必须是动词,它观照的"首先是关系和事件"[11](P88),并代表了某种动作的实施,是行为、运动和变化,因此谓词不得约减为系词或述词,正如"我游戏"不能缩减为"我能够游戏",因为"游戏"正如"思维"一样,"不是一个恒定不变的属性,而是一个谓词"[11](P89),这个谓词"游戏"是从一个操作向下一个操作的无限迸发,亦即"交互行为"。德勒兹追溯了斯多葛学派将事件升级到概念的主张,并继承了莱布尼兹"世界=事件"的观点:

> 世界本身即是事件,并且,作为无身体(=虚拟)的谓词,世界应当被包含在每一个主词中作为底部,每个主词都从中将与其视点(外表)相一致的风格提取出来。世界即是谓项本身。[11](P89)

事件是世界的根源,具有创基性(inceptuality),谓词(动词)是无身体的实存,不由主词全部占有。相反,主词由谓词生成并随着谓词-事件的过渡而在世界中现身,抑或成为世界的表象。传统游戏鲜明的目的性会指导游戏者每一次操作都符合施动者的预期,数字游戏则不然。玩家沉浸其中的剧情故事与能够切身操作的界面,乍一看仿佛是由施动者以号令的形式召唤出的某种结果,实际上是由玩家的交互行为也就是作为谓词的动作给予底层代码以刺激,并通过与现代电脑技术合作,最终运算生成游戏文本并呈现出无与伦比的视听效果。这种极快的数字处理速度使得游戏者"几乎意识不到自己的指令首先经过了外围设备的传输……最终通过显示设备得到反馈"[10](P18)。这一过程超越光速,游戏能够在一瞬间开启下一个"动作刺激-指令运行-界面呈现"的循环,玩家则通过画面的暗示,接纳画面声音所构建的能指链的合法性,并自觉参与游戏文本的逻辑生产,从而"给计算机中的数据赋予了某种特殊的意义"[10](P18)。新的游戏文本和新的玩家身份形成于最初的一个操作——例如点击。在这个过程中,作为主词的游戏文本与游戏者身份,用德勒兹的话来说,就是那个从一个操作过渡到另一个操作,在"交互行为"这个谓词-事件中被提取出来最终成为世界表面的东西。

受限于当时语言学的发展,莱布尼茨未能完成一种直观的、由谓词作为根本驱动而生成的整体装置。而现代语言学尤其是乔姆斯基的生成转换语法学背景下提供的普遍语法构想则可以回应这一难题。普遍语法构想又被称为"原则与参数理论"。过往的研究使得生成语法学家及其他认知科学家对天赋语言官能的客观存在深信不疑,他们认为人脑内部有一个"黑匣子"——普遍语法,也就是"原则与参数理论"中的原则,这个天然存在的官能"必然是匹配声音和意义的完美系统。"[12](Pxxiii)世界上的语言之所以呈现出不同的语法特征是由于每个语言系统的参数不同,但是普遍语法作为"源代码"却是一个由基因决定的初始状态。这个类似于底层代码的存在,对所有人来说都是相同的,可以被理解为"认知特性和认知能力的某种排列,是人类大脑心智的一个特殊组成部分"[12](P9)。

德勒兹在《褶子》中谈论的莱布尼茨式"主词-动词-补语"结构实际上是经过了英语语系中的参数——也就是语法运算后得到的声音形式。普遍语法认为,一个动词谓语句的形成并不是线性的,而是自下而上纵向生成的,如图1所示:谓语动词v/V首先作为中心语投射为动词词组,即双层VP(verb phrase)结构,而后主词NP_1(noun phrase)作为"受事者"生成于VP的标记语位置,动作产生的效果XP(X是一个泛指,因为补语的类别并不固定)构成主词NP_1的补语(complement);主词NP_2作为"施事者"生成于vP的标记语位置,整个VP则构成主词NP_2的补语。

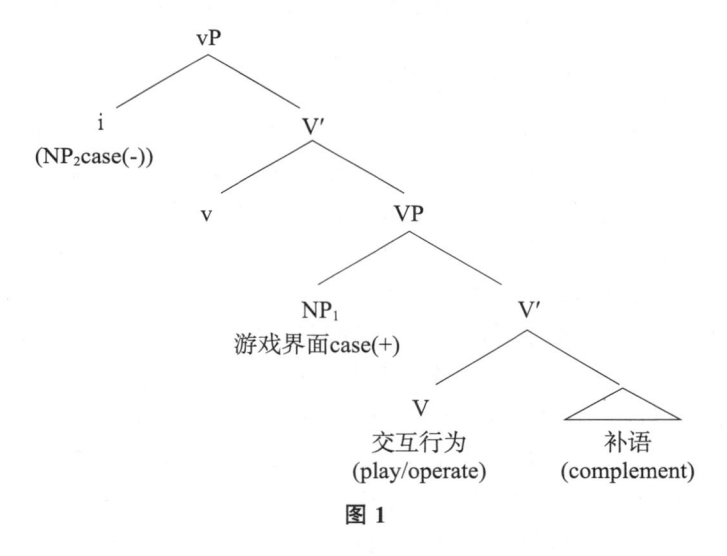

图1

我们可以在"玩-游戏"的句法里,发现两组"主词-动词-补语"结构,第一组是"游戏(底层代码)-交互行为-视听效果",也就是图式中的VP,我们可以把这一结构理解为以交互行为作为谓词、游戏为事件所产生的一组"谓词-事件";代入第一组的谓词-事件,第二组则是"游戏者-交互行为-谓词-事件"。很明显,这两个结构存在"攫握"关系。此处的攫握来自德勒兹结合怀特海对事件中个体成分之间关系的描述,怀特海认为事件中的个体是攫握关系,而不是简单的连接或接合,"任何事物都要攫握其前者及其共生者,并逐步攫握一个世界。"[11](P131)正如眼睛攫握光,生物攫握土壤、水、碳和盐。而"被攫握者本身就是一个先存的或共存的攫握"[11](P132),因此我们可以说任何攫握都是攫握的攫握,事件则是攫握的链接与聚集,是新世界开创的起源,因为事件"明确地展示了起源的自明性的创基。"[13](P127)事件理论的另一位集大成者齐泽克在德国古典哲学家谢林的基础上,对唯物主义做出了耐人寻味的解说:"在完全存在的现实之前,存在着一个尚未构成的真实,即存在于本体之上的虚拟本体。"[14](P185)数字游戏的原初代码便是齐泽克所说的虚拟本体,是一个尚未构成的真实,游戏作为事件在行为人的刺激下才进入生产过程并逐步生成为一个"完全存在的现实"。即在数字游戏的生成过程中,当交互行为逐次发生时,便会出现无限个互相攫握的谓词-事件结构,数字游戏便在交互操作对底层代码的刺激中逐渐显示其自身并规定新的秩序,成为一个新的统一体。

由此我们从生成语法角度建立了游戏事件的纵向结构图式,确定了"事件"之于数字游戏的内在性,并由此推出数字游戏的事件性本体论:数字游戏的存在是由以交互行为作为驱动性谓词的事件所构成的事件之流(flow),其中每一次交互行为都是一个攫握,游戏者与作为事件的游戏由此中互相生产并彼此攫握,共同构成新的个体事件。如此我们便以图示的方式给出了在交互行为这一谓词-事件发生时游戏的动态生成过程以及游戏者、游戏之间的统合关系与彼此占位,破除了传统游戏的主客二元对立。

二 数字游戏的外部超越性与游戏史重构

数字游戏的存在方式是"事件性生产",它依托现代数字技术与计算机网络给予了这一"生产"极为广阔的生存疆域——赛博空间,其生产的潜能是无限的:在现实生活中,我们不能想象的一切因果链,都可以通过数字游戏的编码得以实现。在数字游戏中,逻各斯的推演被二进制的运行取代,原因-结果的意义被行为-效果的生产取代。换言之,在数字游戏中,事件就是意义本身。如果说德勒兹和莱布尼兹的谓词-事件论挖掘了数字游戏的内在性,那么巴迪欧与齐泽克的事件学说则从"溢出"之维照亮了作为事件的数字游戏的超越性可能,并向我们指示重新思考数字游戏殊相与游戏者主体性的介入途径。

事件的超越性不吝说是事件具有某种生发于"生产"却又孕育着不可确定性的"潜能"。这种潜能的出现,往往来源于一种超出既往情势(situation)的"溢出"。巴迪欧认为,"情势的结构,其实是一种计数为一(count-as-one)的实存机制(existing mechanism),这种实存机制将情势限定为某个再现领域范围内的当下的情势"[16](P78)。之后巴迪欧采用康托尔的集合论来进一步建构情势概念,是为了引出在这个机制之外存在的且不能被消化的某种剩余之物。这种"溢出"便是巴迪欧所说的"事件","我认为事件就是被计数为一的机制在辨识定性后留下的一个剩余(reminder),这个剩余的存在让整个大一机制的功能就此失效(dysfunction)了"[16](P78)。

这个不能被既有程序解释、消化的"溢出",便是事件超越性的来源之境与生长之源。溢出的原意是"事物从自身走出来",通过特定的类型和方式,事物将在一个空间场内以在场的方式被感觉到。"[17](P143-144)换言之,当我们思考游戏的超越性时,应当回归到作为特定空间场的"情势"之中。数字游戏生存的"时间"有两种,其一是现实世界的物理时间,其二是数字游戏实现自身依赖的赛博时间。两种时间对应着两种历史情势,超越性的力量正是从这两种历史情势中穿透出来的。

物理时间下的历史情势无疑是指数字游戏发展史与每一个现实发生的当下。当我们回顾过去，仔细考察半个世纪以来出现的数字游戏时会发现，创生的力量和激发想象的游戏事件无处不在：数字游戏在构成游戏发展史的同时，又在大胆地质询着历史本身，对抗着既有"游戏"概念的僵死惯性。

通常认为，1972 年以电视为物质载体、模拟乒乓球的游戏《乓》（pong）是数字游戏的早期代表作。这个在今天看来简单质朴，只能以低分辨率实现的游戏改变了人们对于电视、乒乓球的想象：原本作为观看对象的电视成为了人的技术义肢，乒乓球可以是方的。②1980 年，一款叫《吃豆人》（pac-man）的数字游戏在日本横空出世。设计师从少了一角的披萨获得灵感，创作出了游戏史上最经典的动态游戏形象之一，也就是"吃豆人"。这个圆圆的、张着一张大嘴的游戏形象不仅预示了数字游戏开始向动画、影像的演变，同时也成为了人工智能的雏形，因为里面的小怪物们有自己的行动轨迹，并且能与玩家操控的吃豆人进行互动。20 世纪 80 年代，家用计算机的出现带来了创作的平民化与游戏的井喷：如果说发行于 1983 年的《疯狂矿工》（Manic Miner）的多个房间、多重剧幕的设计打破了原来数字游戏独幕的特征，那么 1984 年面世的《精英》（Elite），则以在今天看来十分粗糙的斯巴达式的单色线框图绘成了第一个沙盒游戏，开创了数字游戏的无限宇宙疆域。它模拟的不仅是一整个世界，更是一整个宇宙。《精英》的出现挑战了此前所有游戏"规则清晰""任务明确"的小白鼠式游玩方式。如果说由任天堂制作于 1985 年的以纯粹乐趣为目的、以简化设计为指向的《超级马里奥兄弟》（Super Mario Bros）开启了横向卷轴平面游戏的先河，那么在冷战的余烬中横空出世的《俄罗斯方块》（Tetris）则将拼图和竞技结合，"一旦会玩，就已经在赢"的游戏设计冲击了固有的成就机制。

谈到"成就机制"，就不得不提由卢卡斯艺术公司在 1990 年发行的《猴岛小英雄》（The Secret of Monkey Island）。《猴岛小英雄》一改此前游戏的益智导向，转而以对话互动形式将玩家的幽默感设定为"成功"的关键因素，不仅重新构建了人们对"赢家"的想象，也成为了将叙事元素与数字游戏形态结合的开创性案例[18](P16)。这样的"溢出"与历史性的自反一直伴随着新的数字游戏的出现而出现。20 世纪 90 年代，万维网的出现加速了集群社会向原子化个体的转变过程，同时也建构了多样化的网络社群，依赖着数字技术在虚拟世界能够建立一切连接、集结一切媒介形式从而实现一切"想象"的织物与造物力量。数字游戏愈发表现为不能在现有文化规范中被化约的一个剩余，并从自身迸发出令人惊叹的超越性。《毁灭战士》（Boom, 1993）凭借暴力与恐怖的模拟枪战场景颠覆了数字游戏一贯的和谐与趣味气质，而多人在线的随机结伴模式更是给予了长久以来以现实时空为纽带的人类社会关系以强悍一击，从此数字游戏进入真正的互联时代。

第一人称视角的射击游戏不仅给玩家带来了新奇的体验，还将暴力元素变成游戏中的重要维度与常规设计。数字游戏对情色暴力的演绎因为其逼真的效果和对新世纪之初美国主流文化痛点的直白讽刺让人们开始意识到游戏带来的现实伦理问题。数字游戏、色情暴力、伦理限度三者构成了一个新的"集合"，成为可被显现识别的公众议题与现实事件。例如 1997 年由 Rockstar Games 开发的以犯罪为主题的著名系列游戏《侠盗猎车手》（Grand Theft Auto），延续了此前《精英》的开放世界设定，融合了大量驾驶、格斗、枪战、情色等元素。玩家可以自由书写属于自己的故事，不顾后果地挑战道德，由此也引发了巨大的争议并被联邦法院提起公诉。新世纪以来，数字游戏的内涵与外延不断扩大。2006年问世的《wii运动》(*Wii sport*)以体感形式扩张了玩家的游戏感知，老年人也能够比年轻人在"数字棒球"运动中发挥更好；2008年《时空幻境》(*Braid*)的成功证明了小成本的独立游戏也可以大卖。此后大量优秀的独立游戏出现并获得国际性的游戏大奖，成为游戏史上的经典。例如由丹麦独立游戏开发团队Playdead Studios制作的《地狱边境》(*Limbo*, 2011)和《窗内》(*Inside*, 2016)等，其中《窗内》获得了第十一届北欧游戏大奖最佳音效奖、最佳游戏设计奖、最佳美术奖和年度游戏大奖。③优秀独立游戏遍地开花标志着资本主义流水线生产模式对游戏市场的垄断失败。

纵观游戏发展史，当每一个具体的数字游戏事件带来重塑游戏自身的可能性时，我们能够深切认识到，数字游戏作为"溢出"的事件，是在"当下的时刻之中涌现出一个变化的罅隙，由此创基了未来的发展。"[19](P19)并给当下游戏的存在带来了形式的多样性，从而达成了以数字游戏发展史为历史情势的外部超越。

三 数字游戏的内部超越与存在之真的显露

利奥塔较早就认为，艺术不应当被现有的类型束缚，而应当成为具有解构性和分裂性的事件。真理作为一个事件在"认识的无序中"被发现[20](P157)，因此艺术的事件性是其通达真理的"必由之路"，具有揭露存在之真的功能。这也是艺术具有超越性的最根本缘由。巴迪欧干脆宣称作为事件的艺术是四种真理程序之一，他提出了真理程序的四个前提，分别是"科学、艺术、政治和爱"，它们是我们这个时代"诸真理的事件性形式"，对所有可生产出真理的程序进行了说明和归类[21](P105)。这是因为溢出的奇异性能够引发重构过程，它的积极效果除了毁灭客体、消解主客对立关系外，还有对不可言说之物的思考与认识。巴迪欧由此建立了真理和溢出之间的必然联系："类性思想将不可认识之物作为所有真理存在的类型，并坚持认为漂浮不定的溢出就是存在之真。"[21](P56)数字游戏被体验为艺术事件并揭露存在之真的潜能便来自于游戏者在与具体游戏进行交互生产的赛博时间中"遭遇"的事件性时刻。这一时刻显现的是既有游戏话语不可通约的额余之物。

众所周知，艺术作品本身是审美对象。数字游戏成为审美对象与其媒介特征密不可分。借助计算机和网络技术的力量，数字游戏综合了现有艺术的成果加以融合，将绘画、小说、电影、建筑等各种艺术形式挪用、植入游戏脚本中，成就了数字游戏的视听效果与沉浸体验。沉浸是游戏审美的标志。如果不能沉浸其中，游戏主体便不能获得身临其境的审美体验，因此游戏者必须集中注意力并置身"虚拟现实的封闭环境中"，并且"强化而不是质疑这种体验的真实"[22]，从而生存于其中。数字游戏的沉浸特征在现代游戏理论中被称为"心流"(flow)。心流体验是指个体抛却一切外在事物的影响，全身心投入于某一项当下的活动当中并享受纯粹乐趣的个体感受。是否能让玩家产生心流体验一度成为判断数字游戏成功与否的市场标准，数字游戏的商品属性驱使游戏设计者与发行商不断钻研能让玩家产生并延长心流体验的方法。比如在关卡类游戏如《开心消消乐》、横向卷轴类游戏如《黑月》中设置难度逐渐增加的关卡，玩家可以在一次次通关中感受到自身技能的熟练、通关能力的提升从而获得心理上的正向反馈。

　　游戏者在游戏中沉浸而忘我的体验非常依赖于规则的连贯，正如心理学家西岑特米哈伊（Csikszentmihalyi）所说："心流体验的最佳状态是在意识中存在着秩序。"[23](P6) 这一点并不难理解：贯穿始终并行之有效的规则带来的秩序感能够提供给游戏者极为安全的游玩底色。就像经典的极具心流特征的游戏《俄罗斯方块》，每当落下的不规则拼图排满一行就能实现消除并得分。由二进制代码实现的规则从不会因为任何人、任何情况改变。玩家能够在一个明确的游戏目的——消除方块的指引下不停重复实现既有的游玩机制，并从成功消除方块中获得纯然的快感。这也是目前大多数游戏遵循的设计原则。

　　前文说过，事件的超越性来自于其孕育的不可确定性潜能对存在之真（reality of existence）的揭示，而这种潜能又往往来源于超出既往情势的"溢出"，由此我们可以说，"存在的本真样态，实际上处于规则之外"[24](P275)。但是一个先在的问题是，如果不通过普遍的规则和结构，我们就不能真正"看见"特殊的溢出。这意味着两点：其一，溢出的事件必定有一个先在的情势作为其从中生发的世界；其二，以沉浸美学和心流体验为根本追求并贯彻始终的数字游戏虽然可以被视作审美对象，但是却并不能达成内部超越。因此，数字游戏的沉浸氛围与心流体验客观上提供了这样一个先在的情势，但是数字游戏具有的超越性潜能并非来自其提供的沉浸美感，而是产生于沉浸之中并从中刺出的对抗"心流"的断裂性力量，甚至可以说是"反心流"（anti-flow）的力量。这种来自游戏者在赛博时间中遭遇的"溢出"力量，赋予了数字游戏成为"事件性艺术"的可能。

　　有学者认为艺术是游戏的最高层次，其目的是对人类的终极关怀[25]。在那些具有超越性的数字游戏中，作为"溢出"的部分通过视角转换引起断裂，这种断裂能够造就数字游戏的事件性时刻，从而实现其艺术事件的超越性，因为叙述的真正含义，以及对那些我们自己未能意识到或不愿承认的现实或真相的揭露，"往往只能通过类似的视角转换来达成"[26](P15)。视角转换通常借助游戏脚本中的文字或动画的显现效果完成。发行于2005年的冒险类角色扮演游戏（RPG）《汪达与巨像》（*shadow of the colossus*），故事的设定背景是：青年汪达为了拯救失去灵魂的妻子MONO，与神殿中的恶魔多尔暝达成契约，只要摧毁这片大地上的16个巨像，就能让汪达的爱人复活，玩家的主线任务便是扮演男主人公汪达与"往昔大地"上的巨像进行战斗。角色扮演类游戏的传统常常以拯救公主（如《塞尔达》）、消灭邪恶（如《勇者斗恶龙》）等正向目的来驱动玩家进行游戏，玩家在游戏中是正义的化身。但这一"英雄赞歌"式的叙事在《汪达与巨像》中却失效了。齐泽克认为，事件的发生会让我们改变自身看待世界的方式并借此介入游戏世界的架构[26](P13)，游戏中的巨像身材高大雄伟，形态各异，具有原始的自然之美。玩家虽然背负拯救妻子的使命，但是当这些并不邪恶甚至流溢着壮美生命力的巨像哀嚎着倒下时，悲壮的背景音乐衬托着破败荒凉的景象，玩家体会的不是胜利的喜悦，而是对游戏"拯救他者"的先验目的的合理性产生了怀疑：自己并不是英雄，而是这个世界的入侵者和毁灭者。

　　视角转换带来的架构解体是存在之真得以显现的事件之场。游戏者在游戏中遭遇的事件性时刻，亦即"他物溢出幻象的架构并进入现实之际"[26](P23)，正如苏格拉底把握到真理的那一刻，就像得了歇斯底里的癫痫。这种创伤性的、与他者的突然相遇，在超感官的维度带给人"奇点"式的震慑影响——沉浸其中的秩序失效了。在幻想造就的架构中，我们作为一个整体"体验自身生活的真实一面"[26](P34)，反思和犹疑的瞬间溢出了原初那个被体验为和谐统一的想象架构，使得游戏者从中感受到震撼并令幻想解体，并且对自身在世所依存的目的与话语产生质疑。《窗内》(*inside*)是由丹麦独立游戏开发团队"演绎死亡工作室"（Playdead Studios）制作并发行的一款解密冒险游戏。游戏中玩家需要通过操作一个小男孩以解密的方式逃避危险的敌人，并最终逃离这个阴暗压抑的地方。在游戏中，玩家会时时体验到死亡的耽视和被发现的威胁，以及当操作失当小男孩被水鬼拖进水中淹死时的绝望。然而当玩家发现游戏最后的"安全地"不过是一个巨大的培养皿时，才惊醒并意识到自己曾经沉浸其中并艰难重复的那些操作是如此的匮乏与无意义，因为"维系着强烈欢愉感的幻想架构已支离破碎"[26](P34)。在这种震惊和不可言说的无力感中，游戏者得以从数字世界被迫转向现实世界并直面自身存在的可笑与真实一面：我们实际上一直处于被凝视与对象化的暴力之中，真正的自由并不能通过"逃离某地"获得。

主体运用自身的语言将事件性时刻与其发轫其中的情势计数为一，是否意味着游戏者在一个艺术事件中能够与真理真正地相匹配？依照巴迪欧的说法，主体是"真理的具体因素"[27](P490)，那么是否意味着游戏者能够以自身的知识完全认识事件？答案是否定的。不可否认，事件真正成为真理的表达是以获得主体性介入为前提的——谓词-事件的攫握特征殊途同归地迎合了巴迪欧的主体理论，数字游戏与游戏者之间除了相互生产的关系，游戏者还是作为"事件"的游戏的忠实主体。作为艺术事件"忠实主体"的游戏者支撑了事件性时刻的类性程序之运行，使得存在之真得以显露。但这并不意味着真理是一种主观性生产（production subjective）——而是"源于"主体对事件的忠实态度。换言之，主体虽然是存在之真显露的具体因素，却"不足以支撑真理的整全的总和"[27](P490)。这是因为主体的有限性不能完全把捉无限的真理，"所有的真理都超越于主体"[27](P490)，这也是作为艺术事件的游戏所具有的超越性的根本来源。

注释：

① 从游戏本体角度研究游戏现象、规律、设计等的专门学科游戏学（Ludology）一词直到1999年才出现在游戏学家 Gonzalo Frasca 的论文 "Ludology meets narratology: similitude and differences between (video) game and narrative" 中。

② 受到当时科技发展的限制，电视屏幕分辨率不高，因此原本应该被人眼识别为圆形的乒乓球，由于组成数位影像的最小单位不够小而成像为有棱角的矩形，游戏整体呈现出"像素风格"。

③ 信息来源：https://games.qq.com/a/20170519/023062.htm。

参考文献：

[1]〔荷〕约翰·赫伊津哈. 游戏的人：文化中游戏成分的研究[M]. 何道宽译. 广州：花城出版社，2017.

[2] 蓝江. 宁芙化身体与异托邦：电子游戏世代的存在哲学 [J]. 文艺研究, 2021 (8).
[3] 〔德〕伽达默尔. 美的现实性 [M]. 张志扬译. 北京：生活·读书·新知三联书店, 1991.
[4] 〔德〕文德尔班. 文德尔班哲学导论 [M]. 施璇译. 北京：北京联合出版公司, 2016.
[5] 〔德〕康德. 判断力批判 [M]. 邓晓芒译、杨祖陶校. 北京：人民出版社, 2002.
[6] 〔德〕席勒. 美育书简 [M]. 徐恒醇译. 北京：中国文联出版公司, 1984.
[7] 〔奥〕弗洛伊德. 论创造力与无意识 [M]. 孙恺祥译、罗达仁校. 北京：中国展望出版社, 1986.
[8] 〔美〕约翰·杜威. 民主与教育 [M]. 俞吾金、孔惠译. 上海：华东师范大学出版社, 2012.
[9] 〔丹麦〕杰斯珀·尤尔. 失败的艺术：探索电子游戏中的挫败感 [M]. 杨子杵、杨建明译. 北京：北京理工大学出版社, 2019.
[10] 黄石、丁肇辰、陈妍洁. 数字游戏策划 [M]. 北京：清华大学出版社, 2008.
[11] 〔法〕吉尔·德勒兹. 褶子：莱布尼茨与巴洛克风格 [M]. 杨洁译. 上海：上海人民出版社, 2021.
[12] 〔美〕诺姆·乔姆斯基. 最简方案 [M]. 满在江、麦涛译. 北京：外语教学与研究出版社, 2017.
[13] Martin Heidegger. *The Event* [M]. Richard Rojcewicz (trans.). Bloomington: Indian University Press, 2013.
[14] 刘阳. 事件思想史 [M]. 上海：华东师范大学出版社, 2021.
[15] 〔美〕查尔斯·J. 斯蒂瓦尔. 德勒兹：关键概念 [M]. 田延译. 重庆：重庆大学出版社, 2018.
[16] Alain Badiou. *Can Politics Be Thought?* [M]. Bruno Bosteels (trans.). Durham and London: Duke University Press, 2018.
[17] 〔德〕格诺特·柏梅. 感知学：普通感知理论的美学讲稿 [M]. 韩子仲译. 北京：商务印书馆, 2021.
[18] Hartmut Koenitz, Gabriele Ferri, Mads Haahr, Diğdem Sezen & Tonguç İbrahim Sezen. *Interactive Digital Narrative: History, Theory and Practice* [M]. New York: Routledge, 2017.
[19] Ben Anderson & Paul Harrison. *Taking Place: Non-Representation Theories and Geography* [M]. Farnham: Ashgate, 2010.
[20] 〔法〕让-弗朗索瓦·利奥塔. 话语, 图形 [M]. 谢晶译. 上海：上海世纪出版集团, 2012.
[21] 〔法〕阿兰·巴迪欧. 哲学宣言 [M]. 蓝江译. 南京：南京大学出版社, 2014.
[22] 汪代明. 论电子游戏艺术的特征 [J]. 文艺争鸣, 2006 (3).
[23] Mihaly Csikszentmihalyi. *Flow: The Psychology of Optimal Experience* [M]. New York: Harper & Row, 1990.
[24] 蓝江. 忠实于事件本身：巴迪欧哲学思想导论 [M]. 北京：北京师范大学出版社, 2018.
[25] 吴柏林. 游戏、艺术与审美教育 [J]. 中国大学教学, 2004 (4).
[26] 〔斯洛文尼亚〕斯拉沃热·齐泽克. 事件 [M]. 王师译. 上海：上海文艺出版社, 2016.
[27] 〔法〕阿兰·巴迪欧. 存在与事件 [M]. 蓝江译. 南京：南京大学出版社, 2018.

·西方古典学研究·

柏拉图的《斐德若》与俄耳甫斯主义

吴雅凌*

摘　要：柏拉图的《斐德若》中虽未直接点名诗人俄耳甫斯或援引俄耳甫斯教义，但这篇哲学对话在场景谋篇、神话处理和用语词源等方面与传世的俄耳甫斯文献有显著的互文关系。苏格拉底的第一次讲辞仿效并翻转秘教仪轨，第二次讲辞中的灵魂神话借用秘仪用语和秘教教义中的灵魂学说。《斐德若》以后半场的对话替代前半场的三篇讲辞，以哲学的辨证术替代宗教性的酒神颂或祷歌，以哲学入门教诲替代秘教入会礼，深刻展现柏拉图对希腊古典时期盛行的俄耳甫斯主义的化用及其背后的思想意图。

关键词：柏拉图；《斐德若》；俄耳甫斯主义；古希腊秘教

柏拉图对话与古希腊秘教，特别是俄耳甫斯主义的关系不是新鲜话题。早在5世纪前后，新柏拉图派哲人普罗克洛斯（Proclus）和达玛西乌斯（Damascius）在注疏柏拉图对话时大量援引俄耳甫斯神谱残篇，尝试贯通柏拉图神学和古希腊秘教教义。[①]就古传文献而言，古诗人俄耳甫斯（Orpheus）虽无完整诗篇传世，但包括柏拉图在内的古典时期作者们频频谈论并援引他，更提到Ὀρφικά（常译为"俄耳甫斯主义"或"俄耳甫斯教"）这一说法。俄耳甫斯在某个以狄俄尼索斯（Dionysos）崇拜秘仪（τελετή）为主要特征的教派中被奉为创始人，代表一种宗教生活方式，在公元前5世纪前后的希腊影响很广。[②]柏拉图作品中多处直接点名俄耳甫斯，也援引或转述俄耳甫斯教义。[③]

晚近西方学者关注柏拉图与俄耳甫斯主义的源流关系，多集中在《斐多》《理想国》《会饮》等篇目，而鲜少全面关注《斐德若》。[1]这也许因为，一方面《斐德若》中没有直接点名俄耳甫斯，也没有直接援引俄耳甫斯教义，[④]另一方面《斐德若》的谋篇结构相对简单，由三篇讲辞和一场对话构成苏格拉底和雅典青年斐德若（Phaedrus）之间的哲学对话，表面上与秘教传统无关：先是斐德若向苏格拉底读一篇修辞家吕西阿斯（Lysias）吹捧无爱欲的爱人的辞赋（230e-234c）；接着苏格拉底就同一命题发表辞赋（237a-241d），但他随即自称亵渎了神灵，推翻先前说辞，做了第二篇称颂爱的辞赋（244a-257b）；最后苏格拉底和斐德若逐一检视三篇讲辞，讨论爱与节制的问题，探究何谓真正

---

* 作者简介：吴雅凌（1976—　），女，上海社科院研究员，法国巴黎第三大学比较文学博士，研究方向为古典诗学和比较古典学。

美好的言说和书写（257c-279c）。

本文从《斐德若》对话全篇的完整谋篇视角入手，以传世的俄耳甫斯文献⑤为基本参照，分析柏拉图在这篇对话中的场景设计、神话处理和秘教用语及词源问题，探讨柏拉图对彼时流行的俄耳甫斯主义的化用翻转及其背后的思想意图。苏格拉底的第一次讲辞仿效并且翻转了俄耳甫斯秘教入会礼仪轨，第二次讲辞中的灵魂神话大量借用秘仪用语和俄耳甫斯教义中的灵魂学说。《斐德若》全篇对话均系对《理想国》的洞穴神话的呼应，是对荷马以降的入冥府书写传统的重新审视。柏拉图以后半场的对话替代前半场的三篇讲辞，以哲学的辨证术替代宗教性的酒神颂或祷歌，以哲学入门教诲替代秘教入会礼，深刻展现了古希腊哲学与宗教的微妙关系。需要补充说明的是，晚近学者常将俄耳甫斯教与厄琉西斯秘仪、毕达哥拉斯教派混谈，[2](P36-62) 这是因为这些古希腊秘教有共通的特征和共享的神话教义，⑥但是，另一方面，不同古代教派有其专属的典型特征，比如有别于毕达哥拉斯派，俄耳甫斯教义提倡一种脱离城邦共同体的非政治性的生活方式，⑦此种典型特征与本文尝试探讨的政治哲学主题密切相连。

一　说与不说的神话

《斐德若》的叙事场景发生在盛夏，接近正午时分。表面上是寻常无名的日子，但斐德若在对话中的说法带有一年一度的节庆意味："一年的这个时节，又是一天的这个时辰。"（229a）[3] 我们在对话结尾处得知，这个节庆可能与阿多尼斯（Adonis）的夏日秘祭有关（276b）。苏格拉底和斐德若走出雅典城，蹚过城外的伊利索斯河，来到一棵梧桐树下（229a）。梧桐（πλάτανος，或"阔叶树"）与柏拉图（Πλάτων）的名字谐音，均从πλᾰτύς（宽的）派生，前者指"阔叶的"，后者指"宽肩膀的"。整篇对话发生在梧桐树下——不是任意一棵梧桐，而是特定的"那棵梧桐"（230a-b）。《斐德若》从头到尾有柏拉图的无声见证。在对话中，斐德若一度凭梧桐发誓（236e），而苏格拉底看到梧桐树时叫斐德若"友伴"（ἑταῖρος, 230a），这个称呼出自荷马史诗，有同志、战友的意思。⑧梧桐树下见证了哲学式的友爱，既有苏格拉底对斐德若的教诲，也有柏拉图对老师苏格拉底的记忆。梧桐还是传统的圣树。在《伊利亚特》中，希腊人出征特洛亚以前，在奥利斯举办第一场百牲祭就是在梧桐树下的清泉边（2.305-307）。《斐德若》的发生地介于柏拉图的无声见证和传统圣地之间，介于哲学与宗教之间。我们从对话中透露的蛛丝马迹了解到，那一带是民间宗教的祭神地，尤其有浓郁的秘教色彩。

> 还在这下面两三里远，我们雅典人平时从那里跨过这溪去阿格腊的那座圣祠，在那里的某个地儿还有座波瑞阿斯祭坛。（229c）

苏格拉底仿佛不经意地一连提到两处圣地。首先是阿格腊（Agrae）的圣祠。我们如今知道，阿格腊至少以两处圣地著称。[4](P273-274) 首先是献给狩猎女神阿尔忒弥斯（Artemis）的祭坛，希腊文中小写的ἄγρα本指"狩猎，打猎"，是其专用修饰语。⑨这位女神与俄耳甫斯秘教传统的关联深远,⑩ 常与引路女神赫卡忒（Hecate）混同,而赫卡忒又与阿格腊的第二处圣地相连,⑪ 也就是献给德墨特尔（Demeter）和珀耳塞福涅（Persephone）母女以及厄琉西斯王子特里普托勒摩斯（Triptolemos）的祭坛。德墨特尔是相传始于公元前15世纪的厄琉西斯秘仪的神主,据称俄耳甫斯系创始人。我们从传世的俄耳甫斯残篇中还能读到,德墨特尔到处寻找被冥王劫走的爱女珀耳塞福涅,去到厄琉西斯,教示当地人立神殿,传授特里普托勒摩斯祭祀仪轨。⑫ 厄琉西斯秘仪大典每年秋季在厄琉西斯举办,而每年春季的阿格腊入会礼（μυστήρια ἐν Ἄγρας）与之并称为"大小秘仪",只有参加过阿格腊入会礼的信徒才有资格参加厄琉西斯秘仪。

第二处是北风神波瑞阿斯（Boreas）的祭坛。斐德若顺带问起一则雅典建城神话传说,也就是雅典国王的女儿俄瑞逖娅（Oreithyias）在伊利索斯溪边玩耍时被北风神劫走（229b）。据泡赛尼阿斯记载,雅典人以这层姻亲关系来解释北风神总是帮助他们摧毁敌人的舰队。⑬ 传说俄瑞逖娅生养两儿两女,他们的儿子后来加入阿尔戈英雄求取金羊毛的远征,在俄耳甫斯的指引下参加秘教入会礼。⑭

苏格拉底像是随口提到的两处圣地表面互无关联,但柏拉图笔下没有偶然的细节,全值得探究。一方面,苏格拉底只字不提德墨特尔和珀耳塞福涅这对秘仪神主母女,更不必说冥王劫走珀耳塞福涅做冥后这一与秘教传统息息相关的神话。另一方面,苏格拉底和斐德若详细讨论了北风神劫走俄瑞逖娅的几乎如出一辙的传说。两相对比耐人寻味。值得一提的是,俄瑞逖娅（Ὠρείθυιαν）的字面意思是"在山中奔跑"。在传世的托名俄耳甫斯祷歌中,秘教狂欢队列的成员常被形容为在山林中奔跑,比如阿尔忒弥斯"常住山林,统领群山"（29.10、12）,再如《斐德若》中频频现身的水仙:"群山间漫游,流连乡野、泉水和山林"（51.8-10）。和俄瑞逖娅一起玩耍的少女名叫法马珂娅（Φαρμακεία）,与 φάρμακον（药,既指解药也指毒药）谐音（229c-d）。自赫拉克利特起的古希腊作者常将秘仪比作药。⑮

在紧接下来的著名段落中,苏格拉底巧妙谈及他对神话的态度:与其探究神话的形相（εἶδος, 229d）,沉迷不断变化的表象,不如遵循德尔斐神谕,专注于"认识你自己",搞清楚自己的灵魂天性（φύσις, 230a）。如果说苏格拉底委婉地批评了城邦对习传神话的解释和运用,那么他同样审慎地表达了对彼时盛行的秘教传统的保留态度。苏格拉底避而不谈与秘教相连的神话,显然不会仅仅因为秘而不宣的教义要求,[5](P49) 而有更深的用意。

> ……他们去纠正人面马形相,接下来又纠正吐火女妖形相……人们今儿习惯上怎么说这些生物,我就信之若素,我才不去探究这些,而是探究我自己,看看自己是否碰巧是个什么怪兽,比百头怪还要曲里拐弯,欲火中烧,抑或是个更为温顺而且单纯的动物,天性的份儿带几分神性,并非百头怪的命份。（229d-230a）

这里说的百头怪即提丰（Typhon）。古希腊流传不止一种提丰神话。依据赫西俄德的《神谱》,他是大地的最后一个孩子,挑衅宙斯,差点儿成为新一代神王（820-880）。[6](P146-147) 依据托名荷马的《阿波罗颂诗》,他是赫拉之子,由皮托的蛇妖养大,后来阿波罗杀了蛇妖,建立德尔斐神谕所（3.305-355）。这个德尔斐的最早造访者代表无度无序的力量，与奥林波斯正义秩序相悖。就连提丰的后代也是一群狂风，与北风神三兄弟区别开来。⑯提丰还是苏格拉底提到的一连串怪兽中的吐火女妖（Chimaira）的父亲。如果说吐火女妖"狮头，蛇尾，羊身"，集三种兽性于一身，那么提丰的一百个脑袋同时发出不同声音，说着难以名状的语言，堪称怪兽中的怪兽。⑰

柏拉图作品中的神话旨在探究个体灵魂及其命运。[3](P287N1)比起北风神或冥王劫走少女的传说，苏格拉底对吐火女妖更感兴趣，比起吐火女妖，苏格拉底对提丰更感兴趣。这是因为，提丰代表狂妄（ἐπιτύφομαι，与提丰之名 Tūφῶν 是同根词）等级最高的灵魂天性。依照苏格拉底的说法，与提丰相对峙的，或所谓"非提丰的"（ἀτύφου）灵魂天性，指向灵魂中的属神命份（θείας μοίρας）。就洞察灵魂天性而言，提丰类型最复杂也最值得探究。《斐德若》结尾部分谈言说技艺，呼应开场这里的说法，强调洞察灵魂天性，为不同灵魂天性提供不同言说（273e）。

《斐德若》是一篇教化和劝说的对话，充分展现苏格拉底的言辞技艺，故而也表现出苏格拉底对不同灵魂天性的洞察。首先是斐德若，其次是对话中出现的各色人物，比如吕西阿斯，最后是苏格拉底本人。一开场苏格拉底笑称："要是我连斐德若都不认识，恐怕我连我自己是谁都已经忘了。"（228a）斐德若迷恋吕西阿斯，把他的辞赋藏在怀里（228d），并在交谈中掩饰雅典人对他的责难（257e）。但比起斐德若"藏"的手段，苏格拉底更高明更不动声色。一开始，他佯装斐德若是向导，而他自己是"由人领路的异乡人"（230c），接着他佯装被水仙附体，当场发表第一篇讲辞又中途停止，佯装要过河回家又留下来，重新启动第二篇讲辞。苏格拉底不知不觉成为整场对话的真正向导，指引斐德若看清吕西阿斯，也看清自己原本迷恋的言说和书写的本质。更重要的是，这篇对话一如既往展现了苏格拉底的迷人复杂的灵魂天性。正如苏格拉底自称要探究自己，搞清楚自己的灵魂中住着什么怪兽，是属神的还是属提丰的（230a）。从这个角度出发，我们或能更好地理解，苏格拉底如何通过戏仿秘教祭司的身份完成一场奇特的哲学入会礼的向导使命。

二 被翻转的秘仪

《斐德若》中的这场哲学入会礼既模仿又翻转传统秘教仪轨。鉴于密不外传的特征，我们对古代秘教仪轨所知有限。仅以托名俄耳甫斯祷歌提供的线索为例。秘仪在夜里进行，往往通宵达旦，信徒在祭司的指引下蒙获真知的启示，实现灵魂的救赎和新生。⑱俄耳甫斯教义禁血祭，信徒在夜里点火焚香，替代焚烧牺牲的烟雾，吟唱献给诸神的祷歌，两脚站立，双臂伸向天空，或有与神交流的"通灵"状态发生。[7](P115-137)

在柏拉图笔下，苏格拉底一反秘教信徒的祈祷姿势，躺在水仙祭坛前听完吕西阿斯的第一篇讲辞（230e），并戏称自己"如酒神信徒般地沉醉"（234d）："我失去了知觉，我不是我自己。"（234e-235a）苏格拉底接着做第一次讲辞，反复多次自称被水仙（Nymphe）附体：

> 水仙兴许附体在我身上……眼下我发出的声音差不多就是酒神颂。（238c-d）

> 是你蓄意把我抛到水仙面前的，我明摆着会被水仙附体……（241e）
> 当时有神灵在身……阿刻罗俄斯的水仙们，还有赫耳墨斯的儿子潘。（263d）

潘（Pan）和水仙的在场贯穿《斐德若》的对话始末。潘和水仙都是自然神，与山林草场泉水相连，他们一同出现在雅典城郊野外，显得自然不过。一开场，苏格拉底刚在梧桐树下坐定，就赞叹起树下的泉水，以及泉边水仙们的神像祭坛（230b）。结尾处，苏格拉底提及水仙们的涌泉和缪斯祭坛（278b），并在离开以前向潘神祷告（279b-c）。

潘和水仙并称，又是俄耳甫斯秘教的典型特征。在俄耳甫斯祷歌中，他们均系狄俄尼索斯的伴从，是酒神狂欢队列的常见成员（11.9、51.8）。在托名荷马颂诗的《潘神颂诗》中，潘一出生就被父亲赫耳墨斯（Hermes）带到诸神中间，为所有神喜爱，特别是狄俄尼索斯（19.27-47）。自荷马史诗以降，水仙是狄俄尼索斯幼时的养母，也被视同酒神狂女（Μαινάδες）之一。[19] 在托名俄耳甫斯祷歌的秘仪主题系列中，有八首献唱给不同别称的狄俄尼索斯，其余献唱给酒神狂欢队列中的常见成员，包括水仙和潘。[20]

苏格拉底自称被水仙附体，戏仿酒神信徒的出神状态。他把第一次讲辞比作"酒神颂"（διθυράμβων, 238d），[21] 在讲辞开头召唤缪斯"一起歌唱这故事"（λόγος, 237a）。与此同时他暗示，这篇讲辞不是他的本意，而是"通过倾听从某处来的陌生流泉像灌容器一样被灌满"（235d），其中"流泉"（ναμάτων）与"水仙"（Νυμφης）同词源。

作为耐人寻味的对比，苏格拉底的第二次讲辞未再提及水仙或潘。根据苏格拉底亲自定调，第二次讲辞（λόγος）是一曲宗教性的"祷歌"（ὕμνον，或"颂歌"），"既有韵律体也有祭拜体"（μετρίως τε καὶ εὐφήμως, 265c），其中 εὔφημος 本指宗教仪式的肃静。第二次讲辞又被称为"献给爱若斯的涤罪诗"（257a），结尾处召唤并求告爱若斯，严格依循传统祷歌的惯例（257a-b）。

> 我们调制出了一篇并非完全没有说服力的讲辞，演颂了一段有神话的颂歌，既有韵律体也有祭拜体，向我和你的主人爱若斯神祈祷……（265b-c）

如果说第一次讲辞以戏谑的方式仿效秘教仪轨，那么第二次讲辞转入肃穆隽永的基调，并被称为"有神话的"（μυθικόν），其核心内容就是灵魂神话（245c-257a）。苏格拉底把灵魂比作带翅马车。神们驾着马车上行至天穹，静观天外的美景。其余灵魂马车极难驾驭。最优秀者跟随神到天外，但由于马儿劣性，一会儿升一会儿降，只能或多或少看见天外的真实，其余更多灵魂在下界打转，跛了马儿折了翅膀。只有跟随神见识过天外的灵魂，在落地后才会转世成人。在大地上的灵魂被隐隐召唤回归天外的世界（246e-249c）。灵魂神话中让人印象深刻地大量使用秘教用语。这里试举二例。

> 正当的是，唯有热爱智慧者的思想才会长出羽翅。毕竟，热爱智慧者总是竭尽所能地凭靠记忆（μνήμη）让自己接近那些使神因之具有神性的东西。因此，一个人正确地运用这些回忆（ὑπομνήμσιν），不断圆成完满的开悟（τελέους ἀεὶ τελετὰς

τελούμενος），才会成为实实在在的开悟者（τέλεος ὄντως μόνος γίγνεται）。（249c）

柏拉图一连使用三个与秘教相连的同根词（τελέους/τέλεος - τελετὰς - τελούμενος）。形容词 τέλειος 指"完满的"，也指献祭品的完美无瑕，或献祭仪式的完整无缺。名词 τελετή 指"入会礼"，或"秘密仪式"，在灵魂神话中重复出现（如 248b, 250e, 251a 等）。动词 τελέως 指"参加秘仪"，或"入教"，多与 τελετή 连用（如 250b 等）。最后一句或可译作："只有不断参加完满无瑕的秘仪礼，才能成就真正的完满无瑕。"此外文中还出现 ὀργιάζω（252e）等近似语，指"举行祭神的秘密仪式"。

我们口占着秘诀，敬视（μυούμενοί τε καὶ ἐποπτεύοντες）在洁净的明光（αὐγῇ καθαρᾷ）中彰显出来的那些整全、单纯、沉静和幸福，当时我们自己也洁净（καθαροὶ）。（250b-c）

这一句开头或可译作："我们被指引着沉默（μυούμενοί）并静观（ἐποπτεύοντες）……"两个秘仪用语并列使用：前一个动词 μυάω 本指"抿嘴，不语"，转指"密不外传"，其名词用法 μύστης 的本意是"沉默者"，也就是参加过秘仪并受命不得外传的人。后一个动词 ἐποπτεύω 指"静观，看见"，其名词用法 ἐπόπτης 指"静观者"，是获得较高境界的启示的秘仪信徒。[22] 此外，句中出现多种典型的宗教性语汇，比如连用两次的"洁净的，无垢的"（κᾰθᾰρός），再如光（αὐγάζω）的譬喻指代秘教信徒获得真知启示。

灵魂神话还大量使用与"记忆"（μνήμη）相关的同根词，比如 ἀνάμνησις（249c）或 ἀναμιμνήσκω（249d, 250a）等。记忆是俄耳甫斯教义的关键词，记忆神（Mnemosyne）在俄耳甫斯神话传统中扮演重要角色。以公元前 4 世纪的俄耳甫斯信徒古墓金箔铭文为例略作说明：

你将在冥府左边看见一汪泉水……不要走向那泉水，不要靠近。你还将看见另一汪泉，从记忆神的湖涌出冰冷的水……[8](P176-177)

作为俄耳甫斯信徒的某种"冥府指南"，灵魂救赎有两个前提条件。首先是记忆。灵魂必须追随记忆神，记住或重新记住属于自己的神圣起源，方能得到救赎。"我是天空的后代"，这个咒语呼应苏格拉底讲述的灵魂神话，也就是灵魂要凭靠大地上的美记忆起天外真实的美（249d）。其次是"干渴"，在灵魂神话中被描述为"爱的疯狂"（ἐρωτικὴν μανίαν, 265b），也就是灵魂因爱欲而重新长出翅膀的焦灼刺痛（251a-d）。有学者指出："这段铭文已然包含了一部分我们后来在柏拉图对话中找到的希腊属灵精神。"[9](P152-153)

三　哲学、宗教与城邦

柏拉图笔下的灵魂神话大量借用古传秘教语汇，但始终在谈论爱智者（φιλόσοφον,

如 248d, 249a 等），也就是哲人的灵魂。依据俄耳甫斯信徒的古墓铭文提示，灵魂要记住不得喝左边那道泉水，而要喝右边那道"神圣泉水"。左右两道泉水标志着两条路，左边的路通往遗忘，右边的路通往记忆。某种程度上，左右两道泉水呼应《理想国》的审判神话，不义的灵魂从左边下行到冥府，正义的灵魂从右边上行到天界（614 c-d）。

左右两道泉水还呼应《斐德若》对话部分对苏格拉底两次讲辞的评语："一个叫左，一个叫右"（266a）。第一篇讲辞宣扬无爱欲的节制，指向"左的爱欲，并依据正义狠狠谴责一番"，第二篇讲辞转而赞颂起爱的疯狂，"引向右边的那部分疯狂，虽与左边部分同名，却是某种神样的爱欲"（266a）。苏格拉底中途停止第一篇讲辞，声称"不，这个说法并不真实"（243a, 244a），并自我纠正，在第二篇讲辞中称颂爱欲术的疯狂。为此苏格拉底先后两次区分不同种类的神性疯狂：

> 我们将神性疯狂划分为四份，归属四位神：把预言术的疯狂设定为阿波罗的疯狂，秘仪术的疯狂归属狄俄尼索斯，诗术的疯狂归属缪斯们，第四种疯狂归属阿佛洛狄特和爱若斯。我们还说过，爱的疯狂最好。（265b，另参 244a-245b）

神性疯狂引导人抛弃乃至"彻底更改"城邦的习传规矩（ἐξαλλαγῆς τῶν εἰωθότων νομίμων, 265a，另参 252a），转而践行有悖城邦正统的生活方式。问题在于要践行哪种生活方式？这是《斐德若》后半场的对话所要解决的问题。苏格拉底先后模仿过追随阿波罗的预言家（229e, 242c），追随狄俄尼索斯的酒神信徒（234d）和追随缪斯的诗人（259a-d），然而，只有酒神信徒被拿来对比追随宙斯的爱智者的灵魂——

> 一旦他们从宙斯那里取水一瓢，有如那些酒神信徒，然后把这一瓢水浇灌到所爱欲的人的灵魂中去，他们就是在打造他使他尽可能与他自己的神相似。（253a-b）

依据灵魂神话的说法，世人要努力认识或回忆起自己的灵魂天性追随哪个神，爱智慧的灵魂追随宙斯，并被宙斯附体。跟随宙斯的灵魂与跟随狄俄尼索斯的酒神信徒相比，与苏格拉底先前自称被水仙附体的戏谑说法相互呼应。柏拉图的《伊翁》提到，包括水仙在内的酒神狂女"被酒神附体"，在秘仪术的疯狂中"从河水中汲取乳和蜜，这是她们神志清醒时做不到的"（534a）。类似对比在终场论书写的对话中重现。苏格拉底比较了两种书写，一种是费时八个月的严肃的播种农作，另一种是"阿多尼斯园子"（Ἀδώνιδος κήπους, 276b），每年七月下旬希腊人举行阿多尼斯秘祭，把种子埋在装泥土的贝壳瓦罐中，八天就能开花，但极易凋谢，象征阿多尼斯的早夭。阿多尼斯本系近东地区的植物神，在神话中入冥府又复生，与俄耳甫斯秘教传统中的狄俄尼索斯混同。[23]

在秘仪术与爱欲术之间，哪一种生活方式更能有效地维系城邦生活的张力平衡？如果说古传的秘仪术宣扬"俄耳甫斯式的生活方式"（βίος Ὀρφικός，语出《法义》782c-d），那么柏拉图对话提出与之相抗衡的苏格拉底式的生活方式：不是借助"在种种洁净和秘仪中出现的疯狂"，寻求"摆脱眼前和随后一段时间中的灾祸"（244e），而是在爱的疯狂中长出丰满的灵魂翅膀，在哲学教化中培养正义和节制的德行，让"某种更为神样的冲动引向更伟大的事情"（279a）。

《斐德若》中的这场对话发生在白天，与黑夜举行的秘仪形成对峙。赫耳墨斯没有正式出场，尽管在这样一篇论言说和书写的对话中，这位言辞的庇护神本该出场。[10](P246-251)柏拉图两次影射到他，一处称他是潘的父亲（263d），另一处在终场的书写起源神话（274c-275b），他化身成埃及神忒伍忒（274c）。依据托名俄耳甫斯的《地下的赫耳墨斯祷歌》，他是秘教入会礼的引路神，指引信徒灵魂从沉睡中复生（57.5-9）。依据托名荷马的《赫耳墨斯颂诗》，他是在黑夜中行动的神（4.68-70、97）。正午的仪式没有他的踪影。斐德若哲学入会礼的引路者不是赫耳墨斯，而是苏格拉底本人。

《斐德若》全篇始于出城邦，结束于回城邦，呼应《理想国》的洞穴神话（514a-517a）。斐德若一开始迷恋吕西阿斯的辞赋不能自拔，无异于困于洞穴中的人物形象。所幸有苏格拉底循循善诱，带领他在众人昏睡的正午时分走出洞穴（259d），"在阳光下看了个究竟"（268a，269a）。终场时分的斐德若不再是原来的斐德若，他回城邦是要"指教吕西阿斯"（278b），因为他见识了正午的太阳光照，经历了真正的哲学洗礼。斐德若（φαιδρός）这个名字的字面意思是"发光的"，暗指天性有发光禀赋的年轻人摒弃不良习性的影响，在良好的教化下获得真实的启蒙光照。

《斐德若》与洞穴神话的这种呼应关系进一步帮助我们理解，柏拉图的洞穴神话譬喻"极有可能来源于秘教传统，住在地下，浑身绑着链条，甚至有可能是某种崇拜仪式程式"。[9](P172)有学者已经指出，《理想国》全篇笼罩在阿尔忒弥斯秘仪之夜的氛围中，并在开场第一句话谈及苏格拉底的下行（Κατέβην χθές εἰς Πειραιᾶ, 327a）。[11](P32)柏拉图对话在文体上借鉴古希腊戏剧，而古希腊戏剧起源于酒神崇拜仪式，这从某种程度上辅助说明了柏拉图哲学与古希腊宗教传统的微妙关系。

探究《斐德若》与俄耳甫斯主义的关系，进一步帮助我们理解柏拉图的其他对话如何自由化用古典时期流行的俄耳甫斯神话和教义。比如《会饮》中谈及俄耳甫斯入冥府和死在女人手里等神话传说，《理想国》篇末提及俄耳甫斯选择天鹅的来生，这些神话细节重构了这位秘教创始人的死生神话，既仿效又翻转了俄耳甫斯教义的灵魂学说。柏拉图的神话重构有意抹去秘教形象的神圣性，在哲学目光的审视下拆解俄耳甫斯教义所宣扬的宗教生活方式。与此同时，柏拉图对话为后世流传下珍贵的古传秘教文献，见证了某种与秘教相连的灵魂学说对古希腊精神的滋养和影响。

注释：

① 普罗克洛斯（412—458）在注疏柏拉图对话中大量援引俄耳甫斯传统中的"二十四分卷圣辞"（Ιερός Λόγος σε 24 Ραψωδίες）神谱残篇，参见：L. Brisson. "Proclus et l'orphisme", in *Proclus. Lecteur et interprète des anciens*, CNRS, 1987, p.54；吴雅凌《俄耳甫斯教辑语》，华夏出版社，2006，第193—196页。达玛西乌斯（约458—538）记载三种俄耳甫斯神谱版本，迄今依然是俄耳甫斯研究的参考依据，参见：S. Ahbel-Rappe trans., *Damascius' Problems and Solutions Concerning First Principles*, Oxford University Press, 2010；布里松《达玛西乌斯和俄耳甫斯主

义》，载《俄耳甫斯教辑语》，第401—453页。

② 古希腊作者论俄耳甫斯教义，参见：阿里斯托芬《蛙》1032，欧里庇得斯《希波吕托斯》948—952，柏拉图《普罗塔戈拉》316d。关于俄耳甫斯的生活方式，参见：《俄耳甫斯教辑语》，第74—81页。

③ 柏拉图直接点名俄耳甫斯，参见：《申辩》41a，《伊翁》533c，《会饮》179d，《理想国》364b-365e，620a，《普罗塔戈拉》315b，317a，《法义》669d，677d，782 c-d，829d，《克拉底鲁》400c，402 b-c。柏拉图援引俄耳甫斯教义，参见：《斐多》69c-d，《斐勒布》66 c，《美诺》81b，《法义》701 c。此外柏拉图谈灵魂，多处影射包括俄耳甫斯教义在内的古老学说，参见：《第七封信》335 a，《斐多》70c，107e。详见吴雅凌《柏拉图笔下的俄耳甫斯》，《山花》2022年第4期，第106—115页。

④《斐德若》仅有一处提及灵魂的"三千年周行"（249a），呼应《理想国》中的相关说法（615a），一般认为或与古希腊秘教传统的灵魂学说相连。

⑤ 本文主要参考的俄耳甫斯古文献包括但不限于：《俄耳甫斯祷歌》（W. Quand, *Orphei Hymni*, 1973; M.-Ch. Fayant, *Hymnes orphiques*, Les Belles Lettres, 2017）、《托名荷马颂诗》（J.-L.Bachès, *Hesiode. Hymnes homériques*, 2001; M. L. West, *Homeric Hymns*, Havard University Press, 2003）、托名俄耳甫斯的《阿尔戈英雄纪》（F.Vian, *Les Argonautiques orphiques*, Les Belles Lettres, 1987; M. L. West, *The Orphic Poems*, Oxford University Press, 1983）和阿波罗尼俄斯的《阿尔戈英雄纪》（罗逍然译笺《阿尔戈英雄纪》，华夏出版社，2011）。下文将随文标注出处编码，尚无中译本的引文均由笔者译出。

⑥ 希罗多德在《历史》（2.81，4.79）中最早谈及这种相通性。

⑦ 毕达哥拉斯派参与城邦治理，参见〔英〕基尔克等著《前苏格拉底哲学家：原文精选的批评史》，聂敏里译，华东师范大学出版社，2014，第340—345页。

⑧ 参见荷马《伊利亚特》1.179。本文中的荷马诗文引自：〔古希腊〕荷马《伊利亚特》，罗念生、王焕生译，上海人民出版社，2012。下文将随文标注出处编码。

⑨ 柏拉图论狩猎（ἄγρα），另参见：《智术师》220c，《法义》823e。

⑩ 俄耳甫斯在远征中主持献给阿尔忒弥斯的秘祭，方使阿尔戈英雄如愿获得金羊毛。参见托名俄耳甫斯《阿尔戈英雄纪》，902起，950起。

⑪ 赫卡忒与阿尔忒弥斯混同，参见：托名俄耳甫斯《赫卡忒祷歌》1.5-8，《阿尔忒弥斯祷歌》29.6-12。赫卡忒在珀耳塞福涅神话中扮演重要角色，参见：托名荷马《德墨特尔颂诗》2.51-61，2.438-440。

⑫ 参见 O.Kern, *Orphicorum Fragmenta*, Weidmannos, 1922, OT.102-104; A.Bernabé, *Orphicorum et Orphicis similu. Testimonia et framenta*, De Gruyter, 2005, pp.510-518。另参见：托名荷马《德墨特尔颂诗》2.98-255；托名俄耳甫斯《普鲁同祷歌》18.12-15，《珀耳塞福涅祷歌》29.12-14，《安塔伊阿母亲祷歌》41.3-7，《时光神祷歌》43.7-9。

⑬ 泡赛尼阿斯《希腊志》1.19.5，另参见：阿波洛多罗斯《书藏》3. 15.2，希罗多德《历史》7.189。

⑭ 阿尔戈英雄在俄耳甫斯的带领下先后参加了卡比罗伊（Kabires）秘仪、库柏勒（Kybele）秘仪等重大秘祭，参见：阿波罗尼俄斯《阿尔戈英雄纪》1.915-921，1134-1140。

⑮ 依据新柏拉图派哲人扬布利克斯在《论秘教》(De mysteriis, I. 11)中的记载，赫拉克利特将秘教仪式和秘教祷歌称为解药，参见《赫拉克利特》残篇 DK 68。
⑯《神谱》869—872。
⑰ 吐火女妖，参见《神谱》319，荷马《伊利亚特》6.179-184；提丰，参见《神谱》829-935。
⑱ 夜神在俄耳甫斯神谱中扮演关键角色。参见：吴雅凌《托名俄耳甫斯祷歌中的黑夜和宇宙起源传统》，《外国文学研究》2021年第5期，第152—163页。柏拉图论灵魂救赎，另参见：《斐多》75c-79c，《会饮》211-212，《理想国》490a-b, 500b-d, 508d，《美诺》81c-d 等。
⑲ 水仙是狄俄尼索斯的养母，参见：荷马《伊利亚特》6.132-133，托名俄耳甫斯《水仙祷歌》51.15，阿波罗多洛斯《藏书》3.4.3。
⑳ 不同别称的狄俄尼索斯祷歌，参见第 30、42、45、46、47、50、52、53 首托名俄耳甫斯祷歌，另参见第 11 首《潘神祷歌》和第 51 首《水仙祷歌》。
㉑ 柏拉图谈 διθυράμβων，另参见：《理想国》394c，《申辩》22a-25c，《法义》700b，《伊翁》534 等。
㉒ 另参见《会饮》210a，《书简七》344b-c。这两个秘教用语分别对应"大小秘仪"，参见：L.Brisson, *Platon. Phèdre*, Flammarion, p.213，n.222；刘小枫《柏拉图四书》，331，注4。
㉓ 阿多尼斯与狄俄尼索斯混同，参见托名俄耳甫斯《阿多尼斯祷歌》56.9-11。

参考文献：

[1] A.Bernabé. "L'âme après la mort. Modèles orphiques et transposition platonicienne" [A], in *Etudes Platoniciennes* [C]. 2007（4），pp.25-44; F.B. Rodriguez. "The Influence of Orphism in Plato's Psychology and Eschatology" [A], in M. J. G. Blanco & M.J.M. Velasco (eds.), *Greek Philosophy and Mystery Cults* [C]. 2016, pp.103-122; J.-L. Périllié. *Socrate et la Tradition des Mystères, une nouvelle approche historique*. 2016, hal-01256409; D. Hütwohl. *Plato's Orpheus: The Philosophical Appropriation of Orphic Formulae* [D]. Thesis of University of New Mexico, 2016.

[2] B. M. Dinkelaar. "Plato and the Language of Mysteries" [J]. *Mnemosyne*, 2020（73）.

[3] 刘小枫. 柏拉图四书 [M]. 北京：生活·读书·新知三联书店，2015.

[4] W. S. Ferguson. "The Athenian Phratries" [J]. *Classical Philology*, 1910, 5（3）.

[5] K. Kołakowska. "The Eleusinian Themes in Plato's *Phaedrus*" [J]. *Scripta Classica*, 2010（7）.

[6] 吴雅凌. 神谱笺释 [M]. 北京：华夏出版社，2012.

[7] A. -F. Morand. *Études sur les Hymnes orphiques* [M]. Leidon: Brill, 2001.

[8] 吴雅凌. 俄耳甫斯教辑语 [M]. 北京：华夏出版社，2006.

[9]〔法〕薇依. 柏拉图对话中的神 [M]. 吴雅凌译. 北京：华夏出版社，2017.

[10] J. Cazeaux. *Platon. Phèdre* [M]. Paris: Les Belles Lettres, 1997.

[11] J. Howland. *The Republic: The Odyssey of Philosophy* [M]. New York: Twayne Publishers, 2004.

希罗多德的荷马阐释

张培均[**]

摘　要：希罗多德在《原史》第二卷中，通过重述海伦故事，给出一种对荷马的阐释。在希罗多德看来，荷马知道两个版本的海伦故事，即"海伦在特洛伊"和"海伦在埃及"；由于前者更适合自己的叙事诗，荷马便没有采用后者，但同时表明自己了解后一个故事。通过对荷马的阐释，希罗多德表现出对荷马的熟稔，同时表明自己与荷马不同，从而为自己的作品谋得一席之地——比荷马的"诗性真相"更真的"历史真相"。但希罗多德并没有完全摒弃荷马，他对荷马的阐释表明他自己的探究可以从荷马那里挖掘出隐藏的真相。这也为我们理解希罗多德本人指明方向。

关键词：希罗多德；荷马；阐释；海伦

朗吉努斯（Longinus）称希罗多德"最像荷马"（Ὁμηρικώτατος,《论崇高》13.3），[1](P292) 但并未明言希罗多德到底在哪些方面"最像荷马"。发现于希罗多德的家乡哈利卡尔纳索斯（Halicarnassus）的一处希腊化时期的铭文称希罗多德为"散文荷马"（prose Homer），也表明两者的相似。[2](P8) 希罗多德的同乡狄奥尼修斯（Dionysius of Halicarnassus，盛年在公元前 20 年左右），也说希罗多德是"荷马的效仿者"（Ὁμήρου ζηλωτὴς γενόμενος, Letter to Pompeius Geminus, 3.11）。甚至，还有人托名希罗多德写过一部《荷马传》（*On Homer's Origins, Date, and Life*）。[3](P354-403) 任何读过荷马的人，只需翻开《原史》（*Inquiries*），[①] 便能看到荷马的身影：事功和荣光是《伊利昂纪》（*Iliad*）的主题，大大小小的城邦则是《奥德修斯纪》（*Odyssey*）的主题。

一般认为，希罗多德在风格和内容两方面都像荷马，而且两者都以人的荣耀为主题，都求索原因，把战争视为对一场原初不义的报复。[4](P1-5) 学者们已经在希罗多德的整部作品中找到大量荷马的回声，尤其在战斗叙述中。约翰·马林科拉（John Marincola）的文章《最像荷马？希罗多德的战斗叙述》（*Ὁμηρικώτατος? Battle Narratives in Herodotus*）通过分析《原史》中的四次战役，马拉松、温泉关、萨拉米斯和普拉提亚，指出希罗多德跟荷马一样，描写战役有某种模式，六大要素重复出现：预先的征兆和迹象、战略情报、强调战役的重要性、实际的战斗本身、战斗期间发生的重要或不寻常的事件、对战斗之后

---

[*] 作者简介：张培均（1990—　），男，中国社会科学院外国文学研究所助理研究员，研究方向为古典诗学和比较古典学。

的重要或不寻常事件的详述。不同于荷马对战役和死亡的详细描述，希罗多德对战斗本身的描述不多，而花更多笔墨在战斗前后发生的事情上。文章指出希罗多德与荷马的四点异同（同中有异）：在荷马那里，神直接干预战事，而在希罗多德这里，神在幕后起作用；希罗多德和荷马那里都有类似的战前鼓舞；希罗多德跟荷马一样，来来回回在对个人与对群体的叙述之间变焦；希罗多德主要聚焦于雅典人和斯巴达人，对希腊联军中的其他人着墨不多，就像荷马主要聚焦于先锋战士（promachoi），而把其他人丢在一旁。但说到底，希罗多德或许确实"最像荷马"，但首先还是最像自己。[5](P3-24)

尽管荷马的痕迹在《原史》中无处不见，尽管希罗多德与荷马的"互动"（interaction）比表面所见要复杂得多，[6](P75-104)但对本文来说，更重要的乃是两者的差异，尤其是希罗多德本人如何看待荷马。

一 重述海伦故事

希罗多德的整个第二卷，可称为"埃及故事"（λόγους, 2.99）。② 讲到埃及国王普罗透斯（Proteus）时，希罗多德曾转述埃及祭司所说的海伦故事（2.112-120），这个故事与荷马的版本相当不同。《伊利昂纪》的故事几乎家喻户晓：帕里斯拐走海伦后，希腊联军为帮助墨涅拉奥斯（Μενέλαος）夺回妻子，陈兵特洛伊城下，苦战十年为红颜。但是，希罗多德听埃及祭司们讲，海伦根本没有到过特洛伊！③

希罗多德的推断始于普罗透斯的圣域里的一座神庙，即异乡阿佛罗狄忒（ξείνης Ἀφροδίτης）的神庙：

> 但我猜这是丁达琉斯之女（Τυνδάρεω）海伦的神庙，既因为我听到过这样的说法，即海伦曾在普罗透斯那里过活，也因为以异乡阿佛罗狄忒命名——阿佛罗狄忒的其他神庙都无异乡之称。（2.112.2）④

希罗多德推断这是海伦的神庙，出于两个理由：首先，他听说过海伦曾在普罗透斯那里逗留这样的说法；其次，阿弗洛狄特的其他神庙都不以"异乡"命名。第二个理由不太充分，也可能是错的。[7](P322) 不过，希罗多德的意图不在于证明这就是海伦的神庙，而在于重述海伦的故事。

根据这座神庙里的埃及祭司的说法，亚历山大（即帕里斯）从斯巴达劫走海伦后，被风刮到埃及叫作卡诺波斯（Κάνωβος）的那个尼罗河口；他们上岸的地方有座赫拉克勒斯（Ἡρακλῆς）的神庙，"如果任何人的家奴逃到里面，打上神圣的印记，把自己献给这位神，就不可动他"；亚历山大的仆从们一听说这条礼法，就把自己当作乞援人交给这位神，在祭司们和尼罗河口的守卫面前控诉亚历山大对墨涅拉奥斯所行的"不义"（2.113）。守卫名叫托尼斯（Θῶνις），他马上把这个消息送到孟菲斯的普罗透斯那里，报告亚历山大所行的"不为神所许之事"（ἔργον δὲ ἀνόσιον），并请示该如何处理：

他骗了自己的东道主，带着人家的这个妻子以及相当多的钱财，被风带到你的土地。我们是要允许这个人安然驶离，还是要没收他带来的东西？（2.114.2）

"不为神所许之事"比"不义"更加严重，因为亚历山大冒犯的是好客之神宙斯。⑤ 具体而言，这一"不为神所许之事"包含两点：第一，欺骗自己的东道主；第二，偷盗钱财，以及东道主的妻子。两者都是对"客谊"（ξεινίη）因而也是对宙斯的冒犯。[7]（P323）托尼斯指出的这两点与《伊利昂纪》中墨涅拉奥斯本人对特洛伊人的指控不谋而合：

你们这些恶狗，曾经那样羞辱我，
竟然也不怕激怒好客的鸣雷神宙斯，
他将会让你们这座高耸的城市遭毁灭。
我的合法妻子殷勤地招待你们，
你们却把她连同许多财宝劫掠。[8]（P334-335）

普罗透斯对此的回复是，不管谁"对自己的东道主做了不为神所许之事"，把这个人抓住带到他本人面前，他要亲自审问（2.114.3）。托尼斯便把亚历山大本人，还有海伦、那些钱财以及那些乞援人，全都带到孟菲斯（2.115.1）。普罗透斯首先问亚历山大他是谁以及从哪里来，后者如实相告；但当普罗透斯问及海伦的来历，亚历山大便"东拉西扯，不说真相（ἀληθείην）"，直到那些乞援人"加以驳斥，讲出那不义之举的整个故事"（2.115.3）。在亚历山大的仆从们眼中，亚历山大的所为只是不正义；但在托尼斯和普罗透斯这两个埃及人眼中，这种行为"不为神所许"，即不虔敬。埃及人从来不用"不正义"一词，希腊人则没说过"不为神所许"。[9]（P48）希罗多德之前说过，埃及人在所有人中最"敬神"（θεοσεβέες，2.37.1）。在海伦故事的最后，受惠于埃及人的希腊人墨涅拉奥斯恩将仇报，也在埃及行了不为神所许之事（2.119.2-3）。

普罗透斯的虔敬也体现在他对亚历山大的"判决"中：

要不是我极为信奉不可杀死任何一个被风带到我的国土的异乡人，我就会替那个希腊人向你报仇，你这个最卑鄙的人！你得到客谊后做了最不为神所许之事……现在，既然我极为信奉不杀异乡人，一方面，这个女人和这些钱财，我不会放任你带走，而会亲自替那个希腊东道主保管这些，直到那个人亲自来，愿意带走；另一方面，你自己和你的那些同船伴侣，我预先警告你们要在三天之内离开我的土地到别的什么地方去，否则我将以敌人论处。（2.115.4-6）

与亚历山大相反，普罗透斯极为重视客谊，把"不可杀死异乡人"这一信条放在"报仇"之上，即把虔敬放在正义前面。即便如此，普罗透斯仍想尽可能做到正义，因而把海伦和那些钱财留下，好物归原主，同时把亚历山大及其同伴驱除出境。可以说，普罗透斯的做法既虔敬又正义。

以上是埃及祭司的前一半说法，在转述后一半说法之前，希罗多德先插入荷马的说法。在此，我们有必要跟随希罗多德的脚步，先进入荷马的说法。这恐怕是最早的荷马阐释。

二 阐释荷马

希罗多德说：

> 在我看来，荷马也了解这个说法。但是，由于这个不像他所用的另一个那样适宜于他的叙事诗（ἐποποιίην），⑥他便故意放掉这个，同时表明他也知道这个说法。（2.116.1）

这是希罗多德对荷马的总体评价。荷马同时了解两个版本的故事，"海伦在特洛伊"与"海伦在埃及"。但是，由于"海伦在特洛伊"的故事更适合他的叙事诗，他便没有采用"海伦在埃及"的故事，但同时，他又表明自己知道后一个故事。荷马的"既泄露又不曾泄露真相"[10](P169)的笔法没有逃过希罗多德这位细心读者的眼睛。在普通读者看来，荷马的叙事诗讲的就是"海伦在特洛伊"这个版本。希罗多德是怎么发现荷马也知道另一个版本的呢？

希罗多德引用《伊利昂纪》中的四行诗（6.289-292），表明亚历山大带着海伦到过腓尼基的西顿（Σιδών）：

> 内有精编细织的袍子，西顿女人的
> 活儿，神样的亚历山大亲自把她们
> 从西顿带来，航行在宽广的大海上，
> 同一条路把出身高贵的海伦带回来。

希罗多德说荷马提到此事是"在狄奥墨得斯的战功（Διομήδεος ἀριστείη）那里"（2.116.3）。但如今只有《伊利昂纪》第5卷称作"狄奥墨得斯的战功"，因此，希罗多德显然不知道后来分为24卷的做法。[11](P224) 不过这一点无伤大雅。这几行诗在《伊利昂纪》中的语境是，特洛伊人在战场上处于下风，赫克托尔（Ἕκτωρ）听从鸟卜师赫勒诺斯的话，回城让母亲拿出那件最美丽、最宽大的袍子，盖在雅典娜的膝头上，向她许愿，请她把狄奥墨得斯挡回去；赫卡柏（Hecuba）便下到那拱形的储藏室，"内有精编细织的袍子……"，她从中取出一件最漂亮、最宽大的绣花袍子，作为献给雅典娜的礼物。

这几行诗属于插叙，在荷马那里是为了说明那些袍子的来历，希罗多德则引以表明荷马知道亚历山大到过西顿。希罗多德十分熟悉古希腊的诗歌传统（见2.156.6、6.52.1），这里又是一个例子：希罗多德能在将近16000行的《伊利昂纪》中，找出这四行来支持自己的看法。实际上，荷马在《伊利昂纪》中仅三次提到西顿，除了希罗多德引诗中的这两次，另一次在 23.743；一次提到埃及，在 9.382。[12](P3-12) 唯有这四行诗与希罗多德此处的论述相关，他的结论似乎也据此得出：

> 在这些诗行中，他表明他知道亚历山大漫游到埃及这件事；因为叙利亚与埃及接壤，而腓尼基人——西顿是他们的——就住在叙利亚。（2.116.6）

大前提：西顿是腓尼基人的城市，腓尼基人住在叙利亚，叙利亚与埃及接壤；小前提：亚历山大到过西顿；结论：亚历山大到过埃及。这个推理似乎并不严谨，西顿尽管离埃及不远，但毕竟不是埃及。但是，在传世的《原史》文本中，希罗多德在得出结论前还引过两处《奥德修斯纪》。只不过，由于这两处引文似乎与结论关系不大，校勘家和注释家倾向于认为这两节（2.116.4-5）是后人窜入。[7](P325) 现代学者一方面以自己的先入之见怀疑乃至删削希罗多德的文本，另一方面又指责希罗多德的推理不够严密。实际上，只有把两处引自《奥德修斯纪》的诗句考虑在内，才能顺理成章地得出上述结论。

一处是《奥德修斯纪》4.227-230：

> 宙斯的女儿拥有这般神奇的良药，
> 乃托昂的（Θῶνος）妻子埃及女波吕达姆娜（Πολύδαμνα）相赠，
> 那里长谷物的大地带来各种草药，
> 混合之后许多有益，许多则有害。

此处，宙斯的女儿即指海伦。奥德修斯之子特勒马科斯（Τηλέμαχος）听从涅斯托尔（Νέστωρ）的建议，与涅斯托尔之子佩西斯特剌托斯（Πεισιστράτος）同来探访墨涅拉奥斯。宾主相见，谈起往事不免叹息哭泣。这时海伦心生一计，把一种可以使人忘忧的药滴到他们的酒里。上引的四行诗即用以解释这种药的来历：此药乃托昂的妻子、埃及女子波吕达姆娜所赠。这说明海伦到过埃及。熟悉荷马的读者马上会想到，在这四行诗之前不久，墨涅拉奥斯曾告诉来客，自己历经艰辛和漂泊，在第八年始得返回家乡，到过的地方包括腓尼基、埃及和西顿（4.81-84）。因此，希罗多德引用的这四行诗也间接表明墨涅拉奥斯也到过埃及。

一夜安眠后，墨涅拉奥斯问特勒马科斯为何而来，特勒马科斯便把此行的目的相告：求问父亲的音讯。墨涅拉奥斯承诺将如实相告，随即从自己在埃及的滞留讲起：

> 我一心思归，但诸神仍把我留在埃及，
> 只因我没有向他们献上完整的百牲祭。（4.351-352）

这正是希罗多德所引的另一处《奥德修斯纪》，直接表明墨涅拉奥斯到过埃及。按墨涅拉奥斯自己的说法，他的滞留之地准确地说是埃及对面的法罗斯岛。正当墨涅拉奥斯因没有顺风而一筹莫展之际，海中老人普罗透斯的女儿埃伊多特娅指引他如何抓住这位不死的埃及人。墨涅拉奥斯从普罗透斯口中得知自己滞留的原因乃是未向诸神献上百牲祭,且献祭必须在埃及河流的流水岸边举行。墨涅拉奥斯告诉特勒马科斯的奥德修斯的行踪,也是普罗透斯所说。最后,墨涅拉奥斯回到埃及,向诸神献上百牲祭,才得以返回家园。相比于4.81-84,这两行诗更直接、具体地表明墨涅拉奥斯的埃及之旅,且墨涅拉奥斯的献祭与希罗多德将要转述的埃及祭司的后一半说法相关。

引自《奥德修斯纪》的两处诗句及其语境表明,海伦和墨涅拉奥斯都到过埃及;引自《伊利昂纪》的诗句则表明,亚历山大带着海伦到过西顿。这中间的联系是什么?希罗多德在引诗之前只提到"亚历山大的漫游"(2.116.2),在引诗之后则得出结论说"亚历山大漫游到埃及"(2.116.6),结论中的"埃及"只能来自希罗多德所引的《奥德修斯纪》。因此,不能把引用《奥德修斯纪》的两节视为后人窜入。此外,我们不能忘记,希罗多德引诗最终是为了表明荷马也知道"海伦在埃及"这个版本的故事。墨涅拉奥斯在特洛伊战争结束后为何去埃及?荷马并没有明确解释。根据希罗多德的阐释,荷马其实暗中表明墨涅拉奥斯去埃及是为了接回海伦。既然海伦在埃及,那么亚历山大带着她不止到过西顿,也到过埃及,因为西顿离埃及并不远——这正是希罗多德的结论。

或许有人会问:希罗多德引用的诗句,不也适用于"海伦在特洛伊"这个版本吗?就算亚历山大带着海伦到过埃及,他不能继续带着海伦来到特洛伊吗?墨涅拉奥斯不可以在特洛伊夺回海伦,又带着她在回家途中偶然(也许由于风向)路过埃及吗?尤其"同一条路把出身高贵的海伦带回来",不正说明海伦到了特洛伊吗?面对这些问题,希罗多德或许会说:荷马讲的本来就是海伦在特洛伊的故事,我只是怀疑他也知道海伦在埃及的故事;由于前一个故事更适合他的叙事诗,他便把后一个故事隐藏起来,却又悄悄地表明自己同时知道这两个故事;我引用的这些诗行正是荷马可能泄露另一个故事的地方。

在此,有必要提及费林(Detlev Fehling)的惊人之论。在他看来,希罗多德提到来源的那些说法,其实几乎都出自他自己的杜撰。具体到海伦在埃及的故事,他认为希罗多德只不过以引自《奥德修斯纪》的两处诗句为基础,结合对斯忒西科若斯(Stesichorus,约前610—前540)的《悔罪诗》(Palinode)的理性化,打造出自己的版本。比如,埃及国王普罗透斯与《奥德修斯纪》中的海中老人同名,尼罗河口的守卫托尼斯的名字则源于《奥德修斯纪》4.228的托昂。斯忒西科若斯据传是赫西俄德之子,在他的《悔罪诗》中,去特洛伊的只是海伦的幻影(eidolon);据说,斯忒西科若斯一开始唱的也是海伦去特洛伊的故事,但遭到女神海伦的惩罚,双目失明,唱完《悔罪诗》后又立刻恢复视力(柏拉图,《理想国》卷九,586c;《斐德若》243a;比较伊索克拉底,《海伦颂歌》64)。对于希罗多德的故事并非源于埃及,费林给出的证据是:亚历山大的家奴把自己当作乞援人交给岸边的赫拉克勒斯神庙,其中体现的庇护权在埃及没有对应物;至于故事开头那座异乡阿佛罗狄忒的神庙,希罗多德的表达说明他一开始就认定这是海伦的神庙——这座庙到底属于谁,甚至是否有这么一座庙,对他来说并不重要。总之,希罗多德的版本太希腊。[7]

对于费林的观点,持反对意见者甚多,这里仅举普里切特(W. Kendrick Pritchett)为例。他的驳斥可谓针锋相对,对费林提出的每一条例证——予以反驳。在海伦故事上,普里切特多方引证,表明埃及祭司完全有可能熟悉希腊传奇,这便能解释这个故事的希腊

色彩。他引用的证据还表明，埃及甚至也有类似希腊的庇护权。[13](P63-71)

费林的观点固然激进，不过普里切特也有些矫枉过正。这个故事应该有埃及源头，但必然也经过希罗多德的加工才整合进《原史》。对本文来说重要的是，通过对荷马的阐释，希罗多德提出两个版本的海伦故事，并明确表示自己认可海伦在埃及的版本。为此，他还需说明海伦根本不在特洛伊。不过，在给出自己的理由之前，希罗多德先接上埃及祭司的后一半说法。

三　海伦在埃及

希罗多德问那些祭司："希腊人就发生在伊利昂的事情所说的话，是不是虚妄的（μάταιον）故事。"（2.118.1）希腊人的说法主要就是荷马叙事诗中的说法，希罗多德显然对此抱有怀疑。

祭司们称经过多方探究（ἱστορίῃσι）知道自己的说法源自墨涅拉奥斯本人（2.118.1），即事情的亲历者，比荷马还要早的权威。根据这种说法，希腊大军在伊利昂城下安营扎寨后，先派使者进城，墨涅拉奥斯也在其中：

> 这些人进入城墙之后，要求交还海伦以及亚历山大偷走的钱财，还要求对这些不义之举加以赔偿。但忒乌克洛伊人（Τευκρῶν）一再说同一个说法，有时发誓有时不发誓，即他们既没有海伦，也没有那些所谓的钱财，这些全在埃及，而他们没法正义地（δικαίως）为埃及国王普罗透斯拥有的东西付出赔偿（δίκας）。（2.118.3）

"忒乌克洛伊人"即特洛伊人，希罗多德常用前者而罕用后者。这是当事的另一方的说法，即海伦和那些钱财都在埃及，他们"没法正义地为埃及国王普罗透斯拥有的东西付出赔偿"。特洛伊人的说法与埃及人的相同，而不同于希腊人的说法。但不管特洛伊人说的时候发不发誓，希腊人都不相信；再加上"正义地"与"赔偿"词根相同，希腊人觉得对方在拿他们开玩笑。于是，围城不可避免。但直到希腊人攻破城墙，海伦都没有出现，只听到跟先前相同的那种说法。希腊人这才相信，便派墨涅拉奥斯去普罗透斯那里。

墨涅拉奥斯到达孟菲斯后，在那里"说出那些事情的真相，不仅享受到盛大的客谊，还得到毫发无损的海伦，以及他的所有钱财"（2.119.1）。与埃及人的好客（因而敬神）相反，重新得到海伦的墨涅拉奥斯却像劫走海伦的亚历山大一样，做了"不为神所许之事"。原来，他打算离开时，为没法航行的天气所阻，于是，"他抓来两个本地人的孩子，把他们用作牺牲"（2.119.3）。与《奥德修斯纪》中的说法相同，墨涅拉奥斯要离开埃及时曾为天气所阻。不同之处则在于，墨涅拉奥斯告诉特勒马科斯，他向诸神献上的是百牲祭；而根据埃及祭司的说法，墨涅拉奥斯献的是人祭！从埃及祭司的说法来看，要么荷马在说谎，要么荷马笔下的墨涅拉奥斯在对特勒马科斯说谎。

埃及祭司的说法止于因这一勾当而遭到憎恨和追逐的墨涅拉奥斯坐船逃往利比亚（Libya）。希罗多德本人认同埃及版本的故事：

> 至于我，我本人认同这个讲海伦的说法，因为我是这么考虑的：要是海伦在伊利昂，她肯定会被交给希腊人，不管亚历山大到底愿不愿意。(2.120.1)

希罗多德强调这是他自己的看法，他给出的理由是：

> 因为，普里阿摩斯（Πριάμος）和他身边的其他人定然不会如此精神错乱，竟愿意以他们自己的身体、他们的孩子以及城邦犯险，好让亚历山大与海伦同居。就算在最初的时候他们这么想，那么，当许多别的特洛伊人在与希腊人交战时被杀死，且在每次战斗中都有普里阿摩斯本人的两三个、甚至更多个儿子阵亡（如果那些叙事诗所言可据），就算普里阿摩斯本人与海伦同居，他也会把她交给阿凯亚人（Ἀχαιοῖσι），以摆脱注定要降临的祸殃。实际上，王位不会传给亚历山大，那样的话在普里阿摩斯的老年管事的就会是他；而是赫克托尔，比他更年长且更具男子气，将在普里阿摩斯去世后继承王位。他不会允许［把国事］托付给这个行不义的弟弟，尤其由于此人给他自己和其他所有特洛伊人招致这些大祸。(2.120.2-4)

从中可析出六点原因：第一，如果海伦在特洛伊，普里阿摩斯和他身边的人会因大家面临的危险而把她交出来；第二，普里阿摩斯如果真的在每次战斗中都要失去多个儿子，他不会不交出海伦；第三，就算普里阿摩斯本人与海伦同居，面对这种祸殃他也会把她交给希腊人；第四，普里阿摩斯就算年老，摄政的也不会是亚历山大；第五，将要继承王位的不是亚历山大而是赫克托尔；第六，若赫克托尔摄政，他不会让亚历山大胡来。[12](P6) 总之，海伦如果在特洛伊，特洛伊人为避免城毁人亡，无论如何都会把海伦交出来。

无疑，希罗多德重构的海伦故事更加可信、合理。[14](P225-226) 希罗多德不仅自己不相信荷马的版本，他甚至暗示荷马本人可能也不相信自己的版本，只不过那个版本更适合他的叙事诗。进而，希罗多德也暗示，荷马作为诗人可以那么做。或许可以说，荷马呈现的是"诗性真相"，希罗多德则要揭示其中的"历史真相"。[15](P13-28) 正是在与荷马的关系中，希罗多德为自己的作品谋得一席之地——比荷马更真的真相。那么，在新的海伦故事中，真相是什么呢？希罗多德在上述分析的最后说：

> 然而，他们确实没有海伦可交出，希腊人也不相信他们在说真相。如我自己正在阐明的看法，这是神意使然（τοῦ δαιμονίου παρασκευάζοντος），他们的全然毁灭向人表明这一点：对于重大的不义之举，来自诸神的惩罚也是重大的。对此，我这么看，也这么说。(2.120.5)

在希罗多德看来，引起战争的原因在于，特洛伊人说了"真相"但希腊人不信——这样一来战争的原因本身似乎变得荒诞可笑。重述海伦故事时，希罗多德三次提到"真相"一词（另见上引 2.115.3 和 2.119.1），可见他极为重视这件事的真相。[16](P52-61) 不过，对希罗多德来说，仅仅指出海伦在埃及这个真相恐怕还不够，更重要的乃是探究"人间渺小和伟大的城市"为何兴衰沉浮（1.5.3-4）。具体到特洛伊这个昔日伟大、如今"全然毁灭"的城邦，希罗多德说这是"神意"想借此向人表明"对于重大的不义之举，来自诸神的惩罚也是重大的"。换言之，这是示范性的惩罚（exemplary punishment），是正义的符号（symbol）。[9](P49)

根据希罗多德的"神义论"，人生活的世界受"正义"这一宇宙法则支配，万物都遵循这一法则，各有其时间、地点、固定的边界或限度；人必须承认这一框架，按此行事者为正义之人，受神青睐，否则为不义之人，将受到神的惩罚。[7](P233)有人就希罗多德此处的说法提出疑问：这一遭到诸神惩罚的重大不义，到底是什么呢？亚历山大劫走海伦和钱财？但他已经将之留在埃及。希腊人的不信？但这恐怕算不上大的不义，"他们的全然毁灭"中的"他们"应该没算上希腊人。或者还有别的重大不义？[12](P6-7)在希罗多德的海伦故事中，除了最后的"神意"，诸神并未直接干预，其中的动机都是人的动机，特洛伊战争全然成了一场人祸，因而成为理性探究的对象。[17](P135-136)最可能的不义者仍然是亚历山大，尽管按希罗多德的版本他没能把海伦和钱财带到特洛伊，但他的行为已然构成不义和不敬神。一座城可因一个人的罪恶而毁灭，这种道德观在希罗多德之前就有——赫西俄德说过，"往往一个坏人祸及整个城邦"。[18](P138)希罗多德倾向于海伦在埃及的版本，部分基于可信与合理，部分也由于这个版本符合他的道德观。[19](P146-152)

希罗多德的荷马阐释，与其说是为了批评荷马的版本不真，不如说是为了表明该版本不适合希罗多德的论述，就像另一个版本不适合荷马的叙事诗。[20](P1-13)希罗多德没有完全摒弃荷马，只表示他的探究可以提高我们对荷马的理解，从而挖掘出其中隐藏的真相。[21](P110-118)通过阐释荷马，希罗多德是否在透露他本人的笔法？毕竟，是希罗多德而非荷马明确提出存在两个版本的海伦故事。希罗多德也讲一些看似不经的故事，并明言自己不相信那些故事。既然不信，他为什么还要讲呢？由此他想告诉我们什么？他是否也在实践"既泄露又不曾泄露真相"的笔法？他通过引证荷马叙事诗中的多处诗句，发掘出另一个版本的海伦故事。这是否提示我们，在阐释希罗多德时，也要结合不同位置的文本，从而找到他不便明说却又意欲传达的真相？我们没有理由怀疑，他阅读荷马的方法正是他希望我们阅读他自己的文本的方法。

如果说荷马的叙事诗呈现出某种"诗性真相"，那么，希罗多德的叙述则更接近特洛伊战争的"历史真相"。在这一对比中，希罗多德为自己的作品谋得一席之地——提供比诗更真的真相。这一对比在希罗多德与埃斯库罗斯（Αισχύλος，前525—前456）的关系中更加明显。

在埃斯库罗斯的《波斯人》（Persians）一剧中，萨拉米斯海战的交战双方——希腊和波斯——呈现为白天与黑夜、光明与黑暗的对比。而且，与希腊人的有序和团结不同，波斯人一触即溃，甚至没有共同的语言。另外，在埃斯库罗斯笔下，波斯人的失败是神意使然，诸神不会让一个人同时统治亚细亚和欧罗巴。在波斯战争结束后不久上演的这部剧中，埃斯库罗斯通过突出希腊与波斯的对立，尚可以高扬"泛希腊精神"。

至希罗多德写作的时代，这种精神已不复存在。他生活在波斯战争后雅典与斯巴达为争夺统治权而相互斗争的时代，当代发生的事情明显反映在他叙述的那场过去的萨拉米斯海战中。在希罗多德笔下，没有整体的希腊人，只有雅典人、埃吉纳人、科林多人等，且他更注重对个体人物的刻画。在战后对这场战斗的解释中，雅典人与埃吉纳人、科林多人的说法都不相同，其中已然埋伏着后来导致佩洛璞斯岛战争的危机。

埃斯库罗斯把对萨拉米斯海战的描述放在波斯信使的口中，是从波斯视角来看这场战斗，尽管诗人本身站在希腊的立场上。相比之下，希罗多德则更加"客观"，他的叙述分为波斯和希腊两个视角，且篇幅接近。希腊人固然作战英勇，波斯方面也并非没有值得称道的事迹。波斯人的失败并非源于缺乏勇气，而在于乱了阵脚。哈利卡尔纳索斯女王阿尔忒弥西亚的"狡计"则是一段奇异的插曲：在一片混乱中，她灵机一动击沉友军的船，不仅摆脱敌人的追击，还得到不明真相的克瑟尔克瑟斯的赏识。希罗多德分别从波斯和希腊两个视角叙述这段插曲，才把事情说清楚。反过来看，这段插曲表明，哪怕战争的当事人，也难以正确地分辨敌友、弄清真相。

另外，与埃斯库罗斯不同，希罗多德对神意的作用持谨慎态度。尽管他提到埃阿科斯家族、雅典娜神庙附近的快船、一个女人的幻影，但这些皆非他以自己的口吻说出，说明他对此存疑。实际上，希罗多德基本把神意排除在外，海战的胜负主要取决于人的因素。

用亚里士多德的诗史之争来总结的话，荷马和埃斯库罗斯言说的是"根据看似如此或必然如此可能发生的事"，希罗多德则叙述"已经发生之事"和"个别之事"。希罗多德的这种叙述方式，更接近历史的真相。但希罗多德想要传达的历史真相，并非如实证史学要求的那样把战争的方方面面一五一十地呈现出来——这一点本身能否做到尚成问题。希罗多德对战争的思考，无论是特洛伊战争还是波斯战争，最终都要通过叙述表达出来。分析他的叙述，要求我们像他自己阅读荷马那样阅读他。

注释：

① 旧译《历史》。鉴于希罗多德的标题 ἱστορίη 更具"探究"之义，本文采用刘小枫先生的译法，将希罗多德的著作称为"原史"，"原"即穷究本源之意。详见刘小枫《略谈希罗多德的叙事笔法》，《国外文学》2006 年第 2 期。另见刘小枫编《凯若斯》，华夏出版社，2003，第 27 页；刘小枫选编《古典诗文绎读·西学卷/古代编》（上），李世祥、邱立波等译，华夏出版社，2008，第 161 页；阿威罗伊《论诗术中篇义疏》，巴特沃斯英译，刘舒汉译，华夏出版社，2009，"中译本前言"，第 11—12 页；刘小枫《比较古典学发凡》，复旦大学出版社，2015，第 43 页。希罗多德的"探究"与荷马和伊奥尼亚思想的关系，见张巍《希罗多德的"探究"——〈历史〉序言的思想史释读》，《世界历史》2011 年第 5 期；比较吴晓群《论希罗多德的"探究"是何以成为"历史"的》，《世界历史》2013 年第 3 期。

② 希罗多德用 λόγος 这个词同时指他的整部作品、其中的主要部分以及个别故事，见 Oswyn Murray, "Greek historians", in John Boardman, Jasper Griffin & Oswyn Murray eds., *The Oxford History of the Classical World*, Oxford University Press, 1986, pp.186-203。这里显然指第三种情况，"埃及故事"包括整个第二卷。

③ 本文不涉及希罗多德与高尔吉亚《海伦颂》的互文关系，相关论述可见郭涛《文本与历史的对

话：希罗多德〈历史〉的海伦叙事》,《历史研究》2020 年第 6 期。郭涛借此指出，要同时注重文本的历史语境和文学语境；希罗多德的海伦叙事，是在历史和文学两个世界与他的语境展开竞争和对话。

④ 本文所引《原史》，均由笔者据最新的校勘本移译，章节划分亦以此本为准：N. G. Wilson ed., *Herodoti Historiae*, 2 vols., Oxford University Press, 2015。此书需配合校勘记使用：N. G. Wilson, *Herodotea: Studies on the Text of Herodotus*, Oxford University Press, 2015。2.112.2 指《原史》第二卷第 112 章第 2 节；若只标 2.112，则指第二卷第 112 章。余可类推。本文引用《原史》仅标注卷、章、节号。需注意，分卷、章、节乃后人所为，对指示文本中的位置而言必不可少，不过未必尽符合希罗多德自己的划分。

⑤ 埃及人叫宙斯"阿蒙"，见 2.42.5。

⑥ 旧译"史诗"。由于希罗多德与荷马之争涉及史与诗之争，史诗二字连用恐引起混淆，故本文把这个词译作"叙事诗"。

⑦ 详见 D. Fehling, *Herodotus and His 'Sources': Citation, Invention and Narrative Art*, J. G. Howie（trans.）, Francis Cairns, 1989（Originally published as *Die Quellenangaben bei Herodot*, De Gruyter, 1971）, pp.59-65；另见 C. W. Fornara, *Herodotus: An Interpretive Essay*, Clarendon Press, 1971, p.20。斯忒西科若斯的《悔罪诗》，见 Stesichorus, *The Poems*, edited with introduction, translation, and commentary by M. Davies & P. J. Finglass, Cambridge University Press, 2014, pp.123-126, 299-343; Norman Austin, *Helen of Troy and Her Shameless Phantom*, Cornell University Press, 1994, pp.90-117。后者对从荷马到欧里庇德斯的海伦形象作了详细梳理，其中希罗多德的海伦故事见第 118—136 页。

参考文献：

［1］程志敏. 荷马史诗导读［M］. 上海：华东师范大学出版社，2007.

［2］Jessica Priestley & Vasiliki Zali（eds.）. *Brill's Companion to the Reception of Herodotus in Antiquity and Beyond*［C］. Leiden and Boston: Brill, 2016.

［3］Martin L. West（ed. and trans.）. *Homeric Hymns. Homeric Apocrypha. Lives of Homer*［C］. Cambridge: Harvard University Press, 2003.

［4］A. J. Woodman. *Rhetoric in Classical Historiography: Four Studies*［M］. London: Routledge, 1988.

［5］John Marincola. "Ὁμηρικώτατος? Battle Narratives in Herodotus"［A］, in Ewen Bowie（ed.）, *Herodotus - narrator, scientist, historian*［C］. Berlin: De Gruyter, 2018.

［6］C. Pelling. "Homer and Herodotus"［A］, in M. Clarke and others（eds.）. *Epic Interactions: Perspectives on Homer, Virgil, and the Epic Tradition Presented to Jasper Griffin by Former Pupils*［C］. Oxford: Oxford University Press, 2006.

［7］David Asheri, Alan Lloyd & Aldo Corcella. *A Commentary on Herodotus Books I-IV*［M］. Oxford: Oxford University Press, 2007.

[8]〔古希腊〕荷马. 伊利亚特[M]. 罗念生、王焕生译. 上海：上海人民出版社，2012.

[9] Seth Benardete. *Herodotean Inquiries*[M]. Hauge: Martinus Nijhoff, 1969.

[10] 刘小枫. 巫阳招魂：亚里士多德《诗术》绎读[M]. 北京：生活·读书·新知三联书店，2019.

[11] W. W. How & J. Wells. *A Commentary on Herodotus*[M]. Vol. 1, Oxford: Clarendon Press, 1928.

[12] Neville. "Herodotus on the Trojan War"[J]. *Greece and Rome*, 1977（24）.

[13] W. Kendrick Pritchett. *The Liar School of Herodotos*[M]. Amsterdam: Gieben, 1993.

[14] J. Marincola. *Authority and Tradition in Ancient Historiography*[M]. Cambridge: Cambridge University Press, 1997.

[15] John Marincola. "Herodotus and the poetry of the past"[A], in C. Dewald & J. Marincola (ed.), *The Cambridge Companion to Herodotus*[C]. Cambridge: Cambridge University Press, 2006.

[16] Virginia Hunter. *Past and Process in Herodotus and Thucydides*[M]. Princeton: Princeton University Press, 1982.

[17] Norman Austin. *Helen of Troy and Her Shameless Phantom*[M]. Ithaca and London: Cornell University Press, 1994.

[18] 吴雅凌. 劳作与时日笺释[M]. 北京：华夏出版社，2015.

[19] A. Ford. *The Origins of Criticism: Literary Culture and Poetic Theory in Classical Greece*[M]. Princeton: Princeton University Press, 2002.

[20] C. R. Ligota. "'This Story Is Not True.' Fact and Fiction in Antiquity"[J]. *Journal of the Warburg and Courtauld Institutes*, 1982（45）.

[21] B. Graziosi. *Inventing Homer: The Early Reception of Epic*[M]. Cambridge: Cambridge University Press, 2002.

重返柏拉图式哲学比喻的准备

娄 林[*]

摘 要：世界并不是依照某种固定的结构等待人的揭示，而总是以整体的"混沌"既显又隐地呈现。在柏拉图关于整体的哲学探究里，对世界的理解、对世界与探求世界者的关系的理解以及如何传达这些理解等关键性问题，常常与他的比喻笔法直接相关。尼采和海德格尔激活了被现代哲学遗忘的这种哲学及其表达方式。本文从现代学者依旧存留的比喻痕迹出发，并通过对海德格尔关于柏拉图的课程讲稿的粗略勾勒，试图为重新回到柏拉图式的比喻做些预备性的工作。

关键词：比喻；混沌；柏拉图；海德格尔

力图理解并解释世界是哲学的永恒动力，而"世界的总体特征却是永恒的混沌（Chaos）"，[1](P192)我们只能依据已有的视野尝试接近那个难以把握的整体世界。更大的困难是，较低的视野如果不经过上升，必然难以理解更高视野中的认知。为了克服这个困难，柏拉图常常采用比喻的写作手法引导这一从低到高的探究历程。海德格尔曾经做出一个精确的描述：

> 因此，柏拉图凡在就哲学想要谈及某种最终的或本质性的东西的地方，他就以比喻的方式来说，或者给我们面前设立某种感性形象，这样做，有其内在的必然性。不是说他对于事情还不清楚，而是对它们根本无法描述或证明这种情况，柏拉图有着超清晰的认识。[2](P18)①

柏拉图有着清晰的认识，不代表后世的阅读者能够即刻得到同样清晰的认识，比喻作为引导的意义也正在于此。在海德格尔看来，柏拉图这种写作技艺，是西方思想开端处最有力量的思考方式：

> 某种比喻、某种象征（eines Gleichnisses, eines Sinnbildes）的表现，……将我们引向那种——通过虽然很真实的单纯描述仍根本无法理解的东西，还引向那种通过虽然很严格而合理的不受约束的证明，也同样无法得到理解的东西。[2](P18)

---

[*] 作者简介：娄林（1980— ），男，中国人民大学文学院讲师，研究方向为古典学和西方思想史。

这种难以理解的东西即世界的"混沌",它需要比喻的指引,指向某种必然性:世界的真理本身与探求真理的人相关的必然性。柏拉图对话所具有的鲜活和辩证法正是指向了理解这种混沌的恰当方式。反柏拉图的尼采其实恰恰在这一点上返回了柏拉图。在《快乐的科学》中著名的"上帝之死"(125节)之前的一节,尼采写了一则倾覆华盖般的比喻:"我们离开了陆地,乘船远航!……你备受对陆地的眷恋的煎熬,似乎在那里有更多的自由,可陆地已不复存在!"[1](P207-208) 陆地这种稳定的根基意味着尼采以"上帝"为比喻的西方传统哲学和政治根基——一种具有长期传统和正当性的视野,但经过现代启蒙,它已经彻底动摇了。尼采没有陷入对稳固秩序的怀乡,也没有受到对"陆地眷念"的煎熬,反而以海洋作为更广阔的人类精神可能的比喻:"另一个世界尚待发现,而且不止一个!上船吧,哲人们!"[1](P275)② 陆地意味的恒定秩序,比喻着秩序、形式或者某些结构井然的知识,而海洋、无数的海洋、"无数的黑色星球"证明了这些结构和知识在理解整体时的无力。尼采借助比喻让我们尝试接近"永恒的混沌"。

一 名不副实的疾病隐喻

尼采本来的期待是,现代打破传统的根基之后,可能出现一种"开放海洋":"我们的航船再度起航,面对重重危险;我们再度在知识领域冒险;我们的海洋再度敞开襟怀,如此'开放的海洋'堪称史无前例。"[1](P324) 然而,历史迎接的却是贫乏的时代。现代技术和技术所对应的哲学和文化已经无比明确地控制着各种学科,甚至于控制了对人的规定。所谓"混沌",反而被切割为一片片狭窄的陆地。

即便如此,作为人与世界之间关联的比喻也从未离开,这一点在后现代哲学中体现得尤为明显。无论从基本的语文意义上来说,还是就哲学探究层面来讲,隐喻都是比喻的一种。至于以"疾病"为喻的做法,柏拉图早就以疾病来比喻政治生活之疾。不同之处在于,柏拉图以疾病为比喻,是为了指向精神的健康和政治体的健康,而苏珊·桑塔格则以疾病——尤其是肺结核、癌症和艾滋病——为喻,试图探究人本身,尤其是现代生活中的人与社会的紧张关系,试图洞察当代人类世界的某种本质,最终甚至否定了政治本身。其总结说:

> 我们关于癌症的看法,以及我们加诸癌症之上的那些隐喻,不过反映了我们这种文化的巨大缺陷:反应了我们对死亡的阴郁态度,反映了我们有关情感的焦虑,反映了我们对真正的"增长问题"的鲁莽的、草率的反应,反映了我们在构造一个适当节制消费的发达工业社会时的无力,也反映了我们对历史进程与日俱增的暴力倾向的并非无根无据的恐惧。[5](P77)

癌症作为一种隐喻,反映了现代人对死亡、对自身情感、对现代生活方式本身的恐惧和阴郁态度。疾病的对立面是健康。"现代疾病隐喻使一个健全社会的理想变得明确,它被类比为身体健康,该理想经常具有反政治的色彩,但同时又是一种新的政治哲学的呼吁。"[5](P68)这个语境里的"反政治"很难理解,桑塔格的意思似乎是,现代疾病隐喻不"自然":"存在一种与日俱增的倾向,把任何一种自己不赞成的状况都称作疾病。本来被认为像健康一样是自然之一部分的疾病,成了任何一种'不自然'之物的同义词。"[5](P67)

疾病隐喻恰恰是一个契机,可以让我们摆脱这种现代文化和政治的整体暴力。在桑塔格看来,这种整体暴力纵贯古今:

> 秩序是政治哲学最早关切的东西,如果把城邦政制比作有机体是行得通的话,那么把国家的失序比作疾病,也行得通。那些把政治混乱比作疾病的古典表达方式——自柏拉图以降,一直到霍布斯——把关于均衡的古典医学(以及政治)观念作为自己的预设前提。[5](P68)

姑且不论桑塔格把霍布斯和马基雅维利都称之为古典观念的奇特用法,她的用意不难理解:理性(无论是古典理性还是现代理性)构建的政治秩序,是对疾病——当然最终指向是患病的人——的暴政。现代政治更是把疾病视为必须惩罚的对象的标志,[5](P77)"使用癌症隐喻,就等于是说,这个政治事件或者这种政治状况是一种彻头彻尾的邪恶,是一种无法改变的邪恶"[5](P73)。

于是,癌症病人必然要被驱除,"癌症成了那些拥有极其可怕的能量的东西的一个隐喻;这些能量最终将损害自然秩序"。[5](P62)那么出于对"自然秩序"的维护,就应该最大程度治疗癌症,所以,癌症治疗过程中充斥了大量的军事比喻。[5](P59-60)这很可能就是基于一种"反自然"的自然秩序的正当性。桑塔格对这种"古典政治学"是不满的,对"新政治哲学"也是不满的,她要揭示一直存在的对疾病的知识和文化暴政。于是,我们就会产生一种明确的意义指向:疾病是理解西方政治社会和思想的一个关键比喻。

假设,我们不采用这种"暴政"对待癌症隐喻,或者按照作者自己的话说,"摆脱这些隐喻",[5](P5)自然应该从相反的意义上采取行动。癌症所隐喻的内容,不应该被视为彻底的邪恶,甚至,癌症和疾病本身就属于桑塔格意义上的自然秩序。可是,作为一个政治比喻,癌症隐喻的喻体是什么呢?"在政治哲学的主流传统中,把国家失序类比为疾病。"[5](P69)这就是说,如果癌症作为一种政治哲学的隐喻,它所指向的政治目的将是一种不需要秩序的社会形态。与其说癌症隐喻是现代文化隐喻,不如说是桑塔格的个人观念传达。

桑塔格在写作第二篇《艾滋病及其隐喻》的时候就承认自己隐喻不当:"十年前当我写作那篇反对疾病隐喻的辩论文章时,为戏仿一下隐喻性思维的充满诱惑的魔法,一开篇就使用了一个草率的、华而不实的隐喻。"[5](P83)但她的更正做法不是彻底反思自己的思考和思考形态,而是将方向转向艾滋病。这虽然在实质上宣判了第一篇《疾病的隐喻》的无效,但是艾滋病取代了癌症的比喻位置又表明,她仍旧认可这种隐喻,即以疾病隐喻政治生活的方法并无不妥。所以当癌症这个喻体承担不起她的本体,于是她新写了一篇关于艾滋病的隐喻。[5](P89-90)③可是,倘若如此,这很可能成为一个无限的智力链条,喻体可

· 216 ·

以无限转换，诸如艾滋病、肺结核、瘟疫等，但本体没有改变，它仍是一种文化和政治的批判。这很容易沦为抽象与抽象之间的游戏。本质性的问题在于，喻体和本质之间必须真正具有本质性的关联，必须构建起思考和表象（thinking and representation）之间的真正联系，[6](P144)否则就会成为尼采所批评的："在本质上甚至是向一种不同领域和不同语言的隐喻式的、完全不可靠的转译。"[7](P22)

亚里士多德早就告诫过："隐喻应当从有关系的事物中取来，可是关系又不能太显著，正如在哲学里一样，一个人要有敏锐的眼光才能从相差很远的事物中看出它们的相似之处。"[8](P183)桑塔格基于个人的经验和视野展开思想，当然是思想的常态。比喻总是从我们身边的生活经验开始，逐渐接近真理，乃至于理解世界的"混沌"。但是，疑难在于，某个切己的生活瞬间经验或者思考，如果不踏上柏拉图所谓的向上探究之路，很可能穷尽到最后仍旧是一个个体化的问题，而难以进入真正的哲学深处。借用苏格拉底的提问就是，具体的个别没有超出自身，桑塔格只是在谈论一个特殊的疾病——即便最大程度上以这种疾病为比喻，但终究不是面对疾病本身（参《泰阿泰德》147b-c）。

二 列维-施特劳斯的奇迹时刻

尼采也经常承认自己患上了现代病，但他认为自己已经康复，获得了健康："为了达到新的目的，我们需要一种新的手段，即新的健康，它比迄今的一切健康更强健、更坚韧、更精明、更大胆、更快乐。"[1](P393)与尼采相比，我们当然可以说，桑塔格最终还是栖居于她的狭窄陆地，因为桑塔格只是谈及一种表象，她从未真正反思过自己的思考方式。我们更需要寻找到亚里士多德所说的真正具有哲学上的相似之处的比喻，比如，某个著作家或者作品可以作为例证，他或者这部作品开始反思自己作为一个现代学者或者现代学术的思考方式本身。如此说来，比喻就不仅仅限于名词，更指向一个运动。如果一个运动自身具有某种整体性，就更有可能成为一个指向某个本质的比喻。

人类学家列维-施特劳斯记录过自己的一次精神运动。在《忧郁的热带》第三十七节"奥古斯都封神"一节中，他由自我怀疑的生命经验出发，制造了一个恰当的比喻，而非修辞性的联想："我已不需要全面性完整性的刺激，就能引发某些情感：一点提示，一点隐喻，某些形式的一点预示，就已经足够。"[9](P491)施特劳斯隐喻的是，随着自己的现代学术研究的进一步深入，他反而陷入对这种学术和自己的精神生活的深刻怀疑。

在巴西进行人类学的田野调查时，他如此表达这份自我怀疑，"人类学研究的本质究竟是什么？"[9](P488)人类学家离开自己的文化，对不同于自己文化的世界进行观察，进行所谓的田野调查，究竟有什么真正的意义？仅仅为了某种客观？当然他最终克服了这个危机，不过他的克服方式很独特。作为人类学家，列维-施特劳斯写了一个剧本，一个从未发表的剧本，标题为《奥古斯都封神记》，剧本取材于法国古典文学大师高乃依的《桑纳》（Cinna），剧中的主要人物是奥古斯都和桑纳。所谓"奥古斯都成神"，是古罗马的一种政治制度：

> 奥古斯都氏王朝所有皇帝都迫切地感到需要巩固他们的权力，需要在单纯的法律基础以外替他们的权力找寻更多的基础。……奥古斯都的继承者们，特别是卡利古拉和尼禄，一再努力倡导对皇帝的宗教崇拜并使之成为一种国家制度，其道理就在于此……使皇帝具有神性……这些办法的目的正是要把帝国国民的宗教感情同在世的皇帝本身联系起来。[10](P121-122)④

这种制度最早起源于亚历山大开启的东方传统，作为有死凡人的帝王以这种方式达到了人可能达到的最高可能。奥古斯都是罗马世界——作为文化和政治的整体世界——的最高可能，而桑纳是一位试图摆脱罗马文明的隐修者，一个放逐者。但这只是比喻的第一层，鉴于施特劳斯此时的自我怀疑，我们很容易看出进一步的对应：奥古斯都相当于施特劳斯身处其中的西方现代文明最高点，而桑纳则是他本人的影子。桑纳这个形象在剧本中的矛盾在于，他本身怀有放逐于罗马文化之外的意图，可是放逐却又带来荣誉，一种罗马文明会认可的荣誉，于是，他的放逐似乎就是为了回归罗马本身。意识到这一点之后，桑纳的矛盾反而更甚。一方面，他自觉放逐于罗马之外，"没有任何一个人类心灵，甚至连柏拉图的心灵包括在内，能够想象世界上所有花卉和叶子的无限多样性，而我就是要知道这一点；我将要搜集恐惧、寒冷、饥饿和疲惫引起的感觉……我深信我将因此而在我自己和宇宙之间建立新的联系"[9](P495)。这个宇宙秩序只是"我自己和宇宙"之间的秩序，罗马社会的政治性因素要排除在外。这样，矛盾的另一方面就尖锐地凸显出来：由于排除了所属文化的属性，他非但没有建立起所谓新的联系，反而失去了一切："甚至最具人性的东西对我来说都变成不具人性的东西。"[9](P495)他由此陷入无尽的空虚。桑纳的荒野哲学探究或者超脱于文化之外的所谓客观性，反而让他丧失了人性。这个人性就是他所属的罗马文化对人应该如何生活的文化规定。

为了填满这种空虚，桑纳不得不回到原先自己所抛弃的东西："我便背诵埃斯库罗斯或索福克勒斯给自己听……［悲剧中的］每一个片段都令我想起灰尘满地的道路、炙烧过的草和沙子弄红的眼睛。"[9](P495)如果剧本在这里结束，将是一个奥德修斯式的返乡意象。施特劳斯还是决定再往前推进，他没有让自己笔下的桑纳接受这短暂的安慰，而是选择试图杀死奥古斯都，彻底解决自己的困境，也就是说，要杀死自己的文化象征，彻底切断他与自己文化之间的关联。可是，他这部剧本最终如何结尾，连他自己都忘记了。在下一章里，他甚至认为这个戏剧寓言只是显示了自己的"心理失调"。这个比喻可能比他以为的这种失调要更加复杂。

施特劳斯观察与自己社会无关的"原始部落"，人类学难道意味着一种对"自己所生所长的整个制度"的怀疑？[9](P488)作为如今的学术桂冠，人类学已经成为一种对自己文明和制度本身的怀疑，这等于说，现代学术研究和学术制度成了一个自我毁灭的游戏。当施特劳斯身处无意义的漩涡时，他不自觉地回忆肖邦，写作关于罗马的戏剧。按照他自己的说法，他此时头脑中所怀想的，"是那个我确信我已经扬弃否定掉了的文化其最平常无比的表现方式"[9](P491)。和桑纳一样，他不得不依靠自己文明的片段度过人生的艰难时刻。

可是，他的剧本和比喻似乎展现了一个和桑塔格类似的问题：我们在进行思考，无论是文化批评还是社会科学式的，总有一个比喻的裂隙。两个人的例子说明这种裂隙既与真实的个体思考有关，也与经由个体的生命瞬间指向最为根本的哲学思考有关。列维-施特劳斯的问题显然更加具有本质性：人类学可以替换为其他现代学科，或者现代学科背后的哲学基础，问题就成为：是否真的存在一种完全客观的与自己的文化制度无关的人文科学？或进一步追问：如果进行彻底的思考，人类学——或者任何一种人类思考形态——是否深思过自身，是否深思过知识本身？

三 海德格尔的现象学古典学

所有对于各种存在者的思考和它们的呈现形式，我们庶几都可以称之为"知识"。海德格尔在讲座课程《论真理的本质》中提过完全类似的问题。在他看来，学者们所关心的问题是"确定知识领域内的确定知识，以便去通观、洞察、统治（zu überblicken, zu durchschauen, zu beherrschen）这个领域"[2](P147)。但列维-施特劳斯内心产生的怀疑，正是对作为现代最高知识形式的科学知识的怀疑。更多的现代学者当然渴求"通观、洞察、统治"自己所属的知识领域，并且认为"知识究竟是什么——这完全是一个空洞的问题"[2](P147)。这恰恰是如今哲学最艰难的处境，各种科学和知识在具体的个别"可知事物领域之内"，已经出于各自的知识技艺"瓜分了全部的存在者，没有再给哲学特别地留下任何知识领域"[2](P147)。对一切存在者的追求的事实恰恰遗漏了"知识是什么"这个根本问题。

一般以为，海德格尔会由此阐发出他关于存在和存在者的艰涩论述，但是，即便在写作《存在与时间》时，海德格尔就已经开始借助柏拉图和亚里士多德的文本阐述自己的哲学，⑤他借助古希腊语词语和哲学文本的重新解释来构建自己的哲学，在这个意义上，我们可以认为他构建了一种现象学古典学。

其中的根本问题是，海德格尔为什么必须要借助古希腊的词语和哲学文本？早在1925—1926 年冬季学期关于柏拉图对话《智者》的讲稿里，海德格尔就给出阅读柏拉图应有的哲学准备。一方面，现象学开启了哲学的源初性："任何源始地进行哲学的活动都是鲜活的（lebendig）"。[11](P9)在这个意义上，海德格尔理解的现象学并不是胡塞尔所发起的一场现代哲学运动，而是意味着思考哲学者的源始哲学活动。另一方面，我们在希腊人那里恰好可以看见这种鲜活："我们刚好能够在希腊人那质朴、源始的思考中学习"；这种鲜活的呈现方式是不停地批判和检查："柏拉图对话在言谈和反驳的生命力（Lebendigkeit）上尤其适合于进行这样不断的批判和检查。"[11](P9-10)这无疑是说，柏拉图的对话写作方式和辩证法是一种古代类型的现象学。现象学和柏拉图的共通性在于哲学活动的源初性。[12](P555)海德格尔晚年在《我走向现象学之路》中更加明确地说：

> 意识行为的现象学所理解的现象的自身显现，在亚里士多德和整个希腊思想和希腊此在那里，被更源始地思为 Ἀλήθεια，即在场者的无蔽状态，它的解蔽，它的自我显现。作为担负着思的行为的现象学的研究所重新发现的东西，证明自己就是希

腊思想的基本特征，甚至就是哲学本身的基本特征。[13](P93-94)

海德格尔晚年的夫子自道指向了一个关键词真理（Wahrheit, ἀλήθεια）："这个词语道出了在眼下的情形中思想所关涉的东西，按柏拉图的说法，即事情本身（τὸ πρᾶγμα αὐτό）。"[13](P73) 真理问题对海德格尔的思想具有决定性意义，这一问题几乎主宰了海德格尔 20 世纪 30 年代的基本思考，尤其与柏拉图的洞穴喻有关。1930—1931 年冬季学期弗莱堡大学讲座课凝结为论文《柏拉图的真理学说》，文章成稿于 1940 年初；在 1931—1932 年冬季学期的课程"论真理的本质"中，海德格尔解读了柏拉图的洞穴喻和《泰阿泰德》；在 1933—1934 年冬季学期，他继续讲授了洞穴喻和《泰阿泰德》。关于晦涩、关于光照、关于自由等核心概念，都是通过对柏拉图洞穴喻的解释，海德格尔才获得了某种关于真理的真切理解。

在讲课时，海德格尔将柏拉图的洞穴喻分为四个阶段。在第一个阶段的囚徒困境中，海德格尔敏锐地发现，囚徒虽然只在阴影之中，却知道了 ἀλήθεια（按照他的翻译，译为"无蔽"）之物——当然并不完全。第二个阶段的囚徒得到突然的解放，却不能接受这种解放；海德格尔称此为"拉开了序幕的解放失败了"。[2](P37) 但是，这个失败却显示出一种独特的区分：人的此在的呈现。海德格尔引入了解释洞穴喻的关键词"自由"。第三个阶段，走出洞穴的囚徒真正懂得太阳是一切存在者的根源，这个阶段所发生的，被称之为"解放事件"，因为在太阳的光中，各种理念得以可能，但是海德格尔要保持理念在光、观看者和最高的善之间的直接关系，而不愿将理念设定为某种纯粹的或者客观之物，因为人的解放或者此在的解放的本质就在于这种去蔽的过程本身。返回洞穴的第四个阶段，海德格尔视其为解放的真正"完成"，因为真理不存在于某种一次性地出离洞穴，而是返回洞穴后与非真理的持续的面对与揭蔽的过程——这正是海德格尔后期经常提到的"命运"。

此处概述只是略呈其要，甚至不得不忽略许多关键性的考察，但我们已经发现，柏拉图的洞穴比喻在两个层面为海德格尔的真理理解提供了极为重要的思想根基：首先，真理的"去蔽"需要凭靠最高的善的"赋权"（Ermächtigung），海德格尔式的表达就是，"使存在本身和无蔽本身得以可能的东西，更准确地说：既将存在又将无蔽赋权给其真正的本质，柏拉图把这种赋权之物称为善（ἀγαθόν）"。[2](P104) 其次，洞穴中囚徒之出于洞穴，海德格尔尤其看重其中的解放和自由意味，也就是此在的本质，一种根本的时间性。

在现代哲学被科学化和技术化侵蚀的时代，海德格尔尝试通过西方源初哲学活动来重新激活哲学的可能性。虽然熟悉柏拉图的读者会发现，海德格尔的解释常常偏离了柏拉图的文本意图。但是，在海德格尔之前的整个现代哲学，没有哪位哲人像他这样严肃对待柏拉图和希腊哲学。海德格尔对柏拉图比喻的现象学式阐发，为我们重回柏拉图的比喻提供了他所能提供的准备。⑥

我们从桑塔格开始的重返之途既是一种比喻性的观察，也有某种内在的联系。桑塔格是现代哲学普及的产物，其关于疾病的论述具柏拉图式比喻之形而未具其质；列维-施特劳斯的自我怀疑则触及现代学术和现代哲学的内在逻辑；海德格尔的现象学古典学更进一步，其现象学独特的"源初性"要求我们返回到西方哲学最具有原初性的柏拉图式对话和其中的比喻。可以说，柏拉图虽然被诸多不同类型的现代学术和想象所遮蔽，但柏拉图式地理解世界的方式一直或隐或显地存在。而如何从这些不完整的方式转向更加完整的可能性，便如苏格拉底所言："让一个灵魂转身，从像黑夜一样的白昼转向真实的白昼，这是一条向存在（ὄντος）上升的道路，我们可以真正地称其为哲学。"[14](P259)海德格尔引用的席勒名诗"白昼是被照亮了的黑夜"可以作为这句话的注解。这种被照亮的黑夜可以凝结于"林中空地"（Waldlichtung，字面意思是"林中的光"）的比喻：

> 我们提及"林中空地"；指的是一个对于树木而言自由的位置，它自由地——给予某种通道，以便通透地看。所以，照亮（Lichten）意味着给予自由、使自由，光照亮，形成自由，给予通道。[2](P58)

比喻是林中空地的路标，其内在的必然性在柏拉图的洞穴喻中其实已经有所呈现：哲学并非光或者理念本身，而是探究者上下求索并且与自己的生命本身发生直接关联的过程。比喻在这个意义上，正是苏格拉底在《泰阿泰德》中对泰阿泰德所言的"助产术"——助产术本身也是一个比喻。哲学意味着思考者思想的永恒运动："最高的要被看见，需要最深的被看见。最高的和最深的，彼此不能离开。"[2](P107)海德格尔其实再次化用了尼采："最高的东西必定产生于最深沉之物，并成就它的高度。"[4](P299)最深沉与最高的交汇，即混沌与混沌的交汇，以人的灵魂之中的"混沌"观视世界的"混沌"："人的内中必有混沌，方能诞生一颗舞蹈的星辰。"[4](P21)⑦

（谨以此文纪念胡继华教授）

注释：

① 下文所引海德格尔原文出自 Klostermann 出版社出版的《海德格尔全集》（*Martin Heidegger Gesamtausgabe*），不再一一标明具体出版信息，译文略有改动，下文同，不再标明。
② 对比《善恶的彼岸》196节："除了太阳还有无数的黑色星球需要开发，我们永远看不到这些星球。私底下讲，这是一个比喻。"
③ "要正视癌症，就当它只不过是一种病而已——尽管是一种重病，但也不过是一种病而已。它不是上苍降下的一种灾祸，不是老天抛下来的一项惩罚，不是羞于启齿的一种东西。它没有'意义'。"（第97—98页）
④ 参见：James E. G. Zetzel, "Romaner Memento: Justice and Judgment in *Aeneid* 6", *Transactions of the American Philological Assocation*, Vol. 119, 1989, pp.276-282; Spencer Cole, *Cicero and the Rise of Deification at Rome*, Cambridge University Press, 2013, pp.111ff.
⑤ 比如1924—1925年冬季学期在马堡大学的讲座课程"柏拉图的《智者》"。海德格尔对当时德国哲学的影响不仅仅是存在哲学，还有他的古希腊哲学阐释，参见维克利：《论源初遗忘》，谢亚洲等译，华夏出版社，2016，第9—12页。

⑥ 参见 Glenn W. Most, "Heidegger's Greeks", in *Arion: A Journal of Humanities and the Classics*, Third Series, Vol. 10, No. 1, 2002, pp.83-98。

⑦ 对比《快乐的科学》第 322 节:"洞察自己就像洞察无限的宇宙"。

参考文献：

［1］〔德〕尼采.快乐的科学［M］.黄明嘉译.上海：华东师范大学出版社，2007.

［2］〔德〕海德格尔.论真理的本质——柏拉图的洞穴喻和《泰阿泰德》讲疏［M］.赵卫国译.北京：华夏出版社，2008.

［3］〔德〕尼采.善与恶的彼岸［M］.李健鸣译.北京：华夏出版社，2020.

［4］〔德〕尼采.扎拉图斯特拉如是说［M］.娄林译.上海：华东师范大学出版社，2022.

［5］〔美〕桑塔格.疾病的隐喻［M］.程巍译.上海：上海译文出版社，2003.

［6］Giuseppe Stellardi. *Heidegger and Derrida on Philosophy and Metaphor*［M］. Amherst: Humanity Books, 2000.

［7］〔德〕尼采.希腊悲剧时代的哲学［M］.周国平译.北京：商务印书馆，1994.

［8］〔古希腊〕亚里斯多德.修辞学［M］.罗念生译.北京：生活·读书·新知三联书店，1991.

［9］〔法〕列维-施特劳斯.忧郁的热带［M］.王志明译，北京：生活·读书·新知三联书店，2003.

［10］〔美〕罗斯托夫采夫.罗马帝国社会经济史［M］.马雍、厉以宁译.北京：商务印书馆，1985.

［11］〔德〕海德格尔.柏拉图的《智者》［M］.熊林译.北京：商务印书馆，2015.

［12］Jean Grondin. L'ἀλήθεια entre Platon et Heidegg［J］. *Revue de Métaphysique et de Morale*, 1982（4）.

［13］〔德〕海德格尔.面向思的事情［M］.陈小文、孙周兴译.北京：商务印书馆，1999.

［14］〔古希腊〕柏拉图.理想国［M］.王扬译.北京：华夏出版社，2012.

· 地方文献研究 ·

纪钜维年谱

刘青松*

摘 要：纪昀五世孙纪钜维是晚清著名的教育家、诗人，其毕生精力在于辅佐湖广总督张之洞在武昌办学，是湖北教育的先驱。由于著述散佚，以致其名不彰。本文撷拾史料与纪钜维未刊手札，编为简谱，约略展示其一生行止。

关键词：纪钜维；诗人；晚清；学堂

道光二十八年（1848）戊申一岁

十二月十五日，钜维生。

钜维，字伯驹，号香驄、悔轩，晚号泊居，直隶献县人。同治十年《明经通谱》："纪钜维，字伯驹，号香驄，行一。道光戊申年十二月十五日吉时生。河间府献县廪生，民籍。"按：献县纪氏原籍江南上元县，明初迁献县景城，明末清初，支脉迁崔尔庄，其后纪氏始大，流衍至周边村镇。钜维常居其田庄田村（该村今属河北沧县）。钜维五世祖晫（1706—1777），字晴湖，贡生。五世叔祖昀（1724—1805），字晓岚，乾隆十九年（1754）进士，官至礼部尚书、协办大学士，太子少保。任《四库全书》总纂官。著有《阅微草堂笔记》《纪文达公遗集》。高祖汝侃，监生。曾祖树盘，国学生。祖煐璇，嘉庆十三年（1808）恩科举人，道光三年（1823）进士，历官山西灵丘知县、署朔州知州。父堪钺，附贡生。妻王氏。四女：长无考，次清蘩、清萊、清苊。一子：清枔，字孝爱。弟钜式（1858—1898），字仲闲，二子：清檍、清栂。

同治二年（1863）癸亥十六岁

从同邑崔士元学诗。

《泊居剩稿》之《寄闲堂诗钞序》："余年十六，从同县崔次龙先生游，先生好为诗，余亦学作韵语。"

同治十年（1871）癸酉二十五岁

选拔贡。

见同治十年《明经通谱》。

---

* 作者简介：刘青松（1978— ），男，河北大学文学院教授，研究方向为中国古典文献学与汉语言文字学。

光绪元年（1875）乙亥二十八岁

至南皮，主刘清浩家，并为校订其外曾祖王庆元之《莲东诗集》。

刘清浩《莲东诗集序》："浩业师纪泊居先生，素有诗名。清光绪乙亥来南皮，知浩系谷荪公之外曾孙，物色《莲东诗集》盐山王氏本、南皮张氏本，俱罗致几上，再三校阅，去原本十之一二，选订成编，此为献县纪氏本。浩手录一册，谨藏于家。"按：钜维主刘清浩家凡十三年，直至入张之洞幕。《泊居剩稿》之《清旌表节孝刘母王太恭人墓志铭》："往刘生从余受书，余主其家十三年。"

光绪八年（1882）壬午三十五岁

二女清蘩生。

纪清蘩（1882—1938），字纫苹，适汪鸾翔。按：纪清蘩生卒年月系其长孙汪端伟先生示知。

光绪十四年（1888）戊子四十一岁

入两广总督张之洞幕，任广雅书局纂校。

纪钜维《与某书》："自戊子客粤以后，维归里日少。"汪鸾翔《泊居剩稿跋》："忆光绪戊子，余就学于广东之广雅书院，时师居督幕校试卷。"

光绪十五年（1889）己丑四十二岁

八月，张之洞调任湖广总督，随之入鄂。

嘉兴博物馆编《函绵尺素》纪钜维致沈曾植书："维久寓鄂渚，涸迹学堂，瞬逾一纪。"[1](P157)按：此书作于宣统三年（1911），据此倒推纪钜维入鄂之年。

光绪十七年（1891）辛卯四十四岁

六月，与缪荃孙多所往还，钜维以先祖《花王阁剩稿》赠缪。

缪荃孙《艺风老人日记·辛卯日记》："四日丙申，晴。拜赵菁衫、张药农（廷墥）、纪香骢（钜维）。""六日戊戌，晴，饭后小雨。姚彦鸿、恽叔畬、纪香骢来。香骢以《花王阁剩稿》见赠。""十八日庚戌，晴。钱少云、张兰九、纪香骢来。""十九日辛亥，晴。晤刘湘丞、纪香骢、张药农。药农出麓台山水长卷二，一仿北苑、一仿子久，皆长二丈，得意笔也。又，文征明山水卷一，成亲王跋；查二瞻士标草书《千文》册，王石谷山水，有《竹居图》一，朱竹垞署首并跋，皆绝佳。""二十五日丁巳，晴。拜许金粟、尹子威、杨调甫、刘湘丞、尹皋卿（赓扬）、纪香骢、郭仪臣、毛术畇。""二十六日戊午，雨，张虞箴、纪香骢来。"[2](P368、368-369、372、372-373、375、375)

光绪十八年（1892）壬辰四十五岁

九月，与杨锐邀梁鼎芬、陈三立、张权于两湖书院为江逢辰饯行。

《泊居剩稿》之《湖楼望雨陈伯严、杨钝叔、梁节庵、张圣可、江孝通同作》注："壬辰。"梁鼎芬《节庵先生遗诗》卷四有《杨叔峤、纪香骢招同陈伯严、张君立、刘君符、江孝通集两湖书院楼上望雨作》。

十一月，梁鼎芬为先生先祖《花王阁剩稿》题词。

《纪晓岚研究》载梁鼎芬书《花王阁剩稿题词》扇面，题："壬辰十一月作，伯驹兄长诗家削正，甲午十二月鼎芬补录。"按：诗称钜维为"纪生"，盖二人相识未久。

光绪十九年（1893）癸巳四十六岁

六月初一，张之洞招饮，谭献、梁鼎芬、陈三立、汪康年在座。

谭献《复堂日记》光绪十九年六月朔日："赴南皮先生之招，同星海、伯严、穰卿、香骢集饮。自午正至酉初，谈宴始终。"[3](P370)

七月，为张之洞次子仁颋送县考事，还乡。

《与梁鼎芬札》（十七）："七月起程仓卒，弟竹箱二、白皮箱一、带套漆皮箱一，留存署中，嘱子厚、苏卿代为带回。南皮师知之，且多发川资，令多备车一辆。乃登陆时，苏卿坚执不能携带，仍使问津船载回鄂省，俾由百川通另寄。至今数月，杳无消息，不知抛置何所。"《与二女清蘩札》（四）："光绪甲午，我在京，值先哲祠春祭，往随行礼，……不数日，我为张苏卿送考，仓卒往天津。"

光绪二十年（1894）甲午四十七岁

十月，中日战紧急，以张之洞署两江总督兼南洋大臣。是月，钜维至南京，与梁鼎芬、杨锐、沈塘游莫愁湖看雪，怅触万端。归，沈塘为作图。

《泊居剩稿续编》之《八月十五日同人登莫愁湖西阁二首》自注："甲午冬，与节闇、叔峤、雪庐同游湖上，雪庐作图，人各有诗。"梁鼎芬《貂裘换酒》序："甲午十月来白下，雪后同悔轩、钝叔、陶宦游莫愁湖。风景凄冷，怅触万端，陶宦归作图记事，因作此解题之。"

选霸州训导。

《与梁鼎芬札》（一）："来此匝月，足下院事忙，未得数见。维所选训导，就之不足餬口，（近晤青县同乡云：能理财者，每年约有京钱五百千，科岁考在内，然则使鄙人往，必更减此数矣）弃之又恐将来无驻足处。真万难，万难。刻部凭已出，如逾限不到，即注销矣。（七月初一日限满）拟商之南皮师，五月间维回家一行，考凭抵任。师能设法或藩台、或顺天府、或通州仓厂，有一处可谋调一差（考凭后不赴任亦可），无薪水亦可，维即不必株守霸州，仍南来常依函丈，且得与诸公朝夕过从，则所愿也。见南皮师望酌言之。"按：此信无年月，据"来此匝月"，当作于初到广州（1888）或初到武昌（1889）或初到南京时，然此札称"节闇老友"，当非至广州初识梁鼎芬时所作。又，梁鼎芬于光绪十八年（1892）始至武昌主两湖书院。则此札当为至南京方一月之作，时梁鼎芬主钟山书院。据落款处有"期"字，钜维当在其父或母居丧之期。

光绪二十一年（1895）乙未四十八岁

十一月十八日上谕，张之洞回湖广总督本任。年底，钜维回鄂。

《与漪文弟札》（十二月廿四日）："兄初谓须明正灯节后离宁，临行尚拟到局一行。不意函丈忽令印咨等年前赴鄂，兄与飚老均同往（约廿六日早上船）。匆匆不及面别，甚怅。以后局中诸事，务随处小心，切勿大意，此处倘有差失，兄无从再为设法。且湖北局面较江南小甚，实亦不能位置也。"按：张之洞于次年正月二十八日回本任。

光绪二十二年（1896）丙申四十九岁

七月一日，汪康年、梁启超《时务报》创刊。七、八月间，钜维与汪康年五札，论

· 225 ·

及此报，大叹赏。

见《汪康年师友书札·纪钜维书札》（十一至十五），其十二云："体例即精，式亦雅饬，人必爱观，纷纷市井诸报，不可同年而语。倘从此风气大开，俾中国士夫渐变空疏之习，皆知讲求时务，君之功岂可量哉！维此时不能他有赞助，惟偕同人相为料理，使报可畅行，则不负经画苦心矣。"十四云："阅二次来报，论不变法之害，沉着痛切，言言扼要，梁君真晓人也。"

光绪二十三年（1897）丁酉五十岁

徐世昌受张之洞邀来武昌，九月抵汉口。九、十月间，与钜维多所往还。

《徐世昌日记》载：九月三十日，"芗翁约夜宴于五福堂。同座为黄漱兰先生桥梓（时仲弢典试湖北，试竣得假归）钱念劬、纪香骢、张甝平（即甝生）。散后又同香骢到念劬斋中久谈。香骢为文达后裔，有学行。念劬通知时事，议论爽朗，有用材也"。十月初五日，"午后，同纪香骢到八旗奉直会馆，登楼眺望。又同到两湖书院浏览，规制崇宏，惟楚多材，十年后或有翘然特出者"。初六日，"纪香骢过访"。初七日，"晨起。写诗。纪香骢来，在此早饭，久谈，午后去。又写字。甝平来，灯下香骢、甝平、君立先后来谈"。初九日，"午后，香骢来。……灯下香骢、甝生、君立先来，久谈"。初十日，"傍晚，归。甝平、香骢来，久谈"。十一日，"晨起，写信。香骢来，约同出游。到姚家花园。又同访顾印伯，谈有顷，同到银元局。游璞氏花园，璞为多忠壮之子，以世袭官抚标中军。又同到曾公祠，访周少朴，登楼久坐。又同登凌霄阁。欲登花园山，以天晚归。到香骢宅晚饭，回督署"。十二日，"灯下作诗三首。香骢、君立、甝平来谈"。十三日，"晨起，写信。香骢、君立、甝平来。（晚）又到纺纱厂楼上，同香骢、君立、甝平坐良久"。十四日，"香骢来，谈良久"。[4]（P1350-1351、1358、1358、1359、1359、1360-1361、1361、1362、1363、1364-1365、1366）

光绪二十四年（1898）戊戌五十一岁

"康梁"之学盛行，梁鼎芬筹办《正学报》以辟之，张之洞作《正学报序例》，题名者十二人，钜维与焉。

见《张文襄公全集》卷一百十三《正学报序例》。按：《正学报》因主笔章太炎退出而未刊行。

编校张之洞《广雅堂诗集》，由顺德龙凤镳刊行。

见《广雅堂诗集》，题："门人献县纪钜维编校。"

光绪二十五年（1899）己亥五十二岁

十二月二十一日，青山观操。晚间，张之洞招饮，郑孝胥、梁鼎芬、沈曾植在座。

《郑孝胥日记》："昧爽，登岸。闻广雅在两望凯字营，即乘马驰往，尚未出队。晤子培、星海、君立等。有顷，军发。……余先上马，驰至丁字段江堤，约三十余里。登普安船，扬帆上驶至楚材轮船侧，广雅已登船，留夜饭。在座者子培、星海、纪香骢及余。"[5]（P746）

光绪二十六年（1900）庚子五十三岁

九月二十一日，梁鼎芬招饮，张彬、沈曾植、黄绍第、伍铨萃、郑孝胥在座。

吴天任《梁节庵先生年谱》："门人伍叔葆铨萃，北游过江汉，渡江来谒。先生招同张黄楼、沈子培、黄叔容、纪香骢等小饮苕华室。"（伍铨萃《北游日记》）[6](P143)《郑孝胥日记》："夜，与星海同席。四鼓，乘月返局，夜色甚妙。"[5](P774)

光绪二十七年（1901）辛丑五十四岁

三月二十二日，次女清蘩适汪鸾翔为继室。

汪端伟藏稿本《汪鸾翔年谱》："光绪二十七年辛丑，三十一岁。与纪宅订姻，三月二十二日继室纪氏来归。"

五月十九日，张之洞至两湖书院为梁鼎芬饯行，钜维之外，郑孝胥、黄绍箕、王孝绳在座。

《郑孝胥日记》："渡江谒南皮，未见，约夜至两湖书院饯梁星海。……至书院，同座者仲弢、纪香骢、王司直。微月，反局已二点。"[5](P801) 按：经端方、张之洞荐，梁鼎芬复起，赴西安行在陛见。

六月初一，缪荃孙偕张謇至两湖书院，早饭并参观。钜维与梁鼎芬、李宝洤、钱葆青陪同。

缪荃孙《艺风老人日记·辛丑日记》："六月朔乙未，阴。偕季直到两湖书院。心海约早饭。李心莲宝洤、钱仲仙葆青、香骢同席。观仲仙所得熹平镜，墨漆古，光彩逼人，佳物也。又一陶器、一弩机。又观心海所藏水坑蕉叶砚。上堂观诸生功课。"[2](P1368)

光绪二十八年（1902）壬寅五十五岁

五月初四，与王同愈、黄绍箕、王秉恩送出洋师范生。

《栩缘日记》卷二："初四，师范生集正学堂，行叩辞礼。三叩答三揖，送至大门。偕仲弢、香骢、王雪澄渡江，送学生登舟，复代香帅作主人，饯之于一品香。二鼓归。"[7](P402)

张之洞上书，酌量修改两湖书院为两湖高等学堂，钜维任副监督。

《张文襄公全集》卷五十七奏议五十七《筹定学堂规模次第兴办折》（光绪二十八年十月初一日）："文高等学第五：普通中学既成，应升入高等专门学，湖北现于省城设两湖高等学堂一所，即就原有两湖书院酌量修改充用，以课高等专门之学。……委翰林院编修王同愈为监督，内阁中书衔前直隶霸州学训导纪钜维充副监督。"按：两湖高等学堂开办未及一年，改两湖总师范学堂。

光绪二十九年（1903）癸卯五十六岁

朝廷设"经济特科"，四川总督岑春煊保举钜维。

光绪二十七年壬子，朝廷仿康乾"博学鸿词"例，设经济特科，着各省督抚、学政、出具考语，即行保荐。据张一麐《经济特科同征录》，四川总督岑春煊保举"直隶霸州训导纪钜维"。据袁丕元《经济特科各省荐举名录》，此科保举三百零六人，其中直隶七人。

张之洞于武昌开办文普通中学堂开学，钜维任监督。

纪钜维代张之洞纂《奏稿》（1907）："窃照省城文普通中学堂，自光绪二十八年十月由臣奏明兴办，并筹定章程，及四年毕业期限，委湖北试用道黄绍第充监督，湖北试用同知现捐升道员高凌霨充提调，嗣黄道另有差委，改延内阁中书纪钜维充任监督，会同提调。于光绪二十九年七月，照原奏章程考选第一班学生，入堂开学。"①端方《端忠敏公奏稿》卷三《请奖学堂监督片》（光绪三十年二月）："上年开办文普通中学堂，复聘兼充该学堂监督。一切教课管理章程，皆其手定，条理缜密，多士服从，尤足为各学堂所取法。"按：此为湖北中学教育之始。

光绪三十年（1904）甲辰五十七岁

二月，湖北巡抚端方上书，请奖钜维以内阁中书用。

端方《端忠敏公奏稿》卷三《请奖学堂监督片》（光绪三十年二月）："再，振兴学堂，必先扶植师范。查有内阁中书衔前直隶霸州训导纪钜维，学问纯深，究心教育，在湖北主讲书院多年，课士有效。经前任学臣蒋式芬奏请赏加内阁中书衔，奉旨允准在案。嗣因书院改为学堂，臣与本任督臣张之洞复延聘为两湖文高等学堂监督，训课精勤，成材日众。上年开办文普通中学堂，复聘兼充该学堂监督。一切教课管理章程，皆其手定，条理缜密，多士服从，尤足为各学堂所取法。察其操履端严，宗旨纯正，实今日师范中不多见之才。合无仰恳天恩俯准，将内阁中书衔前直隶霸州训导纪钜维以内阁中书用，俾资激劝。"

光绪三十一年（1905）乙巳五十八岁

秋，与张之洞、梁鼎芬、陈三立、顾印愚、易顺鼎为"仿击钵吟"联句。

易顺鼎《仿击钵吟题记》："前年乙巳秋，炎暑甚炽。抱冰宫保师每以日午或月夜携客赋诗。旧时闽中士大夫有所谓'击钵吟'者，作七绝一首，拈古事命题，而选与题绝不相干之三字为韵，以速为主，往往韵甫限而诗即成。因仿为之，借以遣暑。当时虽给笔札，令自书稿，然不尽脱稿，稿亦或不存。岁月易失，忽已两年，散佚颇多，未免可惜。辙就所记忆钞录者付之刊印，以免遗忘。署'冰'者宫保师，'芬'者梁节庵按察鼎芬，'立'者陈伯严吏部三立，'维'者纪香骢舍人钜维，'印'者顾印伯大令印愚，'鼎'则余也。"光绪三十三年，易顺鼎辑为《仿击钵吟》一卷，铅印出版。

光绪三十二年（1906）丙午五十九岁

三女清棻适河间刘宗彝。

《泊居剩稿续编》之《与刘仲张亲家书》："小女初供妇职，姆教未娴，赖老伯母暨弟夫人过爱优容，心感曷极！蒙表伯母垂谕，小女已有喜信，业告知内子，但望明年吉梦占熊，弄璋有庆，庶藉博重闱欢笑耳。黄学使到已多日，因印未领到，故诸事尚未着手。昨闻初三日印已由学部发出，初十前约可履新。惟此间学务，条理纷杂，向无章法，办好正自不易。此候年祺。"按：黄绍箕于该年四月任湖北提学使。据"此候年祺"，此札作于年末。

光绪三十三年（1907）丁未六十岁

七月二十八日，张之洞上《请奖纪钜维等片》，请予钜维加内阁侍读衔、四品衔。特旨允准。

《张文襄公奏议》卷七十《请奖纪钜维等片》："臣自到湖广任后，博访良师，训迪多士，所任用各学堂教员，类皆品学兼优之士，其中笃学专精，成才甚重，尤为卓著者，自应特为表彰，以昭激励。内阁中书纪钜维，学行兼优，深通教育理法，切实恳挚，诸生悦服，拟请加内阁侍读衔、四品衔。"据《奏设政治官报》（九月分）："特旨允准。"[8](P259)

光绪三十四年（1908）戊申六十一岁

张之洞屡催《思旧集》出版，托钜维任校对。

去岁八月，张之洞授军机大臣，进京。光绪三十四年（1908）正月二十七日子刻发《致武昌高学台》："鄙人去年在鄂选有亲故九家诗文稿，现均存纪悔庵处，半年毫无消息。奉托即为查出，交局刊刻，一切统望费神经理，愈速愈妙。若日久散佚，实无以对师友矣。校对之事，即托悔庵办理。千叩万叩。感。"光绪三十四年（1908）十月十七日亥刻发《致武昌高学台并转纪悔庵》："咸电悉。鄙人所选亲友各家诗稿，系韩果靖公、刘仙石观察书年、刘伯洵明经肇均、崔士龙明经、张飚民布衣祖继、陆眉生给事秉枢、严缁生部郎辰、李芋仙大令士棻、谢麐伯编修维藩，共九家，原稿现存何处，是否完全？刘伯洵诗原名'樱宁斋'，按'宁'字应避，可改为'香草阁'，版心可剜补。兹先交百川通电汇百金，望交书局，版价、工资共需若干，泽畲兄询明电复，即照汇。此事即奉托泽畲经理，悔庵专任校对，至感。洽。"

任存古学堂监督。

戊申九月《与二女清繄札》："前月广雅师相忽致鄂督及提学使电，欲我监督存古学堂，（此事可勿告人）我以无下手处严电婉辞。"周邦道《近代教育先进传略》："三十四年，继任存古学堂监督，分经史词章各科以造士。"[9](P257)

宣统元年（1909）己酉六十二岁

十二月，钜维受鄂省学界排挤。

《申报》1909年12月25日第一章后幅第二版《鄂省常驻员会议纪监督控案》："湖北存古学堂监督兼文普通中学堂监督纪钜维中翰，与张文襄有乡年谊。文襄薨逝后，绅学界群起排斥。有拔贡刘尚桓等将纪办事种种不善情形陈请咨议局核示，又有存古学堂学生缮具纪监督劣绩在督、学两署呈控。……当时争辩甚力，而吴议长则主张去纪，与各议员又不相合，致议场内小有冲突，此案遂未能决定。"《申报》1909年12月27日第一张后幅第二版《续纪鄂省常驻员会议纪监督控案》："……初十日，常驻各议员复议阮君审查此事之报告书，除议长吴庆焘业经辞职不计外，到者共十八人，而非常驻之左树瑛、胡柏年等亦先后莅会，意欲设法取消报告书。旋经阮君辩驳移时，加以常驻各议员皆据所见闻以证陈请书逐条之妄诞，卒决议将陈请书全行废弃。报告书则由局保存，预备上宪查询时得以详复。左、胡等遂各怏怏而去。"

宣统二年（1910）庚戌六十三岁

六月，北京学部电令，文普通中学堂本届学生延期毕业，董必武等学生掀起学潮。

易力原《文普通中学堂的一次学潮》（1963年5月31日遗稿）："此次学潮，由于学部一纸乱命所引起，又由于纪监督优柔寡断而扩大，其实学部以后并未过问，校方也未陈复。……至于纪香驄监督拘谨过甚，已如上述，但平时办事认真，每天必到教室听课，使人肃然起敬。他时常问学生的学习情况。对于学生生活，所有公共场所，如自习室、寝室、饭厅，他也时常关心和巡视，很注意整齐清洁。第二年（1911）湖北文高等学校成立，他兼任监督，我们这一班毕业生都免试升学（另招方言学校预科一班），可见甚关心我们学业，毫无芥蒂，仍不失力忠厚长者风度，在当时学校当局中，实属罕见。文普通这一次学潮，也确实难为了纪监督先生。"[10](P87)

得先祖遗物《二老比肩图》。

贺葆真《收愚斋日记》民国四年（1915）六月八日：泊居先生云："此戈氏所藏之图也。当年纪、戈二家之图，初作之图归戈氏，后纪氏又仿作一图。纪氏衰，图为先哲祠所得，余往先哲祠观之。……革命之前，吾女在京师函告余，都中有售此图者，袁季云亦将购之，使二图皆归先哲祠。余复函，苟不伪者，必以重价得之，无令失去，遂以若干金为吾有。"[11](P272-273) 按：纪钜维庚戌五月十五日致二女清蘩书中详言之。据汪端伟先生藏某与汪鸾翔札，此图所费价银百三十金。

宣统三年（1911）辛亥六十四岁

八月，武昌起义，钜维还乡。

《泊居剩稿续编》之《重修文达公祠堂落成祭告文》："宣统辛亥之秋，遘逢世变，堪谨、钜维自桂鄂还乡。"

民国元年（1912）壬子六十五岁

春，钜维回鄂，处理行李及存款事宜，晤顾印愚，顾有诗赠先生。

顾印愚《致纪香驄诗》并跋自注："辛亥岁，武昌兵后仅存。悔轩道兄春中南来，邂逅一面，旋归河间，赋此一篇存之稿中。今因诒孙舍人奉寄，或当得达，当有良书报我也。壬子岁长至节，蔗孙顾印愚并记。"[12](P97-98) 壬子年，纪钜维屡致书与侄清梓，言其取款及处理鄂中寓所事。

进京，入樊增祥、易顺鼎等人之寒山诗钟社。

见《寒山社诗钟选乙集》社员名录。《寒山诗社钟选甲集》："辛壬之交未始有社，名流偶集，遂成例会。兹编所录，托始于此。"

民国二年（1913）癸丑六十六岁

七月，在田村，与故人武强贺涛之子贺葆真订交。

贺葆真《收愚斋日记》，七月六日："赴献县之崔尔庄，访纪洙泉，属其介绍我见香驄先生。洙泉曰：'吾堂兄香驄居田村，去此十余里。'乃往访之。以先君文集请其校正，并恳其作序。"[11](P33)

仲秋八月，主持纪文达公（昀）祠堂落成，并作《重修文达公祠堂落成祭告文》。

《重修文达公祠堂落成祭告文》："维癸丑仲秋八月乙酉朔越祭日，□□四世从孙堪□，五世从孙巨□，六世从孙清□，七世从孙清□等，谨以醪羞之奠，祭告于文达公之神位前。"

南皮刘清浩于村设高等小学校，钜维有书论学堂管理。

《泊居剩稿》之《清旌表节孝刘母王太恭人墓志铭》："宣统三年秋兵事起，余自鄂、清浩自晋先后间关归里，……间一年，……其别宅设立高等小学校。"书信见《泊居剩稿续编》之《与刘生清浩札》(三)(四)(五)。

民国三年（1914）甲寅六十七岁

为贺葆真校雠《贺松坡文集》。

贺葆真《贺松坡文集跋》："工既竣，献县纪泊居先生钜维、冀县赵君湘帆衡为之复校，谨记梗概于后。民国三年七月。"

五月，国史馆馆长保举钜维修清史，辞。

《泊居剩稿》之《与蒋生札》："五月二十日，国史馆馆长王壬秋，保荐修史人员，竟将兄名列入协修，当时连接京津函牍，皆以是事相告，且冀其早出就职，兄自念潦倒一生，未入仕籍，今年已垂暮，尚向热场插足乎！且外观时局，内审当躬，实有不堪为世用者，是以得信后，淡漠置之。迨抵都，诸门人闻之，争来敦劝，概以婉言辞谢，既未到馆，亦不往见馆长，住巩庵处月余，与节庵、鸥客时相过从，中元后，遂束装归里。"按：此札注"壬子九月"，且中云"住巩庵处月余"，据汪端伟先生告知，汪鸾翔（巩庵）于一九一一年十一月举家迁居天津，一九一四年六月始迁回北京，"壬子"为一九一二年，似有误。又：王闿运于甲寅年（1914）三月受聘为国史馆馆长，十一月辞职，则此"壬子"当系"甲寅"之误。

十二月二十六日，徐世昌宴请钜维于政事堂，王晋卿、李符曾、刘仲鲁在座。

贺葆真《收愚斋日记》民国三年十二月二十六日："与纪先生同赴政事堂，时四钟也，……所邀诸君陆续至，惟袁、李未到，设席于内办公室。……相国宣布征求畿辅文献宗旨，且曰：'当请王晋卿偏劳。'又曰：'今日宴会皆同乡，可谓乡饮酒矣。'……相国云：畿辅举办后，吾于河南、山东亦派人提倡文献事也。仲鲁请泊居先生任《畿辅通志·艺文》，即贾卿所编志也，先生为弗闻者。仲鲁殷勤而再言之，终弗应。相国对于纪先生言旧日交谊甚详，于李符曾、刘仲鲁亦言旧事，以资谭笑。"[11](P215-216)

民国四年（1915）乙卯六十八岁

正月，清史馆欲以钜维任校对兼协修，辞。

贺葆真《收愚斋日记》载，民国四年正月二十三日，徐世昌言于贺葆真："前黎副总统为纪泊居谋清史馆事，余函嘱赵次山，次山云，协修无额，拟以校对兼协修屈纪君，不知渠肯应否？汝可先致意纪君，纪君意允，吾再作函往邀。"[11](P229) 二十四日："余以相国意告纪先生，先生意颇踌躇，重负相国雅意，又不欲与赵次山同事。"[11](P232)

春，至天津。嘱李放将北方画家汇为一编。

李放《国朝畿辅画录》（湘砚斋稿本）卷首跋："去年春，先生忽来津，主其戚某氏家，而予所居适与某氏邻。先生问知之，亟过予。闻先公新丧，则相持而泣。由是日或三四至，见所刻先公遗集有误者，悉为校正，一字不遗。是时予年已三十，学业无所进，而先生顾深许之。一日，诣予话别，复论及诗画。先生因言："近有一戚氏，欲裒辑古今画家之诗，为《画家诗抄》一书。吾尝考长洲彭氏之《历代画史稿》，汇传着录至七千余家，而所遗漏者尚不知凡几。夫能画者多能诗，若欲尽选之，盖非数百卷不能备，此岂不学及无力者所能为？而况唐宋以来诸大家之诗，非可混选者乎？吾尝恨北人鄙塞，每为南士所轻。即如汇传诸书，其所纪画家，大率南详北略，甚至擅三绝之美，如瑶华道人者，而亦遗之，他复何论！若有人能仿《益州名画记》之例，搜罗北地画家，汇为一编。既以表章前人，亦可策励来者，且令南人见之，不复轻我，诚不朽盛业也。"按：纪钜维妹婿张鸣岐寓天津。

民国五年（1916）丙辰六十九岁

九月十七日，侄清檩故于北京。

贺葆真《收愚斋日记》民国五年九月十七日："吊于纪氏，死者为纪孟弓，名清檩，泊居先生之弟子，教育部主事，以其为泊居先生弟子，故年方壮而吊者甚盛也。"[11](P479)

民国六年（1917）丁巳七十岁

《畿辅先哲传》稿成，钜维多所指正。

贺葆真《收愚斋日记》，民国六年（1917）九月十七日："以《畿辅先哲传》稿请其审定，因畅言其事。兹记其一二：'尹嘉铨，会一嗣子，又为雠家所诬。此句与实事不合。《古今诗约选》载某县某人诗，系尹元孚之友，此目亦未载。李刚主之子，孝行甚可称，宜为立传。李中简宜独立传，不宜附戈涛后。孙渊如有《李中简集序》。杭世骏《词科掌录》载边随园之《随园赋》，此乃边氏少年之作，殊无足观，然可见其先于袁随园数十年也。刘书年之子肇洵，亦能诗，可为附传。洪稚存年谱记文达公事一则，他人著述中亦往往附见，为吾家所不知者。文达宜入名臣，昔年畿辅先哲祠曾特论其事，近几无人知此事。《畿辅通志》戈芥舟传沿《诗传》之讹，致将其父子事误合为一。李厚塙传则误以为'河间七子'之一。此二事，余曾面告晋卿，请其改正。朱泽沄、王有庆、王乔荫皆宜有传。樊彬，字文卿，天津人，金石家，宜有传。袁子才有《某王神道碑》，内记王之锐一事。戈芥舟有《王孺人传》，名淑昭，曾为其弟拟封奏，见称高宗，亦有诗名，然其诗则不足观也，宜入列女。张广泗，雍干间名督抚也，被杀，疑沧州人，亦不遗也。曹克忠亦近时名将，亦可为传。《东华录》于乾隆南巡后，连日有上谕言尹嘉铨，可资考证。'"[11](P115-116)

九月二十二日下午，访徐世昌，徐以选畿辅诗相托。

贺葆真《收愚斋日记》：九月二十二日，"纪先生将访相国，余先以电请闻于相国，相国约以晚四钟，余从之往谒，至则且六钟矣。一言在湖北办学务，一言张文襄遗集事，言之过详，已日暮乃言先哲传，故未及畅言，条举数事而已。相国顾谓余曰：'归可将纪君言条记之。'纪先生言：'宜及此时选畿辅诗。'相国曰：'当以属君也。'"[11](P122-123)

十二月十五日，钜维七十寿辰，鄂湘各学生在都及武昌者为先生寿。

民国七年七月朔《与清梓侄书》："客腊我七十生辰，鄂湘各学生在都及武昌者，集资为我置寿屏。"

民国七年（1918）戊午七十一岁

冬，遘腹疾。

《泊居剩稿续编》之《与贺存性表侄札》（己未）："腹疾既未脱然。（自去冬至今，将一年）"

民国八年（1919）己未 七十二岁

钜维欲选畿辅诗，徐世昌欲选有清一代之诗，未果。

贺葆真《收愚斋日记》：民国八年正月六日："先生屡言欲选畿辅人之诗，而无人赞成其事。大总统虽有此言，后又谓余，将拓其规模，选全代之诗。纪先生之志，殊难达到。"[11](P282)

四月六日，总统徐世昌招饮于晚晴簃，樊增祥、柯劭忞、王晋卿、林纾等十九人在座。

贺葆真《收愚斋日记》：民国八年四月六日，"总统招至一时诗家，宴于晚晴簃。曰：樊樊山，曰柯凤孙、王晋卿、张珍午、周少朴、郭春榆、易实甫、赵湘帆、徐又铮、曹理斋、秦友蘅、姚叔节、马通伯、宋子钝、林琴南、纪泊居、吴传绮、吴辟疆、陈松山，凡十九人。"[11](P324)

民国九年（1920）庚申 七十三岁

七月，直皖战事起，波及畿辅。畿南大旱，盗贼出没。钜维避难，赁居于天津。

《泊居剩稿》之《谕三女清棻》："直皖开衅……畿南一带则亢旱成灾，家鲜盖藏，前路茫茫，正不知于何底止，各村无食者，已多携家赴关东、天津觅生活，日内再不雨，大田颗粒不收，人家十九绝粮，岂能坐甘饿毙？恐铤而走险者纷纷不靖矣。且此时抢掠之案，四围各村层出不穷，目前已如此，以后何堪设想！乡间殆万难久居矣。现与家人商酌，余定本月初五日，先至天津租赁住宅，再将全家接出，在外度日，以免后来横被扰累。"

八月初七，卒于天津。归葬献县史韩店东先茔。门人私谥"端悫先生"，附祀张文襄公祠。

《泊居剩稿·传略》："庚申八月避盗，卒于天津旅次，年七十有三。"汪鸾翔《泊居剩稿跋》："不意师竟于八月七日在天津归道山矣。"纪钜维墓地，据纪氏族人纪烈戍、纪执军先生所述，与纪钜维书与侄清梓书所言一致。其墓毁于文革。其地今名"小毛子坟"，小毛子者，钜维子清枑乳名。《泊居剩稿·传略》："卒之日，远近门人咸哭失声，私谥曰'端悫先生'，附祀京师背阴胡同张文襄公祠焉。"

致谢：

本文得到北京师范大学汪端伟教授、献县张纪岩先生的指教与帮助，特此致谢！汪端伟先生为纪钜维婿汪鸾翔先生文孙，文中所引纪钜维书札，未注明出自《泊居剩稿》及续编者，均为汪先生家藏旧稿。

注释：

① 此稿为钞件，存汪端伟先生处，题："纪端悫公为张文襄公拟奏稿一件"。

参考文献：

[1] 嘉兴博物馆编. 函绵尺素——沈曾植往来信札[M]. 北京：中华书局，2012.

[2] 缪荃孙. 艺风老人日记 [M]. 北京：北京大学出版社，1986.
[3] 谭献著，范旭仑、牟晓朋整理. 复堂日记 [M]. 石家庄：河北教育出版社，2001.
[4] 徐世昌. 徐世昌日记 [M]. 北京：北京人民出版社，2013.
[5] 劳祖德整理. 郑孝胥日记 [M]. 北京：中华书局，1993.
[6] 吴天任. 梁节庵先生年谱 [M]. 台北：艺文印书馆，1979.
[7] 顾廷龙编. 王同愈集 [M]. 上海：上海古籍出版社，1998.
[8] 光绪三十四年《奏设政治官报》（九月分）[N]. 台北：文海出版社，1965.
[9] 周邦道. 近代教育先进传略（初集）[M]. 台北：中国文化大学出版部，1981.
[10] 政协武汉市委员会文史资料研究委员会编. 张之洞遗事. 武汉文史资料（第1辑）[M]. 1986.
[11] 贺葆真. 收愚斋日记 // 历代日记丛钞（132册）[M]. 北京：学苑出版社，2006.
[12] 徐鼎一. 徐鼎一说书画 [M]. 福州：海潮摄影艺术出版社，2004.

胡缵宗《唐雅》的编选旨归*

王雪枝**

摘 要：《唐雅》是明人胡缵宗编纂的唐诗选集，是其所编系列前代诗选中的一部。胡缵宗将《诗经》作为古代诗歌的最高典范，汉魏次之，唐诗再次之。他期望通过编纂《唐雅》，使"学诗者自唐入，由唐至汉，庶可薄风雅而追骚些"。因此，《唐雅》选诗的标准首先是《诗经》所代表的"雅"，入选作品要义典、致隽、思正、兴适，唯有如此，其乐、辞、格、调才能达到"雅"的要求。《唐雅》选诗的另一重要尺度是"取意于乐"，诗作要能"被之弦管""协之律吕"，达到"协""谐"的标准。此书先乐府、次古体、再次绝句、最后近体的框架结构，体现了胡缵宗重视诗作的音乐性、"欲备一代之音"的编选旨归。

关键词：唐诗选本；胡缵宗；《唐雅》

历代唐诗选本，不仅为唐诗在后世的广泛传播与接受提供了条件，而且不同选本所体现的诗学观念，本身就在建构唐诗学。唐诗经典化过程中，明代是一个重要时段。胡缵宗编纂的《唐雅》[①]，是他所编系列前代诗选中的一部。在众多唐诗选本中，《唐雅》有着鲜明的特色。

一

胡缵宗，初字孝思，后更世甫，号可泉，又号鸟鼠山人，陇西布政使司巩昌府秦州秦安县（今甘肃省天水市秦安县）人。生于成化十六年（1480），卒于嘉靖三十九年（1560）。

胡氏家族为陇西名家，胡缵宗的祖、父两代通经博古，精于毛诗。胡缵宗少有才，正德三年（1508）进士，殿试策对拟授一甲，因宰执焦芳弄权为子谋私而屈得三甲第一名，阁臣试官李东阳怜其才，特奏请允同一甲传胪，授翰林院检讨，后不为例。乃授命，同修参对《孝宗实录》。

---

* 基金项目：国家社科基金重大项目"历代唐诗选本整理与研究"（项目编号：16ZDA174）、河北师范大学人文社会科学研究基金重点项目"'关西夫子'胡缵宗研究"（项目编号：2019Z001）的阶段性成果。
** 作者简介：王雪枝（1969— ），女，河北师范大学文学院教授，研究方向为唐宋文学。

胡缵宗曾在多地任官。早年任嘉定州判官，潼川州知州，南京户部湖广司员外郎，吏部验封司郎中，安庆、姑苏两郡知府。后任山东布政使司左参政，再移浙藩，又改晋省，升本司右布政使。除河南右布政使，转本司左布政使。再升都察院右副都御使，巡抚山东。继以原职总理河道。奉诏进通议大夫，复改巡抚河南。以行台火灾引咎乞归。"因得赐闲田里，爰筑别墅以居。日闭阁读书，手未尝废卷轶，于诸理乱黜陟不相闻。时或乘篮舆课耕陇亩，亦或登高赋诗，兴尽乃返。与邑中荐绅燕会，作《九逸图》。时又巨恶欲脱罪，乃诬公，被逮。赖圣明洞察宽释，得优游卒老。庚申九月三日方执简对宾，倏忽告逝。据生成化庚子，享年八十一岁。"[1]

　　为官期间，胡缵宗爱民礼士，政绩卓著，受人爱戴。安庆、姑苏两郡曾为其立去思碑。生平行实见其友人何栋撰《明通议大夫都察院右副都御史可泉胡公墓志铭》以及其子胡初、胡被所编《胡氏荣哀录》。《明史·刘讱传》后附有胡缵宗小传。

　　胡缵宗著述颇丰，《明史·艺文志》著录有《胡氏诗识》三卷、《仪礼郑注附逸礼》二十五卷、《春秋本义》十二卷、《安庆府志》三十一卷、《汉中府志》十卷、《巩郡记》三十卷、《秦州志》三十卷、《鸟鼠山人集》十八卷、《拟古乐府》四卷、《诗》七卷。另有著作《拟汉乐府》《胡氏家谱》《木兰堂集》《辛巳集》《丙辰集》《潼川州志》《苏州府志》《羲台志》《愿学编》《近取编》《读六子录》；编纂《汉音》《魏音》《雍音》《唐雅》等书。

　　胡缵宗还是一位著名的出版家，共刊刻出版有十几部书籍，包括《艺文类聚》《陈思王集》《批点唐诗正声》《秦汉文》《唐雅》《雍音》《巩郡记》《拟汉乐府》《可泉拟涯翁拟古乐府》《愿学编》《近取编》《可泉四岳集》《鸟鼠山人小集》《鸟鼠山人后集》等等。

　　胡缵宗的书法造诣颇高，名扬大江南北。书法遗迹现存山东曲阜孔庙第一坊题额"金声玉振"、济南大明湖"趵突泉"、江苏镇江焦山定慧寺山门"海不扬波"等等。

　　总之，胡缵宗集官员、学者、诗人、出版家、书法家于一身，不但以政事见知于时，而且在多个领域卓有成就。

二

　　《唐雅》共选唐诗1300多首，编选旨归从胡缵宗以"雅"字命名即可得知。胡缵宗门人盛汝谦所撰《唐雅叙》记录了师徒二人的讨论：

　　　　谦曰："雅者，正也。《三百篇》有大小雅，其俗古，其意厚，其辞蓄，足以平心宣化。此而下，各以其所能鸣，可言雅乎？"公曰："《三百篇》尚矣，代不乏音。汉魏以降，唐之诗亦工。谓尽无诗，非也。骚人宗匠，吐彩如云，中于雅者不多得。走研穷涵咏，协之律吕，仅得若干首，欲备一代之音，取意于乐，故以'雅'名。"[2]

　　《唐雅》胡缵宗自序道：

  诗自《三百篇》后，五七言继作，古今体嗣出，而诗之变极矣。汉近古，魏犹古，晋稍工，唐尤工，诗去风、雅虽远，然大篇、短章、乐府、绝句，至唐皆卓然成家。诗家谓诸体兼备，不其然哉？《传》谓周以降无诗，愚亦谓唐以降无诗。故近代学诗者咸自唐入，由唐至汉，庶可薄风雅而追骚些尔。故诗截然以唐为宗者，其以是哉！"[3]

另外，成书早于《唐雅》十二三年的《木兰堂集》，前有胡缵宗门人袁褧之序，记载胡氏授其古文辞法时曾教导：

  文莫盛于退之，而文之体则变矣；诗莫盛于子美，而诗之体则变矣。故文必以六经为准，而秦汉次之；诗必以《三百篇》为准，而汉魏次之。舍是，虽工犹为弃源而寻委，舍根而培枝也。况未工乎！[5]

综合上述，胡缵宗是将《诗经》作为中国古代诗歌的最高典范，汉魏次之，唐诗则再次之。他编次《汉音》《魏音》《雍音》、选辑《唐雅》，目的均在于"舆卫风、雅、颂""有意于季世之变风、变雅"[4]。这是他一直以来秉持的儒家诗教观的体现。唐代诗歌诸体兼备，名家辈出，胡缵宗期望通过编纂《唐雅》，使"学诗者自唐入，由唐至汉，庶可薄风雅而追骚些"。故其所辑，"必其出汉魏，必其合苏李，必其为唐绝唱，否则，虽工弗取"[3]。

这样的诗学观念，在明中后期"文必秦汉，诗必盛唐"的文学思潮背景下，显得别具一格。同样是复古，胡缵宗期望所复之"古"的内涵与众不同。实际在文学交游方面，胡缵宗与倡导"文必秦汉，诗必盛唐"的"前七子"代表人物李梦阳、何景明颇有来往。之所以出现这样的不同，应该是经学、子学、理学的根柢，奠定了他诗学的底色。胡缵宗归田之后，在编纂《唐雅》等诗集的同时，更致力于谭经谭理。他辑有《仪礼集注》《春秋集传》《读礼记钞》《读六子录》《愿学编》《近取编》等书，深研经学、子学、理学。编选《汉音》《魏音》《雍音》、选辑《唐雅》，乃是其暇日所为。胡缵宗曾说："学诗者不能为风、雅、颂，犹学圣者不能为周公之舄、孔子之墙尔。唐诗虽非三代之高唱，然非成周之遗响乎？"将诗中的风、雅、颂比之为周公之舄、孔子之墙，这句比拟方式，无意中透露出他秉持的价值序列中有明显的宗经、宗圣倾向。因此，胡缵宗编纂《唐雅》、学习唐诗不是最终目的，目的是沿波溯源，复兴《诗经》所代表的风雅传统，复兴三代之高唱。换言之，追踪《唐雅》所代表的唐代诗风，只是胡缵宗规划的整条复古路径中的一个阶段。

由于编《音》选《雅》是以上薄《诗经》为鹄的，故而《唐雅》选诗的首要标准是《诗经》所代表的"雅"。他说："乐以雅为则，辞以雅为至"[3]。如何做到"雅"呢？胡缵宗进一步阐发："义不典则文不雅，致不隽则诗不雅；故思不正则格不雅，兴不适则调不雅。古今谭诗文者，一则曰古雅，一则曰典雅，而'雅'，其体也。"也就是说，好的诗歌要首先要义典、致隽、思正、兴适，只有如此，其乐、辞、格、调才能达到"雅"的要求。古今为诗文者，追求的"古雅"也好，"典雅"也罢，其基准同样都是"雅"。

《唐雅》选诗的另一重要尺度是"取意于乐"。入选诗作要能"被之弦管""协之律吕"，达到"协""谐"的标准，以此"欲备一代之音"。

在中国文学研究领域，《诗经》一般被称作我国古代第一部诗歌总集，但因为风、雅、颂在当时多可入乐，所以也可称《诗经》是最早的乐歌总集。胡缵宗强调："朱子谓《三百篇》多可被之管弦，可被之管弦即可入雅"[3]。

胡缵宗编纂《唐雅》之前，曾认真研读所见唐诗总集及唐诗选本：

> 读《英华》《纪事》，见唐诗之丽如星；读《品汇》《文粹》，见唐诗之昭如汉；读《河岳英灵》《极玄》，见唐诗之炳如辰；读《正音》《正声》，见唐诗之灿如宿。缵宗所辑《唐雅》，虽不敢望诸先正之明，倘宣畅之，其殆焕乎如斗软？然未敢以为然也。其诸《间气》《国秀》《箧中》《又玄》《三体》《百家选》《类选》诸集，要各有得，姑俟再订云尔。况诸本或不收杨、王、卢、骆，或不录李、杜、韩，或多入贾、温、许、李，则雅音不纯而或阙，谓为一代之诗，恐未可称尽美也。[3]

胡缵宗所列历代唐诗选本，各有优长，他明其优劣，欲有所为。在当时杨士弘编《唐音》、高棅编《唐诗品汇》及《唐诗正声》影响最著，胡缵宗曾比较《唐音》《唐诗正声》两书的特点：

> 诗自杨伯谦《唐音》出，天下学士大夫咸宗之，谓其音正，其选当，然未及见高廷礼《唐声》也。夫声，犹音也。《书》曰："声依永，律和声。"音，即律也。故声成文，音成章，皆谓之诗。夫伯谦所选亦精矣，而廷礼所选加严焉。诗岂易言哉？三复之，伯谦其主于调，廷礼其主于格乎？汉诗无调与格，而调雅，而格浑；唐诗有调与格，而调适，而格隽。五代而下，调不谐而格不纯，未见其有诗也。杨未选李、杜，高李、杜亦入选；杨于晚唐犹有取焉，高于晚唐才数人数首而止。其严哉！[6]

这是胡缵宗撰《唐诗正声》序中的一段。嘉靖三年，吴人华生于胡缵宗处见到《唐诗正声》，求刻得允，胡氏为之作序。胡缵宗认为杨士弘选诗主于调，高棅选诗主于格。相较《唐音》，胡缵宗更推崇后出的《唐诗正声》，因为《唐诗正声》不仅增加了《唐音》未选的大家李、杜，而且选诗标准较《唐音》更为精严，于整体格调欠佳的晚唐诗歌，仅取数人数首而已。二十多年后，当胡缵宗编选《唐雅》时，即以他所崇尚的《唐诗正声》为参照对象，提出自己的编选原则：

> 廷礼谓"予于欲'离'、欲'近'而取之"，愚亦谓"予于欲'协'、欲'谐'而取之。"[3]

显然，胡缵宗目的明确，他要编选一本有别于《唐诗正声》"离""近"选诗标准的具有自己特色的诗集。

《唐雅》自序中，并未详细说明"协"与"谐"的内涵，但他在《拟汉乐府》自序中对此有详细阐释，可以互参：

> 志发于言之谓诗，诗发于声容之谓乐府。乐府始自汉，按其声、玩其辞，意俱在言外。春永尔雅，鼓之渢渢，吹之洋洋，歌之喤喤，舞之翩翩，而其调古矣，故不曰"诗府"而曰"乐府"。康衢之谣、南风之歌、《三百篇》之什，古乐府也，皆可鼓以吹、歌以舞者。迨诗亡，始不可鼓吹歌舞矣，而汉乐府之所由作也。岂惠武欲复古诗而合今乐，殆有意于宣天地之音而谐阴阳之律乎？夫《三百篇》不独四言，多至七言、八言，少亦三言，乐府取裁焉。然长短、疾徐、清浊、高下，惟协为至。协，斯谐矣。谐，斯永矣。今观鼓吹、横吹，浑而朴；相和、清商，雅而畅；舞曲、杂曲，隽而永。六署既分，五音六律复协，上原雅颂，下薄骚些，后有作者其能外其格调同其音响哉！故奏之郊庙则为吉乐，播之师旅则为军乐，此不足以宣畅其心而平其情哉？汉尚矣，后之小令、新曲尚本之钟吕宫调，况乐府乎？苟作之既典则，宣之自协，宣之既协，则按之自谐。谐乎辞，斯谐乎声；谐乎调，斯谐乎容。[7]

《拟汉乐府》成书于嘉靖己亥（1539），比《唐雅》成书早十年。此时胡缵宗尚在官任，所收作品"皆于途舆上偶乘兴而作"[7]。此序表明其创作宗旨注重继承汉乐府的"春永尔雅""可鼓吹歌舞"；强调诗作的"长短、疾徐、清浊、高下，惟协为至"；认为"协，斯谐矣。谐，斯永矣""苟作之既典则，宣之自协，宣之既协，则按之自谐。谐乎辞，斯谐乎声；谐乎调，斯谐乎容"。这与后来他编选《唐雅》时"予于欲'协'、欲'谐'而取之"的宗旨可谓一脉相承，即强调诗歌的音乐性，追求诗歌的声容之美。

三

本着上述编选原则，胡缵宗架构《唐雅》时，将第一层级分成"雅音"上、中、下三等。第二层级按诗体分，将乐府放在了"雅音上"。他认为唐代乐府"浑朴虽不及汉，其音调亦自冲融，使师挚协之，未必不可被之弦管也，故列为雅音上"[8]（卷之一）；古体、绝句被列为"雅音中"；近体诗被列为"雅音下"。这四类入选诗作，均有入乐性质，"乐府多可歌舞鼓吹，故可以格、可以歆；古体、绝句多可歌舞，故可以感、可以创；近体亦多可歌，故可以唱、可以和"[3]。四类诗体之下再分几言依次排列。每一小类的最后附有相同句数诗作的数量以及每句几言的统计详情（见表1）。

表 1 《唐雅》框架结构及诗作详情统计表

卷次	诗歌等次	诗歌体式	卷首篇名及诗体内部分类	每句字数	诗作总数（首）	相同句数诗作数量、每句几言统计详情（《唐雅》原计）
卷之一	雅音上	乐府一	猗兰之什一之一	四言五言	131	三首，首十六句；二首，首十句；一首，十三句；一首，十四句。句四言（四句三言，七句五言，一句六言）。三十九首，首四句；十首，首六句；三十八首，首八句；一首，首十句；十三首，首十二句；五首，首十四句；七首，首十六句；二首，首十八句；一首，首廿句；一首，首廿二句；三首，首廿四句；一首，首廿八句；三首，首三十二句。句五言。
卷之二	雅音上	乐府二	临高之什一之二	五七言	155	六十六首，首四句；三首，首六句（二句六言）；二首，首七句（一句五言）；八首，首八句（四句三言，四句五言，四句六言）；二首，首九句（二句三言，二句六言）；五首，首十句（一句三言，三句五言，二句十一言）；二首，首十一句（六句三言，二句四言，二句六言）；十六首，首十二句（五句三言，十三句五言，一句六言）；一首，十三句（四句三言）；七首，首十四句（二句三言，四句五言，一句八言，六句五言，一句六言，一句九言）；三首，首十五句（四句三言，一句五言，一句六言，一句九言）；一首，十六句；一首，十七句（三句三言，六句五言）；三首，首十八句（四句五言，二句六言，一句八言）；二首，首十九句（十句五言，二句六言，一句八言，一句九言）；五首，首廿句（四句三言，八句五言，一句八言，二句九言）；二首，首廿一句（十句三言，八句五言，一句八言，二句九言）；二首，首廿二句（一句三言，二句五言，一句九言）；三首，首廿四句；二首，首廿六句（三句三言，八句五言，一句十言）；三首，首廿八句（四句三言，七句五言，一句十言）；一首，三十句（二句三言，九句五言）；一首，四十句（八句四言，七句六言，十一句五言，三句九言）；一首，四十五句（六句四言，九句五言，二句六言，一句八言，六句九言，一句十三言）。句七言。
卷之三	雅音中（上）	古体一	兰若之什二之一	五言	256	一首，十二句四言，四句五言；九首，首六句；五十四首，首八句；二十六首，首十句；四十七首，首十二句；二十六首，首十四句；二十四首，首十六句；四首，首二十八句；十二首，首二十句；四首，首二十二句；十九首，首二十四句；五首，首二十八句；一首，三十一句；二首，三十二句；一首，三十八句；一首，四十句；一首，一百句；一首，一百四十四句。句五言。
卷之四	雅音中（上）	古体二	采莲之什二之二	七言	98	一首，十六句，句六言（一句五言）。三首，首六句（四句三言）；廿三首，首八句（一句九言）；六首，首十句（八句五言，一句九言）；一首，十一句（二句八言，一句十一言）；八首，首十二句（一句四言，三句六言，二句八言）；一首，十三句（十句六言）；一首，首十四句；一首，十五句；十五首，首十六句（二句五言、六言）；一首，十七句；八首，首十八句（六句五言，八句六言，一句九言，一句十二言）；一首，十九句；二首，首廿句；一首，廿一句（一句九言）；三首，首廿二句（四句六言，一句九言）；三首，首廿四句；二首，首廿六句（四句三言，四句五言，一句九言）；一首，廿七句；三首，首廿八句（六句三言）；二首，首廿九句（四句三言，七句五言）；一首，卅二句（二句三言）；一首，三十六句；二首，首四十六句（四句四言，六句五言，六句六言）；一首，四十八句；一首，五十四句（十一句四言，五句五言，廿一句六言，一句八言，一句九言）；一首，六十二句（二句三言，四句五言，一句九言）；一首，六十八句。句七言。一首，八句，句八言（一句三言，二句四言，三句五言）。

续表

卷次	诗歌等次	诗歌体式	卷首篇名及诗体内部分类	每句字数	诗作总数（首）	相同句数诗作数量、每句几言统计详情（《唐雅》原计）
卷之五	雅音中（下）	绝句一	此日之什三之一	五言	140	百有四十首，首四句。句五言。
			采菱之什三之二	六言	6	六首，首四句。句六言。
卷之六	雅音中（下）	绝句二	九日之什三之三	七言	177	一百七十七首，首四句。句七言。
			渔父之什三之四	三言七言	2	二首，首五句。四句，句三言；六句，句七言。
卷之七	雅音下	近体一	临津之什四之一	五言	115（实144）	百有四十四首，首八句。句五言。
			隆唐之什四之二	五言	36	长编。一首，十句；二十四首，首十二句；一首，十四句；六首，首十六句；一首，三十二句；三首，首四十句。句五言。
卷之八	雅音下	近体二	沧浪之什四之三	七言	115	一百一十五首，首八句。句七言。

　　《唐雅》每一诗体之下诗作的次序，基本按作者年代先后排列。但也有例外，如"卷一·雅音上·乐府"部分，介绍作者姓氏、字号与籍贯时，所列第一位是章怀太子，第二位是韩愈，再后是杨炯、卢照邻、骆宾王、沈佺期等初唐诗人。而到正文收录诗歌时，所列第一位作者变成了韩愈，章怀太子排到了第二。这样的编排次序，应该编者有意为之，是《唐雅》编选旨归的体现。

　　就作者的时代先后而言，中唐时期的韩愈当然比章怀太子晚得多，之所以将其排在第一位，是因为他乐府诗的重要性。《唐雅》卷一收录韩诗共十首：《猗兰操》《将归操》《越裳操》《龟山操》《拘幽操》《履霜操》《残形操》及三首《青青水中蒲》。其中《猗兰操》《将归操》《越裳操》《龟山操》《拘幽操》《履霜操》《残形操》七首选自韩愈的《琴操十首》，属于古琴曲歌辞。古琴曲又有琴畅、琴操等类别。宋代郭茂倩《乐府诗集·琴曲歌辞》道："《琴论》曰：'和乐而作，命之曰畅，言达则兼济天下而美畅其道也。忧愁而作，命之曰操，言穷则独善其身而不失其操也。……古琴曲有五曲、九引、十二操。……十二操：一曰《将归操》，二曰《猗兰操》，三曰《龟山操》，四曰《越裳操》，五曰《拘幽操》，六曰《岐山操》，七曰《履霜操》，八曰《朝飞操》，九曰《别鹤操》，十曰《残形操》，十一曰《水仙操》，十二曰《襄陵操》'"[9](P1184)。韩愈《琴操十首》是承继古琴曲十二操中的十操而作。《唐雅》所选的七首每首均有小序，如《猗兰操》——"孔子伤不逢时作"、《将归操》——"孔子之赵闻杀鸣犊作"、《越裳操》——"周公作"、《龟山操》——"孔子以季柏子受齐女乐，谏不从，望龟山而作"、《拘幽操》——"文王羑里作"、《履霜操》——"尹吉甫子伯奇无罪，为后母谮而见逐，自伤作"、《残形

· 241 ·

操》——"曾子梦见一狸，不见其首作"等等。从小序可以看出，韩愈强调这些琴曲歌辞渊源有自，首作者分别为孔子、周公、文王、尹吉甫子、曾子。又，《楚辞后语·琴操第三十五》收入韩愈《将归操》《龟山操》《拘幽操》《残形操》四操，并录有晁补之的评论："晁氏曰:《琴操》者，韩愈之所作也。愈博学群书，奇辞奥旨，如取诸室中物，以其所涉博，故能约而为此也。夫孔子于三百篇皆弦歌之。操，亦弦歌之辞也。其取兴幽渺，怨而不言，最近《离骚》。《离骚》本古诗之衍者，至汉而衍极，故《离骚》亡。操诗赋同出而异名，盖衍复于约者，约故去古不远。然则后之欲为《离骚》者，惟约犹近之。十操取其四，以近楚辞；其删六首者，诗也。"[10](P277)由此可知，在晁补之看来，韩愈所作十操，《将归》《龟山》《拘幽》《残形》四操与楚辞相近，其他六首则与古诗相似。

《唐雅》所收韩愈乐府中的三首《青青水中蒲》，托物起兴，风格高古，颇有汉魏乐府之风。这一点，元人刘履早已指出："此诗不知何为而作，词格虽若类晋曲之《子夜》《前溪》等歌，然其气韵优游深浑，去汉魏自不相远，非晋曲淫艳者比，唐人以乐府名家者亦皆下此矣。"[11](1370册P210)

总之，将韩诗置之本书之首，体现出《唐雅》追嗣古乐府与汉魏乐府，以上薄风、骚的编选旨归。

《唐雅》还有些篇目也值得注意。比如"卷之二·雅音上·乐府·临高之什一之二"收录了《木兰辞》，今人通常视此诗为北朝民歌而非唐代乐府；再如"卷之六·雅音中（下）·绝句二·渔父之什三之四"收录了张志和《渔父歌》"西塞山前白鹭飞"与刘禹锡《潇湘曲》"班（斑）竹枝，班（斑）竹枝"，这两首作品今人通常视为词作而非诗作。这些具体篇目的处理方式，表现出胡缵宗与今人观念颇有不同。

注释：

① 明人张之象亦编纂有同名唐诗选本《唐雅》。

参考文献：

[1] [明] 何栋. 通议大夫都察院右副都御史可泉胡公缵宗墓志铭 //[明] 胡初、胡被. 胡氏荣哀录[M]. 明刻本，1563.

[2] [明] 盛汝谦. 唐雅叙 //[明] 胡缵宗. 唐雅[M]. 秦安：文斗山堂，1549.

[3] [明] 胡缵宗. 唐雅序 //[明] 胡缵宗. 唐雅[M]. 秦安：文斗山堂，1549.

[4] [明] 袁袠. 木兰堂集序 //[明] 胡缵宗. 木兰堂集[M]. 徐圭等刊本，1529.

[5] [明] 曹士奇. 唐雅跋 //[明] 胡缵宗. 唐雅[M]. 秦安：文斗山堂，1549.

[6] [明] 胡缵宗. 唐诗正声序 //[明] 高棅. 唐诗正声[M]. 华生刻本，1524.

[7] [明] 胡缵宗. 拟汉乐府序 //[明] 胡缵宗撰，[明] 谷继宗辑. 拟汉乐府[M]. 秦安：文斗山堂，1539.

[8] [明] 胡缵宗. 唐雅[M]. 秦安：文斗山堂，1549.

[9] [宋] 郭茂倩. 乐府诗集[M]. 北京：中华书局，2017.

[10] [宋] 朱熹. 楚辞后语 //[宋] 朱熹. 楚辞集注[M]. 上海：上海古籍出版社，1979.

[11] [元] 刘履. 风雅翼 // 景印文渊阁四库全书[M]. 台北：台湾商务印书馆，1986.

·学术名家研究·

向熹先生和汉语史研究

俞理明[*]

一 向熹先生的求学道路

向熹先生1928年秋出生在湖南省双峰县的一个农民家庭，六七岁时读了两年私塾，接着读小学。因家庭人多，生活困难，七八岁时开始参加劳动，看牛、割草、挖地、犁田、挑脚炭、做砖坯，还当过兵。但他求学愿望十分强烈，一直努力争取，不放过读书机会，断断续续地读过一年高小、半年初中，1947年，通过插班进入湖南春元中学学习，读了两年半的高中。1949年冬高中毕业，1950年起当了半年小学教师，白天给学生上课，晚上教夜校，没有教材，没有工资。

1950年夏，和同学数人到武汉参加高考。当时高校采用各校分别招考的方式招收学生，向熹先生报名参加了四所大学的考试，收到了四份录取通知，他选择了北京大学中文系汉语言文学专业。1954年本科毕业，留校做研究生，师从王力先生，主攻汉语史专业。同时听过魏建功、高名凯、袁家骅、吕叔湘、陆志韦、周祖谟等先生讲授的课程，受到了系统的语言学和汉语史研究的训练和专业熏陶，向先生曾说，他一辈子也不会忘记母校老师对他的教诲和培养。1958年秋，从北京大学研究生毕业，被分配到四川大学中文系工作，成为高校教师，先后开设了"语文和写作""现代汉语语法""古代汉语""汉语史""《诗经》语言问题""《马氏文通》导读"等多门课程，同时投身于汉语言文字的研究中，并把它作为自己毕生的事业。

在北大学习期间，正是王力先生编写出版《汉语史稿》的时期，向熹先生在这样的环境下，耳濡目染，确定了自己的研究方向和目标。

20世纪50年代，汉语的历史研究还处在探索阶段。在汉语语音史研究方面，由于历代韵书的编写，唐代以下语音的共时系统研究比较深入，研究六朝以前上古语音的古音学，从宋代兴起，经明清时期古音学家们的努力，也有了突破性的进展。这为历史语音研究中的断代描写、确立科学的观念，也奠定了良好的基础。

---

[*] 作者简介：俞理明（1952— ），男，四川大学文学与新闻学院教授，博士生导师，成都市文史馆馆员，研究方向为汉语词汇学。

但是，在汉语的词汇和语法研究方面，还非常薄弱，研究大多零散分布，以个别疑难词语的考释为主，缺乏系统性，而词汇语法的材料又非常丰富，难于全面把控，要从历史的角度对汉语作全面系统的梳理，困难很多。

汉语语法史研究，大约可以从吕叔湘先生对现代汉语一些语法成分的历史考察开始。收录在《汉语语法论文集》中的论文，[①] 主要汇集了20世纪40年代吕先生对一些现代汉语语法成分，包括语法词和句式的历史来源的研究。在这些研究中，吕先生从某一语法成分或句式入手，展开追溯性的历史考察，并从历史的角度，通过丰富的历史语料，展开从古到今的梳理，描写出了这些语法成分的演变过程。1958年日本学者太田辰夫的《中国语历史文法》出版，这本书也是从现代汉语语法要素出发，对现代汉语的各种语法成分作了追溯性的全面描写，具有良好的系统性。

王力先生的《汉语史稿》按语音、语法、词汇分为上中下三册，1957年上册出版，1958年完成后两册的出版。这是第一部从语音、语法、词汇三个角度，对汉语的历史发展展开全面描写的通史性著作。《汉语史稿》分别梳理了汉语的语音、语法、词汇三个方面的历史沿革，全面地描写了整个汉语的历史面貌，许多在历史上消失的汉语现象，在《汉语史稿》中都得到了应有的关注，而不仅仅限于对现代汉语语法成分来源的探寻，无疑是汉语历史研究的开山之作。

向熹先生多年来一直开设汉语史课程，撰写汉语史讲义。他认为，作为高校教师须要努力教学，培养祖国需要的合格人才，老师对学生既要严格要求，也要互相尊重。长江后浪推前浪，学生也会跑到老师前面去，这是事物发展规律。高校教师更要努力科研，为本学科的发展做出贡献，不能照本宣科，自以为是。半个多世纪里，向熹先生在科学研究方面尽心竭力，做出了自己的贡献。

二 向熹先生的学术成果

（一）《简明汉语史》的撰写

1958年，王力先生的《汉语史稿》全书出版，这是汉语通史研究的开山之作。向熹先生求学期间受教于王力先生，攻读汉语史专业，并把汉语史确定为自己学术研究的主要方向。任职四川大学以后，从1961年秋起，给本科生讲授"汉语史"课程，在师承王力先生汉语史研究思想的同时，尝试自己编写讲义，安排教学内容。经过多年的教学实践和对讲义的多次改写补充，于1991年完成了以分段研究为特点的《简明汉语史》的书稿。该书是继王力先生之后的第二部研究汉语史的力作，1993年由高等教育出版社出版，1995年荣获国家教育委员会（即教育部）首届人文社会科学研究优秀成果二等奖。2002年到2006年期间，向熹先生又对全书进行了修改补充，2010年由商务印书馆出版修订本，被教育部列为普通高等教育"十一五"国家级规划教材，为语言学相关专业研究生所必修，并可供高校教师和语言研究工作者参考。

《简明汉语史》全书分上、下两册，包括汉语语音史、汉语词汇史、汉语语法史三编，各编又按上古、中古、近代三大时期对汉语发展的历史进行整体描述，另有"绪论"

五节、"结论"二节与主体三编互相呼应，是一个比较完整的分时段的汉语史体系。

汉语是承载汉族社会文明发展记录的工具，已经具有几千年的历史。作为世界上可溯历史最悠久、保存文献最丰富、使用人口最多的语言之一，全面描述、探索汉语的历史，不仅对于深入了解、弘扬汉语本身和汉族的文明十分必要，对于了解人类的语言、人类语言发展的规则都有着无可代替的价值。从"小学"的文字、音韵、训诂到现代语言学的语音、词汇、语法，先辈学者们一直在汉语这块土地上辛勤耕耘着，留下了大量宝贵的财富。汉语通史的任务就是将汉语历史上积淀下来的丰富语料与前人的研究成果结合起来，作系统的描述、综合的印证，把汉语发展不同阶段历史"说清楚"。《简明汉语史》正是一部勾勒出汉语三千年发展演变脉络的著作。向熹先生在《简明汉语史》绪论中说："研究汉语史，就要弄清汉语在不同历史时期语音、词汇、语法的基本面貌，了解汉语在不同历史时期的发展变化，探索这些发展变化的特点和原因，揭示出汉语发展的内部规律。"概括全书的中心思想和内容，其后整个三编的描写、论述都是为了解决以上关于汉语史研究中提出的问题。围绕着"史"的观点，向熹先生提出研究汉语史要注意：1. 语言的时代特点；2. 区分通例和特例；3. 语音、词汇、语法各方面的联系。[1](P2-4) 科学的汉语史分期，客观的语料分析，综合全面地看问题，才能做好汉语史的研究，建立一个科学、系统的汉语史体系。历史是"根"，做好汉语史的研究，对我们进行现代汉语研究、汉语方言研究和普通语言学理论的研究等都有非常积极的作用。

这部倾注了向熹先生三十年心血的《简明汉语史》，不仅仅是一部优秀的教科书，更是一部饱含了作者学术思想和学术水平的汉语通史研究巨著。全书具有以下几个特点：

1. 全面系统、布局合理、脉络清晰。《简明汉语史》对汉语不同时期的历史面貌和发展脉络作了全面系统的描写，全书主体由三横三纵几条线索组成，将汉语史的三大分支（语音、词汇、语法）分别按上古、中古、近代三个共时层面做细致的总体描写，总结各时期汉语语音、词汇、语法三个方面的概貌和特点，进而叙述其从上一时期到下一个时期的发展演变，将汉语发展史中纷繁复杂的现象进行归纳和整理，从而勾勒出一个系统的汉语史框架，条分缕析，结构严谨。

2. 基础厚实、博采众长、观点明确。《简明汉语史》以向熹先生本人的大量前期的专题研究为基础，全书立足于先生从各历史时期的各种文献中搜集所获的各种第一手材料展开分析，同时也充分注意学界的研究进展，吸收前贤时哲的研究成果，必要时兼及不同意见，根据历史的语言事实取舍折中，提出自己的观点、论断。

3. 内容翔实、例证丰富、言必有据。《简明汉语史》在内容上并不"简明"，三编内容全面完整，不仅清晰详尽地论述了整个汉语史的发展面貌及其特点，更兼有大量的材料、旁证对每一个知识点进行说明、印证。如"上古汉语语音系统"这一章讨论上古汉语的声韵调系统，在每个声母、韵部和声调下都举出了大量的例字，更举出每个韵部所属的谐声偏旁，并用大量《诗经》原文押韵例句做进一步说明；在第三编"汉语语法史"中为了讨论清楚汉语各个语法成分、语法结构、句法等的发展情况，使用了近万个例句；词汇部分分别就各个时期单音词、复音词、词义、成语、中外词汇交流等方面进行叙述，用例更是不胜枚举，每一个论点的提出都来自对大量材料的分析、整理、归纳，避免用少数似是而非的材料作论证的依据。

4. 分析细致、语言朴实、深入浅出。全书坚持"实事求是"的原则，用丰富的材料和细致的分析阐明观点，不做过多的议论和不必要的修饰，也不故作高深，堆砌生僻词藻，遇有不常用的术语还随文解释，方便读者理解。书中论述思路严谨，强调用丰富的材料来说明观点，不作主观臆断，更不凭空猜测。我们读《简明汉语史》往往容易上手，且获益良多，正是因为作者用朴实简明的语言和丰富的历史语料勾勒出了一个汉语三千年发展的清晰轮廓。

从宏观上全面地研究汉语的发展史是一项十分艰苦的工作，它需要研究者全面掌握汉语史的各个分支和各时期的材料，在材料的收集、整理、分析过程中，要耗费研究者无数的时间和精力，没有坚忍不拔的毅力、扎实深厚的学术功底和踏实稳重的学术作风是无法完成的。在几十年中，向熹先生坚持把自己的研究和教学相结合，长期开设汉语史课程，立足于教学工作从事汉语史研究。他通过自己的研究编写讲义开展课堂教学，又在教学中寻找不足、发现问题，再通过研究加以弥补，提高水准，不断地丰富其中的内容，使之日臻完善。《简明汉语史》是向熹先生"教学要与科研相结合"的理念的最好体现，是向熹先生学术水平的代表。

（二）有关《诗经》的系列研究

向熹先生研究《诗经》，起因于汉语通史研究的前期准备。向熹先生说："最初只是为了编写《简明汉语史》须要掌握上古汉语第一手资料，才去研究《诗经》。接触多一些，产生了兴趣，于是下决心写《诗经》语言研究方面的书。"通过对《诗经》多年的全面系统的考察和研究，从20世纪80年代开始，陆续出版了五种关于《诗经》语言研究方面的论著。

1.《诗经词典》1986年由四川人民出版社初版，1997年四川人民出版社修订重版，2014年再次补充修订，由商务印书馆出版。这是向熹先生的第一本正式出版的学术专著，也是我国第一部音义兼备的专书词典。该书"收录《诗经》里出现的单音词2826个作为字头，同时收录复音词近1000条、305篇的题解和有关《诗经》研究的术语300余条，总计1318条"（《诗经词典》后记）。次年的修订本又把异体字独立列出，字头增加为3336个，另外，合并义项近500处，增补材料3000余条，还审订了每个字头的字音。书中义项解释准确、精炼、通俗，除名物解释外，一般采用古今对译的方式，注音则兼用汉语拼音和反切两种方式。在释义内容的选择上，向熹先生的原则是"首出己见，择要兼收"，每个字头下先列自己的解释，然后择要收录众说，用"一说""又一说"的方式表明，意在把古今学者《诗经》训诂研究的精华都汇集在《诗经词典》里，以便读者参考。该书出版以来，受到海内外学者的好评，是阅读《诗经》必不可少的工具书，荣获1988年第二届王力语言学奖。

2.《〈诗经〉语言研究》1987年由四川人民出版社出版。本书是在向熹先生"《诗经》语言研究"选修课讲义的基础上修改而成的，为《诗经词典》的姊妹篇，是我国第一部研究专书语言的著述。本书初版共分六章，分别介绍了前人研究《诗经》的概况，讨论了《诗经》的文字、音韵、词汇、句法、修辞和章法，对《诗经》中的语言现象做了全面系统的分析和论述。夏传才先生在《二十世纪诗经学》中评论说："该书是80年代《诗经》语言研究的总结性著作，既总结了前人的研究成果，又经著者归纳分析、覃思精研，不但条理分明，而且理论上又有精进，可以说该书代表了《诗经》语言研究的时代水平。"[2](P271) 新版《诗经语言研究》正在由商务印书馆编辑出版中。

3.《诗经古今音手册》1988年由南开大学出版社出版。该书收集并注明了《诗经》所有单字的今音（汉语拼音）、反切、中古音和上古音，把每个字的字音从古到今贯穿起来，供读者阅读《诗经》和研究上古汉语音韵时参考使用。全书按拼音字母次序排列，不收录《诗经》里未出现的字音，书末附有《诗经》上古音分部和入韵字表。《诗经古今音手册》是一部研究《诗经》时期语音的专著，其中古今音的对照又为研究汉语语音的演变提供了很有价值的参考。

4.《〈诗经〉语文论集》2002年由四川民族出版社出版，是四川大学汉语史研究丛书中的一种。该书收录了向熹先生关于《诗经》研究的论文15篇。这些论文主要分为两类，一类是关于《诗经》语言研究的论文，分专题研讨了《诗经》语言的性质、歧义的分析、异文、通假、注音以及词汇、通韵和合韵等重要课题，其中有的是《诗经语言研究》没有涉及的问题，如"歧义的分析"，有的问题在《诗经语言研究》中讨论过，又在《论集》中进行了更深入、详细的论述；另一类是关于前人研究《诗经》成果的研究论文，包括从汉代到清朝研究《诗经》的几个重要成果的研究述评，与《诗经词典》和《诗经语言研究》汇集前人的研究成果不同，《论集》主要阐述了向熹先生自己的观点和态度，该书增补本也正在由商务印书馆编辑出版中。

5.《诗经译注》2009年由高等教育出版社出版。本书原为1995年许嘉璐、梅季先生主编的《文白对照十三经》丛书中的一种，后由高等教育出版社出版仿古风格的单行本。由于刘晓翔先生设计的封面典雅质朴而富有创意，被选为"2009年中国最美的书"。2010年在德国莱比锡世界图书评比中，从634种参选图书中脱颖而出，获得"2010年世界最美图书"称号。《译注》每篇诗包括原诗、题解、今译、韵读、注释五部分：题解介绍诗的主题，力求简洁，主要立足文本自身内容；今译以直译为主，紧扣原文，主要采用七言句式，押大体相同的韵；韵读按照《诗经》时代的韵部标示该诗的韵脚和韵部；注释简明扼要，择善而从，表明今译的依据，解释不易理解的古代名物词语，标明异文，为难字注音。《诗经译注》是向熹先生多年研究《诗经》成果的集中体现，原文、题解、韵读、注释都是作者采各版本、各家之长精校而成。将先秦古书翻译成现代白话要求诠释者既要有深厚的古代文化修养，又要有化繁难为平易的现代汉语水平，而向熹先生将原诗翻译成了通俗易懂、朗朗上口的现代歌谣。通过自己的努力，能让更多的人去理解《诗经》、欣赏《诗经》，是先生十分乐意去做的事。2013年，本书由商务印书馆再次出版。

《诗经》是中国历史上最早的诗歌总集，其中汇集的三百多首春秋以前的各类诗歌，从不同的侧面反映了当时社会多个方面，是研究古代历史、语言和文学等各个方面不可或缺的宝贵材料。自古研究《诗经》的学者众多，先生对《诗经》的研究，从语言方面切入，首先，继承前辈在音韵、文字、训诂各个方面的成果，博览众说，综贯各家，择善而从，保留异见，以词语为纲，编成《诗经词典》，为学界在《诗经》的深入研究方面提供了很大的便利，也为自己在这方面的研究打下了扎实的基础。其中，《诗经古今音手册》是这项研究中涉及字音的部分，虽然因为技术原因出版稍后，但其实是《诗经词典》的前期成果。《诗经词典》可以说是从语言的角度对《诗经》的微观研究，而《诗经语言研究》则从宏观的角度对《诗经》从文字、音韵、词汇、句法、修辞和章法等多个方面展开专章分析，总结归纳《诗经》语言的主要特点，描写它的整体面貌。研究一种古代文献的用语，微观的观察与宏观的分析虽然角度不同，但二者是相辅相成的。一方面，弄懂字词的意义有助于我们理解文献中的句子和篇章，反过来，了解句子和篇章内部的结构和逻辑关系，也有助于我们求得字词的确诂。

借助古代文献研究古代语言，包括编写古代的专书词典，在取材的时候，往往采取抽样的方式，即获得适当数量的语料之后就戛然而止。这样做，可能忽略了一些不太引人注意的语言现象，但是，也可以借此回避一些难以解决的问题。而采用穷尽描写的方式编写词典和考察各类语言现象，就把一种文献中所有要面对的问题都突显出来，无所逃遁。这样做，当然增加了工作的难度，但是，正是通过这样的方式去发现问题、面对疑难、迎难而上，才更能推进研究的不断深入。

古代文献由于距离现代时间太远，今人在阅读古代文献的时候，往往会产生只能意会不能言传的感觉，其中，古今语言的隔阂是一大原因。有些时候，解读者大体看懂了文献中文句的意思，但是，未必看懂文句中的每一个字，未必理解整个文句的语法结构和词语间的关系。在这种情况下对文献的理解，存在着某种"猜"的成分，所谓的理解，最多是"八九不离十"，大概知道而已。《诗经》是万古流传的文学经典，爱好者众多，历来从社会文化的角度研究《诗经》、解读《诗经》的人也很多，而且见仁见智，往往各不相同。向熹先生根据自己对《诗经》语言的高度了解和掌握，译注《诗经》，深入浅出，要言不烦，为《诗经》的传播做出了积极的贡献。

（三）辞书编纂

除了上述的《诗经词典》之外，向熹先生还主持和参编了其他一些词典。

20世纪70年代后期，向熹先生与张永言、杜仲陵、经本植等教研室同仁共同编纂了《简明古汉语字典》，该字典是1975年国务院137号文件所列的国家规划出版字典。它以通行的古代文学作品为基本范围，收字8537条，是一部供中等以上文化程度的读者学习古代汉语、阅读古籍时参考的中型语文工具书。该书从选词到释义，都充分考虑读者的需要，目的明确，针对性强，适用度高，其中张永言教授是字典的统稿者，用功最多，用力最勤。向熹先生是字典编写的最初发起人，并撰写了大约五分之二的初稿。该词典于1986年由四川人民出版社出版，1988年获四川省社会科学研究成果一等奖，先后重印十余次，畅销不衰，深受语文工作者欢迎，并于1999年出版修订本，仍由四川人民出版社出版。目前，商务印书馆准备出版字典的新版修订本。

此外，参与《简明古汉语字典》工作的几位同仁还一起应约编写了《古汉语词典》，由巴蜀书社1998年出版。

20世纪80年代，向熹先生主编《古汉语知识辞典》，这是一部全面介绍古代汉语相关知识点的辞书，重在实用性，对想要了解、研究古代汉语的读者来说颇有价值，辞典包括总论、词汇、语法、音韵、文字、训诂、诗词曲律、修辞、文体、重要的语文著作、重要的语文学家等十一大类,共收条目 1619 条。向先生撰写了总论、语音、词汇部分的条目,在他看来这虽然不是专门研究,但这种普及性的工作也很有意义。该辞典于 1988 年由四川人民出版社出版,1999 年由四川辞书出版社出版修订本。

另外,从 1987 年开始,向熹先生倡导组织了几位后学展开《汉语称谓词典》的编写工作,本词典定位为历史词典,即为读者提供各个汉语称谓词比较完备的历史资料。本词典拟从历史词汇研究的角度,广泛搜集汉语历代文献中出现的各类称谓词,搜集各称谓词的来源和历史变化等有关材料,为读者展示这些称谓词的历史面貌和演变过程。这项工作从汉语称谓词的历史调查入手,通过对历史文献中称谓词的广泛深入的调查,获取了大量的第一手资料,经过十多年的努力,写成初稿。嗣后又几经修改删订,现在已经定稿,准备出版。

辞书编纂涉及面广、工作量大,要在辞书编写中体现研究性和学术性,更是难上加难。因此,若没有足够深厚的知识积淀和握有丰富的各类语料,辞书编写将寸步难行。向熹先生参与多部辞典的编纂工作,对编写辞典的难度是深有体会,他在许威汉主编《古汉语词诠》序中谈道"要求词书编写者不仅有真才实学,而且要有非常严肃的治学态度"[3],这也是向熹先生编写辞书的原则。

(四)《汉语避讳研究》

中国社会很早就形成了一套完整的礼法体系,根据这套封建礼法,人际称谓中的避讳制度影响了中国社会三千多年,包括国讳(避用帝王及其家族主要成员的名字庙号等)、家讳(避用自己和交谈方父母祖先的名字)、贤讳(避用某位品行高尚、功绩卓著人物的名字)、特讳(帝王特别规定不准民间使用某些字,以示帝王的威权)、官讳(避用长官和权势人物的名字)、恶讳(统治集团或个人认为某些词语的意义有损其政治利益而禁止或避免使用)、俗讳(对于某些可怕、不吉利、不美好、不光彩的事物或现象,不直接说出,而代之以一种委婉中听的方式来表达)等不同的情况。违反避讳的规则就是一种冒犯,在公共交际中会有很严重的后果,包括丢掉官位、触犯刑律甚至丧失性命,因此,避讳制度改变了不少人的人生轨迹。

多年来,在研究汉语历史的同时,向熹先生也关注到了语言与文化的关系,② 尤其是体现古代中国社会文化特点的避讳问题,搜集了大量的材料,在 2016 年由商务印书馆出版了《汉语避讳研究》一书。全书从避讳概况、避讳改姓、避讳省称、避讳称字、避讳改字和改谥号、避讳改地名等十二个方面对古代汉语中的避讳展开了全面的研究。

汉语古代文献中,避讳现象十分普遍,关注者也为数不少,但是由于资料零散,一直缺乏全面系统的搜集整理。本项研究在作者半个多世纪学术积累的基础上,汇集了丰富的避讳资料,并分门别类作了分析和研究,为中国古代文化和历史语言研究中,涉及避讳问题的学人解释疑惑,提供方便,有助于古代文化和语言研究的深入。

(五)其他研究

在从事以上四个方面的研究工作、撰写和编纂了不少著作和辞书的同时,向熹先生还在文字、音韵、词汇、语法、方言等方面写有大量论文,包括关于文字方面的如《〈古代汉语〉文字上的几个问题》《简化汉字大有必要》等；关于音韵方面的如《〈广韵〉入声韵同非入声韵中的重出字》等；关于词汇方面的如《阴阳五行观念和汉语词汇》《再谈词义的引申变化》、《王力先生对汉语词汇研究的贡献》等；关于语法方面的如《〈水浒〉中的"把"字句、"将"字句和"被"字句》《略论训诂和语法的关系》《论〈马氏文通〉的句法研究》《古代汉语教学语法体系刍议》等；关于方言的如《湖南双峰县方言》等。汇集向熹先生其他方面研究的《汉语语文论集》，商务印书馆正在准备出版。

三　向熹先生的治学态度和学者风范

　　向熹先生认为，自己是一个高校教师，承担着两个方面的职责，一是教学，为国家培养专业人才，一是科研，在汉语历史研究的专业领域内不断发现问题、解决问题。

　　从事学术研究，选题是重要的切入点。对于同一个话题，不同的人会有不同的态度，一些选题由于条件限制，会有较大的难度，导致研究前景不明，可能徒劳无功，存在很高的风险。向熹先生选择《诗经》做全面系统的研究，并决定编写《诗经词典》的时候，就面临这样的困难。

　　编写专书词典有两种办法，一是从某个目标文献中选取部分词语，选取某些角度加以诠释编写成书，这样的做法是可以充分地扬长避短，避开不易克服的障碍，随意取舍，完成工作。但是，这样做就把困难掩盖了起来，在展示自己研究长处的同时，把理解的困难留给了读者。读者在阅读中遇到某些问题需要查阅的时候，要看运气，运气好的时候，就得到了解释，运气不好的时候，查无可查，失望而归。因此，不论从学术的严谨性来说，还是从对读者负责的角度来看，编写一部专书词典，应该全面罗列书中的全部词语，尤其不能躲避书中难解难释的词语，研究者应该知难而上，不计得失，给自己找"不自在"。

　　作为中国古代最重要的经典之一，历代研究《诗经》的学者人数众多，成果异常丰富，包括大量的名家名著，其中不乏众说纷纭、矛盾冲突的地方。因此，想要为《诗经》编写一部搜集其中所有词语的词典，必须深入了解前人的研究，并且站在更高的视点，对前人研究中的分歧做出科学合理的斟酌取舍，要凭一己之力来完成这项工作，必须有坚忍不拔的精神，付出异乎寻常的努力，才能够达到自己的目标。

　　像这样的选择，不仅在《诗经》语言研究中是如此，在汉语史的研究中也是如此。前人的成果已经是一个非常丰富的宝藏，但学无止境，学术研究需要在前人的基础上更进一步，这就需要有敏锐的学术眼光和大无畏的勇气，直面困难，迎接挑战。

　　汉语历史文献数量巨大，其中保存了大量汉语历史变化的痕迹，寻找并梳理出其中反映各类语言变化现象的材料，是研究的一个重要方面，而更重要的是把这些材料串连在一起，形成一个完整的过程，并把这些局部的过程组织成一个系统。在这方面，王力先生《汉语史稿》已经做了很好的示范，但百尺竿头尚可更进，《简明汉语史》一方面充实了大量的汉语历史演变材料；另一方面，也发掘出了一些新的视点，在继承和发扬的基础上，努力创新，全面地把汉语的断代描写和汉语的通史结合起来，通过不同时代之间的语言变化，勾勒出汉语历史发展的整个轮廓。

把汉语史研究作为自己的人生舞台，编写一部完整的汉语史，是一项巨大的工程，宏大的构想离不开细致的工作，一切都需要从每一个局部做起。几十年来，向熹先生始终牢牢把握自己的研究方向，不为各种外因所干扰，把压力和鼓励都转换为工作的动力，宠辱不惊，静心于自己的研究。由于复杂的历史原因，先生1958年研究生毕业后，当了二十四年的助教，其中还受到各种运动的冲击，"文革"中有五六年时间离开教学岗位下放劳动，但这都没有能够改变先生致力于专业研究的决心。经历了人生的灰暗时期，多年来坚定的坚持坚守，迎来了科学的春天，在改革开放之后，长期的学术积累在新时期的良好环境中，形成了一个爆发性的科研高潮。在1986到1995的十年间，先生个人出版了《诗经词典》（1986）、《诗经语言研究》（1987）、《诗经古今音手册》（1988）、《简明汉语史》（1993）、《诗经译注》（1995）等著作五种，与人合作出版了《简明古汉语词典》（1986）、《古代汉语知识辞典》（1988）著作两种，同时还发表了十多篇论文。

　　从事科学研究，具有探索性，研究中出现各种不足、偏差甚至失误，是很难避免的。对此，向熹先生本着人无完人、学无止境、有错必改的态度，虚怀若谷，随时倾听各方批评，从不因为别人当面或背后的批评指责而心怀怨恨。对于个别失实、过分的批评，本着无则加勉的态度，用宽博仁厚的心态淡然处之。他认为，对于学者而言，应该把心思放在学术研究上，有精力多做科学研究，不要参与到钩心斗角、争风吃醋的缠斗中去。先生在过去的运动中，多次遭受立场偏激的批判指责，早就克服睚眦必报的狭隘心态，相信事实不容篡改，真相自会大白，做好自己，守住自己的本心才是做人的根本。正是这样的心态和这样的坚持，让先生在学术研究上越走越远，不断登高。

注释：

① 吕先生《汉语语法论文集》1954年初版，1984年出增订本的时候，抽去了部分有关代词的论文，增入了其他一批论文成书。抽取出来有关代词的论文，经过补充，独立为《近代汉语指代词》一书。
② 20世纪50年代，向熹先生第一次读到罗常培先生的《语言与文化》，十分震撼，很想在这方面做点事情，可惜精力有限，力不从心，未能尽早投入其中。

参考文献：

[1] 向熹.简明汉语史（上）[M].北京：商务印书馆，2010.
[2] 夏传才.二十世纪诗经学[M].北京：学苑出版社，2005.
[3] 许威汉.古汉语词诠[M].上海：上海交通大学出版社，2011.

·书序与书评·

再读西北地区两部重要方言学著作*

张振兴

一 闲言碎语

我在一篇为朋友写的序文里说:"我已垂垂年老,无力于生动的田野调查。于是读书便是打发日子最好的方式之一。每读好书,尤其读到老朋友的重要作品,便兴高采烈,经常会想起年轻时往来的旧事。"

有时间读书,有时间还能读书,这是很幸福的老年人生。有的书看看就过去了,留下很淡漠的印象;有的书比较详细读了,觉得很不错,有时候还会想到它,有时候还会再拿出来看看它;有的书读一遍不够,要一读而再读。我曾经还不止一次说过,《现代汉语词典》不只是用来查的,也是应该用来读的。当然,也可以回过头来说,有的书不只是用来读的,也是可以用来查的。这是我读书的一些体会,也是读书的一些境界。

我读过关于西北地区方言研究的一些书,尤其是最近二三十年出版的各种西北方言调查研究著作,而后才略知西北地区的方言。这些都是从书上得来的。早些年让我最受震撼的西北方言书,是邢向东老师的《神木方言研究》。2002年的版本是一读而再读,2020年的增订本又重读。读其他西北方言书的时候,还经常拿来请教。所以对我来说,《神木方言研究》不但是用来读的,也是用来查的。

现在我想老话重提,说一说再读西北地区两部重要方言学著作的话题。

二 再读《绥德方言调查研究》

黑维强著《绥德方言调查研究》出版于2016年12月。全书正文646页。除了导论外,还包含语音篇、词汇篇、语法篇、语料篇,凡二十章,75万多字。这是《神木方言研究》之后,我所见到的最重要的西北地区单点方言调查研究著作之一,也是近年来我所见到的最重要的晋语以及汉语方言单点调查研究著作之一。绥德位于陕北地区,乃千年名城,天

---

* 黑维强:《绥德方言调查研究》,北京师范大学出版社,2016。
邢向东:《近八十年来关中方音微观演变研究》,中华书局,2021。

下名州，今有《绥德方言调查研究》添彩，继往开来，黑维强老师功不可没！

我的习惯：收到朋友赠书，先看前言后记，然后看目录，再读正文。我一下子就被后记吸引住了，原话是："对绥德方言进行系统的调查研究，是我今生学术历程中最大的一桩心愿。"这一心愿始于1988年，至本书稿成前后26年。比扬雄作《方言》只少了一年。

这书值得读！收到黑老师赠书后，我暂时放掉手头正在做的事情，连着三个整天把这部书大致有重点地读了一遍。前些时候，我因为其他的需要，用了整四天的时间，把这部书的主要章节又读了一遍。所以是再读！

《绥德方言调查研究》比较全面地显示了绥德方言的全貌。它具有一般晋语的重要特点。例如有入声，有显著的文白异读，并且跟词汇语法具有密切的关系；还有大量的晋语通行词语，例如"婆姨（妇女；妻子）、夜里（昨天）、年时（去年）"等等，以及一大批"圪"头词、"日"头词；以及各种形式的重叠式用法等等。同时也很好地显示了绥德方言的特殊性。例如鼻音声母具有较强的同部位浊塞音成分，果假摄部分字读舌根鼻音韵尾 -ŋ 等。这两条竟然跟我知道的略多一些的闽南话很相似；第一人称代词"我"在句子里可以表示否定，没有专职的第三人称代词，用指示代词"那""那些"来替代他、他们；用时间助词"来"表示过去，"也"表示将来，用"叻"表示现在这一时间。这些特点即使从整个汉语方言来看，都不是很常见的现象。

《绥德方言调查研究》包含了调查资料和研究报告两个部分的内容。语音篇有音系及其说明，词汇篇有30个分类词表，语法篇里有一般常见的语法分析和解释。这都是绥德方言的语言事实。本书在语言事实的基础上，进行了广泛、深入的比较、讨论和研究，对我来说，其中的有些章节具有很大的吸引力，读起来不觉得枯燥乏味，而是有一种"一读起来，欲罢不能"的兴趣。这个对于一部专业性很强的方言学专著来说，是非常难得的。举些例子说一说。

第五章"比较音韵"第四节"例外字原因分析"。讨论了绥德方言一些语音演变规律的例外字，如"鼻能堤，应胜离，个女裕，做夫指……"等。并且分类说明了形成例外字的十种原因。这里的分析比一般看到的方言调查研究报告应该是更为全面和深刻的。

第五章"比较音韵"第五节"绥德方言语音的发展及其历史层次"，从声韵调三个方面讨论了语音发展的历史层次。例如古全浊声母字，绥德沿河区以及周边的清涧、吴堡等陕北方言很多仄声字读送气音，指出："读送气音是白读层，读不送气音是文读层。文读音是共同语的层次，出现时间较晚，白读音与唐宋西北方言的关系密切，时代较早。"这是有说服力的。

第六章"构词法"第二节"特殊的表音前缀、后缀"，讨论了绥德方言11个前后缀。尤其是从类型、功能、性质和意义几个方面，集中讨论了前缀"圪"和"圪"头词，给人非常深刻的印象。这是有很重要的意义的。无论从什么角度去看，"圪"和"圪"头词都是晋语的一个重要特征。

第八章"绥德方言保留古代文献中的词语"，专门收集260多条词语，有的词语还做过专门的考释。例如比较普通的管饺子叫"扁食"，分开说"擘"；比较复杂地哄着说"窝盘",大小便说"水火"等等。参考了许多古文献资料,非常显现作者的文献功力。

第十九章"语法专题研究",这是一般语法篇讨论之外的一个独立章节,一共讨论十个专题。除了下文要说到的"个"之外,还讨论了"家(价),的,也是、也是的,儿,敢、敢是,行,赶,是,动,[口叁]"等语法性词语。这十个专题每个都是一篇独立的长篇论文。

三 再读《近八十年来关中方音微观演变研究》

邢向东著《近八十年来关中方音微观演变研究》出版于2021年5月,是国家哲学社会科学成果文库图书。全书分上下两册,正文共1196页,约120万字,包括"描写论述篇"和"语料篇"。"描写论述篇"除"绪论"外,还有十二章,其中第二章是关中地区西安、韩城、合阳、澄城、白水等48处方言的音系。"语料篇"排比48处方言2273个字音对照集,这是"描写论述篇"的基础。本书是我所见到的最重要的西北地区区域方言调查研究著作之一,也是近年来我所见到的最重要的汉语方言区域调查研究著作之一。

大约是在2020年10月下旬,邢向东老师给我发送了《近八十年来关中方音微观演变研究》一书的电子版文本,并告诉我说此书已在出版中,希望我先读一读,然后再写点什么心得体会之类的东西。我诚惶诚恐,但总是以先读为快,有幸成为本书最早的读者之一。也因此才知道本书实际上也是邢向东老师与香港中文大学张双庆教授的一项合作成果,跟我个人多少算是有点儿关系。那一次我用了好几天的时间把文本的"描写论述篇"读了一遍,语料篇来不及细看。拿到本书后,又埋头连续着读了有三天多的时间,所以也是再读!

一看《近八十年来关中方音微观演变研究》的书名就知道,这是跟另外一部关中方言调查报告有密切关系的。1933年,著名语言学者白涤洲先生调查了关中地区42县50个地点的语音系统,后来由喻世长先生整理并于1954年正式出版了《关中方音调查报告》(下文简称《报告》),也是汉语方言学重要名著之一。由邢向东老师和张双庆教授领导的关中方言调查,距白涤洲先生的调查正好是八十年左右。汉语方言的发展演变总体上是呈现渐变性特点的,所以观察关中方言八十年的微观演变,这是一个极好的研究思路和研究课题。《近八十年来关中方音微观演变研究》从所记录的当代关中方言的语言事实出发,与《报告》所记录的语言事实进行细致的比较研究,深入讨论关中方言微观演变的历史规律,例如古帮组声母的唇齿化,古知系合口字的读音及与精组合口字的分混问题,端精见组齐齿呼字的关系,关中方言例外上声字及其解释等等。这些讨论都非常专业,很有深度,足见邢向东老师探索问题的宏观视野和观察问题的微观境界。这两个方面都需要极其厚实的专业功力。下篇是"字音对照篇",可以作为上篇论述的充分佐证。下面也举例略说几段给我留下很深印象的章节。

第三章"关中方言古帮组声母的唇齿化与汉语史上的重唇变轻唇",指出在《报告》

中已经存在古帮组声母 p pʰ m 在 o、u 韵前读 pf pfʰ mᵛ 这一音变现象，在当代关中方言里这一音变现象在继续扩大——分布的地域范围扩展了，唇齿化的类型也由原来的三个类型变化为五种类型。同时分析了这种历史演变的途径、原因和意义。"当代关中方言帮组字声母的唇齿化，对汉语史上曾经发生过的'重唇音变轻唇音'——从帮滂并明分化出非敷奉微的演变，不论分化的机制，不同声母分化的先后次序，还是分化的具体音值，都有重要的借鉴作用。"

第四章"知系合口字声母在关中方言中的读音类型及其演变"。对《报告》中知系合口字的读音类型、地理分布做了再分析，尤其对知系合口字与精组字合并为 ʦ、ʦʰ、s、z 进行了再分析。在这个基础上，对知系合口字音节的发音从音值和记音两个角度进行了描写。认为："关中话知系合口字今读的出发点，当为 tʂ、tʂʰ、ʂ、ʐ。"并由此演变而形成 pf、tʃ 等组声母。随后第五章"关中东府方言古知庄章组合口字与精组字合流的内外因素"，其实是第四章内容的进一步描述与分析，使之更有说服力。

第六章"关中方言端精见组齐齿呼字读音及其分布的演变"。《报告》所反映的关中方言端精见组齐齿呼字有"端≠精≠见、端=精≠见、端≠精=见、端=见≠精、端=见=精"等五种类型，当代关中方言虽然还保留了这五种类型，但有微观的变化：有几个地方"端≠精≠见"分立，但形成了"透=清≠溪"格局，"透=清"都读 tsʰ；有几个地方"端≠精=见"分立，但形成了"透=清=溪"格局，逢擦音、送气音都合流了，读成 ɕi 或 tɕʰi。在这个基础上进一步讨论了端精见组齐齿呼字合流的路线、演变的方向、演变的时间顺序。甚至讨论了关中地区以外（新疆和中亚地区）移民的关中回民方言的平行演变。

第七章"关中方言古山臻摄合口一等精组字的介音 y 化与声母腭化"。这也是《报告》所提出来的重要命题。本书提出当代关中方言在这个问题上，跟《报告》比较，主要发生了三个微观的变化：一是富平话山摄、臻摄精组合口一等字均已腭化；二是潼关话山臻摄精组一等字也已完全腭化；三是合阳话精组一等字声母全部腭化，没有残留现象。此外，《报告》未调查的方言点中，如铜川、商州、洛南、丹凤等地山臻摄合口一等精组字的介音 y 化与声母腭化都已完成。非常重要的是，本书提出了与此相反的另一种演变，即关中西部的方言中，山臻摄三等从心邪母合口舒声字白读为 tsʰ、s 声母、合口呼韵母。

第九章"关中方言例外上声字探究"。这一章主要以当代关中方言合阳、岐山、户县的实例立论，讨论关中方言的例外上声字。指出这些例外的上声字主要来自古去声，全浊上的字最多。这些例外上声字部分与普通话相同，大部分在关中话中具有一致性。造成这些例外字的最主要原因是：连读变调和中和调对单字调的影响；普通话去声调值的影响。还有其他一些原因。在分析这些原因的时候，提出了"连调固化式音变"与"借调固化式音变"两个重要的音变概念。

本书还有一个非常值得注意的地方，就是应用地理语言学的概念和方法，观察和解释关中方音八十年来的微观演变，包括演变的方式和演变的方向，以及演变的地理分布。本书前八章的专题讨论包含方言地图 23 幅。第十一章"方言地图反映的关中方言地理"包含方言地图 18 幅，反映七种语音现象的地理分布，第十二章"关中方言地图及解释"

包含方言地图17幅，对十种语音现象做出地理语言学方面的解释。全书一共有58幅各类方言地图。因此从某个角度来说，《近八十年来关中方音微观演变研究》也是一部非常有价值的方言地理学或地理方言学的重要著作。

四　再说《绥德方言调查研究》和《近八十年来关中方音微观演变研究》

我说再读《绥德方言调查研究》和《近八十年来关中方音微观演变研究》，是希望向广大读者，尤其是向方言工作者（特别是西北地区的方言工作者）郑重推荐这两部著作。一部优秀的方言调查研究作品，应该具备丰富的语言事实，扎实的解释和探索，独立的见解和主张。这就是继承和创新，要求著作者具有深刻的专业功力和广阔的学术视野。应该说这两部作品和著作者都基本具备了这些难得的品质。再说两个例子。

《绥德方言调查研究》三个地方讨论"个"字。第98页讨论音韵例外字，说"个"读入声 kuəʔ、kəʔ，除了作者自己调查的方言点以外，特别以正文加长篇脚注的方式，说明这个字读入声在南北方言中广泛分布。其中加注引证了24种文献；第118页讨论"个"除了 kuəʔ、kəʔ 入声读法，还有去声 kui、kər，阴平上 kuai 的读音，特别提出其中入声读法可能是保留了上古音的读法，属于最早层次。第571—578页"语法专题研究"第四节专门讨论"个"字，从读音到用法，列举了大量语言应用的实际例子，非常详细。《近八十年来关中方音微观演变研究》纵横八百里秦川，上溯唐五代西北方音，进行八十年微观演变研究，宏观微观结合。第七章讨论"关中方言古山臻摄合口一等精组字的介音 y 化与声母腭化"，这是一个非常复杂的语音演变现象。其中专立"与其他方言比较"一节，广泛比较了晋南地区、江淮官话地区、其他北方官话区类似现象的演变情况，行文引证相关文献14种。这样的例子在两部书中是很容易再找到的。足以说明两书著作者深刻的专业功力和广阔的学术视野。

《近八十年来关中方音微观演变研究》一书第十章第四节单独提出西北方言调查中音位处理的思考。指出："在语音描写中，有时可不必太拘泥于音系学在归纳音位时的互补分布原则，将对探求语音演变有价值的辅音音位的变体单独记录出来。""在调查中，仔细观察、记录细微的语音变化，有时甚至牺牲一点音系学的原则，应当是得大于失的。"其实，本书多处在实际的音位处理时，都是这样做的。例如第62页富县方言音系，"说明"第（2）条："tʰ 是 /tʰ/ 音位在齐齿呼韵母前的变体，颚化的同时发生擦化。为了与其他方言比较，独立成一个声母。"第（3）条："tʂ tʂʰ 包括 [ȶ ȶʰ][tʂ tʂʰ] 两组变体。其中 [ȶ ȶʰ] 与 ɑo、ɿu、ã、ɑŋ、əŋ 韵相拼。单字表中 [ȶ ȶʰ][tʂ tʂʰ] 不做归并。"第73页高陵方言音系，"说明"第（1）条："[ȶ ȶʰ] 与 [ȶ ȶʰ][ts tsʰ] 双向互补，[ɳ] 与 [n] 互补。为了与其他方言比较，没有归并音位。"这样的例子也见于《绥德方言调查研究》。这足以说明，这两部作品在分析讨论问题的时候，并不囿于现成的理论规则，而是根据语言实际情况，实事求是地提出独立的见解和主张。这需要著作者创造和创新的勇气。

再读两部著作，让我自然想到习近平总书记的一次重要讲话。2020年9月28日，中共中央政治局以我国考古最新发现及其意义为题举行第二十三次集体学习。习近平总书记在主持学习的总结讲话里，要求用"中国特色、中国风格、中国气派"建设中国的考古学。言语中传递着满满的文化自信。

这两部著作记录的是作者自己最熟悉了解的方言事实，对这些事实做出自己的描写和解释，旁征博引，追本溯源，继承了中国方言学的优良传统和学风文风。从这里，我们也看到了作者满满的文化自信。我们由此也相信，建设具有"中国特色、中国风格、中国气派"的汉语方言学是指日可待的。

五 余论

不过，这两部著作也并非完美无缺。比如，它们都还没有注意把方言和文化联系起来。语言是文化之根。绥德是陕北文化中心，千年古城，绥德的方言是绥德文化之本。白涤洲为什么要选择关中地区作为区域方言研究的对象？我们为什么要研究关中地区方言八十年的微观演变？暗含着的重要原因，是关中地区是华夏文明的核心区域之一，关中首府西安是十三朝古都，汉唐几个世纪的时间里是中华文明、世界文明的中心之一。所以，研究绥德的方言、关中地区的方言，要自觉反映历史文化的积累。

读《绥德方言调查研究》，第411页说到绥德方言代词的特点，其中第六条："绥德方言代词与周围陕北晋语相比较较为丰富，兼有陕北晋语南北地域性特点，体现了绥德在陕北的文化中心地位以及对周围方言的影响力及兼容力。"可惜没有展开来讨论。读《近八十年来关中方音微观演变研究》，其中第25页说到声调特点：关中方言"因为没有曲折调，所以听起来说话很直、很硬。关于关中人的性格，有'生冷伧懆'的说法，大概跟关中话的声调特点有关。"第16页说到声母的特点："关中方言声母普遍阻塞较紧，塞音爆破有力，除阻后气流较强。尤其是送气塞音、塞擦音声母，除阻后有很强的舌根、小舌部位的摩擦。"第151页又说：整个西北方言大都如此，"在音节中声母往往处于强势地位。不同部位的塞音、塞擦音、擦音都存在这一特点。"第237页："众所周知，西北方言中辅音声母发音时阻塞、摩擦很重，送气音的送气成分很强，往往导致韵母 i、u、y 高化为 ɿ、ʅ、ʮ、ʯ ʋ/ʏ（这种高化遍及陕甘宁青新五省区）。"关中方言或西北五省区方言的这种语音特点，很容易让人联想到陕西的秦腔。高亢、激扬、奋进的秦腔跟关中方言的语音特点是天然一体的。我经常想，如果在这些地方能够加上一把力，这两部著作就算完美了。

我由此也想到，按照这两部著作所积累的语言事实，以及绥德、关中地区的重要语言、历史、文化地位，应该抓紧实施编纂《绥德方言大词典》《关中方言大词典》，或《陕西方言大词典》《西北汉语方言大词典》这样的重大语言文化工程。我在多个场合说过，对语言方言的最有效的保护是为之编纂一部有效的大词典。张惠英等三人历时七年，编纂成功《崇明方言大词典》，我亲自为之作序，正所谓"举贤不避亲"。这是值得推荐并效法的。陕西或西北地区已经具备实施此类语言文化重大工程的全部条件，我希望陕西或西北地区的同行加油努力！

一种特殊结构的汉语复合词研究

——李丽云《现代汉语动补式复合词研究》[*]序

苏宝荣

李丽云同志的《现代汉语动补式复合词研究》一书即将由社会科学文献出版社出版。该书是在其博士论文基础上修订扩充而成的，也是国家社科基金项目的结项成果。作为她的指导教师，对其研究成果的问世，我深感欣慰。

动补式复合词是汉语中非常特殊而且重要的一种复合词的结构方式，这种结构也最能体现汉语"以简单的结构形式负载丰富的语义内容"的特点。虽然动补式复合词在形式上只表现为一个简单的"动+补"格式的双音节词，但是它所能传达的意义内容却不仅仅是一个简单的动作或者行为，还是由至少两个彼此之间具有时间上的先后顺序和逻辑上的因果关系的子事件整合在一起而构成的复杂的致使性事件。正因为如此，动补式复合词中用以表示这两个子事件的构词语素"动"和"补"之间也就有着十分复杂的语义关系。而这种复杂的内在语义结构又同时使得动补式复合词在不同句法结构中出现时也往往有着不同的句法表现。动补式复合词不仅在句法功能上有着区别于其他结构类型复合词的复杂表现，而且在动补式复合词内部，不同小类之间在句法功能方面的表现往往也是错综复杂的。

本书运用语义分析与语法分析相结合的方法，借助原型范畴、动词配价、构式语法、语法化与词汇化等现代语言学理论，对现代汉语动补式复合词的范围、结构、意义、功能进行了比较全面而又系统的考察与分析。在深入挖掘动补式复合词内部结构的基础上揭示了动补式复合词的致使性语义特征，从句法角色、组合能力、与某些特殊句式和句法格式的关系等方面对动补式复合词的语法功能和分布特征进行了系统的描写与阐述，同时也尝试对复合词，特别是句法复合词的结构与功能之间的关系进行了初步的探讨。

动补式复合词的表层形式体现为"动+补"，构词语素主要有"动+动""动+形""形+动"三种组合，然而，复合词的整体意义却并不由组合内的两个构词语素本身的意义相加而成，而是形成了带有"致使性"的构式义。因此，观察其表层结构与深层语义之间的关系显得尤为关键。作者注意到，补语性成分在动补式复合词中并不是无足轻重的，该部分反而对整个动补式复合词的词汇意义与深层语义结构起决定作用。根据深层语义内容的不同，动补式复合词内部可分为动结式、动趋式、动评式、动虚式四种类型，其

---

[*] 李丽云：《现代汉语动补式复合词研究》，社会科学文献出版社，2022。

深层语义结构各有不同。此外,"致使性"的构式义使动补式复合词在句法角色、组合能力等方面都体现出了区别于其他类型复合词的独有特征。

词和短语的划分是学界长期以来难以解决的问题,这种情况在动补式复合词与短语之间显得更加艰难。从历时角度来看,有相当一部分动补式复合词是由动补短语词汇化而来的,因此,对于那些处于词汇化进程中的动补式复合词或短语,要在词和短语的判定中二选其一,就变得尤为困难。而引入原型理论,以典型、次典型以及边缘成分的视角来对待动补式复合词与短语之间存在的连续统现象,是一种可行的解决办法。从形式、意义和扩展能力三个方面确定动补式复合词的判定标准,既方便作者对研究对象进行把控,又有利于我们认识动补式复合词的核心特征。

重视理论研究的实用性也是该书的一个特点。书中以动补式复合词的系统研究作为理论支撑,对其在汉语辞书编纂、汉语国际教育等领域的具体应用做出了有益探索。书中针对动补式复合词在语文辞书中的收录和释义问题提出的相关建议,在偏误分析基础上得出的动补式复合词对外汉语教学原则和方法,都具有一定的参考价值,关心词汇应用研究以及词汇教学的读者,应该可以从中得到一定的启发。

汉语复合词,特别是动补式复合词,处于语义和语法的交汇点,其研究难度是比较大的。本书作者虽然做了很大的努力,但其中不足、不妥之处在所难免,有待今后进一步探索和完善。

丽云同志在硕士、博士研究生阶段都随我从事汉语词汇学研究,她踏实勤勉,认真好学,专业基础扎实,具备了较强的从事科学研究的能力。我祝贺她首部学术著作出版,并希望她能够继续保持自己的学术热情,在词汇学研究这片土地上努力耕耘,不断取得新的成果。

理解何为情感，明确人文何为

——评谭光辉教授《情感的符号现象学》*

王 辉 马 雅

有一类研究对象在生活中与我们每个人息息相关，但如果真要去细致考究时却又发现千头万绪不知从何谈起，"情感"便是这种容易辨认却不容易分析的对象之一。面对这个令很多人望而却步的学域，谭光辉教授的《情感的符号现象学》一书对人类情感的基本形态、组合方式、发生原理、性质功能、价值意义等方面内容进行了内省式辨析和研究，不仅从理论上阐明了情感的基本规律，而且建立了情感的分类描述模型，对情感交流的诸多问题也进行了深度思索，还为大众了解情感、控制情绪、解决日常情感问题提供了案例和方法。

如何建构自己的情感研究话语体系，进而让"情感"成为一个可以摆脱主观空洞阐释、进行共时和历时性研究的具体研究命题？以舍勒为代表的情感现象学和以格雷马斯、封塔尼耶为代表的激情符号学使情感研究不再陷入晦涩难懂甚至不可知的魔咒，但却也分别因为前者重视情感伦理价值，后者分析过于烦琐而依旧令后继者头疼不已。谭光辉在继承他们研究成果的同时，围绕对情感的发生和内部结构进行可行性描述的核心研究目的，以一种兼采众长的思维方法建构自己的理论框架，发现了情感与叙述之间的必然联系，在符号学研究意义的维度之上同时考虑叙述主体、心灵、叙述判断等方面的因素。谭光辉将情感的工作原理概括为生物进化过程的一种生存能力，具体表现为心灵对叙述及其判断做出的反应，同时又指出了本身即带有经验性的情感所具备的符号性特征。情感符号性与叙述之间动态转化关系的阐释不仅显示了谭光辉对情感之为何物进行的符号学思考，也为他进一步将情感过程纳入意义追求的范畴进行讨论奠定了理论基石。

通过对情感现象学和激情符号学研究的借鉴不难看出，情感与叙述关系的讨论是谭光辉情感符号现象学研究最重要的一把钥匙。以探究意义为核心的符号学将情感纳入研究对象之后，使得原本感觉是悬浮于虚空中的模糊不清的情感研究具备了"意义"这一实在的研究支撑点，而承认叙述能力在情感生发中扮演的核心角色无疑让情感的形式分析具备更强的可操作性。从这一角度来看，作者关于情感具备三轴运作的叙述性特征的讨论无疑是精彩而又具有说服力的。情感处于叙述的因果链之中，与语言或符号一样有组合轴与聚合轴，组合轴用来表示情感并非不可分割，而是由各部分组成的，聚合轴则用来表示情感

---

* 谭光辉：《情感的符号现象学》，人民出版社，2021。

在发展过程中的可选择性或可逆性。除组合与聚合关系之外，情感相较普通文本的特殊之处在于多了一个无时无刻不在参与、影响情感接收与生成的主体轴。主体的叙述判断与情感是同时的，而非先后的。因此，以情感与叙述关系为出发点的更为复杂的一个情感定义也就呼之欲出："情感就是主体轴对双轴运作的叙述文本的处理，处理的结果导致一个复杂的逻辑感受，心灵对该逻辑结构进行一个总体判断。"[1](P89)除叙述判断外，谭光辉还找出了"存在感"这一促使情感产生的基本前提。"存在感是情感产生的基点，也是情感的目的和归属。尚不具备存在感的时候，情感既无指向性，也无落脚点"[1](P101)，即追求"存在感"是人类情感产生必然会面临的逻辑前提和必然遵循的规律之一。

简而言之，现象学、符号学、叙述学可以看作是谭光辉的情感符号现象学研究最核心的三个理论工具。现象学的加入让原本处于不可知状态的情感问题拥有了形式分析的可能，符号学的介入则从意义的维度为情感内部的考察提供了更为具体的方案。在这两个理论基础上，谭光辉增加了情感与叙述关系的辨析，提出了追求"存在感"这一最为重要的情感叙事的伦理目的，也为自己进行具体的情感模态分析奠定了理论根基。由现象学、符号学，再到叙述学，情感研究也在理论工具的不断扩充中慢慢随之褪去朦胧模糊的神秘面纱，拥有了可以细分的标准和框架。

在精细的理论思考之后，谭光辉再次回到格雷马斯的情感模态尝试，以呈现情感在意识中的存在方式和模型为目标，将情感模态分析建立在以认知为基础的叙述理论之上。具体而言，情感是对主体与客体之间关系的一个判断，而肯定和否定是最基本的判断方法，所以情感的连接模态可以简化为肯定和否定两种判断结论。结合情感的符号性、情感与叙述的关系，以及追求"存在感"等相关基础问题的讨论，谭光辉将情感主体和客体分别分为"在"和"做"两种模态，以连接模态的"肯定"和"否定"、主体模态的"在"和"做"、他者模态的"在"和"做"为基本单位，大致将人类情感的主要类别划分为喜、悲、欲、惧、爱、恶、恩、怨八种基本情感。这八种基本情感又通过相互组合可以得出二十四种复合情感，如爱可以与其他单纯情感组成恩爱、喜爱、同情、爱欲、敬畏等复合情感；厌恶可以与恐惧组合成恶心，与喜感组合成轻蔑，与悲感组合成悲厌，与欲望组合成傲慢或破坏欲；恩感与喜感组合成尊敬，与悲感组合成妒忌或羡慕，与欲望组合成感恩、感激，与恐惧组合成惭愧、谦卑、自卑，与爱组合成恩爱；"怨"可以与其他几种基本情感组合成厌恶、爱怨、喜怨、悲怨、仇恨与愤怒、忍与卑贱等。羞感、耻感、幽默、幸福感、艺术情感、信念等更为复杂的情感也可以通过复合情感的分析方法得出来。通过对这些情感组合方式和功能分门别类地进行详细阐述，谭光辉不仅从理论上论证了情感分类的可行性，也为读者清楚地阐释了每一种情感在个人、社会生活中的作用和功能。

虽然论述对象有所不同，但谭光辉的某些思考却与很多非情感研究领域的学者不谋而合。以他研究爱、厌恶、欲望等基本情感得出的结论为例。谭光辉认为共同的情感倾向可以塑造某种文学形态，进而在某种意义上决定社会形态甚至民族性格。他关于爱的论述，以及关于厌恶的社会功能的相关分析，如共同的厌恶感的转变甚至能够起到稳固社会秩序、促进风俗文明变迁的功能的相关分析，显示了以小见大、由细致到宏观的研究范式和思维路径。再比如他既肯定了欲望对现代社会所起到的重要作用，同时也不忘思考恐惧感、敬畏感的重要性。这种忧患意识正好与刘慈欣等科幻小说家倡导的对自然和宇宙的敬畏感高度类似，同样是从不同角度切入但却都进入到对现实生活和生存空间进行终极关怀的宏大主题中。也就是说，虽然学术研究的思维和路径不同，但作者同样在某种层面上收获了思考人的存在何为这一普世意义的研究旨趣。无论是自我的存在还是他者的存在，关于情感的种种讨论从本质上讲都是对人的存在本身进行肯定或否定的叙述判断的讨论，这可能也是谭光辉之所以会将"存在感"解释为情感产生的前提的原因。

在最后一部分，谭光辉对情感交流过程以及情感模拟中涉及的元情感、附加情感编码、虚构情感、风格和修辞与情感的关系、无情、八卦与情感交流、情感病毒和免疫、可能情感等情感交流方面的问题展开多层次、多视角讨论。这一部分既是对情感问题本身的继续探析，同时也是以情感研究为基点思考整个人文社会科学在未来学术研究中扮演的角色和地位。情感研究并非与现实生活毫无关系的玄学，而是立足自然科学与人文社会科学的重要交叉点，致力于解决具体问题的实用性学问。谭光辉在书中多次强调了情感研究对推进人工智能技术真正实现不可取代的关键性作用。他认为现代科学技术的飞速发展并不能改变人类意识的时间性本质原则，人类的情感也不会出现完全数字化，但人工情感和人工智能又具备可以弥合甚至超越人类情感的某些优越性。大数据、人工智能等现代科学技术为传统知识范型乃至人类自身生活方式带来的巨大转变不仅是自然科学，同时也是人文社会科学研究者们必须关注的话题。

与基本理论问题讨论部分相比，基本情感、复合情感、复杂情感分析，以及之后的情感交流、情感模拟讨论部分的内容不仅延续了情感的符号性、情感与叙述关系、情感以人追求"存在感""幸福感"等为前提的理论思考，同时又体现出了理论思考转向解决实际问题的实用性特征，讨论内容也由情感内部结构分析逐渐朝社会文化、民族性格、前沿热点等领域延伸。这并非作者刻意炫耀广博的学识，而是由于情感研究本就是一个小到个体生命的喜怒哀乐，大到某一民族文化性格的形成，乃至人类未来走向都有可能与之拥有密切联系的复杂问题。情感研究的包罗万象属性虽然使其具备一定程度的学术趣味性，但更多的却是如何将甚至还在生成的问题说清楚而伴随产生的对研究者学术眼光的考验。因此，谭光辉在对这些情感进行模态分析时便有意识地跳出纯理论研究的思维框架，援引各派学者观点，在兼听众智中融入个性化思考。这种旁征博引除了用翔实的材料增强自身论点的说服力之外，同时也使这部专著在某种意义上扮演了情感研究现状介绍者的角色，让对情感研究知之甚少的普通读者也能在阅读中感受其广阔的应用性维度。

谭光辉并不回避情感研究问题的复杂性，也看到了情感结构描述不清有可能会给情感模拟、人工情感研究等当下炙手可热的前沿科学领域带来的发展性制约。作者虽然也承认即使殚精竭虑所做的思考仍旧存在很多悬而未决的问题，以及许多几乎是自相矛盾的结论，但对于情感问题在人工智能等学科领域扮演的角色，谭光辉的立场鲜明而坚定：只有首先弄清人类情感的形成原因、机制，然后才可能设计出合适的程序让机器人更有效地识别、模仿人类的情感。在这一方面，人文社会科学的内省式研究就拥有科学研究无法比拟的优势。由于情感问题和情感分析工作的重要性不断攀升，"人文学科在数字时代的科学研究中的作用将不是被弱化，而是将被大大强化，并且会变得越来越重要"[1](P5)。

思想实验层面的理论探索往往是实在的技术性突破不可或缺的先决条件。《情感的符号现象学》既有学理探索，又注重实践思考，同时关注前沿话题的多方面努力，显示了谭光辉没有局限于自己的研究视野，也没有囿于前人研究陈规的窠臼，更反映了现代科学观念渗入学术研究之后表现出的时刻关注热点的前瞻性思维，以及重视学术研究解决具体问题的务实性意识。情感研究这一看似虚无缥缈的理论话题也因此拥有了脚踏实地的实用性价值，以及每一位读者都能够触摸得到的现实指称意义。无论情感问题是否真的会得到解决，这种努力和尝试本身都有其不可忽视的价值。

参考文献：

［1］谭光辉. 情感的符号现象学［M］. 北京：人民出版社，2021.

统合儒道，约之以"三"

——论王蒙《中华文化：特色与生命力》*的文化构想

邓芳宁

《中华文化：特色与生命力》是王蒙近年来关于中国传统文化的演讲稿和对话录的结集，意欲在中华文化的"博"与"约"之间寻求一个平衡点，以飨心系中华优秀传统文化的读者。笔者拟从"'三生万物'的智慧""文化比较的视野""统合儒道的气魄"三个方面简述阅读的收获与启迪。

一 "三生万物"的智慧

王蒙似乎对"三"格外偏爱，他说中华文化有"三论"：泛道德论，泛哲学论（整体论）和泛相对论；[1](P1-25)中华文化有"三性"：积极性、此岸性和经世致用性；[1](P52-65)中华文化有"三尚"：尚德、尚一和尚化；[1](P65-84)中华文化有"三道"：君子之道、中庸之道和韬晦坚韧之道。[1](P84-93)其间的逻辑关系，大致铺排则是："三尚"→"三论"→"三道"→"三性"。具体而言：尚德→泛道德论→君子之道→积极性；尚一→泛哲学论→中庸之道→此岸性；尚化→泛相对论→韬晦坚韧之道→经世致用性。

"在我国唐虞三代间，实践之道德，渐归纳为理想。……而后世种种学说，滥觞于是矣。"[2](P4)中华民族在长期的生产、生活实践中，将那些维系族群兴旺发达之命脉的美德归纳总结，代代相传，是以人人"尚德"；继而在历史文明进程中逐渐形成"泛道德论"，衍生出"君子之道"，培育出"积极"的文化性格。"中华文化的特点在于求整合，求抽象，求万象归一"[3](P39)，所以有"尚一"的特质，进而衍生出"泛哲学论"和"中庸之道"；与西方文化的"两个世界"不同，中华文化是"一个世界"，"此岸性"即此之谓也。中华文化深知"变"与"不变"之微妙，由"尚化"衍生出"泛相对论"和"韬晦坚韧之道"，表征为"经世致用"的文化性格。王蒙深得《老子》"三生万物"之神髓，以"三尚""三论""三道""三性"精准地把握了中华文化的宏观特征。义理无穷岁月习，抵掌儒道尽精微。大道至简，信哉斯言。

---

* 王蒙：《中华文化：特色与生命力》，人民出版社，2021。

二　文化比较的视野

贯穿全书的是一种文化比较的视野："大道之行也，天下为公"较之于"共产主义"；[1](P27-28)"功成事遂，百姓皆谓我自然"比之于"群众路线"；[1](P46-47)"无为而治"的理念"与马克思主义的国家消亡的思想遥相呼应"；[1](P44)"人之道……损不足以奉有余"拟之以现代"社会革命党的语言"；[1](P40-41)"五四运动……对传统文化进行了看起来是毁灭性的反思和批判，但实际上这种毁灭性的反思与批判仍然体现了中国文化的生命力"[1](P89-90)，在那个生死存亡的危急关头，这种反思与批判恰恰是传统文化内部启动了"君子闻过则喜""见贤思齐，见不贤而内省"的自我审视和自我更新机制。

在传统文化与现代文明接轨这一"凤凰涅槃"的进程中，唯有自我解剖，才能真正继承；唯有革故鼎新，方可浴火重生。"中华民族是敢于、善于、长于调整与改变的"[4](P254)：中国文化的践履轨辙是"天行健，君子以自强不息"（《易传·象传》），华夏文明的精神内核是"苟日新，日日新，又日新"（《礼记·大学》）。"中国承认变化，重视调整与应对"[1](P82)的"经权互用"[5](P113)思想，"中华文化的开放性与消化能力、应变性与抗逆能力、自省性与自我调整能力"[1](P165)，在文化比较的视野中得到更为清晰的呈现。

三　统合儒道的气魄

从书中《读荀恨晚》一文似可窥得作者试图"统合儒道"的文化构想。关于如何统摄先秦诸子之学，自古至今不乏真知灼见：《汉书·艺文志》曰诸子出于王官，《淮南子·要略训》谓诸子起于救时弊，《庄子·天下篇》推崇上古"未裂之道术"，《荀子·解蔽篇》极言君临万物、涵纳百家之"大理"，司马谈、迁父子归之于道家（《太史公书自序》），闻一多许之以尚未堕落的"古道教"，[6](P448-458)吕思勉追因于"中国上古浑然未分之哲学"，[7](P5-12)李泽厚溯源至"巫史传统"[8](P3-82)，余英时提纲挈领于"巫文化和礼乐传统"[9](P76-151)……以上诸解交相辉映，各擅胜场。不可否认的是，作为一家之言，王蒙的"三论"（囊括"三尚""三性""三道"）另辟蹊径，无意追根溯源，而是归纳和概括诸子之学的共性，简约通脱，别具一格。

即以中华文化"三性"的"经世致用性"为例，在许多人的认知中，道家是绝缘于功利、追求逍遥无为的。然而，《汉书·艺文志》已然揭出《老子》"君人南面之术"的主旨。何炳棣令人信服地论证出《庄子》推崇备至的尚未分裂成诸子百家之学之前的"道术"，其"基本关怀是保障全体人民，包括老弱孤寡无告之人，衣食以及其他所需，并促进物资财富的增长，人口的蕃殖和邦国社会的安定"[10](P302)。章太炎认为儒家"深美之说，翻在庄周书中"，《庄子》堪称"孔子绪言遗教"，[11](P237)康有为称"庄子倡经营天下，为热人，非冷人"[12](P180)，良有以也！可见，道家学说的"经世致用性"，比之儒家亦不遑多让。

中华文化"三道"的"君子之道"和"中庸之道"似乎专属儒家，实则不然。《道德经》今本第二十六章曰："君子终日不离轻重……轻则失根，躁则失君。"王蒙认为："老子所主张的君子风度……是厚重与冷静。"[13](P106-107)第三十一章"君子……用兵则贵右"，讲君子以参加葬礼的心情来参与战争。老子将重整乾坤的理想寄寓在他所期待的"君子"/"圣人"身上，《道德经》就是他的"立人"宣言。与上述"君子"之论类似的是《庄子》，《天下篇》曰："以仁为恩，以义为理，以礼为行，以乐为和，薰然慈仁，谓之君子。"这里的"君子"，"显然是襄助圣王治理天下"的德才兼备之人。[10](P301)儒道两家的拳拳济世之心，再一次殊途同归，汇合为中华文化的"君子之道"。

《老子》今本第二十九章"圣人去甚，去泰，去奢"，第三十章"物壮而老"，第三十二章"知止可以不殆"，都强调"知止"，与"执两而用中"的儒家一样，都在阐发"中庸之道"。《庄子·齐物论》曰："彼是莫得其偶，谓之道枢。枢始得其环中，以应无穷。"王蒙指出："庄子的道枢的观点……与孔子的中庸的观点有相通之处，……它表现了中华经典文化的圆通平衡折中相对的一面。中华文明是在激烈的斗争中奠定了自己的基础的，中华文明追求的是……很高的提前量与预应力，是随机应变，是足够的自我调整与发展的空间。"[14](P85-86)儒家与道家都认同"中庸之道"，并非偶然。刘咸炘说"老、孔之道……其形上之本无异也"[15](P119)，这是学理方面的原因；现实方面的原因，则是"先秦时期，政治斗争搅动天下"[3](P130)。

王蒙提出中华文化有"三尚"：尚德、尚一、尚化。巧合的是，《易》有"三名"："易一名而含三义，所谓易也，变易也，不易也"，[16](P1)也就是"简易""变易"和"不变"。其中，"简易"指对世间万物规律的把握，"变易"讲万事万物的不断变化、转化和演化，"不变"的是民心所向。[17](P126)概而言之，"尚德"对应于"不变"（民心所向）；"尚一"对应于"简易"（规律把握），适如张舜徽言："一"即"道"之别名；[18](P34-35)"尚化"对应于"变易"，"日新之谓盛德，生生之谓易"（《易·系辞上》）。与"三易"斗榫合缝的"三尚"，是儒、道的又一相通之处。由孔子"吾道一以贯之"，孟子"天下定于一"，《老子》"天得一以清，地得一以宁"，《庄子》"日凿一窍，七日而混沌死"之言，可知儒、道"尚一"。《论语·子罕》"可与立，未可与权"，及《春秋公羊传·桓公十一年》"权者反于经，然后有善者也"，都申明经权互用，即原则性与灵活性的对立统一关系。结合《老子》今本第五十八章"祸兮，福之所倚；福兮，祸之所伏"，《庄子·逍遥游》"鲲化为鹏"、《大宗师》篇"臂化为鸡"、《山木》篇"与时俱化"等语，可知儒、道"尚化"。"叶梦得曰：老氏之书，其与孔子异者，皆矫世之辞；而所同者，皆合于《易》。"[13](P120)《老子》"正言若反"，喜欢正话反说；《庄子》自称"寓言十九"，仍不掩其用世救世、忧国忧民之心。《易·系辞下》曰："作易者，其有忧患乎！"老庄不无"行为艺术"之嫌的姿态中，实则饱含悲天悯人之情，与儒家的经邦济世之心同出一源，更与《易》的忧患意识同频共振。儒、道"尚德"，皆合于《易》，导源于中华民族与生俱来的忧患意识，表征为"三尚"与"三易"的融合无间、若合符契。

《中华文化：特色与生命力》是一部出入经史、由博返约的文化寻根之作，是王蒙破解中华文化密码，统合儒道、约之以"三"的可贵尝试。含英咀华，早预蓬莱道山之选；金针度人，惟愿妙谛精义之兴！"我们要做的是充分发掘我们这样一个大国古国的精神资源，匡正与充实世道人心，使我们不仅在物质层面而且在精神层面全面丰饶、自信、心心连通，创造新的历史，实现中华民族的伟大复兴，当然也包括文化复兴与文艺复兴。"[3](P14)

参考文献：

[1] 王蒙.中华文化：特色与生命力[M].北京：人民出版社，2021.
[2] 蔡元培.中国伦理学史[M].北京：东方出版社，1996.
[3] 王蒙.天下归仁：王蒙说《论语》[M].北京：北京联合出版公司，2015.
[4] 王蒙.中国天机[M].北京：人民文学出版社，2014.
[5] 姜广辉.中国经学思想史（第一卷）[M].北京：中国社会科学出版社，2010.
[6] 闻一多.闻一多全集（第九卷）[M].武汉：湖北人民出版社，1996.
[7] 吕思勉.先秦学术概论[M].桂林：广西师范大学出版社，2010.
[8] 李泽厚.由巫到礼 释礼归仁[M].北京：生活·读书·新知三联书店，2015.
[9] 余英时.论天人之际：中国古代思想起源试探[M].北京：中华书局，2014.
[10] 何炳棣.何炳棣思想制度史论[M].台北：联经出版公司，2014.
[11] 章太炎.章太炎学术文化随笔[M].北京：中国青年出版社，1999.
[12] 康有为.康有为全集（第二卷）[M].北京：中国人民大学出版社，2007.
[13] 王蒙.老子的帮助[M].北京：人民文学出版社，2014.
[14] 王蒙.庄子的享受[M].北京：人民文学出版社，2014.
[15] 刘咸炘.道教征略[M].上海：上海科学技术文献出版社，2010.
[16] 钱锺书.管锥编[M].北京：生活·读书·新知三联书店，2001.
[17] 李泽厚.中国古代思想史论[M].北京：人民出版社，1985.
[18] 张舜徽.周秦道论发微[M].北京：中华书局，1982.